KABIOSILES LOS MÚSICOS DE CUBA

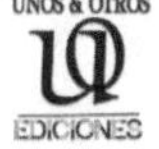

Ramón Fernández-Larrea

2da Edición ampliada y corregida
©De la presente edición: Unos&OtrosEdiciones, 2019
Catálogo de música Vitrola

ISBN-13: 978-1-950424-21-4
Kabiosiles. Los músicos de Cuba

Maquetación: Armando Nuviola
Correciones: Magdalena Quijano
Ilustración de cubierta: «Los músicos» Obra del artista plastico Armando Tejuca

Primera edición: Linkgua ediciones, 2009

www.unosotrosediciones.com
UnosOtrosEdiciones

infoeditorialunosotros@gmail.com
UnosOtrosEdiciones
Hecho en USA, 2019

Kabiosile es una palabra yoruba con la que se saluda y alaba a Changó, el orisha mayor, la deidad suprema, la idea superior con la que unimos nuestro cuerpo a una esencia protectora. Kabiosile se ha convertido también en una especie de invocación a esa esencia, una bendición a lo misterioso y grande de lo que formamos parte. Y kabiosile es, por supuesto, solicitud de unción, magia que vigila y alienta, porque lo superior que no vemos, que proviene de la fuerza de Changó o de otras deidades, está en la raíz de nuestra esperanza. Por eso he pretendido saludar mi raíz musical con ese conjuro.

Digo kabiosile como diría alabanza a quienes han construido el jugo íntimo de mi país y mi cultura. Una palabra que ha viajado mucho, desde el corazón perpetuo de la selva, hasta el alma fresca de la ceiba, donde bailan, en la noche de los tiempos, quienes han sabido ser grandes en el sonido de mi Isla.
Aquí están, conocidos o menos conocidos, públicos o misteriosos, los hacedores de un reino inextinguible: los músicos de mi origen.

RAMÓN FERNÁNDEZ-LARREA

Agradecimientos

A Magdalena, la luz que me acerca el horizonte.

A Alejandra Fierro, *Gladys Palmera*, a quien debo la serenidad y la cordura y que me brindó el asombro de conocer mi país en la distancia de sus notas.

A mi padre y a mi madre, que encendieron la sed.

A mi hijo Abel, y a mis hermanos Gustavo, Liuba y Lisbeth, que mantienen sobre mí el cielo del cariño.

A Cristóbal Díaz Ayala, cuyo rastro me ha servido siempre en este delirio.

A Bladimir Zamora, por su memoria repleta de guitarras, allá al pie de Sindo Garay.

A Enrique Romero, que reafirmó mis búsquedas y me acompaña con su fantasma rumbero.

A Leonardo Padura, contagiado por la misma fiebre.
A Alex Fleites, coleccionista de melancolías.

A Guillermo Rodríguez, porque en su noche habanera cabalgaban los Matamoros como acabados de nacer.

A Leonardo Acosta, Quirino con su tré.

A José Hugo Fernández, en la persistencia de muchos acordes.

Y a Miguel Grillo, con la curiosidad de un pozo en la llanura matancera.

Índice

Geografía cubana de la memoria

A manera de introducción

Hay en este mundo un gran concepto erróneo. Los límites de Cuba no son geográficos, sino sonoros. No limita al este con el Golfo de México, ni al norte con la Florida. Cuba no es una isla, sino un huracán que se extiende sin límites en el mar de la garganta de Benny Moré, en los dedos sin distancia de Cachao y Bola de Nieve, en la imperturbable inmortalidad de Barbarito Diez, en el «azúcar» de Celia Cruz, en la luz de Celeste Mendoza sonando tacones que saben para siempre a barrio profundo, a dolor negro de ciudad y monte abrupto.

Cuba no es una isla. Los que así piensan pierden la posibilidad de encontrarse en todos los cielos con Ernesto Lecuona, o con Margarita, delante de «Babalú Ayé», ese lamento que en voz de Miguelito Valdés hizo bajar la antorcha a la Estatua de la Libertad, cuando por poco se incendia Nueva York con la sangre de Chano Pozo, que olía a tambor después de muerto. Desde que la Mª Teodora se puso a apilar leña, la geografía cubana es inexacta como el sueño de un niño.

Yo nací en un pueblo de puertas abiertas donde cantó Amaranto y su banda gigante. Por las ventanas salían Los Zafiros, como si vivieran allí de toda la vida, mezclándose en el ron de los vasos del bar, donde Orlando Contreras hacía un mano a mano con Panchito Riset. Me fui un día, y luego, en la distancia, en calles de nombres difíciles, me asaltaba el sonido de la guitarra de Sindo Garay cantando la otra «Bayamesa», porque antes, mucho antes del estruendo, ya Carlos Manuel de Céspedes y Lorenzo Fornaris habían cantado a la belleza insurrecta de Cambula, reprochándole que no recordara un amor.

Yo nací en un pueblo donde Hugo Estrada, dentista parrandero y noctámbulo, quiso montar un piano en la cama de un camión militar, con el esplendor azabache de Ignacio Villa incluido, para rodar noche abajo dando serenatas. Yo nací en un pueblo tan ancho como la música, donde «Caraballo mató un gallo y lo peló con agua fría», porque, listeza criolla, astucia y alegría de eternos supervivientes: «¿quién ha visto a Caraballo con la barriga vacía?». En la tarde de aire denso, caminaba Rita, la Caimana, entrando en su locura infinita a la eternidad, en la gracia de Los Compadres, Reynaldo y Lorenzo Hierrezuelo. Yo nací en un pueblo donde Pimpo La Ó decidió morirse encima de su guitarra a los ciento dos años, porque había soltado toda la música y no le quedaba ya saliva ni amor. Las flores crecían regadas por la angustia de Rita Montaner, y las caseritas, llamadas desde la Gran Manzana también por Antonio Machín, no se acostaban a dormir sin comerse el cucurucho de maní, todo como un ritual del corazón.

Yo era un niño asombrado de que existiera tanta música en el aire. Los domingos, en la tarde de mariposas soñolientas del parque, la Banda desgranaba lentos danzones, y el barbero Cazzatte hacía escapar a las lechuzas del campanario con la historia del árbol que cantaba reprimendas a la niña que grabó en su corteza su nombre, henchida de placer.

Luego mis pies atravesaron muchos caminos, pero el sonido ya estaba en la piel, suavecito, suavecito que es como me gusta más. Y en la fonda del Congo, en Catalina de Güines, adiviné el aroma fantasmal de aquellas butifarras que alabó Ignacito Piñeiro en una parranda descomunal, antes de irse al Platanal de Bartolo, el prostíbulo más musical del mundo. Y en el Alí Bar, la sombra del Benny movía todas las noches de la eternidad el bastón de sensual osadía, para que los saxos y los sexos desafiaran el olvido.

Aprendí no sólo que vivía en una tierra extendida hacia todos los rincones del sabor, viendo cómo afeitaban a Pío Leyva, El Montunero de Cuba, único mortal que cantaba mientras le tusaban el pelo, en la barbería estrecha de la Calzada de la Infanta, cerca del vaso donde la gorda Fredesbinda García levantaba sus gruesos boleros que presagiaban la muerte y la vida como un tornado pesaroso, a tres pasos sólo del callejón de Hamel, y luego el Pico Blanco, donde tanta novia mía cautivó el ronco José Antonio Méndez con el filin que iba a derramar por el mundo. Y el perico estaba llorando en los carnavales, para que María Caracoles gozara frente al inmenso malecón por donde se desbordaba la música y la cerveza, con la complicidad del mar que parece saberlo todo.

Aprendí lentamente que el bolero y la conga llegaban a la luna, cuando le faltaban los aretes que le escondió Vicentico Valdés en algún lugar de los abismos; que un tres se tocaba mejor con los ojos del corazón, como Arsenio Rodríguez buscando hacheros pa′ un palo; y que las alturas de Simpson brotaban del bombín mágico de Barreto, mientras Manuel Corona desgranaba sus hambres de solitario en los cafés luminosos del Prado.

Por eso he crecido. Soy un hombre sin extremidades visibles, pues la música de Cuba lanza mis sangres diversas a cabalgar encima de un guaguancó en Los Sitios; en un bolero a punto de amanecer iluminando el Valle de Viñales; arrastrando los pies adoloridos con un sucu suco, donde el aullido de un machete hace gozar y no cercena; sabiendo que mi cubanía es la inmensidad, donde todas las voces hacen crecer un güiro, un requinto burlón para que se escuche siempre a Siro, Cueto y Miguel, que mandan a la fatalidad de paseo, con aquello que dice: «La muerte me está buscando pa′ llevarme al cementerio, y como me vio tan serio me dijo que era jugando».

Yo no regreso nunca a nada. No vuelvo a ninguna parte, porque jamás me he marchado de lo que amo y me mantiene vivo. Nadie me arranca de lo que pertenezco y es rotundamente mío. Bajo la noche catalana, en las calles de melancolía de París, en viejos pueblos volcánicos de Canarias tengo una luz. De esa luz baja una lluvia como un son espléndido como la vida, con guiños de mujer y olores que me mecen, y el alma se divierte y se expande, y es la única razón que nos une y nos abraza a todos por igual. A tristes y serenos, a poetas y amargados, a viudos y cumbancheros, a cercanos y lejanos. Los que siempre nos encontraremos en el único mar de nuestros sueños reales.

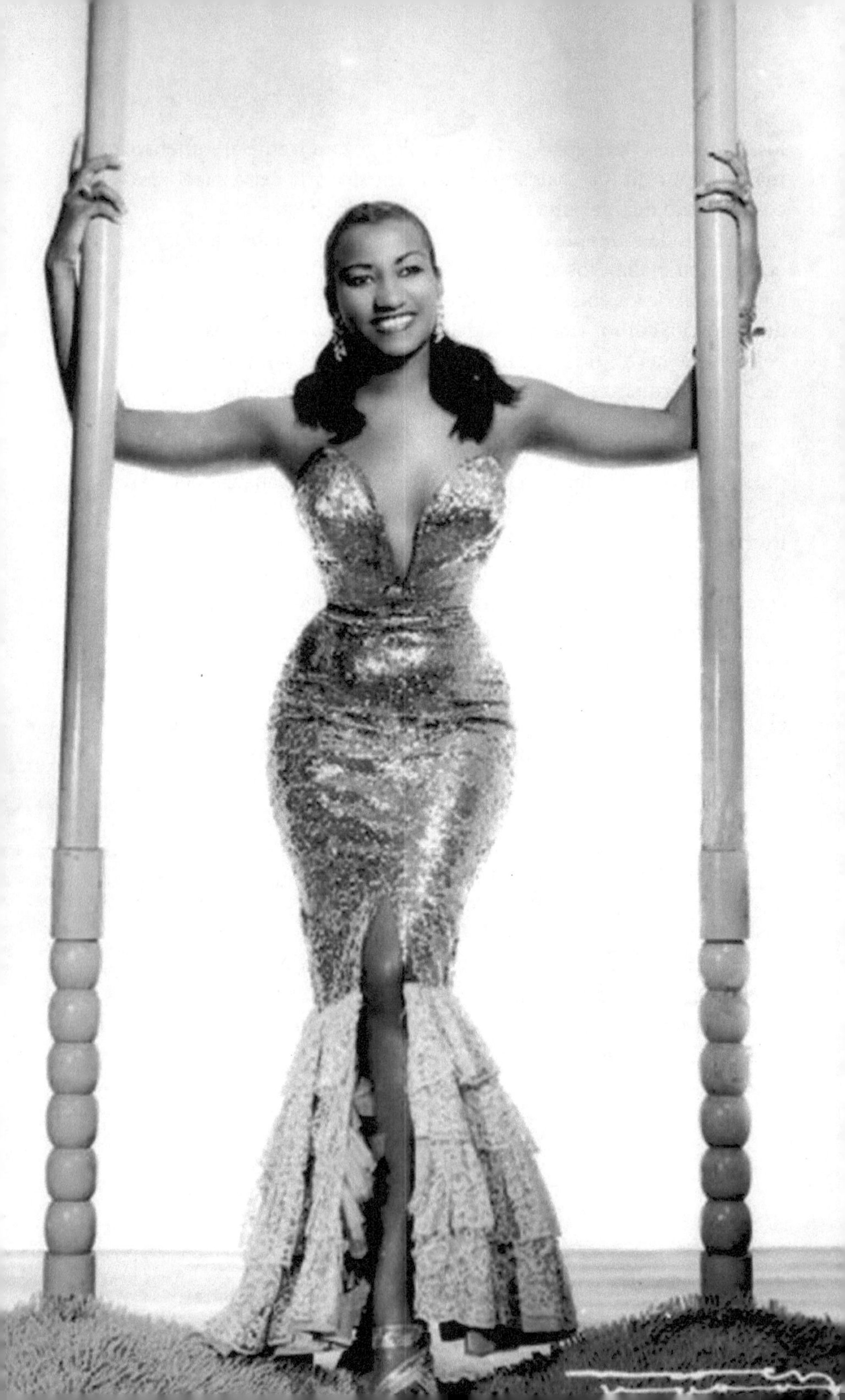

KABIOSILE CELIA CRUZ

Estoy escribiendo estas palabras sobre tu cadáver, que es el cadáver de toda mi nostalgia. Y esa nostalgia, que fuera al principio solamente extrañeza y alejamiento, súbito asombro por la pérdida de mis sombras primeras y mis últimos verdes, y todo un universo impalpable, abrumador, de olores y sonidos, comenzó a convertirse en ti, a ser un poco tú, o a tener en tu música y en tu alegría una de las representaciones más palpables.

Y ahora se muere esa nostalgia y me deja solo y lejano, clavando palabras sobre la piel del viento, gritos inútiles que no le rescatarán jamás, que no le abarcan, que me ponen el día más negro todavía.

¿Quién eres, quién has sido, Celia Cruz, para que los territorios de mi tristeza tengan hoy estos oscuros rebordes, y el horizonte me aplaste? ¿Qué has hecho para, sin dejar de ser mujer de carne y hueso, convertirte de pronto en la esperanza de un tiempo que algunos días veía posible? ¿Cómo tu sangre se fue mezclando con la sangre del mundo, y tu dolor personal hinchó velas para convertirse en una injusticia, como ahora es la muerte lejos del olor de tu tierra, ese aroma que se te fue impregnando de tanto mencionarlo, de soñarlo viva entre las marejadas de la fiesta total? ¿Qué vamos a hacer ahora bajo el cielo relumbrante de una voz que nos protege y también nos desampara?

Ahora, que es un hoy prolongado en tu ausencia, quién cantará «Quimbará» con ese aullido dulce; qué voz esperará el «Negro José» para ser recriminado como por una madre; qué otra sombra magnífica aliviará la enfermedad real y los males de amores si ya no tiene el «Yerberito moderno» que le anuncie su paso por el alba espléndida de las ciudades. Dime a qué suena en este instante, Úrsula de la Caridad Celia Cruz Alfonso, el amargo trombón que se desangra en la puerta abrupta de la partida.

¿De qué sirven estas palabras? ¿Qué importa en este momento, en que ya eres geografía mayor del ensueño, que hayas nacido persona un 21 de octubre de 1925, en un solar de Santos Suárez, un sitio de paz y magias ocultas marcado con el número 47, en la esquina de una panadería, entre las calles Flores y San Benigno, por donde se deslizó mi sombra desconociéndote? ¿Por qué desgrano palabras inertes, que no las quiero así, pero así caen y se amontonan, como cenizas de un largo canto, tus cenizas, que alguna vez estarán en el suelo de la isla, junto a tu voz, para que la fiesta de todo lo que seremos, lo que nos cercenaron por odios y egoísmos, se junte en esa paz de mesa familiar y canto, de abuelas que no escriban cartas hacia ninguna parte en el temblor augusto de la muerte. Entonces estarán el Benny Moré, Sindo, Matamoros, Barbarito, Elena, Machito, Bola, La Lupe, Cascarita, Roberto Faz, Tito, Laserie, María Teresa, los Hierrezuelo, Pacho, Piñero, Embale, Bauzá, todos los rostros de la Sonora Matancera, ese ministerio de nuestra noche prorrogable, y Daniel, El Jefe y Bienvenido lanzarán sus ansias de que el país no ande como un espejo roto por los cuatro puntos cardinales.

Escribo que tu padre casi te obligó a alcanzar una profesión «decente», en una época en que ser negro y pobre era como un castigo; y lo complaciste a medias, porque la música estaba marcada con fuego en el hondísimo arroyo de tu alma. Lo escribo sabiendo que ya lo han dicho hasta el cansancio, pero de alguna manera quiero que te quedes un poco en esta soledad que lleno de palabras para engañarme. Y me hubiera gustado estar en aquel concurso, *La hora del té*, donde te montaste en un tango para abrir las puertas de tu vocación inalterable. Era 1947 y un año más tarde ya eras una de Las Mulatas de Fuego, paseando por América. Hasta que te tocó un reto mayor que iba a señalar tu vida futura: suplir la gracia de la boricua Myrta Silva en la Sonora, que era academia y cofradía.

Luego ya todos saben lo que vino. De convertirte en la Guarachera de Cuba a instalarte, lenta y desgarrada, pero sin perder la amplia sonrisa, en Reina de la Salsa, eso que se vendió como género para comercializar la alegría, y que nació como canto feroz del barrio latino en una ciudad inmensa que desamparaba nuestras culturas. Y eras perfecta para ello, porque tú eras también un poco el barrio, el otro barrio, de contraseñas y hermandades, de familiaridad y desafuero, solemne y campechana, orgullosa y doliente.

No quiero hacer más historia, que esto no es obituario, sino queja. No es siquiera un reproche ante la impiedad de lo inevitablemente humano, sino un dedo en mis entrañas, en las tuyas, que es, como dije, esa gran nostalgia de un país que a todos nos arrancaron de cuajo. No eres el pasado, sino la suma de una esperanza que se ensanchó con tu entrega y tu dolor.

Le doy gracias a ese mismo dolor tuyo, que también es el mío lanzado a las aguas revueltas del mundo, porque te conocí, tarde y asombrado, para atar las puntas de un hilo que llena el círculo cortado de un mandoble. Y agradezco que tu voz vaya en mí, cobijándome, alegrándome, porque ahora entiendo las lenguas dolorosas de ese fuego que los poetas llaman, como al descuido, la eternidad.

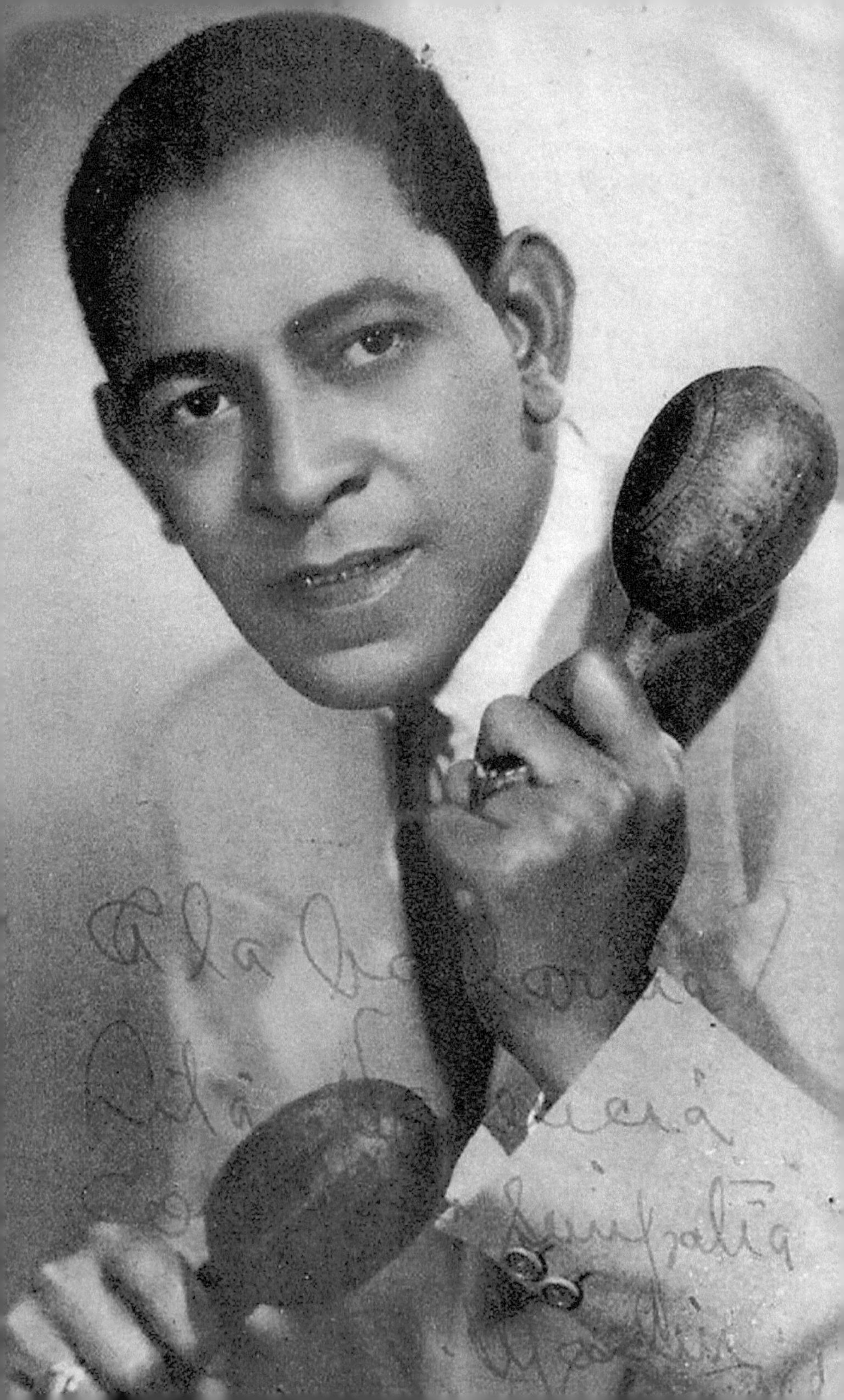

Kabiosile Antonio Machín

Una vez, de manera dolorosa y total, un poeta peruano, César Vallejo, escribió: *El punto por donde pasó un hombre/ ya no está solo.* Y parecía nombrarle.

Otro poeta, Antonio Machado, andaluz y melancólico, dejó en el aire esta sentencia como si le estuviera esperando: *Caminante, son tus huellas/ el camino, y nada más;/ caminante, no hay camino, / se hace camino al andar.* Y Antonio Machín los atravesó todos, con hambre y sed, como buscando el patio de Sevilla que el mismo poeta evocara, donde un limonero le diera sombra a su palabra.

Así, de continente en continente, en una inexplicable búsqueda que más parece una fuga, Antonio Machín se convirtió en varios, siendo él mismo, y se instaló, para envidia mía, en el profundo corazón de más de una generación de españoles.

Lo digo ahora que le he seguido el rastro. Ahora mismo que le escucho agudo, en el oleaje de un danzonete que huele a mujer y a melancolía, con la Orquesta Romeu, en 1931, haciendo memorable dúo con Daniel Sánchez, en lo que supongo una de las primeras versiones de «Aquellos ojos verdes», ese navajazo que ha dado en mi memoria sedienta Nilo Menéndez bajo cualquier cielo y en las horas más increíbles. No es el mismo Machín que veinte años más tarde vibrará y hará vibrar a todos con la carencia honda de una madre que aguarda en los confines, con la seguridad del amor más puro y total.

No es Antonio Machín y sigue siendo él mismo, transformado por el mar que cruzó, por las innumerables puertas que tocó buscando un guiño amable para su oscuro rostro de emigrado. Color y condición que tal vez le atemperaron la tristeza, y la instalaron para siempre en el otro Machín que encontró un limonero en el olor de la tarde sevillana.

El nombre de su estrella es pasión. Y en el agua rugiente de esa pasión que construyó para todos, una desolación de hombre en el viaje eterno, cuya indestructible y única patria era la música.

Había nacido el 17 de enero de 1900 en Sagua la Grande, en la parte central de la isla de Cuba, ese nombre que le iluminaría los múltiples caminos. Negro y blanco, mestizaje donde el segundo le perseguiría siempre. Su padre gallego sembró en él, sin saberlo, la nostalgia de España; su madre oscura, sin embargo, el amor por los sonidos del aire, y la perplejidad de otra nostalgia: África, el continente de donde arrancaron sus sombras.

Así llegó a la capital, buscador de tesoros, tesonero, abierto a lo que hubiera que hacer para darle lumbre a las variadas vidas que ya llevaba ocultas en el pecho. Y fue albañil mientras silbaba los resortes del son que iba naciendo ya en el calor del sol bravío de mi isla, y apareció también el premio del ritmo, junto a Miguel Zaballa, su primer compañero en esa maravilla de hacer que la voz cabalgue y enamore.

Luego, la historia es conocida. Dentro y fuera de Cuba, pero cercano, palpable, multiplicado y diverso tras haber sido el hombre que clavó el más conocido pregón cubano en el cielo de Nueva York abriendo así las puertas a toda la sangre ardiente del Caribe. Con Aspiazu entró al Cabaret Nacional —primer negro que lo lograba— y con él hizo inmortal «El manisero», de Simmons, en 1930, a pesar de haber sido grabado antes por Rita Montaner en 1928, y el Trío Matamoros un año más tarde.

Lo veo ahora llegar a Barcelona, por la frontera de Irún, aquel día de finales de 1939, cuando la mancha más horrorosa y amenazadora del siglo XX comenzaba a cubrir el horizonte. Arribó a la ciudad donde ahora busco su asustado semblante y fue como un renacimiento. Atrás quedaba, como enterrado en el espectro del otro hombre que había sido, el París de «La Coupole», y aquella conquista de Europa que hizo la música cubana, llamada «Canto a los trópicos», donde Moisés Simmons convocara al robusto son y al bolero eterno.

El resto lo cuentan los manuales. Su trabajo incesante en el «Shangai» de la ciudad condal y en La Conga madrileña. Años de sufrimientos y de superación. Y un importante cambio en el estilo, más en la forma que en la esencia, donde el sonero nato de voz aguda y limpia dejó paso al melancólico que fue conquistando a los desesperanzados. Quedan en la bruma sus giras con el circo Corzana, su etapa de resurgimiento arrollador con Los Miuras del

Sobré, y su voz llegando a los gélidos rincones polvorientos de la tierra paterna, hasta instalarse allí, como un brote que hace crecer la primavera, espléndido y cristalino, con otra voz que le robó los trucos al cuplé.

Era otro ese Antonio Machín, desde un foxtrot a un pasodoble, haciéndose fuerte en la hondura humana de un bolero que le sacaba lágrimas a la noche peninsular. Era otro y a la vez el mismo que marcó para siempre aquel «Lamento cubano», o esa versión de redonda fragancia que es el bolero «Sorpresa», de Gonzalo Curiel, grabado con su cuarteto —que convertía a veces en septeto— en Nueva York, en 1931.

Su caballo de batalla, «Angelitos negros», se lo escuchó en la radio a la mexicana Toña la Negra, y supo que esa canción, con versos del venezolano Andrés Eloy Blanco le perseguiría en la eternidad. Era 1947. Luego le regaló al mundo «Envidia», «Esperanza», «Tengo una debilidad», «Corazón loco», una insuperable versión de «Toda una vida» y ese canto de los huesos húmedos que resulta ser «Madrecita», que me sacude cada día las raíces, porque su voz estaba atravesando el océano para llegar al regazo de Leoncia, la mujer que le dio esa luz que luego recibimos nosotros.

Su resplandor era la pérdida de todo. Y la conquista de ese hombre desconocido que resultó ser su otro yo, apostando también por la nostalgia y la vida.

Por eso no lo busco, él llega. No lo espero, él me asalta. No lo descubro nunca, él recorre. No le pido que cante, él, desde el aire de España, pasa diario y se instala. Se hizo de todos y eso lo agiganta.

Bajo la luna de Sevilla, aunque me digan que allí reposa desde el 4 de agosto de 1977, Antonio Machín extiende un limonero unánime. Y vuelve a pertenecer a mi sangre que ya no tiene fronteras. Sereno, amable, suave, aparentemente lejano, porque su geografía no es de este mundo.

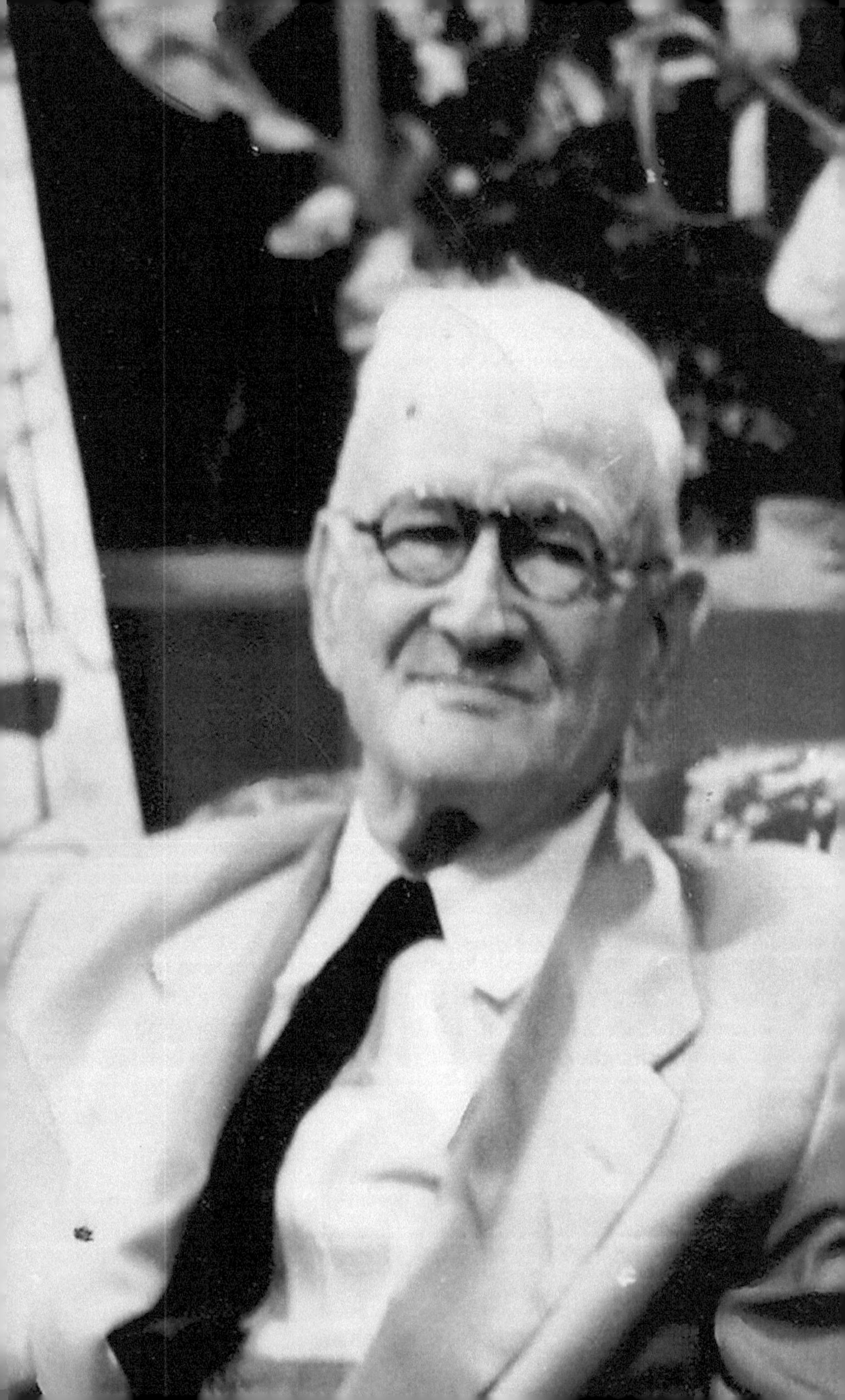

Kabiosile Antonio María Romeu

Como si el jugo de una palma real le bajara despacio por el cuerpo, ceremoniosa, desafiando el viento de la mañana, así sonaba el corazón elegante de Antonio María.

Pero no era una palma.

Podía transformarse también en ancha ceiba, en un laurel de encendidas hojas, en un jiquí que apretara la tierra contra el recio carapacho prieto de su madera. Daba sombra. Y de esa sombra que crecía extendida, brotaban los músicos que lanzó a mi sangre enardeciéndome.

Ya no estaba cuando le vi. Ya había partido y se había quedado. Y se metió en mi alma a través de otros rostros. Era domingo y la tarde comenzaba a enfriar su luz sobre los árboles del parque. Pequeño yo, bajo palomas soñolientas, en aquel parque de luz mortecina en mi pueblo. Y La Banda tocaba, hacía subir del pavimento un danzón lento como una catástrofe. Dulce en su flauta mágica que nos llevaba hacia el agua cercana. Y los compases de fondo, entre ríspidos y marciales del contrabajo y las pailas, ordenando descanso en el corazón apresurado de cada curioso, de cada paseante. Y el piano tenue, doblegando estrellas en su avidez de meteoro. Allí estaba Antonio María Romeu. No sé si era «Cielo azul» o «El año del cuero». Tal vez fuera «Conversando». Algún danzón de los más de quinientos que dictaron sus manos de alquimista.

Así fui marcado para vivir. Para que en todo remolino, nazca en la espera de mi corazón el soñoliento aire de sus manos de fuego, que va lanzando hacia delante la candencia de tigre azorado que envuelve sus danzones. Él ya no estaba allí, y, sin embargo, su fantasma recorría el aire moribundo de una tarde que parecía amanecer, debajo de las campanadas secas de la retreta en mi pueblo.

Pero qué iba a saber yo, niño sentado en el asombro, que El Mago de las Teclas había nacido dos años antes de que acabara la guerra que incendió mi sitio natal. Fue el 11 de septiembre de 1876, en Jibacoa, una playa del occidente lejano. Dicen que comenzó a beber el aire de Cuba, hecho música, a sus ocho años de inocencia y desconcierto, en los míos se me apareció aquel domingo. Lo hizo de la mano de un sacerdote llamado Joaquín María Martínez, y luego siguió solo, hundiéndose en las entrañas amables del instrumento. Hasta que ofreció su primer baile el 5 de agosto de 1887, en la Colonia Española del pueblo de Aguacate, cerca de donde nacería, cincuenta años más tarde, mi padre, el culpable de haberme arrastrado aquella tarde al deslumbramiento de la música delante de aquella Banda de Conciertos. Dicen que su primera creación fue una mazurca.

Qué iba a adivinar yo, enamorado entonces de la cadencia misteriosa que recorría mi pueblo los domingos, que aquel pianista culpable había llegado por fin a La Habana el 22 de enero de 1899, y que desde esa misma noche, durante once años seguidos, tocaría el piano, acompañado sólo por el nervioso compás de un güiro en el restaurante La Diana, iniciando una de sus leyendas y uno de sus cubanos sobrenombres: el bizco de La Diana, por un ojo de absorto extravío.

Él no miraba el mundo, no lo necesitaba. El universo entraba en él y brotaba luego por sus dedos.

Tampoco supe hasta muchos años más tarde, que en 1910 había armado su primera orquesta en la ciudad. Una charanga francesa, con caballeros andantes como él mismo. José Colazán en el contrabajo; el flautista Alfredo Brito; Feliciano Fachenda al violín; Remigio Valdés en las pailas y José de la Merced en el güiro. Tropa de austeros magos que grabaron sus primeros discos junto a Romeu en 1915.

Así continuó, en la invención de aires absolutos donde los cuerpos se imantaban, con decencia y candor, en un solo ladrillito, experimentando mezcolanzas entre la orquesta típica y la charanga que llevó a ser, en los ruidosos años veinte, la más popular de la isla. Hasta que el foxtrot y el son se le metieron en las venas a los jóvenes de un tiempo distinto. Fue una guerra nada silenciosa, pero sí oculta, como de tibia desesperanza, donde él no cedió un ápice en el fervor de su creencia. Hasta la llegada de un matancero que le insufló vida a la antigua cadencia, Aniceto Díaz, «Rompiendo la rutina» en 1929, que le brindó un rostro novedoso a la penumbra seria del salón, y lo desalmidonó con una algarabía que tomaba de todos los ritmos.

Si no bastara esa magia menuda, la que impactó a un niño como yo, bajo unas hojas que ya mecían el sueño en un pueblecito rodeado por la llanura y los cerros azules, sería preciso nombrar a los otros hechiceros que se alimentaron de su sombra: Mario Bauzá en 1926, y Barbarito Diez, agregando un corazón sonoro al compás que reverbera en los cimientos de nuestra nación.

Supe también que en 1940 organizó nuevamente su orquesta y le puso un nombre ampuloso: Orquesta Gigante, donde habían crecido los vientos y las maderas. Insistiendo hasta 1946 con una inocencia incansable. Pero llegó la década siguiente y dijo adiós a escenarios y transmisiones. Yo no lo sabía entonces, y lloro desde su descubrimiento: el 18 de enero de 1955 enmudecieron sus teclas, tal vez para encontrar una dimensión diferente en el elegante delirio.

Yo lo vi aquella tarde, pequeño y burlón, organizando las luces sonoras en mi pueblo, cuando la vieja Banda, con solemnidad de domingo, espantaba palomas sobre el corazón de un niño, que entonces supo que le iba a esperar siempre la tristeza en cada crepúsculo de su identidad, en cualquier ciudad donde respirara, porque Antonio María Romeu le había dejado marcas que sólo él ve, cuando un piano enciende su galope perpetuo, bajo los árboles que cubren al mundo, y renace un danzón, como una ola, que lo acerca al esplendor de eso que llaman, como al descuido, felicidad.

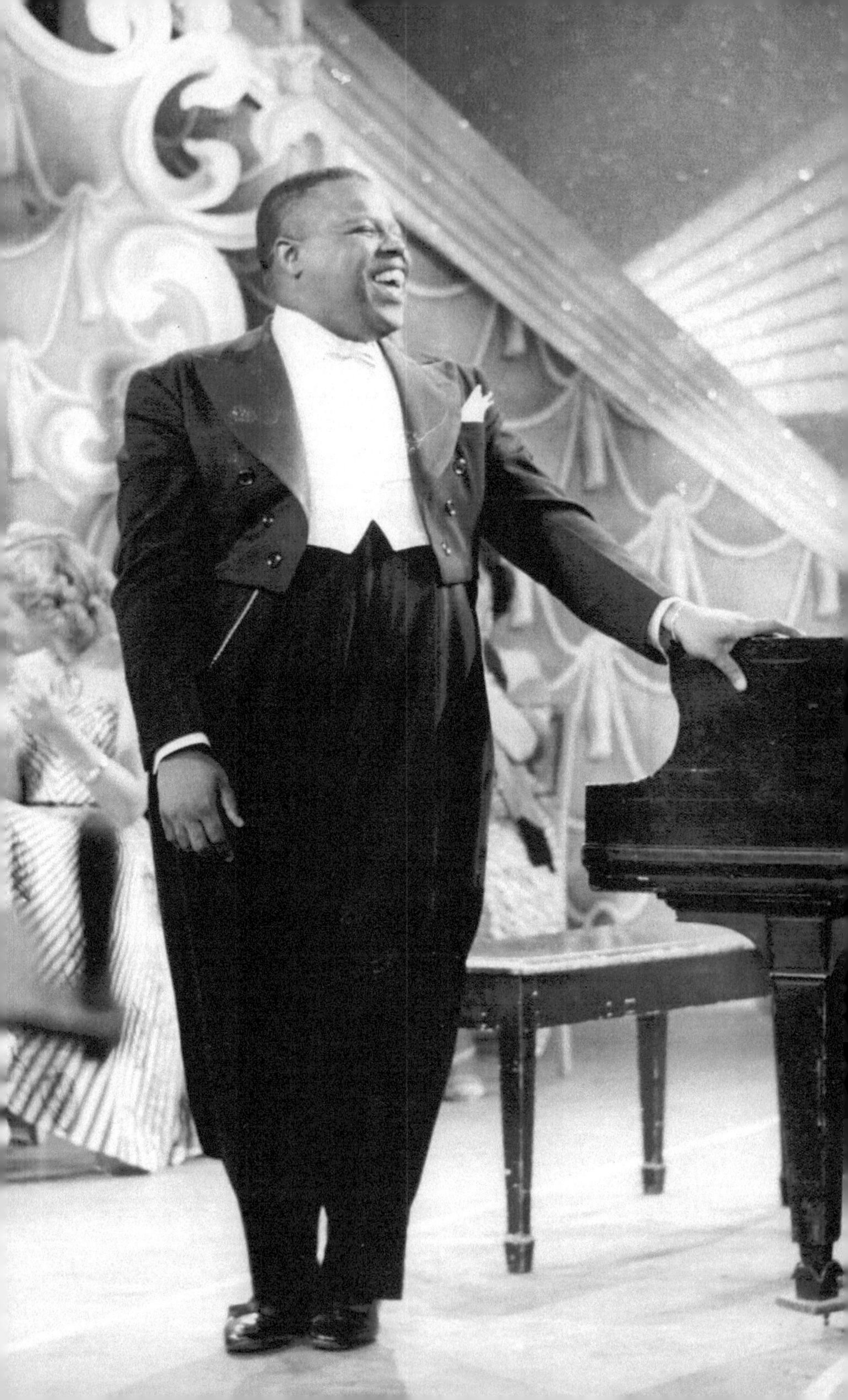

Kabiosile Bola de Nieve

Era una redonda perla negra bajo la luz de la noche.

Era la brisa y el tambor, la ronca letanía de la selva que se convierte en arpegio, en timbre dulcificado recorriendo salones de París y aguas de Veracruz, para llorar de amor y pena.

Su pequeño espíritu divertido entra y sale del cine Carral, en Guanabacoa, tierra de aguas, de arroyos libres, bosque de indios que se hicieron espectros también, y donde el sol del mediodía de Cuba se filtra por las tímidas manos del helecho o los vitrales de asombro y agónica luz sensual.

Es el alba con el ronquido del leopardo, entonando la ilusión cantarina de los fruteros de mi isla, anunciando la pulpa desafiante del mamey, y del mango de azúcares de fuego. Es ahora y después, con frac o chaqué, y unos dientes que quieren morder el cielo con demasiada alegría.

Ignacio Jacinto Villa y Fernández, el que escuchó en su cuna los lentos cantos de la travesía inhumana de sus antepasados, el ruido del océano culpable, la mar de otras orillas bajo las ceibas soñolientas de una tierra distinta.

Pero lo cambió todo, sin olvidar. Es la ferocidad que convirtió en susurro, las claves del amor y misterios humanos. Los hondos aullidos del salvaje horizonte

Es lo más femenino de mis hombrías, el duende cómplice que me cantaba al oído cuando yo amé en Cruz Verde, en Pepe Antonio abajo, cubierto por los framboyanes de la triste iglesia descascarada, o junto a la humedad sombría de los Escolapios. Era su voz, saliendo de la tierra, la que revivificaba el jazmín y el mamoncillo. Chichiricú, diablo mandinga que se ríe de las fronteras y la pobreza de los hombres.

Supo ser triste de una manera muy solemne, con un dolor que estallaba oliendo a mermelada de guayaba, a tajadas de fruta bomba en la espesa noche de la bahía lejana. En la elegante media luz del

Monsegnieur puso su cetro, el trono donde convocaba la agonía y la paz de una ciudad.

Lo dijo burlándose, socarrón, divertido, desde su ébano gozoso: *Yo/ soy negro social/ soy intelertual/ y/ yo fui a Nova Yol /conozco Broguay/ París*, a quien habrían de llamar monsieur, a su regreso al solar.

Pero todo empezó mucho antes. El 11 de septiembre de 1911, en la calle Máximo Gómez, de la Villa de Guanabacoa, una vitalísima negra llamada Inés Fernández trajo al mundo a Ignacito, uno de los trece hijos que le ofrendó a mi tierra.

Lo levantó entre cantos y narraciones fabulosas, donde la tía-abuela Mamaquica bailaba los rituales mágicos de la rumba de cajón. Y fue el regordete estudiante de piano azabache, a quien, en las matinés de películas mudas del cine Carral, que él animaba con música, alguien (dicen que un médico del lugar) bautizara como Bola de Nieve.

Luego vinieron el maestro Lecuona, y México, y Rita Montaner, que en su imposibilidad de cantar una noche, lo llamó al escenario para que entrara a la gloria.

Edith Piaf le escuchó, metido en sus predios cerrados, con su versión de «La vie en rose», y le dijo que era suya, porque él la hacía tan llena de finas sangres que no parecía de vodevil, sino de profundidad marina, como si de su alma salieran pequeños borbotones de desamparo.

Es todavía. Es siempre.

En la ciudad de México cerró los ojos, una noche de 1971, terminando el ciclo donde lo había comenzado. No sé si en su reposo último la muerte lo engañó cantándole aquella nana que él le diera antes al mundo. Tal vez la confundió con la «Mamá Perfecta», que regañaba a los muchachos.

Él regresa. No se ha marchado nunca. Cruzando el cielo de mi país, sobre un piano, se ríe de las palmas, que le saludan, y de las ácanas y los jagüeyes imperturbables.

Aunque en la noche húmeda, bajo la luna majadera, nos resuene su grito de dolor, casi un lamento a media voz, diciendo: *Si sólo queda en mí/ dolor y vida,/ ay amor, no me dejes vivir*, con una languidez que nos convierte en moribundos, en amantes agónicos frente al horizonte que no ampara: *no se puede tener/ conciencia y corazón.*

Es la piedra negra que nos marcó Elegguá para seguir. Hijo de Oggún, que arma los hierros de la mañana; mitad Ochún, mitad Ochosi, el cazador, vigilando los tímidos venados que pasan en la noche de mi tierra.

Es demasiado fervor para que el olvido le cubra. Un fantasma inquieto, que regresa en las mareas de nuestro sueño.

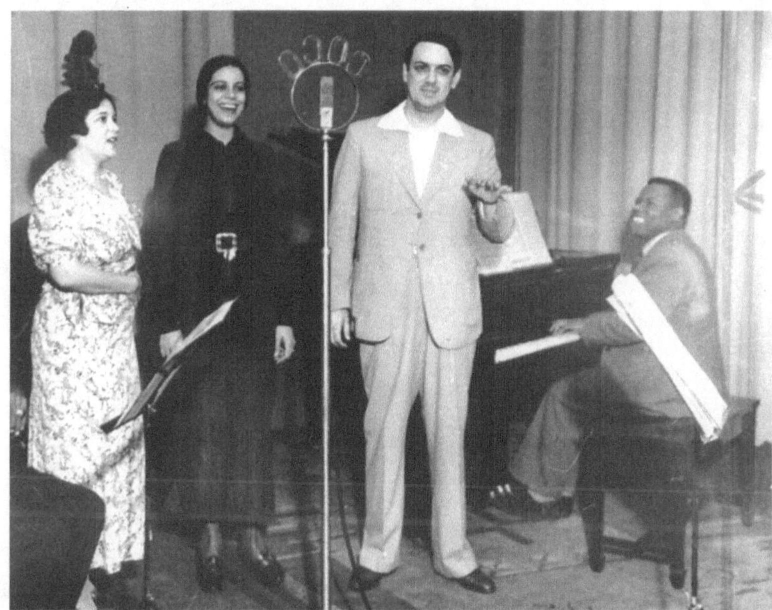

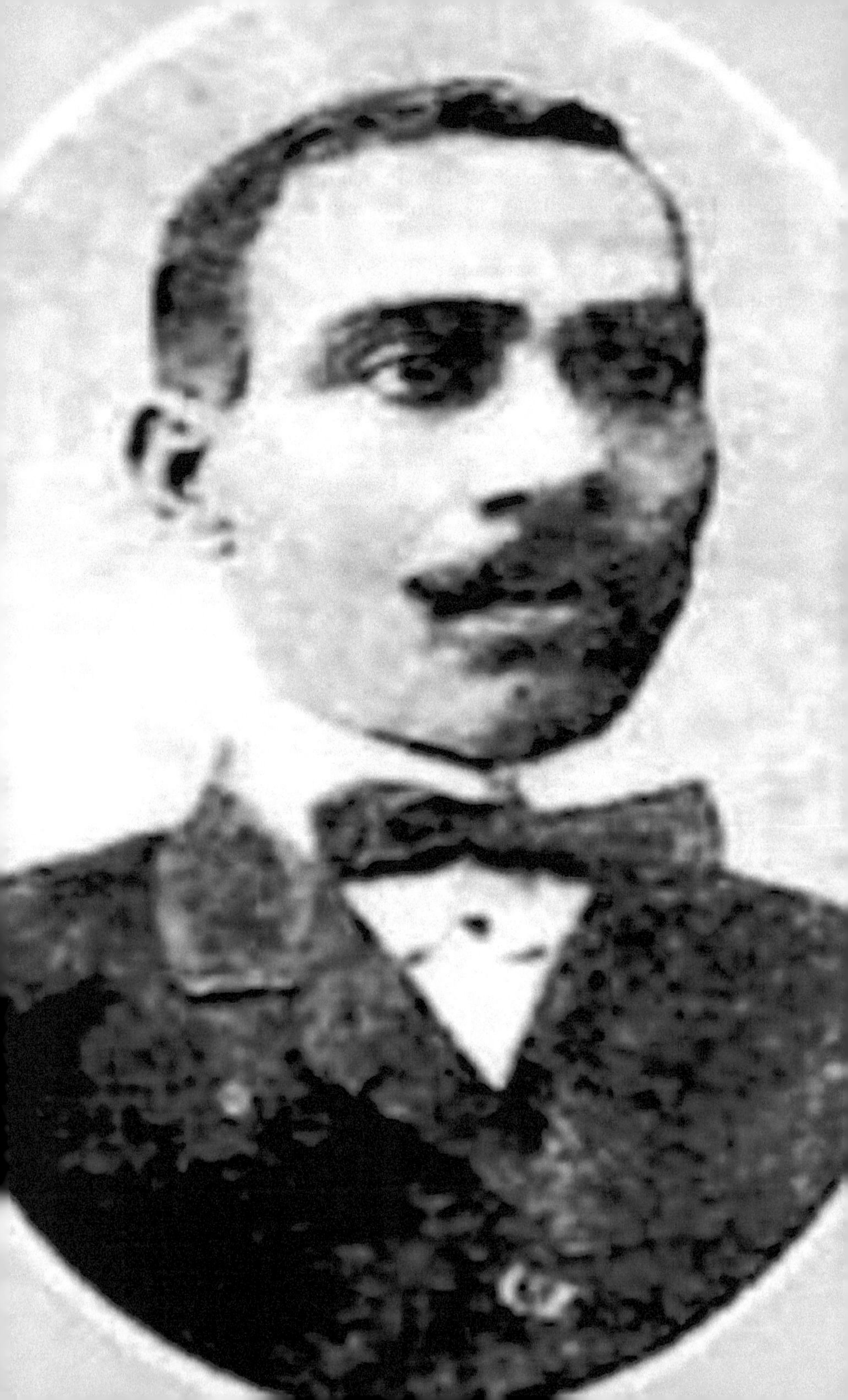

Kabiosile Pepe Sánchez

La noche que iba a morir, sentado en una silla, y luego en un balance —como suelen llamar en el Oriente de mi isla a los sillones—, vio pasar ante sus ojos el viento oloroso de un nuevo siglo en el cielo sensual de Santiago de Cuba.

Con el pecho apuñaleado por la angina quiso aferrarse, enredarse en las cuerdas que tanta luz le habían dado para brindar amor, pero la muerte, esa canalla, no quiso ya más pactos a esa hora.

Con los ojos vidriosos del susto, a la una de la madrugada del 3 de enero de 1908, los amores del aire se fueron desgajando lentos de su garganta, y entró al reino desconocido que no se parecía a la ciudad que tanto había desandado con su guitarra.

Sentado, quieto, como vencido, con un zarpazo en el pecho, José Pepe Sánchez recitaría tal vez un conjuro para quedarse un tiempo más entre el olor a jazmín de las ventanas nocturnas, mientras el aire dulzón de la bahía le iba llenando los recuerdos. *La suerte es adversa conmigo/ no deja ensanchar mi pasión*, dijo tal vez sin que entendiera, a sus cincuenta y un años de asombro, un rey ve cómo se incendia su comarca.

Esa noche mi país perdía a un fundador. Uno de esos osados poetas que han tocado, por puro deleite casual, el estambre indestructible de la belleza, la palpitante hermosura de la canción que se derrama en la noche, frente a una ventana que contiene la pasión de los vivos.

Desde la sencillez de algo que luego fue el bolero, la forma de una pena que le horadaba los latidos, el padre de la trova cubana cerró los ojos, sentado, sudoroso de miedo, con la angustia de irse sin cantar una nueva canción. Los guerreros del amor no han de morir así, lejos de su guitarra, que se empieza a pudrir de pena, cuando se van las manos que la enervan.

El aire de su pena y su alegría, su soledad de sastre que nunca vistió a nadie, iban a ser bebidos por un discípulo que conquistaría lo que la muerte a él no le permitiera: Sindo Garay, familiar, constante en las descargas de aquellos músicos de ocasión, vecino, inquieto en su afilada maestría, le robó el instrumento para aprender a solas, y luego le entusiasmó con su primera obra: «A orillas del Guaso», fiel al estilo del maestro. «Con lo grande que fue Pepe Sánchez, y yo, un vejigo, pude tocar las fibras de su sensibilidad», confesó Gumersindo Garay años más tarde, y también: «Pepe fue un gran cantador y cubanizó la canción. Tiene que figurar como precursor de la trova cubana. Él fue el único maestro que tuve en mi vida».

Había nacido en aquella villa que fundara Diego Velásquez, el hirsuto conquistador que sin quererlo, inauguraría cierta forma del amor, inventando con sus balcones y balaustradas, el estilo públicamente furtivo por donde, tres siglos más tarde, entraría el mensaje del corazón cabalgando sobre el rumor de los bordones. Era Santiago de Cuba, que calentó la sangre a José Sánchez desde aquel 30 de noviembre de 1857, noventa y nueve años antes de que, en un día similar, la ciudad se estremeciera con la insurrección que iba a empujar a muchos jóvenes a la muerte, como en uno de sus tristes boleros.

Su hijo Radamés lo hace humano en una parrafada: «Papá era sastre, pero sólo cosía y cortaba su propia ropa, nunca lo vi hacer un pantalón o un traje para que se lo pusiera otro. La música la tenía como entretenimiento, pues su ingreso mayor se debía a que él era representante de una firma de tejidos establecida en Kingston, Jamaica».

No hizo falta que vistiera a nadie en la ciudad, si cortaba en las noches los ropajes encendidos del corazón. Era hijo «natural» de un abogado que no le dio sus apellidos, un tal Hernández Millares que perdió con su olvido el filo de gloria que el hijo pudo ganar para él. Conspirador en la guerra contra España, fue amigo de futuros generales mambises. Su bolero «En el calabozo» le pertenece a uno muy cercano a su corazón, Guillermón Moncada, un negro de heroísmo iluminado.

Herido de muerte en aquel sillón de penumbras, es posible que Pepe Sánchez se viera nuevamente recorrer solo, los muros y las casas de alegres tejas francesas; abriendo al viento el clamor de cuerdas que le guiaban en esas historias puras que cantarían todos en otra dimensión, en las moribundas madrugadas del siglo XIX, bajo una lámpara de luces fantasmales, donde el bolero fino se iba engrandeciendo en otras sangres del futuro.

Recordaría tal vez, como en ráfagas encabritadas, ya sin casi aire para elevar la voz, la fundación del Quinteto de Trovadores Santiagueros, del que fuera también director y guitarra prima. Escucharía los salmos enamorados que Bernabé Ferrer y Luis Felipe Portés entonaban, cubriendo con sus voces segundas la estremecida voz prima de Pepe Figarola, en el tejido que hacía Emiliano Blez con la guitarra acompañante.

Cerró los ojos antes de que llegara el médico. De su boca cayeron, invisibles, otros versos de su más famosa creación, «Tristezas»: *Tristezas me dan tus penas, mujer/ profundo dolor, no dudes de mí/ no hay prueba de amor que deje entrever/ cuanto sufro y padezco por ti.*

Lo enterraron esa misma tarde. La tierra le absorbió, y ya la noche siguiente, estremecida, perfumada, se puso a brillar distinta con el canto. De todas las puertas salían hombres dispuestos, guitarra al hombro, y la ciudad se inundó de hondos arpegios, historias de mujeres, juramentos de fidelidades infinitas, alegrías y renuncias. Y en el alba la tierra sonreía, cubriendo el rostro que tuvo una vez Pepe Sánchez.

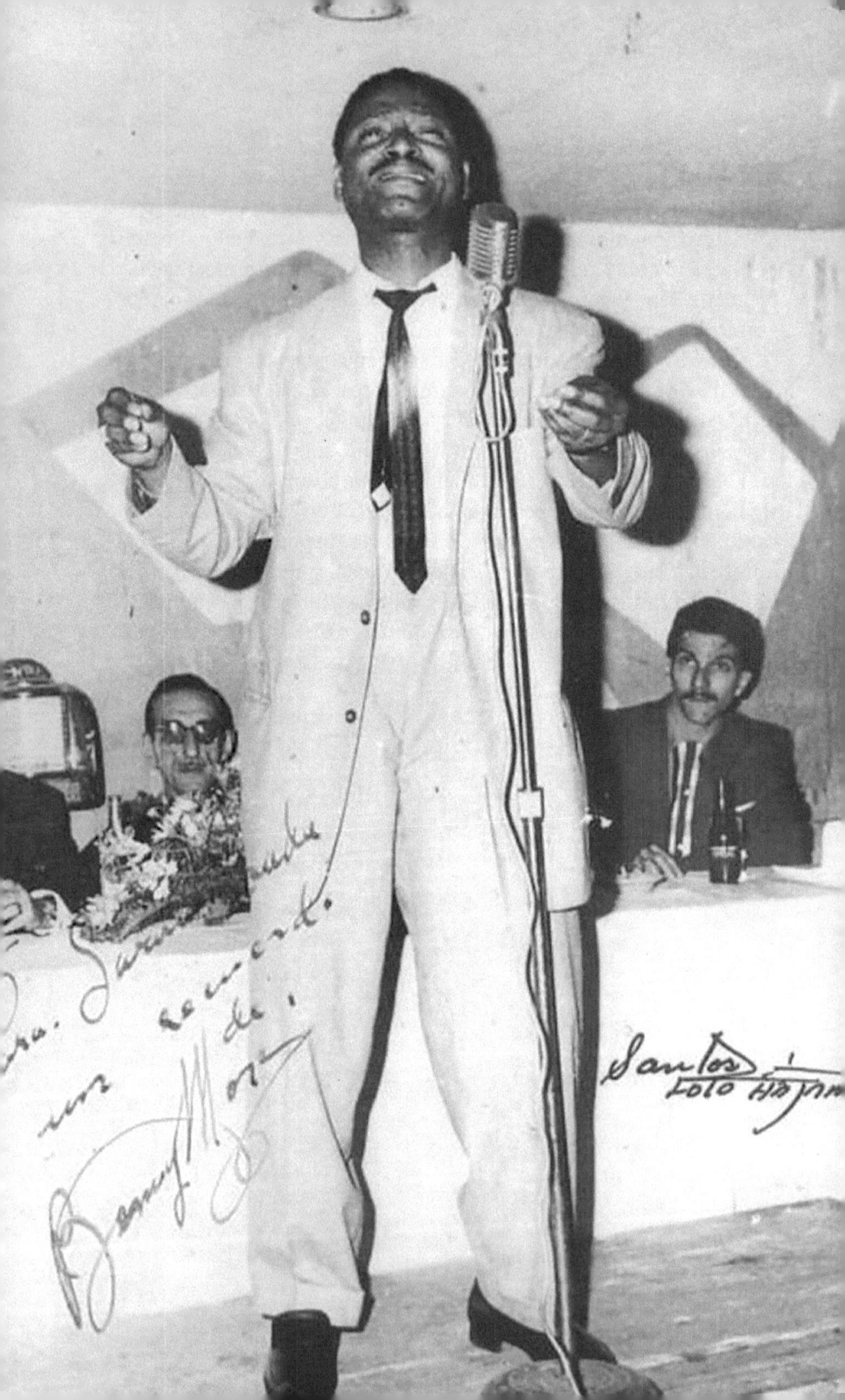

Kabiosile Benny Moré

Era mi pueblo y era una mañana límpida, contra la sierra azul. Y eran mis cinco años de andar saltando del jardín a los canteros, entre animales y corsarios. Entonces sonó el teléfono con un timbre distinto, y yo quedé atrapado en el viento de esa hora, con mi último intento de abordaje en el aire, el corazón casi saliéndome por la boca, y hasta las lagartijas escaparon dejando un polvo demacrado y azul, como la voz de la muerte. Mi padre palideció al levantar el auricular, se hizo pequeño y muy viejo escuchando, y, al colgar el aparato, leí en sus labios, desde lejos, esta frase sombría: «Se murió el Benny» y mi madre también detuvo su vendaval en el aire triste de la faena y desapareció de mi vista bajando los ojos, porque ya sabía, como yo también a mis cinco años, que «el Benny» era Benny Moré, Bartolomé Maximiliano, la aguda voz con que se amanecía en mi casa, en mi pueblo, en todas las casas de la isla de Cuba.

Sospecho que entonces comencé, en aquel preciso instante, a alejarme de todo. Crecí teniendo otra idea de la muerte. Porque al morir Benny Moré desde el timbrazo del teléfono, su voz de júbilo salvaje, gangosa, apenada, dulce, seguía saliendo interminable del tocadiscos, en aquel *long play* de pasta negra que abría la vida de todos. Cómo podía morirse alguien que en ese preciso momento rebotaba contra las paredes de un claro verde, anunciándole a una mujer, que podía tener cualquier rostro: *Te quedarás porque te doy cariño/ te quedarás porque te doy amor/ te quedarás cuando llegues al nido de mi corazón.* Rara manera que tienen los muertos de anunciar lo terrible y seguir brillando en el aire de la mañana, en un pueblo alejado del mar, para que un niño de cinco años recién cumplidos abandone sus juegos y suba a la azotea, como para estar más pegado al cielo de esa hora, y comience a contar nubes contra la serranía que iba poniéndose también muy seria y muy gris.

Durante mucho tiempo, para mí, los que morían continuaban también cantando o hablando en otro sitio, porque encontraba constantemente a Benny Moré detrás de cada puerta que abría, y si entonces era en aquella casa de mi infancia, como uno más de la familia, se me fue convirtiendo su voz, la imagen, luego vista en parpadeantes kinescopios, en el paisaje de mi tierra, natural y espontáneo, que llevo por el mundo con orgullo. Yo soy de donde es Benny Moré, de donde mismo una mañana frágil se montó en un tren desde Santa Isabel de las Lajas querida, y llegó a la polvorienta y bulliciosa gran ciudad de La Habana, con mucha hambre en los ojos, un rubí en la garganta y una destartalada guitarrita. Yo soy de donde los ojos de aquel mulato vieron cómo encajaba el Escambray en el llano, que luego elevó en un canto perfumado, saludando a Las Cuevas, Guayabal y La Guinea.

Siempre me he preguntado qué sentiría el Bárbaro del ritmo en aquel último momento, cuando una sombra le arrancó de la noche del Alí Bar, de los bailables de Guantánamo, de su gentil guapería con Laserie o Joseíto Fernández al darles ventaja en la canción, la ocasión en que risueño, sin ánimo feroz de competencia, les soltó aquella frase inmortal de: «Elige tú, que canto yo». Qué susto sintió en su ya leve cuerpo destrozado de alcohol y feroz vida. Qué melodía le recorrió los espasmos cuando se le apagó la luz de pronto para subir a un sitio desconocido.

De lo que estoy seguro es que allá arriba, o dónde quiera que esté Benny Moré, llegará a los lugares, tarde y sonriente, le pondrá una mano en el hombro a la muerte o a los ángeles, se quitará la dentadura postiza para cantar más cómodo, como aquella noche escandalosa en el teatro América, y le dirá a sus músicos, a la tribu, al mundo: «No te preocupes, mulato, que esta es una orquesta de relajo», y se girará, para que su bastón atraviese la eternidad cotidiana, sacando gestos de sus bataholas, y estremecerá la mañana nuevamente desde aquel 19 de febrero de 1963, ya sin teléfonos para las malas noticias, y *soltará la carcajada que termina en punta / que termina en aullido*, para anunciarle a todos, a ella, que es todas y no es la muerte que lo acunó desolada: *no te atrevas a marcharte/ porque yo soy capaz de dejarte/ sobre la tierra tendida.* Entonces volveré a abrir cualquier puerta, y la voz de Bartolo Moré, el Benny para siempre, inventará el tiempo detenido a mis cinco años, una mañana de mi pueblo. Y dará vueltas incansables el disco de pasta negra. Mi madre sonreirá y no escapará a ninguna parte, y mi padre se pondrá joven de repente, y saldrá haciéndole la segunda al mulato lajero, dispuesto y amplio en el tiempo ya sin tiempo.

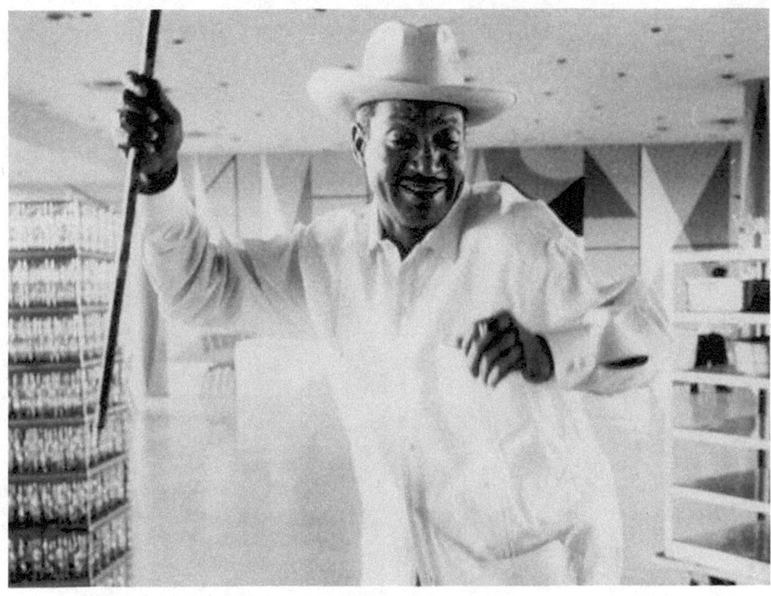

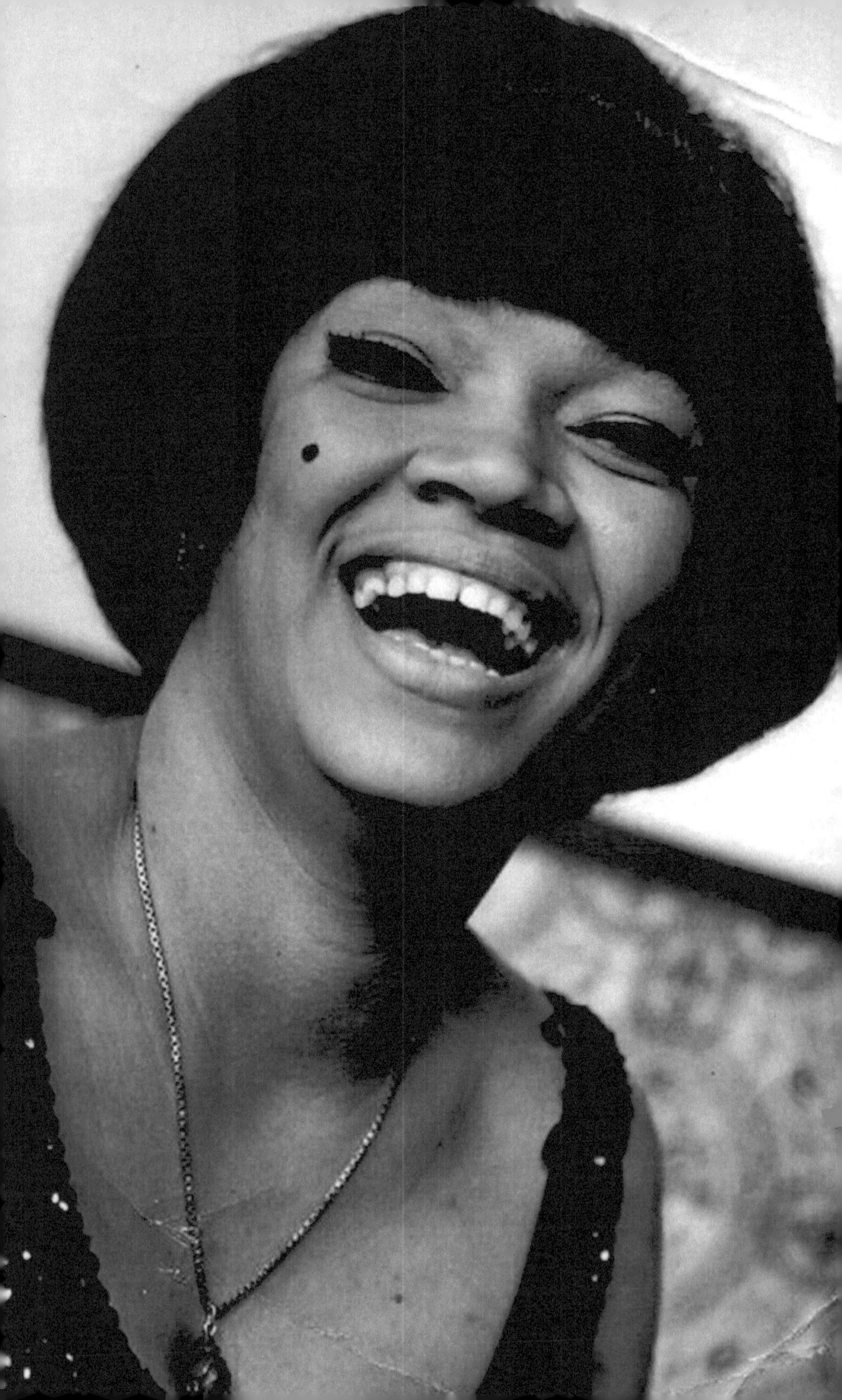

Kabiosile La Lupe

Era la dueña de la pasión y el escándalo. ¿No era dolor, no era la soledad del cielo contra sus ojos asustados? Era el fuego, el choque de una ola contra la piedra húmeda. Era arrecife, era la roca que se hunde. Era la rabia disfrazada de inconveniente y zalamería. Engañaba. Fingía. Se hacía tormenta porque se asfixiaba, y en la oscura vena de su nombre hizo viajar hasta nosotros su inconformidad acusadora.

Hay seres así. Hay criaturas que no saben expresar el miedo atroz y la desesperanza de otra manera que haciendo caer el cielo, y con él, los lentos ángeles indiferentes.

Benditos quienes la vieron salir de la selva, espumeante, escandalosa como una loba que tiene hambre de amor, en aquellas noches de descender los peldaños del club La Red, en 19 y L, bajo los álamos de El Vedado. Esos no olvidarán lo que es estremecerse.

Pensó, aterrorizada, que el diablo había tomado su cuerpo por asalto. Por eso rugía. La muchacha que nació el 23 de diciembre de 1939 en el humilde barrio de San Pedrito, en Santiago de Cuba; que se hizo maestra, y escapada de toda vida serena llegó a la deslumbrante ciudad de La Habana, para luego fugarse también, estaba huyendo de nadie. Escapaba del susto y del amor, huía de su nombre como una gacela en el incendio. Huía del demonio que creía aposentado en su cuerpo, manejándole sus razones. Se llamaba Guadalupe Victoria Yoli Raymond, buscando otras máscaras para escapar también del fervor que provocaba.

Hay personas en el mundo que confunden su demasiado amor con las cosas del susto. Por eso fue La Lupe, y La Lupe se convirtió en la Yiyiyi, en una prestidigitación del alma que ella seguía creyendo feroz.

Se golpeaba la cabeza contra las paredes, lanzaba sus zapatos, pegaba, mordía el aire. Estaba llamándonos. El mundo la emboscaba asfixiándola. Cercada por esos fuegos de azufre grabó en 1960 «Con el diablo en el cuerpo», donde gritó su «Fiebre» como una carta de anuncio y maldición.

Luego, en Nueva York, después de haber dejado aquel recuerdo suyo en La Habana, la ciudad ajena, como se abandona un vestido en una estación de trenes, cantó en La Barraca, un sitio donde otras almas en pena ocultaban sus delirios. Mongo Santamaría le ordenó un poco los caminos para que su pasión recomenzara, más lenta, más solemne, más ella misma sin el temor del diablo que ya no estaba en su corazón. Pero no fue del todo posible.

El corazón de Guadalupe Victoria Yoli Raymond comenzó entonces a estar habitado por La Lupe, por ella misma, y nunca fue mejor el canto y la burla, la sensualidad y el desbordamiento. Llevaba en sí el fuego y la impudicia, su alma no reconocía las fronteras.

Se escapó de nosotros, o la ignoramos dejándola escapar, y nos llamaba desde las calles siempre enigmáticas de Nueva York, porque los cubanos estábamos confundidos con una guerra que nunca existió. La creímos parte de esa guerra, y ahora nos pesa ese olor absurdo de pólvora que no tenía nada que ver con su canto perdido.

Cuando la traicionaron sus orishas, y creyó encontrar la paz y la sangre calmada, ya estaba cerca de la puerta de la nada. Se puso en manos de otro Ser, medio inválida, habiéndolo perdido casi todo, en uno de los extremos volubles de su intensidad. Pero seguía llamándonos desde su estanque ya sereno.

Benditos los que la vieron en el esplendor de su luz, con Tito Puente al mando de su alma y su garganta, levantando para siempre el puñal delirante de eso que llaman «nuestra pasión latina». Felices los que la vieron agigantarse cuando encontró en las palabras estremecidas del antiguo cartero boricua Catalino Curet los sentimientos que siempre nos quiso decir. Tite Curet Alonso le construyó el cauce que pedía su borrasca, y nos lanzó entonces su mensaje total, llorando de miedo y rabia, porque todo era «Puro teatro».

Nos está llamando todavía desde la muerte, para que la hagamos sentir que pertenece, aunque ya es múltiple y de todos.

Era el silbido en medio de la noche, el rumor terrible de un terremoto que avisa, pero todo no era más que desamparo, o una manera equivocada de la felicidad.

Encontró tal vez la paz a los 53 años, mal vestida, cojeando, con demasiados kilos en el cuerpo, pero cantando serenas letanías al hallazgo de otro Dios. Interrumpió esos cantos en 1992.

En el Bronx de la Gran Manzana hay una calle que la recuerda, La Lupe Way, en la 140 Este, en las inmediaciones de La Iglesia de Dios, entre la Avenida St. Anns y Cypress.

Nadie descanse nunca pensando que se fue. Tal vez por esa calle podamos ir a recobrarla.

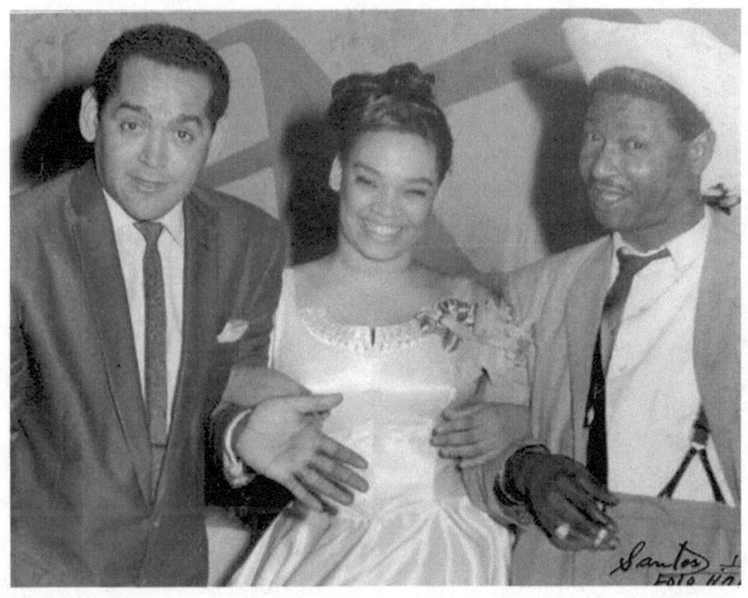

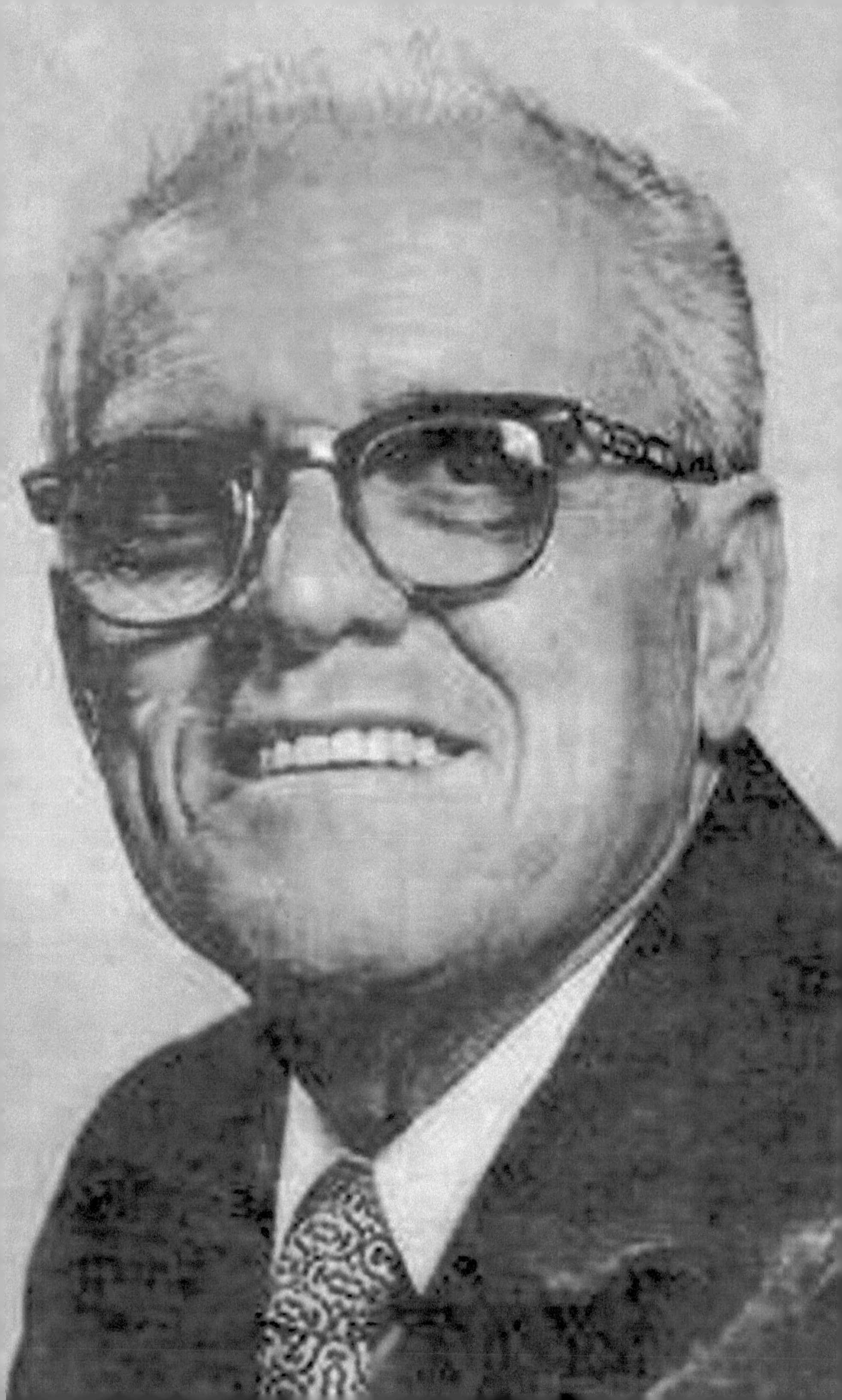

Kabiosile Tito Gómez

Justamente un mes antes de morir, quien se llamara de niño José Antonio Tenreiro Gómez, hijo de un gallego obsesionado con levantar cabeza en tierra extraña, grabó su último disco. Tenía ochenta años, y no lo vio como su pase a la eternidad, que ya había logrado, sino como el inicio de una nueva carrera, en una edad que muchas veces no es el final de todo, sino el nacimiento de una ilusión distinta, cuando se sospecha que puede abrirse la infausta puerta de la nada, en cualquier instante sorpresivo.

Ahora lo escucho emocionado, con fervor y agradecimiento. Conmovido con ese aire de hombre eterno que quiere dejar para siempre en el viento, cuando canta para todos nosotros uno de los más hermosos boleros de Osvaldo Farrés, «Toda una vida», que parece promesa y resumen, inventario de tanto asombro suyo desde que nació en pleno barrio de Belén, en La Habana, en 1914, marcado por el inicio de una contienda infame y mundial de la que casi no hubo noticias en la Isla, convulsionada por otras cosas íntimas, y esperando el trasiego lento y sabroso del son que se acercaba desde el Oriente.

Ahora que se ha ido, tal vez para volver. Ahora que pudo llegar con el corazón límpido de todas las envidias a sus primeros ochenta años de eternidad, y que le escucho con la voz casi incólume, tal vez un poco más sabia, quizá amansada por el torrente de la entrega; me doy cuenta de que Tito Gómez siempre estuvo en mi mundo, siendo el gentil, el chévere, una palabra latina que se usa en Cuba como metáfora entre la bondad y el ángel. Tito Gómez sonriendo por debajo de aquellas gafas oscuras que luego se blanquearon. La obstinación del pichón de gallego Pepito Tenreiro, que demostró a su padre, ganando dos veces el Primer Premio de interpretación en el Teatro Nacional de La Habana que Belén era mucho Belén, y que había demasiados tambores en el aire, como para vaciarle el alma de toda aquella música grandiosa que se respiraba y se comía.

Unos sonidos que eran al mismo tiempo colores y sabores, susurros en la madrugada de una ciudad que jamás corría sus velos.

Cerrero y guapo, no de belleza sino de valor, abandonó el género lírico que todos creían iba a ser su carrera. Un blanco entre negros gozosos, dándole sabor al son que ya había extendido sus alas y raíces. Así puso su caudal, su gracia y sus maneras totales en la Orquesta Sevilla Biltmore, que dirigía Osvaldo Estivil, y echó a rodar el inicio de su leyenda durante diez años, en los primeros discos que nos iría dejando, así como se respira. En 1949 se integró a la Riverside que dirigía Enrique González Mántici, con la que estuvo veinteséis años. Con ella se acercó a las estrellas. No sólo por las largas temporadas que amenizó la orquesta en Tropicana, precisamente bajo las estrellas que se asombraban con el canto de Tito, y que sumaron su fulgor a la personalidad de este Tenreiro tan nuestro.

Escuchándole ahora en esa promesa, que es resumen, como gritándole a Dios su presencia y su amor por la vida y la canción, caigo en la cuenta de que nunca nadie calificó de nada a Tito Gómez en mi Isla. No fue rey, ni bárbaro, ni guarachero mayor o señor del bolero. Todo lo hizo bien, discreto y lúcido. Inolvidable desde su sonrisa de esperanza. Pero nadie cantó «Ramona» a su modo, mientras la «Pobre luna» se escondía. Como nadie se ha atrevido a superar, porque no es superable, su versión rotunda de esa «Vereda tropical», grabada de puro milagro en 1955 como relleno de un disco, por donde viene y va, con la dentadura haciendo guiños de felicidad y sabrosura.

Un amigo cercano a Pedro Luis Ferrer, con el que Tito Gómez grabó ese disco que ahora han titulado con justicia *La última descarga*, y que ha resultado ser su adiós o su retorno, me contó que el victorioso viejo abrazó a Pedro Luis tras escuchar la maqueta, y con un brillo de tormenta en sus ojos de ochenta años le grito lleno de vida que quería grabar los próximos discos allí. Si lo dijo lo cumplirá. Allí ha de andar su voz, retornando cada vez que alguien inicie los compases de «Pensamiento», con la misma fidelidad de sus diez años en la Sevilla Biltmore, sus veintiséis en la Riverside, su medio siglo en el apartamento 6 de la calle Vapor 115, entre Espada y Hospital. Su vida en mi cultura, demostrando que no hay silencio, que la ciudad espera. Que las veredas, por muy tropicales que sean, llevan siempre a un amor. Y a ese amor hay que darle la vida entera. Y prometer más de una vida si se pudiera.

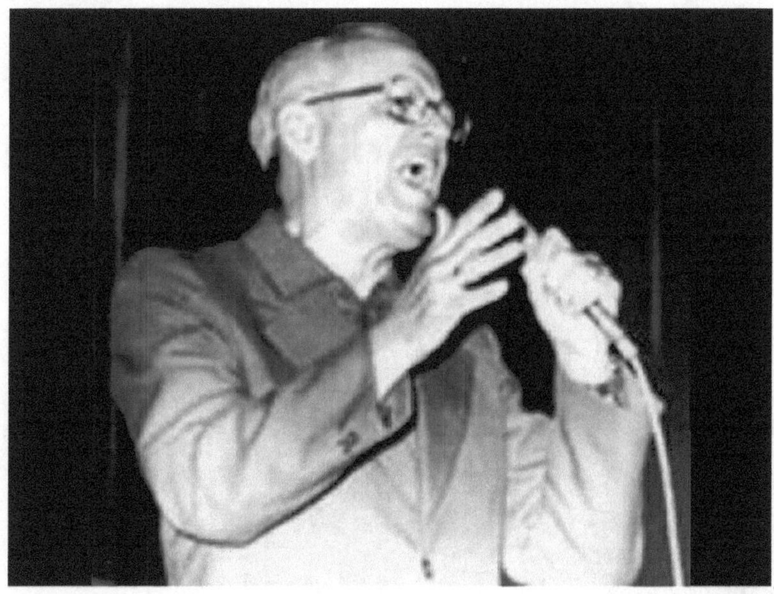

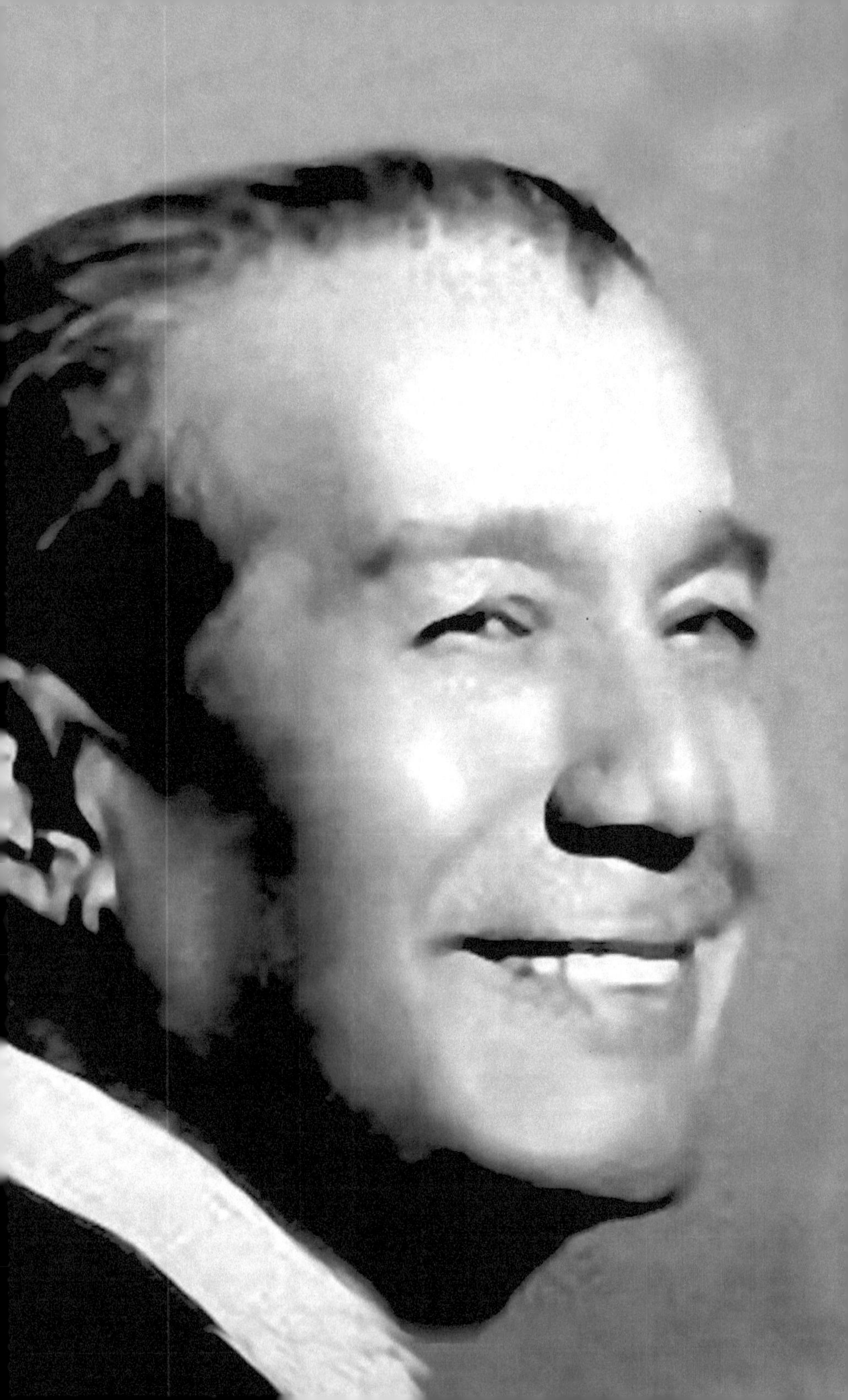

Kabiosile Miguel Matamoros

Acuso a Miguel Matamoros de mentir.

Ya lo dije una vez, en el texto de cubierta de uno de los últimos discos que grabarara su trío, el más famoso del planeta. O al menos, la trinidad que más cubanía le ha dado a nuestra sangre.

Lo acuso también de haber puesto a mi país en la boca gozadora del mundo, construyendo una isla que acompaña el sueño en las distancias. De hacerlo con absoluta impunidad. Y le acuso además de un delito mayor, mucho más grave, la osadía de colarse en la inmortalidad y arrastrarnos con él, conociendo ya de dónde son los cantantes.

Pero lo acuso, sobre todo, de no ser serio con la vida. De haberla bebido hasta la última gota. Y de mentir. De mentir mucho. *Aunque quiera olvidarme, ha de ser imposible*, dijo cantando allá al final de los años veinte, y me obligó, con el tumbao burlón de su voz y su guitarra, a imaginar aquellas lobregueces que se encuentran si uno busca otros corazones. Yo también recogí las anunciadas esquiveces de su «Olvido» eterno, cuando mis caricias fueron para mis amores perdidos *el fantasma terrible* que he cargado en la hoja amarillenta de mi memoria.

Me hizo jurar con él la promesa imposible que una vez dije ante unos ojos esperanzados: *Volveré a nacer/ si me muero/ volveré a nacer/ para amarte/ volveré a nacer si me muero/ para no olvidarte*, esa tierna mentira me quitó el aire humano del pecho, porque en realidad he soñado desde entonces lograrlo, pero Miguel se ha llevado el secreto para siempre.

Acuso a Miguel Matamoros de prestarme sus palabras para decir cuánto amo. Ya no puedo respirar mujer si no me rondan esos versos suyos, endiablados, que tienen ron y estrellas, como un guiño de fuego en el temblor de mi lejana tierra. Acuso a Miguel Matamoros de darme una tierra más ancha que la mía. Una extensión con alas, que no se mide con los tristes sistemas métricos de los hombres. Un país a la vera del mundo real, que tiene un sol de arpegio y sabrosura, y una noche de errante enamorado bajo el cielo del universo que aprisionan los atlas engañosos; y en un solo golpe de furiosa remembranza, se reúnen en ese invento suyo todos los puntos cardinales.

Le acuso formalmente ante el planeta de trampear al destino, de protegerse de Ikú —la muerte— con desmedidas porciones de atimpola, la hierba que provoca felicidad, inteligencia y riqueza, en alianza estrecha con Osain para sobrevivirnos. Lo acuso de esperar a mis biznietos y a sus posibles descendientes, cuando no pueda yo mismo cantarles esas cosas mágicas con que subí a esta edad humana, en que ya me es imposible olvidar nada. Le acuso de inventarlas, pronunciarlas, sellarlas en discos que girarán sin dueño, vivos, imparables, regalando júbilos de conga o serenas nostalgias. Lo acuso de haber escrito y cantado «Reclamo místico» y «Mariposita de primavera», dos conjuros que hacen llorar y reír a la vez como si el alma enloqueciera.

Más allá de venir al mundo el 8 de mayo de 1894, en la calle San Germán número 48, entre Gallo y Matadero, en Santiago de Cuba, y ser el inquieto colibrí que todo lo miraba y oía, grabando los temblores de la vida que fue marcándole, bajo el amparo de Nieves Matamoros Chacón, convertida en pasión y techo ante el abandono de aquel marinero Marcelino Verdecia, que lo engendró en una noche de amor y borrasca, le acuso de convertirse en emisario de un ritmo respirado en la sal y el verde monte de sus orígenes humildes.

Lo señalo ante el mundo por ser culpable de aquella conjura taimada, aprovechándose de la alegría, el alcohol y las indomables guitarras que llenaron su casa el 8 de mayo de 1925, pues ese día pactó definitivamente con la vida, arrastrando ingenuamente al complot a Siro Rodríguez y Rafael Cueto, escuderos perpetuos en la raíz de mi esencia. Lo acuso de atreverse, incluso, a proclamarlo al viento, al decir que *habrá en el mundo un mundo de bocas*, en la cadencia inevitable de un bolero son, otro invento que le dictó el diablo en alguno de sus misteriosos conciliábulos.

En su postrer maroma luego de haber amado torrencialmente, atándonos sin piedad al puntear de su guitarra, se atrevió a tener miedo de irse, nos hizo pensar que la Parca le asediaba, y que una noche quiso arramblar con su corazón vitalísimo: *Ella tocó y no le abrí. Después cuando terminó mi crisis la vi, escondida allí en la esquina donde termina la loma. Luego se fue volando y se zambulló en el mar; a la muerte le gusta bañarse en el mar, por la noche.* Lo acuso de la más abominable de sus trapisondas, hacer como que se moría aquel 15 de abril de 1971, en su Santiago natal, cercado todavía por el humo y el estruendo de los acorazados norteamericanos y la fragilidad naval del Almirante Cervera que dijo haber visto en su infancia.

Lo acuso de engaño alevoso, de pactar con el futuro, de permanecer hasta en las ruinas y el abismo; de saltar en el horizonte, inesperadamente, cuando se abren las más extrañas puertas. Y de hacernos esclavos de un rito: no olvidarle, convidarle a la mesa, compartir el dolor y la esperanza, llamándole siempre, sin percatarnos que activamos sus resortes. Lo sembró en el aire, muy burlón, delante de nuestras mortales narices: *mira que si muriendo/ tu voz escucho/ pueda después de muerto/ que te responda.* La más alegre y terrible de sus amenazas cumplidas. El secreto de su rotunda permanencia.

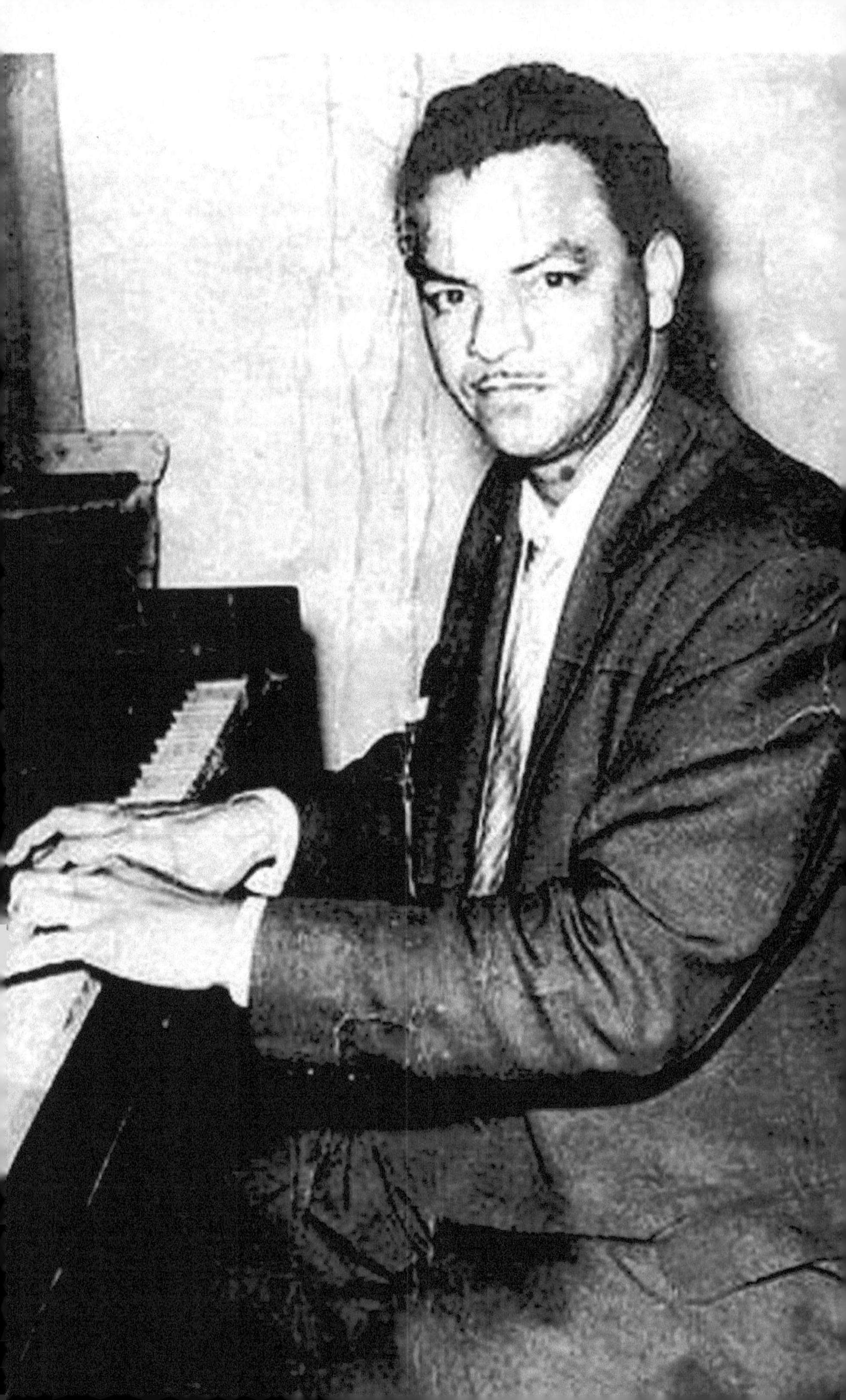

Kabiosile Lilí Martínez Griñán

Todos somos culpables.

Le vimos morirse a gritos, desgajándose, y no sabíamos.

Le aplaudimos como al desgano, en las penumbras del amor clandestino, en los malos bares y clubes donde iba a hablar con Dios, castigándole por perverso y olvidadizo, y no le reconocimos.

En verdad era ya otro.

Mordido por el alcohol y la desidia. Sombra entre sombras. Derrotado, fantasmal, recorriendo la ciudad que una vez encantara, con su piano diabólico, de donde iba a sacar un tiempo nuevo.

En verdad había sido distinto.

Disfrazado tras aquel nombre de mujer bíblica, Lilí, el pianista que más son montuno ha tenido en la sangre, el indomable guantanamero que rescató Arsenio Rodríguez, en 1946, de la ruleta de la vida, construiría el escenario de nuestro mundo con una antelación que ahora nos sobrecoge.

Luis Martínez Griñán, hijo de español y de cubana, nacido el 16 de febrero de 1917, un año que iba a marcar al mundo.

Es y será ese misterio, a quien una voz oscura saluda, en todos los discos del Conjunto de Arsenio Rodríguez y su heredero Chappottín, como: «La Perla de Oriente» mientras remata el coro: *¡Y qué perla!*, entraba a su instrumento como si entablara una batalla, para luego, en la marejada rebelde del tres torrencial que pulsaba el Ciego maravilloso, inventar los remansos que hacían al corazón respirar.

Podía ser una «Polonesa» de Chopin. Un pasaje de *jazz* con el humo oscuro de un pub de Chicago. La última rumba que le arrancó de cuajo el corazón. Un olor a selva, a océano, a neblina que se evapora con el sol de Oriente.

Con él se acabaron los guapos en Yateras, un dicho muy antiguo que convirtió en noticia para siempre. Dicen que el Conjunto de Arsenio tuvo un antes y un después.

El «después» se llamaba Luis Martínez Griñán, «el hombre, su hombre», que Rubén González dejó en los teclados cuando se marchaba al extranjero. Y ese después fue el esplendor, la concepción escenográfica de un mundo sonoro, porque Lilí era el dios de los torrentes, y sabía qué montaña y qué arroyo encajaban mejor en el paisaje.

Dentro le cabía toda la música del mundo.

A pesar de que, según Arsenio: «en Guantánamo no había pianos». Él tocaba en la armonía del universo.

En 1946 dijo que no le lloraran más. Yo no sé cómo obedecer esa orden burlona.

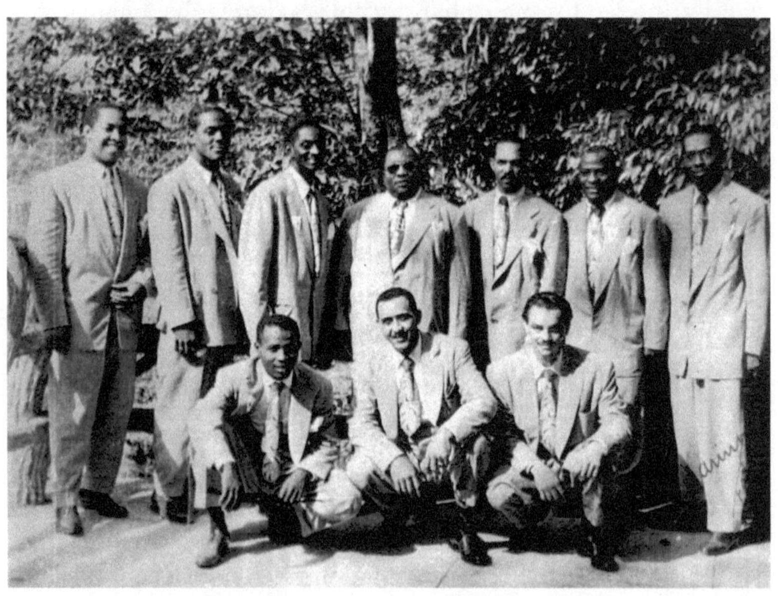

Con sus manos venció al hambre de la familia. Para hacerlo escogió una humilde sala de baile en Santiago de Cuba. A esa ciudad del inicio llevó su maltratado cuerpo para el final, como si sellara un círculo sobre el techo del universo.

Cerró los ojos bajo el cielo hirviente de Santiago el 16 de septiembre de 1990, como si todo estuviera inventado y también hubiera otro «después» con su silencio.

«Pueblo Nuevo se pasó», grabó con Arsenio el 19 de febrero de 1949, un guaguancó para guerrear en todos los espacios. En él su piano entra y sale semejante a las sombras chinescas, y tiembla la tierra sin susto, como si se posara una mariposa que renace.

Él terminó de unir las riberas. Lo negro y lo blanco, como en su teclado, sólo fue música para la alegría. Era el fervor, y la esencia de ese fervor. Una raíz tan grande que se extiende por debajo de la gran pradera que somos.

Pappo Lucca le estaba buscando —él todavía vivo y oculto en su niebla de olvido— para regalarle un piano blanco.

No lo necesitaba.

Allá en el aire, en la roca más alta, sus manos vuelven a soltarse como animales espantados.

En el fuego se levantan sus sueños. Y nos sentimos menos tristes.

Él da la orden. Su fantasma palpita.

No se despide porque nunca se irá.

El mundo brilla como un piano.

La Perla de Oriente me enceguece cada día.

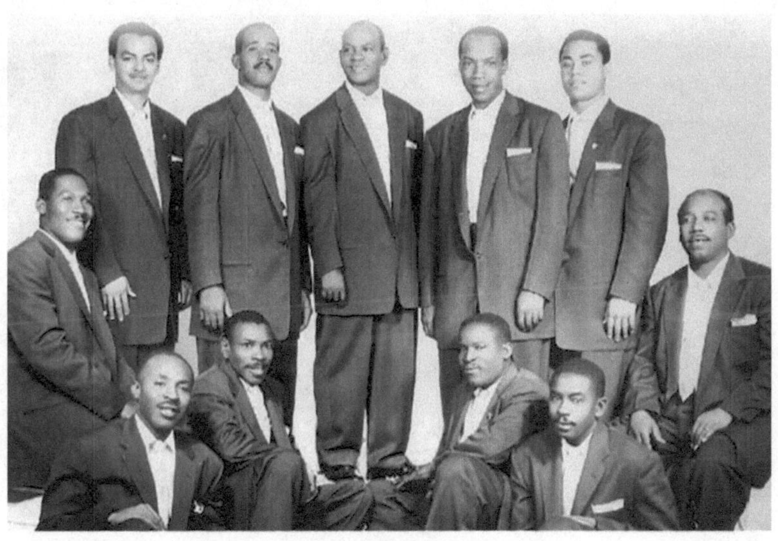

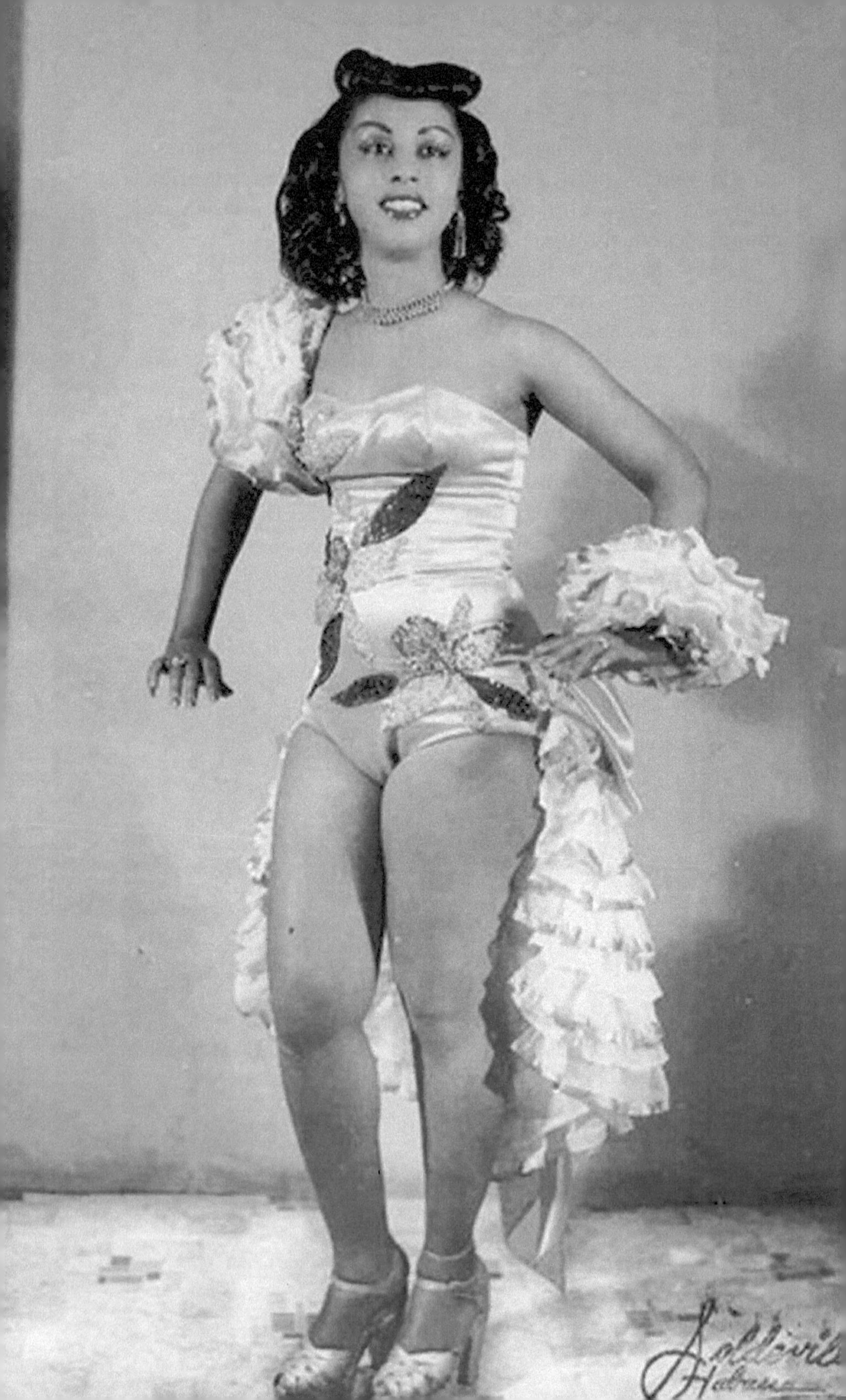

Kabiosile Merceditas Valdés

Su voz bajo la noche profunda de los santos.

Su garganta llamando, tierna, espléndida, tímida en ocasiones, clamando por el abrigo y la protección, o la luz que guíe los pasos de todos, en los caminos que trazaron en África aquellas sombras trasplantadas a un mundo nuevo donde ella solicita, ordena, saluda, implora, derramando dulzura en la sangre atronadora de los orishas.

La voz de Merceditas Valdés, nacida en La Habana el 14 de octubre de 1928, abrigada por Oshún y Obatalá, mecida por el mar por donde desembarcaron la sangre y la agonía de sus ancestros. Príncipes perdedores, guerreros con el corazón trastornado por el viaje a ninguna parte, que fue el inicio de todos en una isla a veces maldita, otras, abierta a la inabarcable dulzura y a la interrogación.

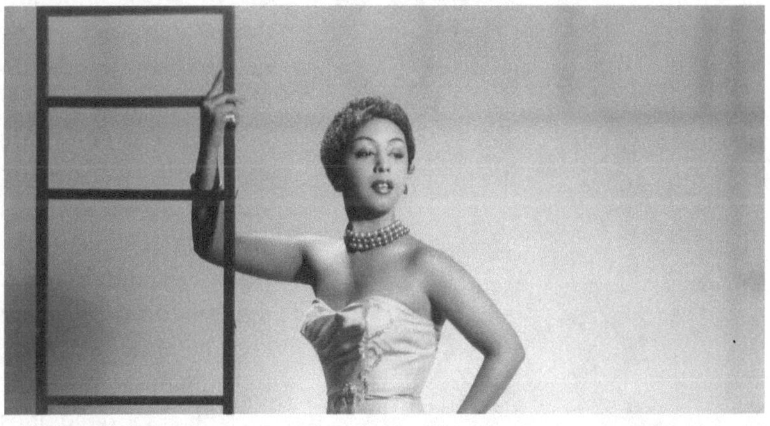

Su aire respirando el mismo ritmo soñoliento de Babalú Ayé, cubierto de llagas en la noche estremecida que se pierde en los tiempos.

Su corazón de hoguera que se nos muere, incendiado en la fiebre de Changó, que atemoriza la estatura del laurel, que desentierra su remota sangre bravía bajo las nuevas ceibas.

Se estrenó en aquel duelo de grandes que fue La Corte Suprema del Arte, espléndida y menuda, como el triunfo de un continente desconocido, oscuro, que fundaba un rostro diferente en mi tierra.

Hay que cerrar los ojos cuando le canta a «Lacho», esa canción de cuna que trae el rumor de los ríos memorables de la selva. Hay que mirarla en el redoble feroz del tambor cuando se agacha y se vuelve oscuridad, recogida sobre su corazón, hablándole a Elegguá para que abra las puertas que dejan entrar la vida con sus dobles espadas de agonía.

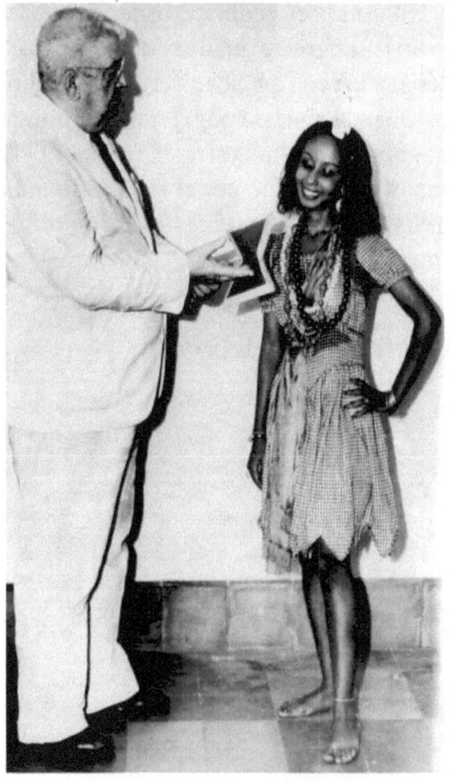

Mercedits Valdés junto a Fernando Ortiz
Foto: Red de bibliotecas virtuales de Ciencias Sociales

La dulzura infinita de Mercedes Valdés, Merceditas, en el bramido de la historia, dibujando los vientos hondos de nuestra raíz, cuando el sabio Fernando Ortiz nos contaba de dónde veníamos y a dónde vamos, allá en los años cuarenta y cincuenta del siglo XX, cuando la faz del cubano dejó de ser completamente blanca, únicamente blanca, para mostrar al sol los líquidos desenfadados de nuestro mestizaje orgulloso.

Fue entonces la ilustradora de toda la gran herencia, el sonoro caudal de los comienzos y los finales. Cantó los cantos que todos murmurábamos con vergüenza. Los hizo cotidianos en la fe oculta de la sombra. Los iluminó para que fuéramos también el río Limpopo, el Zambeze, el Cubango o el Ubangui, en los fantasmas transmutados de una esencia lejana que hizo la insondable esencia nuestra.

Quién sino ella iba a protagonizar aquella «Rapsodia negra», que dirigió Enrique González Mántici en CMQ Radio, en 1951. Sus orishas de piedra, sus dioses vegetales, así lo quisieron.

Con la compañía de Ernesto Lecuona salió a decir al mundo las verdades de la raíz que nos conectaba a otras razas. Así fue el espectáculo Zun-zún Babaé, en los mares del mundo, para que las viejas ciudades de la conquista observaran la carne de su mala hazaña.

Ella no se ha ido.

Los tambores batá la invocan en la serenidad de los remansos. Noches de luna en que Osaín vigila y donde caza, emboscado en el tiempo, Ochosi.

Ella ha sido la flecha y la gacela.

En 1996, la que Fernando Ortiz llamaba «su pequeño aché», dejó su canción en el aire. Entre las lianas de la noche sigue enarbolando su silbido. Se hizo espuma, pulpa de fruta fresca, el rocío que cae sobre la ceniza.

Huyó despavorida a su sustancia. Se abren las puertas del reino de Ifá. Ella sale y sonríe.

Estamos protegidos.

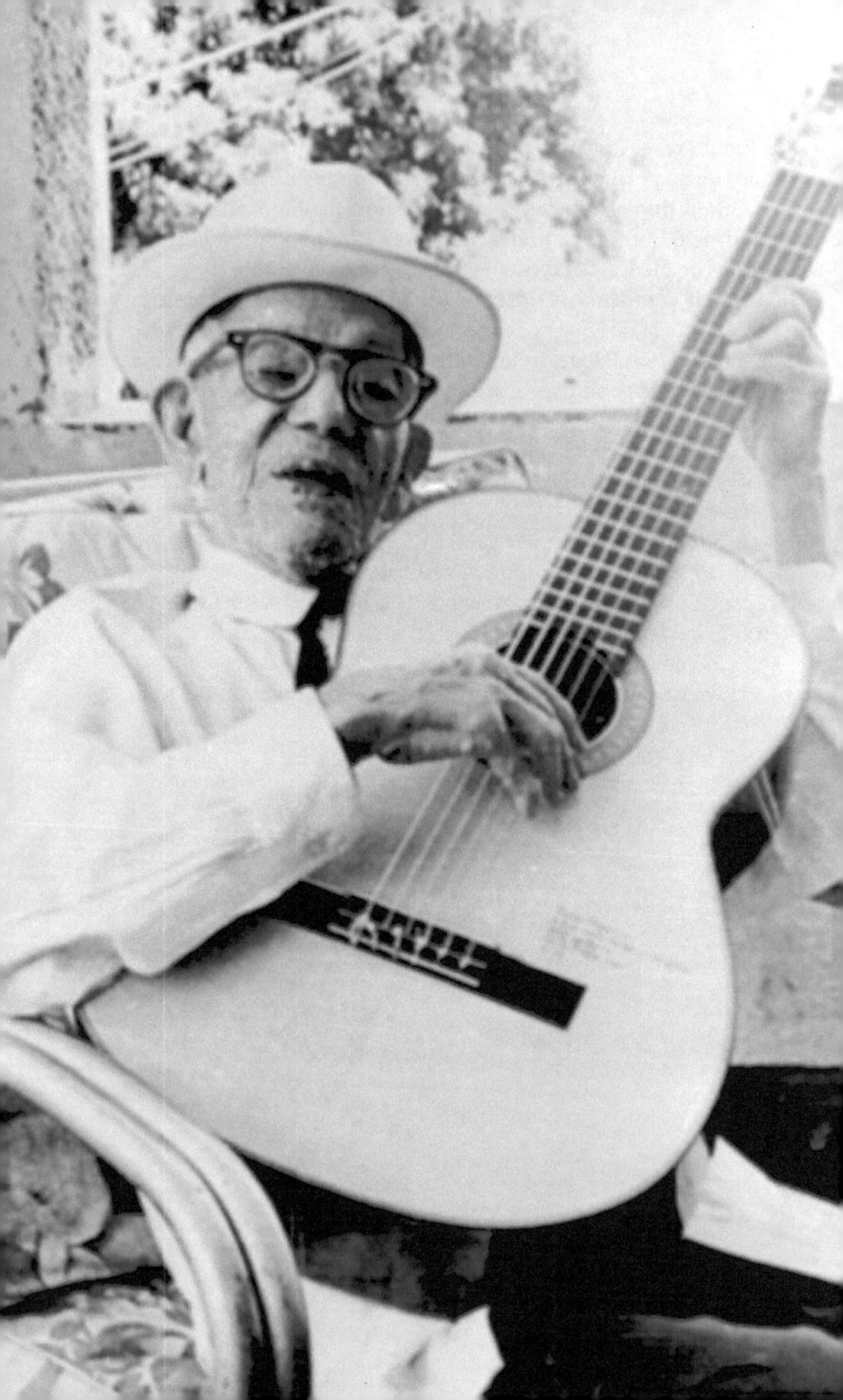

Kabiosile Sindo Garay

Entre las cuerdas de una rara guitarra que huele a café oriental, aguardiente y corazón, anda Antonio Gumersindo Garay, Sindo, el Gran Faraón. Pequeño, inquieto, con unos ojos estropeados ya de ver la vida, bajo un sombrero que no le deja pegarse al cielo. De tanto vivir, tiene la sombra un poco desteñida, por eso su lugar sigue siendo la noche. Allí convoca el mar bravo de la bahía de Santiago de Cuba, el olor mágico del viejo barrio del Tivolí, los tormentos fieros que le llenaron de ascuas el alma ensombrecida, hasta formar demasiadas muescas, diminutas cicatrices que se esconden en el fondo de sus ojos pequeños y extraviados. Él lo sabe, porque aprendió solo, del viento y las paredes, el tamaño y color de las palabras con las que se dice amor y pena.

Le vi el día de sus cien años, brevísimo, trémulo, como si le hubiera ganado un pulso a algo superior; como si la máquina loca de la vida le premiara con tantas súbitas monedas, que en ese momento ya no sabía qué hacer con ellas. Sindo Garay con su guayabera que lucía humilde siempre, aunque la acabara de estrenar; con sus gafas que no tenían nada que ver con él, y aquel raro sombrero que parecía poner un límite entre su brevedad y la tierra, entre su ansia victoriosa y la muerte, entre su esperanzada memoria abarrotada de labios de mujer y el triste olor de los olvidos. Yo era un niño y le vi, tan alto como otro niño aventurero, en la pantalla del televisor de mi casa, en el pueblo donde dijo que quería reposar para siempre, que no era el suyo por derecho de nacimiento, pero sí por el otro derecho, el más grande, el que ganó queriéndolo, inmortalizándolo.

En los viejos muros de ese pueblo, las bayamesas incendiarias dejan el fulgor de su pasión y sus siluetas adorables, dejan la cadencia de su andar y el murmullo de sus amores devoradores. Sindo las dibujó en el aire para que se posaran luego, para siempre, en las aceras y las tejas. Allí arden en la noche cargada de espectros, sirven para amar, para iluminar el pasado y con esa luz ver el futuro.

Su tiempo fue un tiempo en que las palabras servían, y tenían un peso que se llegaba a necesitar y atesorar. En él toda sed era insondable o irresistible; todos morían de amor o así lo anunciaban; y unos ojos quedaban ardiendo en la memoria como nunca más ha vuelto a suceder en este mundo oscurecido. Los adjetivos crecían entre las cuerdas de las guitarras invencibles, como si fueran jazmines nocturnos, salvajes enredaderas que se subían a la voz del ron y de las pasiones. Todo llegaba a la sangre, al infinito, a la traición de un gesto que Sindo y los demás clavaban en la nostalgia para que otros lo supieran: *Las amargas verdades/ que me dijiste/ cuando en busca de amores/ llamé a tu pecho/ no sabes el inmenso mal/ que tú me has hecho/ estoy muy triste/ estoy muy triste/ por aquellas palabras/ que me dijiste.*

El hombre menudo que compuso a los diez años de edad aquella perdida pieza «Quiéreme trigueña», había nacido un 12 de abril, en Santiago de Cuba, en 1867, un año antes de que comenzara una guerra de honor y desolación, en la que iba a participar un día como mensajero de los suyos. Los guerreros que encontraron amparo bajo el jagüey y las ceibas umbrías, llevaban, junto al feroz machete y a la muchas veces destartalada escopeta, la vihuela, el tres o la guitarra, para olvidar la sangre en torno a una fogata, donde ardían los nombres de sus novias lejanas, mujeres que crecían en el coraje de la muerte, y se desangraban muchas veces en sus bocas, cuando caían mirando el cielo, como buscándoles el rostro.

Sindo Garay respiró todo eso. Lo absorbió en las madrugadas de gentileza y aventura por las adoquinadas calles de Santiago, en la trova dulce de Pepe Sánchez, que le enseñó y retó, y desde la maroma con que venció sus hambres en los circos de bienaventurado mal recuerdo, dibujó en la cuerda floja, bajo las carpas trashumantes, la abigarrada manera con que luego entregaría su corazón sonoro. Así llegó, en 1906, a la gran ciudad que lo ofrecía todo, donde estaba naciendo un modo raro de vivir, con olor a sal marina y fantasmas borrachos que sabían escuchar trovadas desesperanzadas.

Su vida fue un constante pulso, una apuesta delirante, hasta aquel 17 de julio de 1968. Aprendió a leer y a escribir imitando y reproduciendo los signos impactantes de los comercios, los anuncios y los números que aparecían en el humo cabizbajo de la tarde.

Tal vez por eso entendió, en la profundidad de sus emociones *la luz/ que en tus ojos arde/ si los abres/ amanece/ cuando los cierras, parece/ que está muriendo la tarde,* y cargó su carcaj de adjetivos floridos, de frases que parecían no salir jamás a flote, complicando los tonos en los trastes de su mayor amor, su guitarra, cabalgadura con la que entró piafando a la muerte cuando quiso. Sus letras son eso para mí: la victoria jubilosa de un analfabeto que aprendió por sí mismo a nombrar el mundo y dominarlo.

Sindo Garay en el principio y el fin, piedra de toque de todas mis savias, el aroma que respiro bajo cualquier cielo, no importa qué colores traiga. Al fin y al cabo, hay un solo color para la extraña luz del hombre. En mi vuelo agitado por el mundo siempre me sale al paso la chamuscada pared del patio de Eleucipio Rodríguez, allá en mi incendiado Bayamo, donde Antonio Gumersindo Garay entendió a mi país, y lúcido y eterno, se levantó contra el otoño y nos echó a andar a todos.

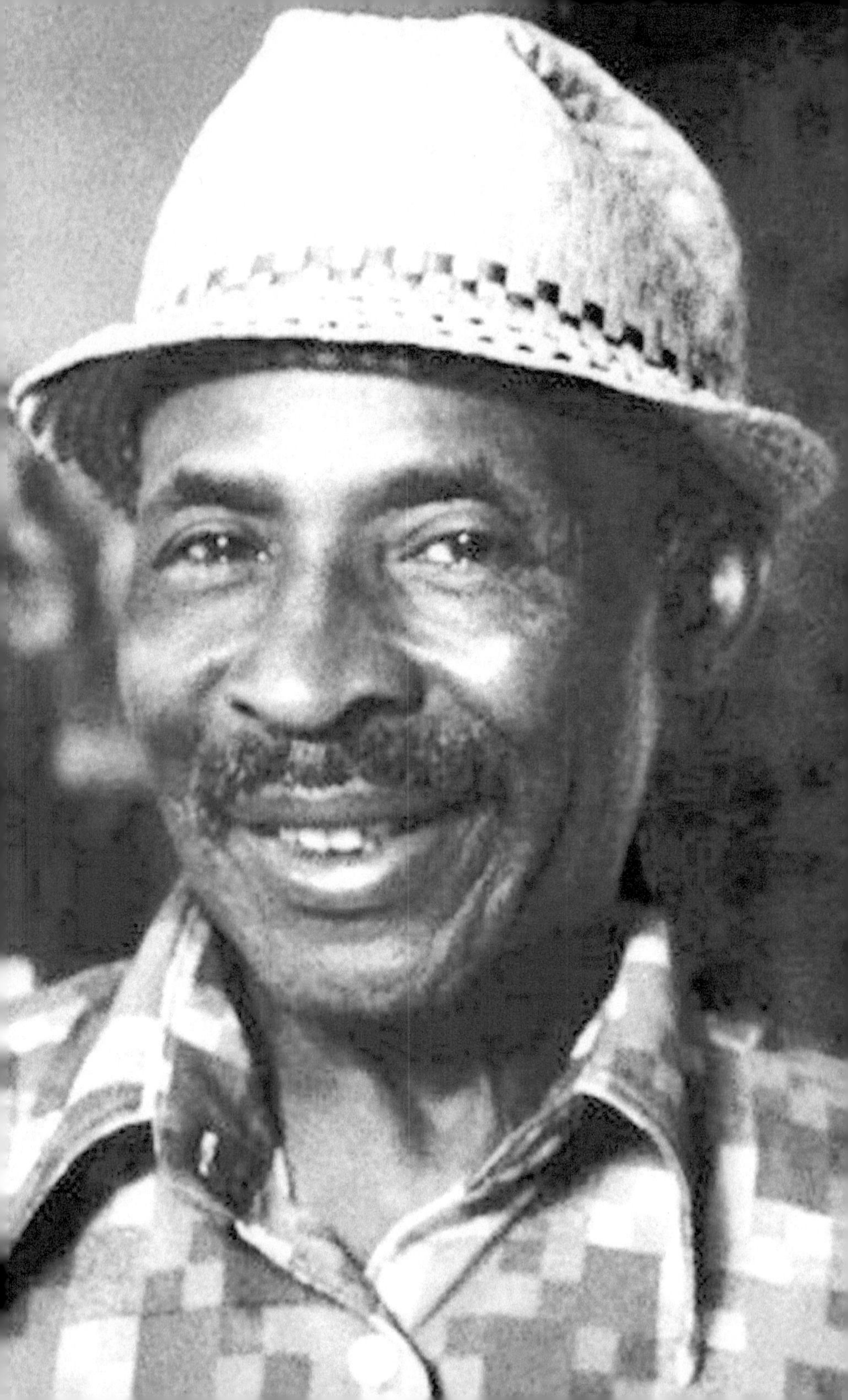

Kabiosile Miguelito Cuní

El día que los dioses se ocupen más del corazón y sus alrededores; cuando sean capaces de sentir la sangre celestial arder, y aprendan a llorar de pena, o no se avergüencen de la alegría, o esa alegría se parezca más a la de los vivos, entonces buscarán a Miguelito Cuní, para que les enseñe el júbilo de soltar la vida por los pulmones, fundar una nube de espléndida redondez con su canto, y que su sombra proteja a los mortales.

El día que los mortales necesitemos una raíz, que defienda y ejemplifique la serenidad con que ha de vivirse la vida; o cuando pretendamos no tener dioses en el cuerpo, sino algo más cercano, vivo, doloroso y alegre, propongo que se mencione, como un conjuro rotundo, el nombre simple de Miguelito Cuní.

Él llegará con su cara de negro asombrado, que no quiere incomodar a nadie, debajo de aquella pachanguita risible con la que ha de andar atronando la eternidad. Sonreirá, para que el diente de oro ciegue a todos, y les haga pensar que sólo tiene riquezas en la dentadura, cuando el tesoro real lo lleva dentro y lo comparte incansable, como una lujuria infantil, que nada tiene de pecado.

El próximo siglo, que ojalá no destruyamos desde ahora con nuestro egoísmo y nuestros rencores, los novios de todos los sexos pudieran mirarse sin hablar, y que sea Miguel Ángel Conill quien hable por sus bocas, y les brote de la piel como un dulce remordimiento, o como un país de amor a construir.

Entonces la felicidad no será una dádiva, ni la suerte de unos pocos elegidos, ni durará las gotas que a veces dura, en el torrente inabarcable del amargo río de esta vida. Alguien abrirá las puertas y verá una calle de Pinar del Río, por donde camina Miguelito Cuní, que va a lanzar esa noche su voz, como encantador de serpientes, con la Orquesta de Jacobo Rubalcaba, o Los Caramelos, o el Septeto Caridad, que dirige el Niño Rivera desde su tres aventurero, o el Lira, que tiene al frente a un músico con nombre de folletín: Margarito Santacruz. Tal vez unirá su canto al Yamilé, o se encamina a la emisora de radio, donde la Orquesta de Fernando Sánchez le espera para empezar su programa.

El día en que el tiempo humano no sea igual a un potro furioso, que avanza dejando pedazos de luz en las hierbas, y que el ayer no sea irrecuperable más que en los sueños o en la cansada voz de quien rememora en un portal, y el futuro haya pasado también y el año anterior aún no haya llegado, Miguelito Cuní tendrá todos los 8 de mayo de 1920 que necesite para nacer, y en cada hora vendrá a nosotros, soltando zetas de finura, con esa voz de negro viejo, que es como el eco del monte, donde las piedras y las hojas tienen también el sonido de lo que puede suceder. Así vendrá a la gran ciudad, bajo esa nube diminuta que es su sombrero de pachanga, para juntar las alegrías más diversas, como si fuera 1938 y él piense que la vida es una lucha eterna. Volverá a prodigarse, sin horarios, simultáneo y feroz, con la Orquesta de Ernesto Muñíz, y desde Monte y Prado viajará sobre el sonido hasta la cofradía de Arcaño y sus Maravillas, para convertirse en prestidigitador de un aire nuevo. Volverá a conocer, lo mismo en el amanecer que en el crepúsculo, al ciego de todas las magias que se llamará también, en cada cuerda, Arsenio Rodríguez, y Miguelito clavará en el cielo el guayo de Catalina, para que los cangres de la yuca también le hagan coros de picardía.

Si todo sucede como lo pido, entonces volverá a ser 1949 todos los días, para que él retorne de aquellos tres años pasados en Panamá, y su grito salvaje arrastre nuevamente los cascabeles cabizbajos de su modo en el bolero, otra vez y siempre en esa casa propia que fue el Conjunto de Arsenio Rodríguez, adonde regresaba puntual tras recorrer caminos. Así nuestros padres, los hijos de nuestros hijos, sus nietos y biznietos, le veremos grabar, como si fuera inacabada primera vez «Quimbombó que resbala», otro de los himnos perpetuos de su alegría derramada. Siempre lo preguntó y no le respondimos, pues él también quería un tiempo sin antes o después, sin ayer u hoy, y que todo se convirtiera en mañana, para que las cosas sucedan multiplicadas y repetidas, girando de muchas formas en nuestro interior. *¿Es posible comer el lechón hoy, y matarlo mañana?* inquiría en esa espléndida gozadera que se titula «Lechón y bachata», cuando el rey del viento, Félix Chappottín, se quedó al frente de la nave de Arsenio en 1950.

Con aquella trompeta, que es espada hendiendo la madrugada de lo imposible, hizo la voz de Miguelito un contrapunteo insólito, donde también las teclas negras y blancas de Lilí Martínez ponían el hervor del delirio. Con ellos, como un mosquetero muy serio, echó sus últimos años, los que no quiero para él, porque no me conformo con el fin de las cosas. Revitalizando por doquier otro pregón que anuncia plenitud más que una cotidiana mercancía, «El carbonero» resonó en todos los confines de la memoria, con una cadencia inolvidable de aceleraciones alegres, plena su voz rajada, como salida de aquel saco de yute para dar lumbre y calor.

Si los sueños se cumplen, de vez en vez serán los años cincuenta, y sucederá de nuevo lo que una vez pasó: habrá un bar con su barra y sus cervezas, y Benny Moré tragará largos sorbos mientras echa monedas en una victrola. Siempre elige un tema cantado por Miguelito, que le observará, como ya hizo, sin comprender nada de nada. El Bárbaro del ritmo se girará feliz hacia él, y tras beber la última profunda espuma de su vaso, dejará en el espacio esta sentencia: «Coño, mulato, pero qué bien canta Cuní». Esa escena, repetida en la noche o el mediodía de un universo eterno, evitará que exista un día 3 de marzo de 1984, cuando, de un golpe atroz de muerte, voló su sombrero tejido hacia todas las partes de la nada.

Pero si un día el mundo es mundo, como ha de ser y no como nos mutila, pido que Miguelito Cuní cante «Convergencia» cada amanecer. Sólo entonces los dioses de cualquier pelaje, los novios de toda edad o sexo, los niños que van subiendo a fundar su dolor y su dicha, tendrán el himno verdadero para que los humanos amanezcamos más en paz. Sin remordimientos ni tristeza, cuando la vida salga de la boca de Miguelito Cuní, en un tiempo repetido que no es el tiempo, ni ayer ni mañana, fundando la nación donde cabemos todos en el sueño.

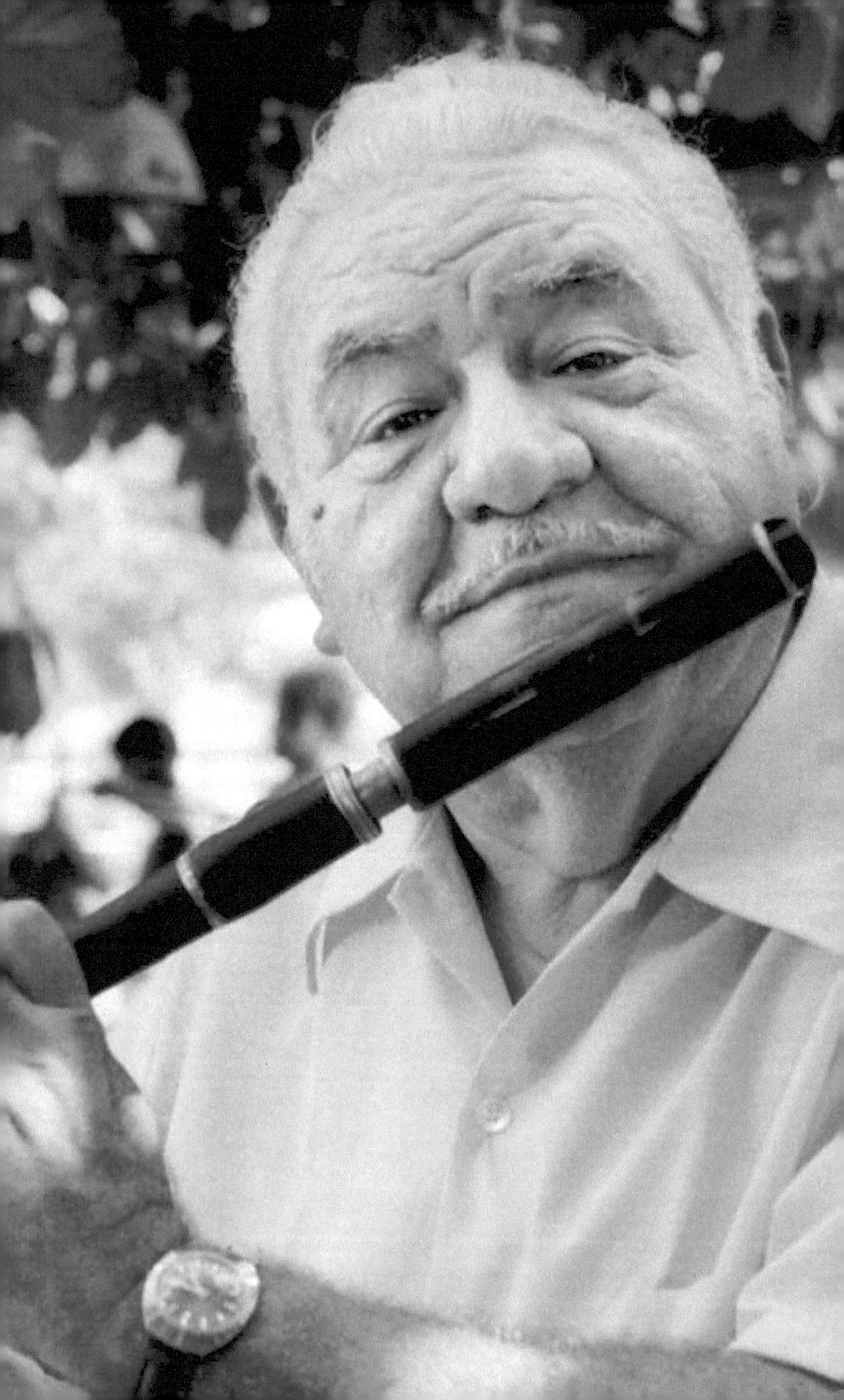

Kabiosile Antonio Arcaño

Se sigue confundiendo con el aire. Fue viento, sigue siendo viento que hace dibujos dulces en la misma pared del otro viento. Aire de melancolía, aire solemne en el danzón. Detrás, su sangre transformándose en aire. Nunca polvo, sino una boca que enseñó a cantar a las aves de la manigua, a los desamparados pájaros de la ciudad.

Y su aire, con rostros sucesivos, como el flautista que salvó a una ciudad de la negra plaga, marca mi sangre con la cadencia que ha dejado, para que todo lo nombre, con su nombre sonoro, y poder decir que el viento de mi isla tuvo un rostro: Antonio Arcaño.

Arcaño, que viene de arcano, de mago, de arca infinita. En la sombra de su último baile, el de su despedida, en la roja tierra de Alquízar, en 1958, queda sembrada una misteriosa monarquía casi absoluta, que él supo convocar más que protagonizar, porque prefirió rodearse de maravillas —maravilla él mismo— sabiendo que su corazón refulgía más si le rodeaban magos de altura. Así lo hizo cuando en 1937, más por tesón que por sortilegio, fundó su innovadora charanga, con un pequeño ejército invencible que integraban Jesús López al piano, el timbal de Ulpiano Díaz, los violines de Raúl Valdés y Elizarde Aroche, el contrabajo telúrico de Israel López, Cachao y las manos profundas de su hermano Orestes, Oscar Pelegrín al güiro cadencioso y él mismo domando los vientos ancestrales de la contradanza que fue danzón y rito en el alma cubana.

Que nadie olvide aquellos aires. Que no se deje de saber que entre los elegidos estuvieron también Félix Reina, José Antonio Fajardo y Enrique Jorrín, agregando semillas en aquel espléndido jardín donde Arcaño hizo levitar las flores y las abejas con el compás de su instrumento. Del eslogan publicitario que les presentaba surgió el nombre con el que pasaron a la gloria: «Un maestro en cada instrumento, y una maravilla en conjunto», y entonces fueron Arcaño y sus Maravillas, para diferenciarse de las otras Maravillas del Siglo, de Fernando Collazo, más que la Radiofónica que estrenaba diariamente un danzón en la emisora Mil Diez a partir de 1944, cuando la isla se poblaba de otros guerreros insignes dedicados a ensanchar los cauces de la música. Arcaño y sus Maravillas, un edificio de perfecta arquitectura donde nada sobraba, donde no hubo espejismos en su cuerpo de equilibrado estruendo, y donde todos seguían la luminosidad del genio individual, como en las antiguas cofradías.

Supo inventar sobre lo que parecía ya inventado, que la juventud de los hombres viene del corazón y no de las fechas. Y le dio al cubano la perfecta y alta factura del goce, cuando pudo lanzar a volar su imaginación y su cuerpo, teniendo en el viento toda una orquesta sinfónica, que no otra cosa ha sido aquella agrupación que provocó amores e hijos, fundación de un rumor nacional, una cadencia que hipnotizaba a nuestros padres y abuelos, en la serenidad de un ritmo que lleva fuego oculto y fantasía.

Para llegar a esa solidez apabullante, Antonio Arcaño tuvo que desandar todos los silbidos de un camino largo y agotador. Amenizó bailes interminables en aquellas academias de baile, tan denostadas por entonces, y sociedades de negros y blancos pobres, verdaderos hornos donde se cocía lo novedoso. Así sustituyó, una noche que abrió su infinito, al gran Belisario López en la Orquesta de Armando Valdespí, que anda en la raíz de todas las cosas. Noches de labios sangrantes con la Orquesta Gris, en Galatea, Marte y Belona o el Sport Antillano, haciendo que los cuerpos de los bailadores briosos olvidaran sus vidas reales, para encontrar otra dimensión en la ardentía de sus savias desbocadas. Un ejercicio de ruda disciplina, en otra orquesta que interpretaba hasta setenta danzones diarios, y que se silenciaba sólo en la cerrada madrugada de una Habana misteriosa y sensual.

En los pulmones y la sangre de aquellos caballeros suyos, tan entregados al tapiz de una nueva armonía, estaban ya los ramajes del mambo y el chachachá, que son otros modos de expulsar la diabólica dulzura, marcados por los vertiginosos golpes de la modernidad. Todo un torrente que sigue el tejido finísimo de la flauta como el rebaño a un sereno pastor, como aquel que limpió a Hamelín de la oscura amenaza, y encantó luego a los niños que hallaron en el viento los sueños que querían soñar.

Le bautizaron una vez y para siempre, y casi en coña como El Monarca, y creo que así fue, fundador de una realeza sin falsos brillos, honor a quien no solamente supo amar el sonido de su tierra, sino que lo volcó en la anchura de la emoción de sus habitantes, que vieron en ese aire el diamante que necesitaban. Cuentan que todavía su corpachón avanza ensimismado por las aceras de Centro Habana, y desde los balcones le gritan: «¡Listo, Arcaño!» provocando su réplica al grito de guerra que entraba puntual a todas las casas: «¡Dale, Dermo!», anuncio de un jabón patrocinador de su programa durante doce años inabarcables. Una presentación de tan fina hechura que hasta el timbre de los autobuses lo imitaban para anunciar sus paradas.

Eso es la gloria, ser el viento, la magia en el rumor de un país que filtra su paisaje hasta el corazón. Antonio Arcaño, nacido el año once del siglo XX, un 29 de diciembre, y oculto desde 1994 a los ojos de quienes olvidan con facilidad, fue un pintor de esas vegetaciones y estos mares. Allá en la gloria, su eternidad palpable, que está mucho más cerca de lo que pensamos, dirige todavía la sinfonía de las esferas, y se ríe, desde su cuerpo de catedral que no envejece, oyéndonos silbar los aires que ya pasaron una vez por el fervor de su silencio.

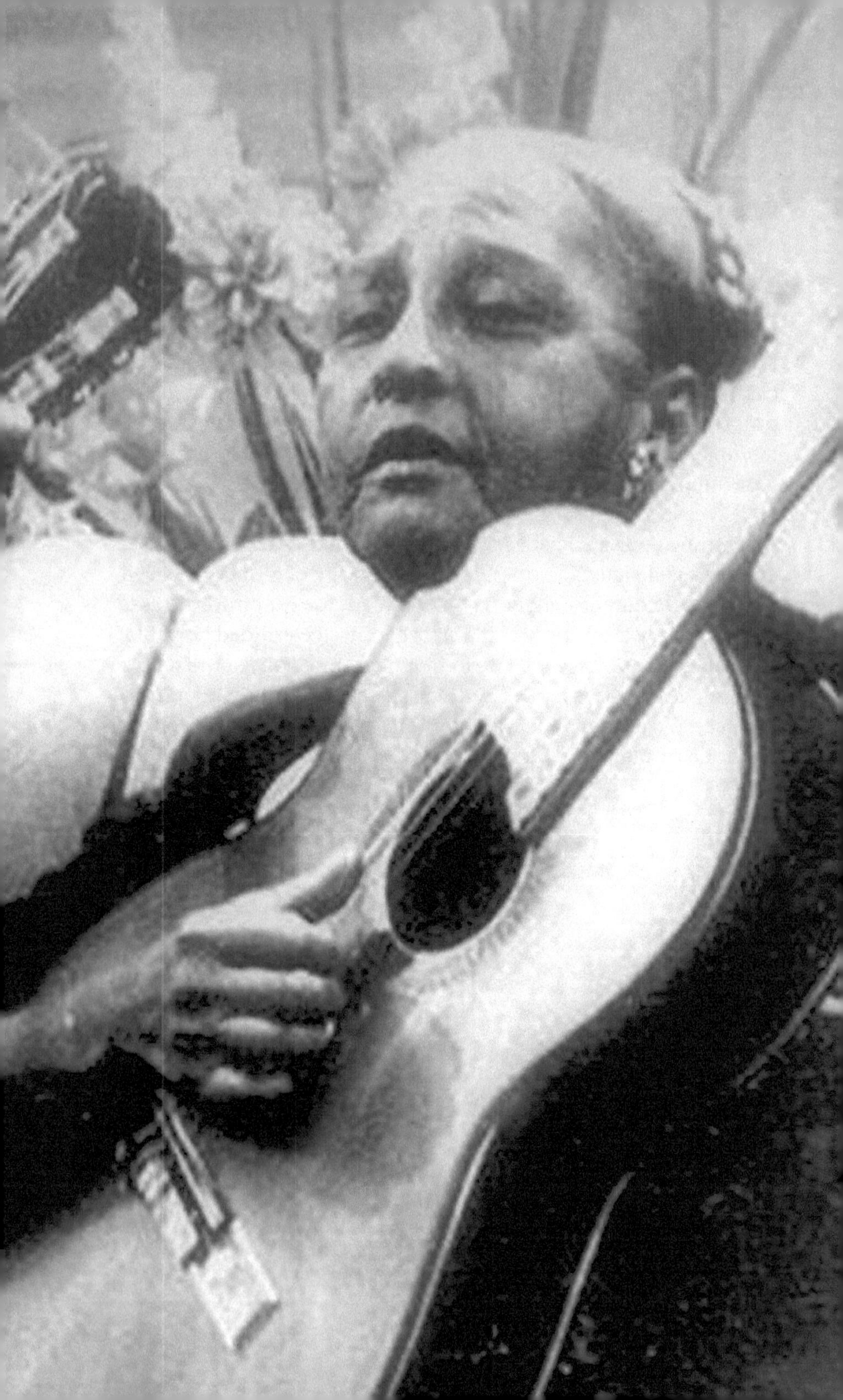

Kabiosile María Teresa Vera

Yo quisiera algún día escribir algo como escribió María Teresa Vera.

Quisiera que una sola de mis palabras se sembrara en el aire y todos la repitieran sin mencionar mi nombre, abrigada y ardiendo, como el hombre del mundo hace hoy con las palabras que hirieron y salieron luego de la sangre de María Teresa Vera.

En un lento verano, sería feliz si de mi alma naciera algo con la cadencia que sus dolores le dieron al mundo, desde que comenzó en 1911, morena y desafiante, con una voz de andar todos los días, y en las alas de golpe cerrado de una «habanera», hacer las antiguas navegaciones que tejieron ese ritmo tan triste: de La Habana a Buenos Aires, en los barcos de profundo aguardiente, que regresaban rebosando cueros y tasajo, con marineros melancólicos que ya cantaban su dolor desde la proa.

Lo dijo Borges una vez, en 1929, y no lo olvido: *El primer organito salvaba el horizonte/ con su achacoso porte, su habanera y su gringo.* Yo quisiera cantar un solo día con el temblor perfumado de María Teresa Vera. Un bolero, una habanera, cualquier canto que me aleje de la noche y sus lágrimas.

Aunque fuera Nena Núñez y le pusiera versos a su más recordada canción, «Veinte años»; casi nadie lo sabe, o lo que es mejor, ya no importa. Todos piensan y quieren que haya sido María Teresa quien lanzara cada día ese lamento que va acordonándose a nuestro cuerpo, y se hace hiedra con un gemir oculto, y nos abre los ojos, y viene nuestro primer amor a tocarnos la cabeza, en silencio, porque la «habanera» tiene esos giros, como de olvidarse de todo en el agujero de su dolor: *Si las cosas que uno quiere/ se pudieran alcanzar,/ tú me quisieras lo mismo/ que veinte años atrás.*

Si alguna fuerza superior me dejara viajar en el tiempo, verla nacer en Guanajay el 6 de febrero de 1895, en la calle San Fernando, esquina a San José, que ha de ser como todas las calles de pueblos pequeños, con sus mujeres barriendo el olvido de sus portales, bajo las tejas de donde cae la noche ya gastada. Si pudiera observarla desafiar al mundo en su estreno, en el Politeama Grande, cuyos cimientos nadie recuerda ya en la gran ciudad que ahora se lame las heridas.

Si pudiera conocer a aquel negro de voz dócil, Rafael Zequeira, y que sea nuevamente 1916, para hacer cualquiera de los cinco viajes que hizo junto a María Teresa a los Estados Unidos, y grabar aquellas placas descomunales que han sido el inicio de la memoria del hombre. Si pudiera ahora no dejarlo morir, herido de su última aventura, allí en Paula 54, entre Habana y Compostela, un día maldito de 1924 en que se fueron desbrozando las hierbas turbias de la muerte para dejarla sola, espléndida y desprotegida, pero sola en su navegar de desamor. Me conformo con haber sido, una única vez, Rafael Zequeira, para cantar con ella y morirme de susto en la marea de un bolero.

Yo quiero antes de morirme de cualquier otro susto, haber cantado como María Teresa Vera, esa «Mujer perjura» de Miguelito Companioni, y que la gente se arranque las espinas del corazón para que el amanecer les haga olvidar todo lo malo de una mala pasión, en la prisa humana por destrozarse contra los dientes del tiempo.

Si existiera algún dios que me regale un pedazo del tiempo, y yo pudiera estar con su Sexteto Occidente, incendiando Nueva York, aquella noche del 24 de diciembre de 1925, viendo a Ignacio Piñeiro sacar del contrabajo las jocosas señales de aquel son irrepetible «Yo no tumbo caña». Si yo fuera fantasma por un segundo, para conocer a Miguelito García y asombrarme del raro tres de nueve cuerdas que hacía vibrar el olvidado Julio Biart. No olvidaría tampoco su despedida de la Gran Manzana, el 19 de septiembre de 1926, en el teatro Apollo de la calle 125, entre la 7ma y la 8va avenida.

La salvaría, si pudiera, de que fuera 1933, y se jurara a Oshún, no porque no crea que Oshún era ella misma, sino para evitar que enmudezca dos años, obedeciendo la prohibición de Itá, en la cruel letra de los santos de ese año.

Si me fuera permitido ser por un momento Lorenzo Hierrezuelo en 1935. Cómo quisiera hacerle la segunda durante veintisiete años, en cualquiera de las novecientas canciones que sembró en el aire de mi país. Quién fuera Manuel Corona, por un segundo solamente, para gozar su júbilo sereno en «Longina», ese desconsuelo que hizo bajar los ojos a nuestros abuelos. No hay placer más grande sobre la tierra que haberla visto estrenar, en la sala de su casa, «Santa Cecilia»; «Mercedes» o «Aurora», gotas de sangre que rompen todas las distancias.

Sé que es mucho pedir. Ya sé que es imposible. La vida es tan injusta.

Sólo me queda ver girar el disco sobre el aire del tiempo, y que mi corazón viaje en el remolino, arrullado por su voz doliente y burlona, de mujer que se impone a cada herida, desfalleciendo, sobrepasando el día de comenzar a soñarla, cuando en un televisor sin colores, allá en 1965, el niño que fui, pudo ver a una viejecita de gafas sonreír con mucha timidez, mientras se arrancaba aquella cosa desconocida —el alma— bajo la noche impasible del mundo, y la soltaba, serena, ante el unánime estupor, para desaparecer por un pasillo de sombras.

Amanece hoy bajo el cielo de Cataluña. María Teresa ha venido nuevamente hasta mí, hace nacer mi país lejano en la mañana: *es un pedazo del alma/ que se arranca sin piedad.* Nadie me ve a esta hora. Yo aplaudo. Yo revivo. Soy el siglo invencible con su voz en mi costado.

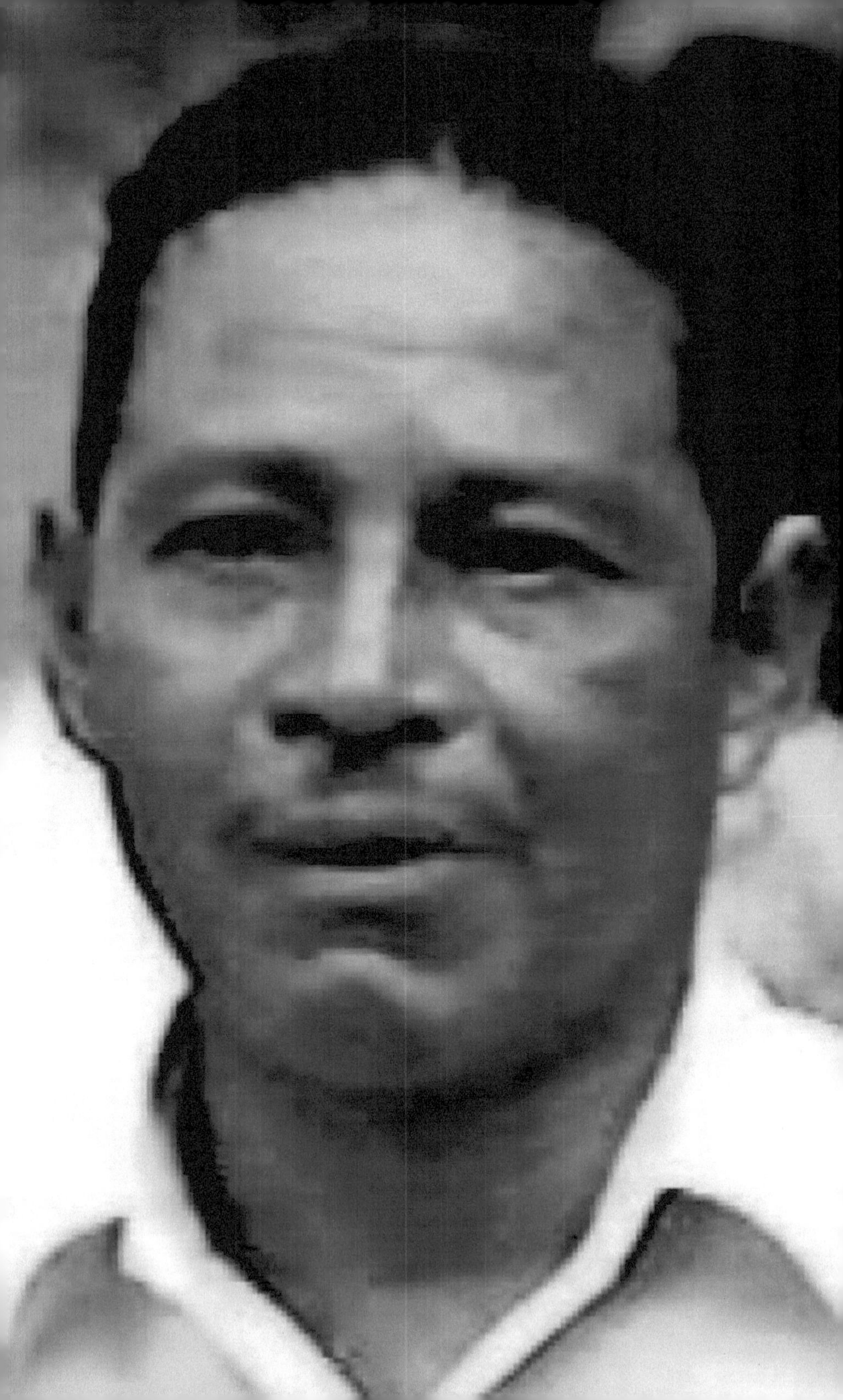

Kabiosile Carlos Embale

Lejano, enjuto, como si se hubiera ido de su piel y de sí mismo, Carlos Embale mira, tras el cristal, un disco de Carlos Embale. El sol pone sus pinchos sobre el pavimento en el mediodía de la calle Obispo. Recorre otra vez el mismo aire que llenó con su voz aguda de guerrero, sin reconocerse al otro lado del vidrio. ¿Quién será ese Carlos Embale de enfrente?, se pregunta el Carlos Embale de este lado, mientras ensaya una mueca alegre al paso de los turistas que lo evaden, como se huye de un perro sarnoso o de una pared sucia. Un día dejó de reconocerse a sí mismo, y ni el amparo de la rumba de cajón que se filtra por entre las puertas de los solares, le traen el verdadero rostro que tuvo. Él mira el infinito y es un vacío tras la vitrina. Un brillo momentáneo del sol en el cristal, donde Carlos Embale de un lado mira al Carlos Embale del otro. Son uno y no son nada. Enemigos desconocidos a esta hora de cielo y soledad.

No vi la escena. Me hubiera desgarrado la poca fe que me quedaba entonces en esa Habana que creaba tales espejismos. Me lo contaron tal como lo cuento. Y confieso que he demorado en visualizar, con Embale ya muerto, aquel fantasma de su persona menuda y poderosa. Los cubanos nos vamos del país o de nosotros mismos. Siempre un alejamiento nos hermana a la pelona. Por eso prefiero conservar su imagen anterior, subiendo al quinto piso de Radio Ciudad de la Habana, en el corazón del Vedado, con otros cómplices llamados Los Roncos, para desgranar aquella tarde de jueves la fruta melodiosa del guaguancó con claves humanas, palmadas y silencios, mientras narraba crónicas de vida con su voz erizada, sus ojos chinos de pequeño mulato, su amable presencia que ya comenzaba a evadirse de todos. Menos de la música que se le salía de los huesos.

El hombre a quien Benny Moré le dijo, una noche de 1957 que no era segundo de nadie; la melodiosa voz de flecha que se iba sola con el ritmo acompasado, fuera columbia o son; el que siempre tuvo malas pulgas, y dicen que también supo ser amble y lejano, terminó viéndose él mismo desde otra dimensión, testigo incómodo de sí mismo, hasta que la muerte le arrimó el hombro para que él llorara la inmensa ausencia de sí mismo. Carlos Embale en el limbo de los grandes. *Embale, Embale, yaya, yaya* dice el coro, y el hombre que un día iba a desconocerse, suelta como un encantamiento: *que rayos son tu lengua.*

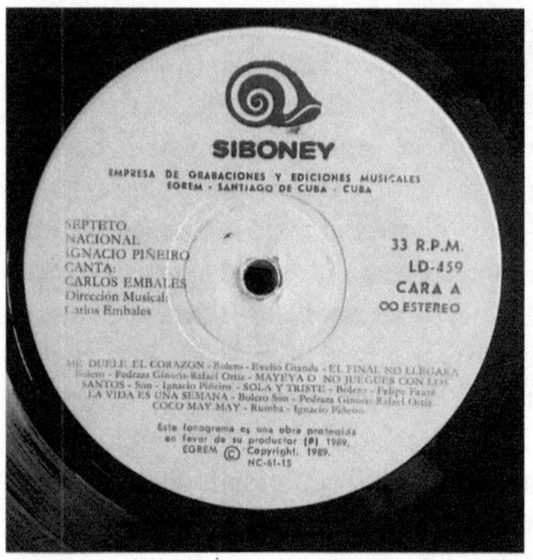

Por eso en mi memoria, sigue Carlos Embale caminando solo y perplejo, olvidando al fornido mulato que sustituyó al gran Benny en el Conjunto Matamoros en 1946. Caminando hacia la muerte, y antes de perder la memoria y el rostro se despidió de la realidad a mediados de los noventa, curiosamente con la grabación de una pieza emblemática: «La última rumba», de Ignacio Piñeiro; porque Carlos Embale le dio voz y vida a su Septeto. Recorrió entonces todos los barrios de la Habana a los que había cantado, sin reconocerse y sin reconocer, ya casi muerto en esa ausencia que no precisamente quiere decir olvido.

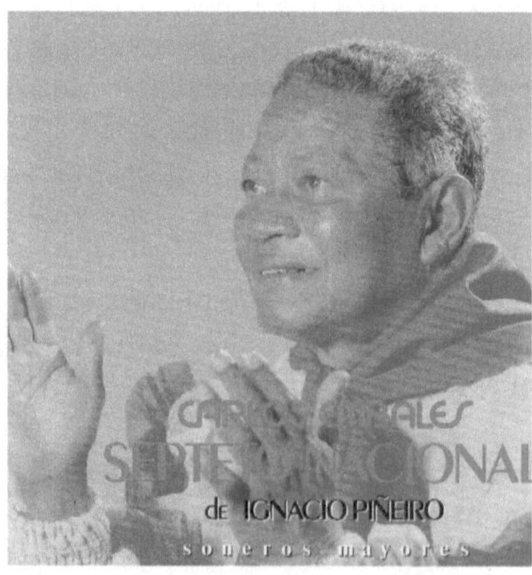

Le mantengo así, con chispas en los ojos rasgados, el bigote pobre sobre el canto, que era frontera ya entre la perplejidad y el dolor, entre la alegría y la guerra al tiempo. Y segundo de nadie, ni siquiera de sí mismo, Carlos Embale sigue recorriendo los territorios privados del corazón, anunciando eternamente: *Lo que nadie te ha podido dar/ yo te juro que te lo daré/ porque en ti he podido encontrar/ lo que en otro querer no encontré.* Se rompen en esos momentos los vidrios de la tristeza, y los dos Embales vuelven a ser uno solo, caminando sin prisas, metiéndole a la rumba en la misma costura, guapo ahí, desafiando el injusto tiempo humano, Jesús María abajo, Cayo Hueso arriba. Santa Amalia, Luyanó y Los Sitios en el fragor de la memoria.

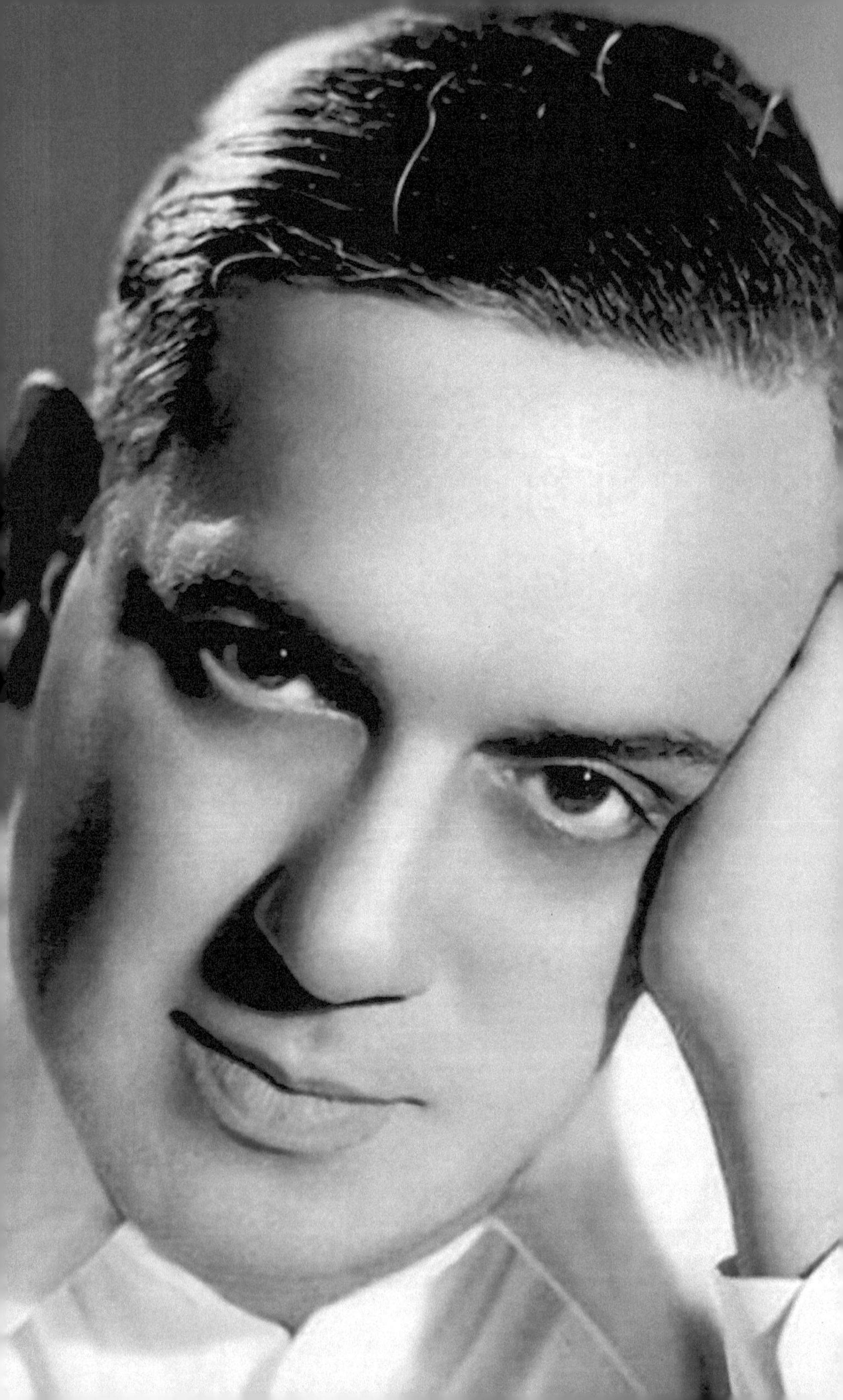

Kabiosile Ernesto Lecuona

En una habitación del hotel Mencey, en la Rambla del General Francisco Franco, bajo la calima que asola Santa Cruz de Tenerife, en las Islas Canarias, un hombre muere cada noche cuando comienza la penumbra. La ciudad le desconoce, no le escucha tantear con sus largos dedos las paredes, de donde salen los ágiles compases de «La comparsa».

Yo soy un hombre feliz. Frente al mar azul de Tenerife, o bajando por la calle Cruz Verde, en Guanabacoa, descubrí desde hace mucho tiempo el conjuro que me hacía flotar por encima de pájaros y banderas: pronunciar el nombre de Ernesto Lecuona.

He pronunciado su nombre, bajo una llovizna pertinaz en el Barrio Latino de París, bajando las húmedas escaleras fantasmales de Los Tres Martillos, cerca de las navajas espectrales que provoca Notre Dame sobre las aguas adormecidas del Sena. Allí dije, susurrando, Lecuona, y una gaviota demorada se hundió danzando en el torrente pálido. Digo Lecuona entrando en el barrio del Rabal, y se apagan los aires moriscos, los pífanos hindúes, el olor del curry que embosca en las esquinas. Sube una palma entonces de mi sangre, y una noche de negros en el ardor de la columbia hace retumbar la piel del aguardiente, para que yo respire el aire abierto de Elegguá, que me señala, burlón, todos los caminos que desembocan en el alma.

Algunos le han olvidado. Otros no le piensan, sino que le sienten en ese aire que cruza las ramas del almácigo y la güira, como si fuera un cotidiano rayo de sol que calienta el suelo de mi país, y eso es bueno. Sentir a Ernesto Lecuona más con la piel que con la mente, llevarlo en la boca o en el aliento, y que cada mirada se haga compás enardecido de sus modos, es saber que no ha muerto. Se parece demasiado a la profecía que lanzó, allá en los años treinta, en una de sus más bellas creaciones: «Siempre en mi corazón», una canción que habla serenamente de la pena, con un acompañamiento que recuerda a la nieve caer sobre cristales rotos.

Aprendí a escucharle con el corazón, y eso me regala una lenta marea de serenidad, que me hace abrir los ojos de un modo diferente, para que el mundo entre en mí, como una torcaza que cruje, suave, en el follaje desmesurado de mi memoria, y suelte sus desvelos en el paisaje de todas las cosas buenas de mi vida. Suenan las teclas de sus danzas, donde anda Franz Liszt mezclándose con los viejos tamboreros de los cabildos, con olor de penumbra, que ha de tener el Alhambra de Granada a alguna hora que sólo puede sentir un cubano que anda doblando lejanías, porque la distancia no es más que una mezcla de soles diversos, y el color del aire que se escucha entre el sobresalto y el asombro.

Cuando los tigres de la tristeza me rondan, y siento el fétido rugir de su hambre dándole vueltas a mi soledad, la música de Ernesto Lecuona crece dentro de mí como una casa donde no puede penetrar ningún fantasma. Son mis pies quienes comienzan a recordar las aceras de Guanabacoa, donde nació el maestro, un 7 de agosto de 1896, mientras ardía la tierra en una guerra de rabias y sables imparables. Luego nació un sentimiento que llamaron República, y los tímidos habitantes de aquella isla mía entraron a un nuevo siglo descubriendo su propio cielo con un estupor que se podía cortar con un cuchillo. Allí, bajo las mismas ceibas de la Villa que cruzan mil arroyos en la piel del mediodía, él se bebió todo el sonido invisible para ponerlo a reposar en la tinaja de sus entrañas, resultando una sustancia que ha sido, en el transcurso de otro siglo, la esencia de una nación que sigue buscando su rostro por el universo. Tal vez, anunciando la dirección que tomaría su curiosidad enfebrecida, en 1901 ofreció su primer recital de piano en el Círculo Hispano. Tenía cinco años y había descubierto el rumor de la tierra.

Nadie busque su espectro múltiple entre las ruinas de aquel cine Fedora, donde el niño Lecuona comenzó a los once años a imprimirle maravillas vertiginosas a las películas silentes. No lo busquen después, a los doce, en una edad en que los demás corren o inventan islas y corsarios, pues él comenzaba a hablar de amores y desamores, de lánguidas esperas, de pasiones que arden hasta los cimientos, componiendo las iniciales de un manto tejido que alcanza cerca de seiscientos sueños. Nombren su nombre, díganlo en voz muy baja, para que el mar vuelva a traerlo incesante, tocando cosas que va a convertir en oro, fundando agrupaciones, descubriendo estrellas, iniciando la respiración del porvenir. De eso saben muy bien, allá en la gloria, Rita Montaner, Bola de Nieve, Armando Oréfiche y una larga lista de diamantes que fueron ellos mismos, con un pedazo de Lecuona en sus gargantas y corazones.

Que los pesares amenacen, pero, si van a entrar con su torpe tristeza, que lo hagan, bajo la «Noche azul», con los compases de «Siboney», o «Mariposa», desplegando esa «Danza lucumí» que desborda los sentidos y suena a cañas agitadas al paso ardiente de los dioses del África; que vengan los puñales torvos del desaliento, mientras la luz se agiganta al ritmo de su «Danza negra», cocinada en el fondo del pecho, con sístoles y diástoles que hacen real nuestra mezcla fecunda. Que alguien tararee o silbe, rompiendo el horizonte, esa canción pesarosa y a la vez esperanzada, «Como arrullo de palmas», de compases de huracán adormecido, que lleva en sí misma el pulso largo de las mareas.

Yo no sé más. Hay hombres que no son inventario, sino resumen. Digan Lecuona bajo la noche de cualquier país y llegará La Habana cabalgando en una bestia alegre y sudorosa, que también sabe llorar, que suelta cornetas por sus crines, y en cuyo lomo caen las estrellas, como el final de la lluvia entre las hojas mansas del helecho. Prueben ese conjuro que me ha salvado a mí de todas las muertes. Lancen su nombre, el nombre de Lecuona, contra las ventanas cerradas. Tras una de ellas, en Santa Cruz de Tenerife, se desangra cada noche su sombra, para escapar de nuevo, repetido, en todas las cosas; en la orilla de otro mar que es el mismo, para que sepamos su interminable vastedad.

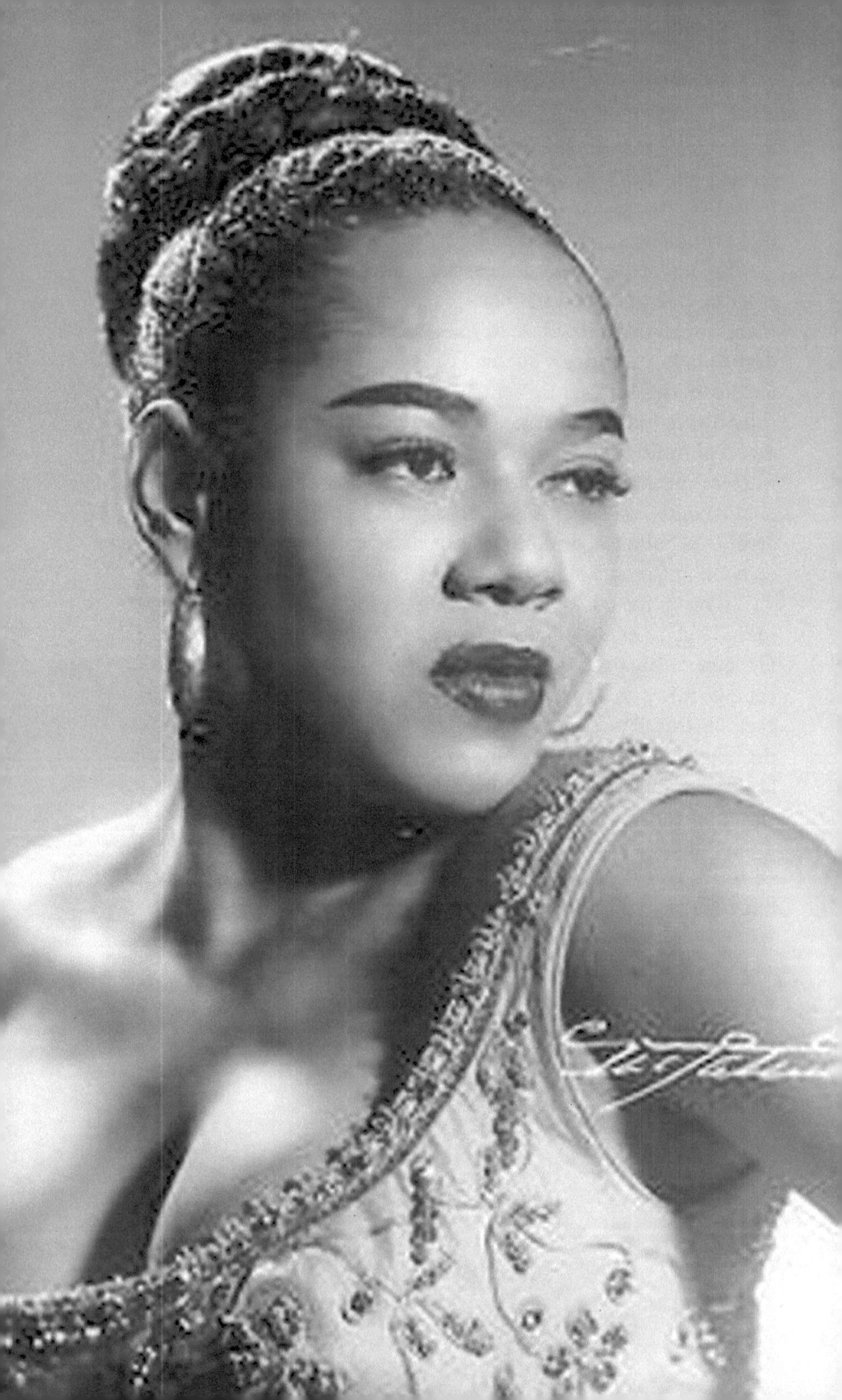

Kabiosile Celeste Mendoza

En el centro de todo está Celeste. Desgrana la suave ferocidad de lo prohibido, la angustiosa inseguridad de lo cierto. *Papá Oggún, ¿qué es esto, Papá Oggún?* Repican los cueros. Un coro de lamentos que pretende ser alegre en la humedad del cajón, el brillo de la cuchara, desde el profundo solar donde brota la rumba. El clamor de Celeste como esencia de una tristeza que parece alegre. Una alegría tristísima. Una angustia desafiante, llena de vida y de azoramientos. *Papá Oggún, ¿qué es esto?* Incertidumbre de una raza que no sabe aún por qué está en otra tierra. Arrebatados de la propia que tampoco existe. La angustia suave y feroz de Celeste Mendoza.

La Reina era una reina. Más que lanzarse, se deslizaba hacia el escenario, llevando en sus huesos, transmitiendo, desplazando en derredor, la honda agonía de la rumba. Se le iluminaba el rostro, como si algo divino la tocara y todo se transformaba en su casi detenido, espeso andar. Salía entonces, como la lava de la montaña, el canto bronco donde se iba a recostar al requinto. *Pa quiti pá, paqui ti pá.* Y el aire se oscurecía de pena acompasada cuando ponía los ojos en blanco y cantaba: *Estásss acabando/ con mis sentimientosss,* alargando las eses como para señalar un poco más su dolor, con ironía, con furia, dueña absoluta de todo, Celeste Mendoza.

Tengo en las pupilas la última imagen suya, viva en la llama que la rescata para siempre, en un video casero de un visitante español que la llevó al barrio chino de La Habana, curiosamente lleno de negros y mulatos que se asomaban a las ventanas y a las puertas, cuando desde el restaurante asiático salía el viento aguardentoso de un cálido guaguancó inexplicable. Celeste desplegaba a Celeste en el celeste imperio, emperatriz ella de todo, bailando y haciendo bailar; gozando y haciendo gozar, como una despedida. Porque fue toda una despedida.

Su despedida del escenario ancho que dominó con sus dolores. Celeste Mendoza enseñándonos, mulata china ella misma, nacida en Santiago de Cuba en 1930, que en Cuba están íntimamente mezcladas todas las cosas desde el origen de los tiempos. Por eso el arroz frito y el shop suey bailaban en la vajilla, repiqueteando, el guaguancó último antes del mutis por el foro.

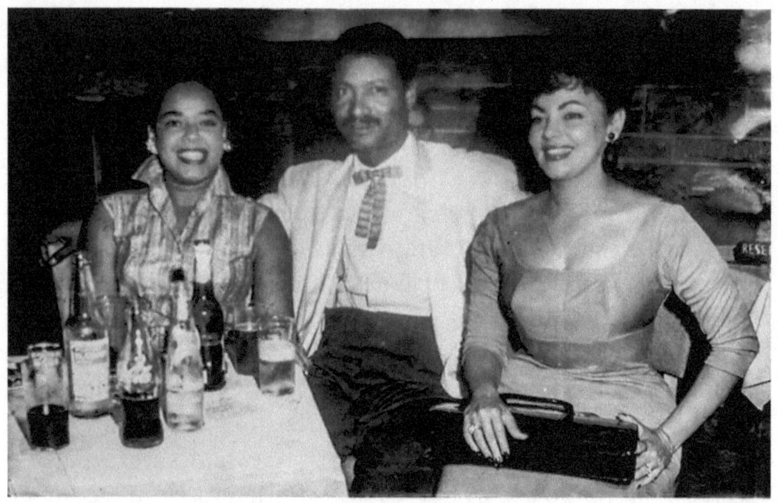

Para mí, ella es una de las cinco puntas en las esencias de mi nación. En el final de una estrella que alumbra mi nacionalidad, sale la rumba urbana, la sombra envolvente del solar de la marginación, el inalcanzable corazón de Celeste Mendoza, a quien Yemayá le dio permiso aquí en la tierra, porque su sangre, su alto moño de rumbera suelta, sus historias íntimas prohibidas, obedecían sólo a un «Poder mayor», y a ese poder consagró hasta el aire que respiraba y estremecía.

Quien escuche su voz —sus voces diversas y dolidas— en el futuro, y no tenga su cuerpo estremecido a mano, ni su sombra iluminada en la profundidad de sus pupilas, sepa que esta mujer nació para estremecer la música de un pueblo, el llamado aparentemente domesticado de los puertos y los solares, y fue su guía y su emblema. Que la imagine libre como un fuego que avanza chisporroteando, suelta como un animal herido, hecha una tromba que va directa al alma, con los sonidos broncos del cuero, que ella hace humanos con su temblor. Celeste Mendoza es un aullido.

Más allá de la aparente sonrisa, del rictus que dibuja para que le abramos las puertas, hay el reclamo grave de su entrega a ese «Poder mayor» del que ha sido y es sacerdotisa. Alegría y pesadumbre de su raza, entreverada en la raza más ancha de la cubanía, esa que salta del júbilo a la pena, y nunca se sabe a ciencia cierta en qué punto nos estamos moviendo. Eso que dibujó en el aire de su última noche, en el ardor de las claves y la queja húmeda de los cueros: *¿Qué es lo que no nace de la tierra, para qué tanto orgullo vano, si a la tierra bajará? Lo más importante de la vida es el tiempo. Y a su tiempo la muerte te quita el poder.*

Celeste Mendoza pasó sin temer al olvido. Es la suerte de los naturales, de los grandes, de los que entregan ese diamante encendido que pulen con su transcurrir. Ella no sucedió, sigue pasando. Y el aire de La Habana, un poco huérfano, barre las hojas caídas del cielo, cierra ventanas azules, lleva y trae un canto que la vivifica y nos tiende emboscadas. Sigue diciendo para siempre: *El Poder mayor reclama su deuda. Pero paga tu deuda, aquí en la tierra. Es cierto: Yemayá le dio permiso. Es la ley: que todo lo que nace, se tiene que morir.* A veces no. Esta vez no.

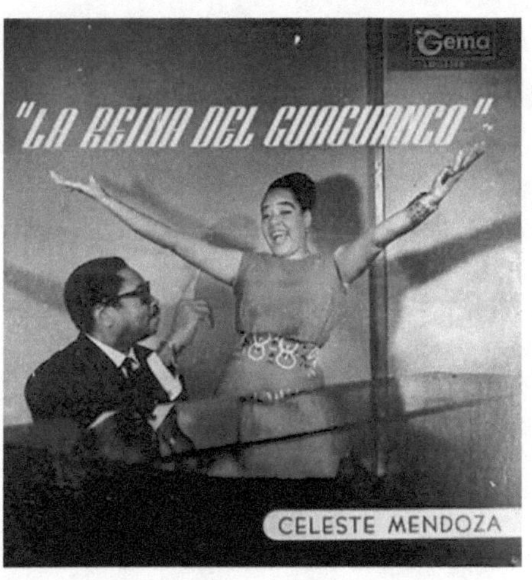

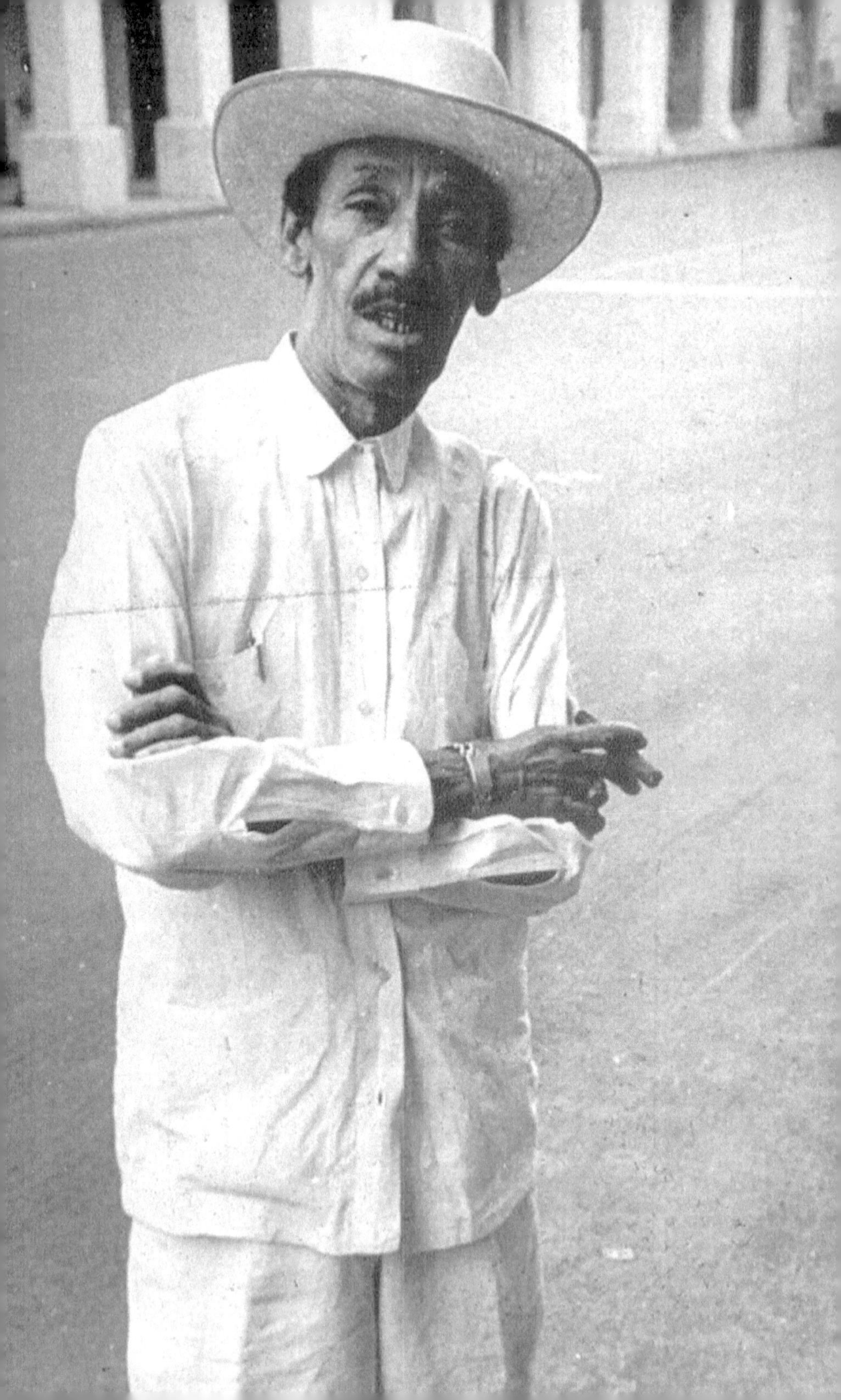

Kabiosile Joseíto Fernández

Tal vez el día que me vaya a morir, la última luz que vean mis ojos ha de ser el fulgor deslumbrante de la guayabera de Joseíto Fernández, caminando por una calle empinada de Lawton, como lo vi, de la mano de mi madre, una mañana de domingo, allá en la punta del tiempo que ya no sé ubicar en mi corazón.

Sospecho que, vaya donde vaya, cualquier rayo de sol que rebote en las cosas y las haga más puras, me traerá inevitablemente aquella imagen, con sonidos y olores: Joseíto Fernández, cargando muchos más huesos de lo que puede permitir el cuerpo de un hombre, levitando casi en un andar irrepetible, por aquel barrio con paisaje de barrio, a esa hora menuda en que ya se acostaron las estrellas. Joseíto cabalgando tras su blanca armadura, cubriéndose con ligero jipijapa, bigote fino, cuello largo, y un puro entre los largos dedos de su mano izquierda, desandando una ciudad que sabía suya hasta en los mínimos rincones y barandas. El Rey de la melodía inaugurando la mañana, como dicen que hacía siempre por la calle Reina, como lo vi muchos años después, ya sin mis ojos de niño, pero con magia similar, en la puerta de la emisora Radio Progreso, reinventando el mundo con aquellos ademanes demoradísimos de sus brazos, para perderse luego por uno de esos misteriosos cuchillos que tiene la calzada de la Infanta cuando uno quiere entrarle a Cayo Hueso.

Entonces supe que la última imagen que verían mis ojos, cuando la astuta muerte me arrincone, y no pueda seguir burlándola más bajo el sol de este mundo, será aquel sol que hacía reverberar la guayabera repleta de almidón y pureza de Joseíto Fernández, que bajaba, ¿o subía?, por aquella calle ancha, bordeada por canteros, con paso elástico, suave, sabiéndose querido, levantando la mano del tabaco para sembrar un saludo en el aire, lanzar un adiós de cada día, o tocarse el ala del sombrero, como si fuese a levantarlo con gentileza ante las damas, con gesto mínimo, detenido, que anuncia más que termina, una manera que ya no había en el mundo y que había visto hacer en mi pueblo profundo a los viejos muy viejos que dejaban de serlo entrando a sus olvidos.

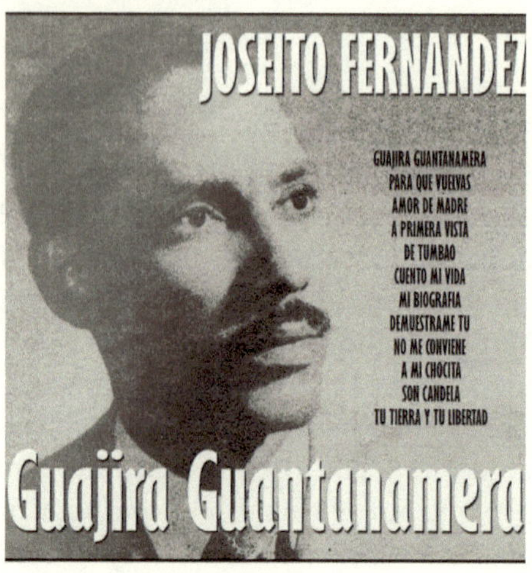

Creo que mi madre dijo algo entonces, conmovida ante la reverencia de quien debía ser reverenciado. En el aire de aquel domingo atrapé sílabas, frases que pudieron haber sido «guajira guantanamera» o Rey de la melodía, y que ya no vale la pena precisar, porque sólo quedo yo de aquel encuentro, y aquella calle sin nombre del barrio de Lawton queda más lejos que lo imposible, y a lo mejor, quién sabe, ya todo será polvo en los colmillos irrespetuosos del tiempo. Todo menos la emoción de un niño que vio al Quijote caminar, y deslumbrado por su paso, comenzó a desdeñar las otras cosas que hubo en ese domingo pálido, porque bastaba aquella luz para que el resto fuera sombra y comenzara a nacer mi cabizbaja nostalgia de las cosas que no han podido ser.

Tras ese gesto de lenta dulzura y respeto, con el corazón marcado por el fogonazo de aquella guayabera impoluta, con la tristeza de adivinar que aquel domingo era un aviso para mi vida posterior, y que perdería la mano que me abrigaba y la inocencia de deslumbrarme, he buscado explicaciones para entender un poco más este duro negocio que es vivir. Así he regresado a las otras veces que vi, escuché o sentí a Joseíto Fernández, más allá de consideraciones absurdas, políticas, de nacionalismos de caramelo que sucedieron con su «Guantanamera», que no es lo mejor que hizo Joseíto, sino la que tuvo suertes y secuestros, y letanías sabrosas para marcar y permanecer.

Gracias a un amigo que le entrevistó hace mucho, supe que, eso que ahora conmueve a centenares de suecos y japoneses, que hace delirar a italianos de izquierda sabatina y a fraternos españoles en sus sagrados puentes festivos, y que se canta, gracias a un malentendido que le dio más fama, con los versos prístinos y no tan sencillos de José Martí, era, en sus inicios, sólo una contraseña para el amor desaforado y prohibido. Así se lo confesó El Rey de la melodía a mi amigo, que se enteró y me hizo enterar de la existencia de cierta muchacha de Santa Clara, a quien el músico veía a escondidas a principios de los treinta. Había empezado a cerrar un programa radial, que daba más promoción que dinero, con el tumbao de una guajira pegajosa de su invención, que le permitía improvisar sobre la marcha gentilezas y pétalos, aludiendo, sobre todo, a las damas. Y como funcionaba, usó el mismo recurso en giras fuera de la capital. Y el estribillo cambiaba según el lugar y el gentilicio de sus gentilísimas seguidoras. Así usaba «mi pinareña, mi guajira pinareña» si andaba entre mogotes de Occidente, o «mi cienfueguera», si sus pasos le llevaban a la Perla del Sur.

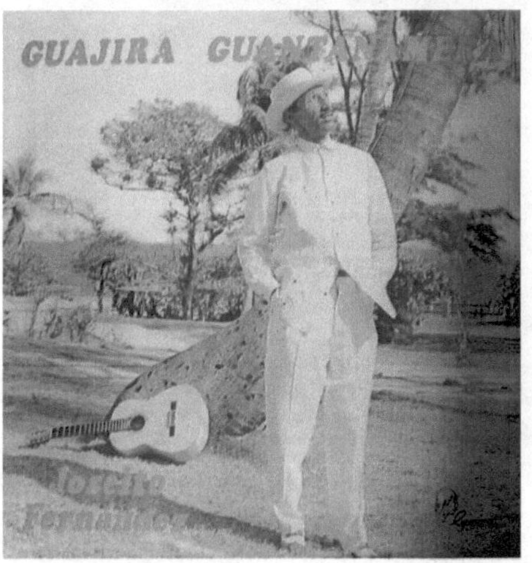

Y claro que, octosílaba perfecta, con el sabor de Oriente en la boca al cantarla, la mujer de Guantánamo se llevó la presea, aunque Joseíto Fernández, para avisarle a la amada secreta que escaparía pronto hacia sus brazos en la ciudad interior, cerraba muchas veces el programa cantando *santaclareña, guajira santaclareña.* Y en Santa Clara una mujer acunaba su ardor a la espera del poeta.

Esa anécdota, su sonrisa amable, el compás antiguo de sus gestos caballerosos tocando el ala del sombrero, y la luz inmarcesible de su guayabera, aquel domingo en que yo era todo lo feliz que un niño puede ser un domingo de asombros, me bastan para seguir buscando joyas de mi tierra. Un pueblo tan ingenuo que reafirma su sentimiento profundamente nacional sobre una contraseña de amor, sin saberlo y sin importarle, en una versión que no era de Joseíto, sino de un músico que se ha pretendido descuidar, nombrado para siempre Julián Orbón. Una nación que olvida que la «Guajira guantanamera», cantada cada día por el Rey de la melodía, en absolutas y geniales improvisaciones, narraba los hechos de sangre de la prensa amarilla, creando una frase para la eternidad, una amenaza sutil que avisa cuando a alguien le van a caer cosas dolorosas e irremediables, con eso de: «Sigue así, que te van a cantar la guantanamera».

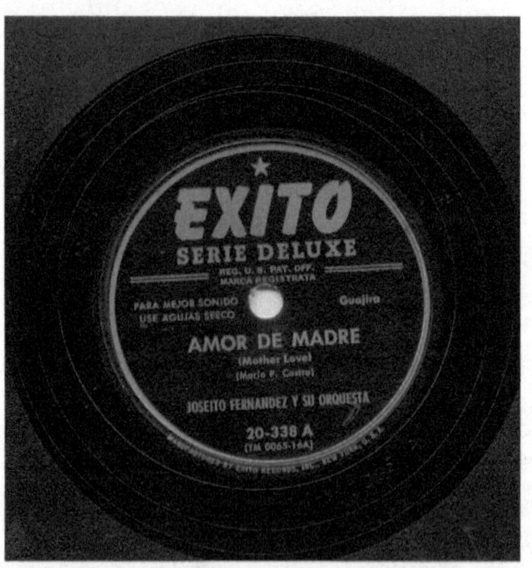

He hallado otras maravillas: las hermosísimas décimas a su madre; su biografía cantada; aquella controversia fraterna con el Benny, donde le aclara el despiste de ponerlo a nacer en Guantánamo, siendo capitalino, cuando, según sus palabras: «La comadrona le dijo a mamá el 5 de septiembre de 1908: un varón. Y desde entonces no la he hecho quedar mal. Ella murió en el 62, pero la visito en el cementerio diariamente». Supe que fue aprendiz de zapatero y vendedor de periódicos, y que la fiebre dulce de la música le entró temprano al cuerpo para cantar, allá en los ruidosos años veinte, con los Sextetos Juventud Habanera, Dioses del Amor, Amate y Jiguaní. Y que al final de la década marcó el corazón del pueblo desde la emisora CMW, con la Orquesta de Raimundo Pía.

Pero eso ya casi no importa. Ni siquiera su muerte, el 11 de octubre de 1979. Me guardo, para consolar al deslumbrado niño de aquel domingo, una explicación suya: «Me visto siempre de blanco porque tengo el alma pura, aunque hay quien cree que soy hasta brujo». Yo le creo, hondamente convencido, era un brujo. Uno de esos brujos buenos y amables que sonríen con la vida, y que me hacen sonreír, a veces también a mí, cuando algún tonto pregunta cómo somos los cubanos. Por eso sé que el fogonazo final habrá de ser aquella imagen, la guayabera de Joseíto Fernández, acompañándome al túnel oscuro de todos los olvidos, donde los viejos de mi profundo pueblo se toquen caballerosamente los sombreros, y la mano de mi madre se convierta nuevamente en el calor del sol de un domingo que no se acabe nunca.

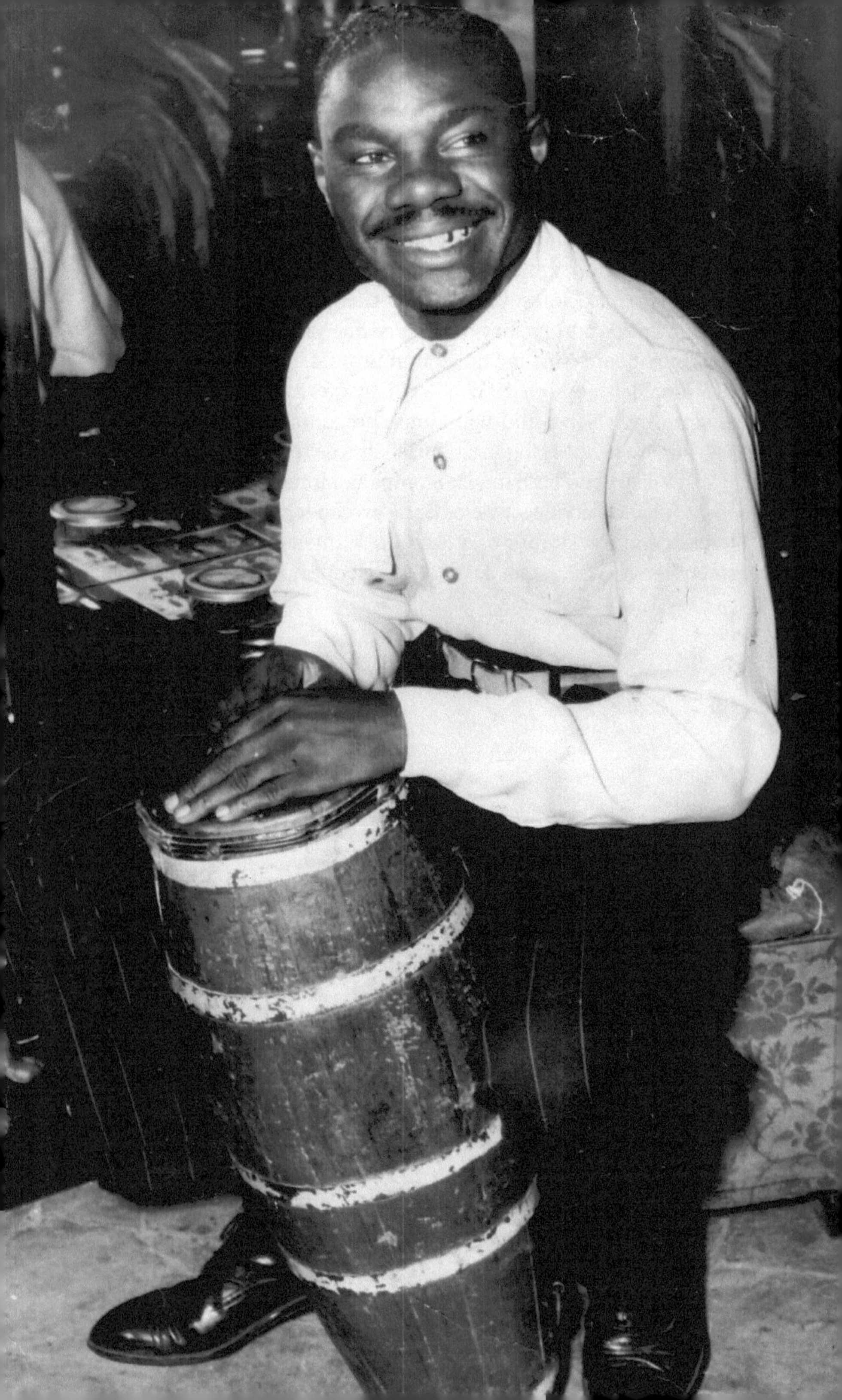

Kabiosile Chano Pozo

Nadie ha vuelto a la rumba sin Chano. O al regresar, no hay dios ni orisha que nos arrebate del fondo de la sangre, el grito, entre selvático y arrollador de «Manteca», o la dolorosa voz del Benny machacando la noticia de su muerte, menuda y eterna, con tantos disparos en tierra extraña que no sólo nos duele el corazón saturado de tambores, sino la gris y extraña lejanía, la geografía impalpable de aquella tarde en el Bronx.

Es posible que siga timbrando el teléfono en casa de Mario Bauzá, para que aquella tarde en que le anunciaron el asesinato de Luciano Pozo, el dandy mayor, se convierta en eterna, más allá del estupor de sus *ambias* Mario y Miguelito Valdés. Es posible que la sombra de Chano salte todavía de las paredes, entre el humo de los cueros calientes, cuando la noche desciende, abierta y cabizbaja sobre el escenario del cabaret Tropicana, el más grande del mundo, donde en 1941 hizo el show *Congo pantera*, inundando de temor a los corazones vulnerables, que metieron en su sangre desesperada la extensa y amenazadora baraúnda de la sabana africana, que Chano sentía en su cuerpo, y que salía del destello agilísimo de sus dedos indomables.

Es probable que el desamparo de Nueva York sea más grande desde que aquel hombre feo y prieto como remordimiento, dejara de soltar su guapería en el aire de sus avenidas que parecen incendiarse. Yo, que he llegado muchos años después al aire estremecido de los requintos, siento que parecen llorar cada vez que el fantasma de Chano Pozo cruza muy serio el viento de la noche, entre el vapor de aguardiente y cábala, entre los *ñáñigos* que le veneran cada día con sus toques.

Las calles, Chano, se vaciaron. No existe aquel torrente que parecía abarcarlo todo, cuando salían las comparsas a calmar el mar y hacer volcanes en la ciudad en penumbras. Es cierto que siguieron desfilando, tal vez con un poco menos de hoguera en la mirada, los negros irreverentes y jubilosos del Alacrán y La Sultana, los elegantes Dandys de Belén, haciendo crujir el bombo y gemir la campana, el arcoiris restallante de La Jardinera en el asfalto viejo del Paseo del Prado y el Malecón. Pero se siente en los rincones una ausencia. Hay como un mirar a todos lados, esperando que aparezcas de punta en blanco, a soltar la carcajada que abre la rumba hasta que el sol se ponga en pie.

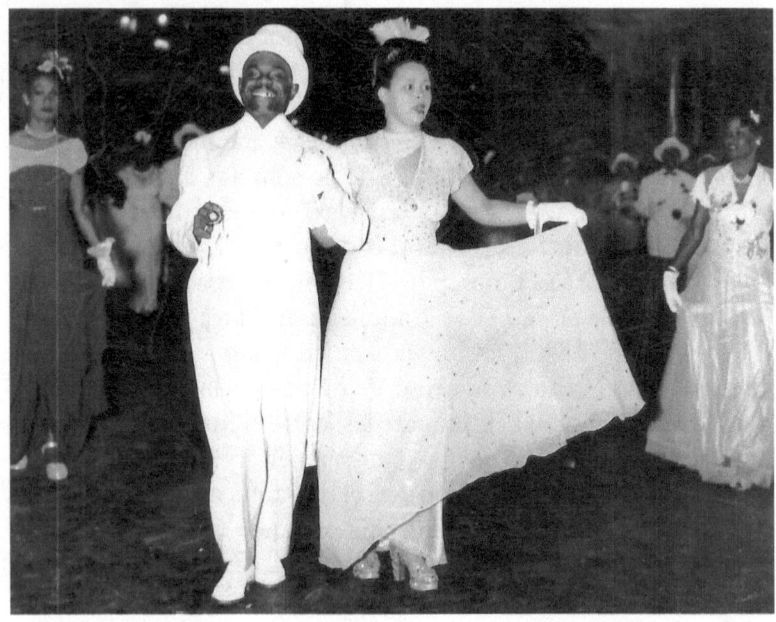

A fin de cuentas, tenemos la suerte de haber nacido en un siglo en que la atmósfera se había llenado de tus tambores, aunque suenen un poco huérfanos los ecos de «Anana boroco tinde» o «Blen blen blen», porque ya nadie los puede soltar como lo hiciste una vez para siempre. Ahí están al menos aquellas maravillas de la guerrilla más espléndida que haya conocido La Gran Manzana: el alambre dulcísimo de Arsenio Rodríguez en el tres, con Rapindey y Panchito Riset, en 1947, en un jolgorio que asombra al mundo con su sabia manera de sentir. Y por suerte el mundo estaba preparado para que tu huella no pasara con la tristeza de un gato, y quedaran registrados los desplantes de tus broncas manos sobre la piel honda del bongó. Y el grito de «Manteca», con Gillespie, en aquel auditorio de Pasadena, en la costa oeste, cuando alzaste la sal profunda de California en una noche memorable, un poco antes del adiós.

Aunque ahora, en otro siglo y con tanta tristeza del mundo, uno se lo piense dos veces antes de meter los pies en la rumba. Ahora que faltan Mario, Panchito, Miguelito, Dizzy, y Arsenio, un *nagüe* como tú falta en la llama, para que se esparza el sudor de la vida. Y el Benny, que también demorado y presente, dispare su garganta, como lleno de gemidos, y nos diga que «a la rumba yo no voy más sin Chano». Tal vez si uno va, cualquier noche de éstas, pueda encontrarte.

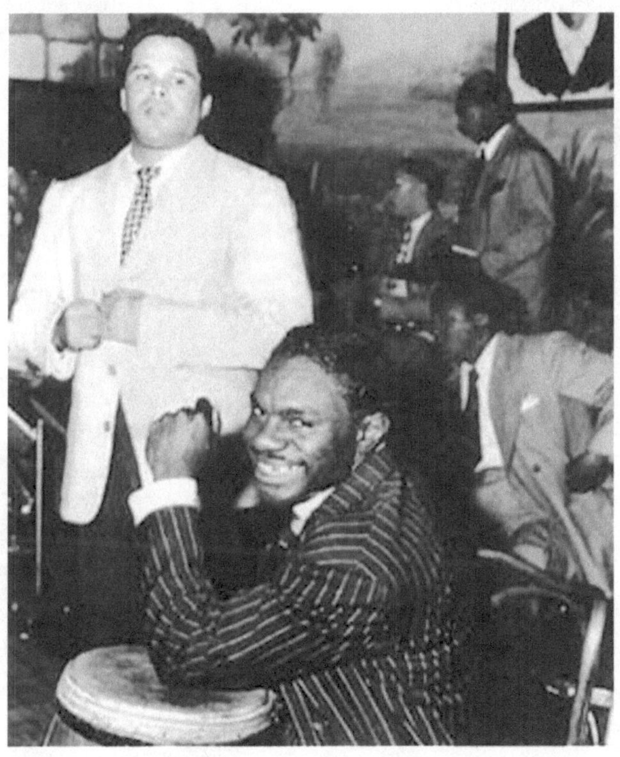

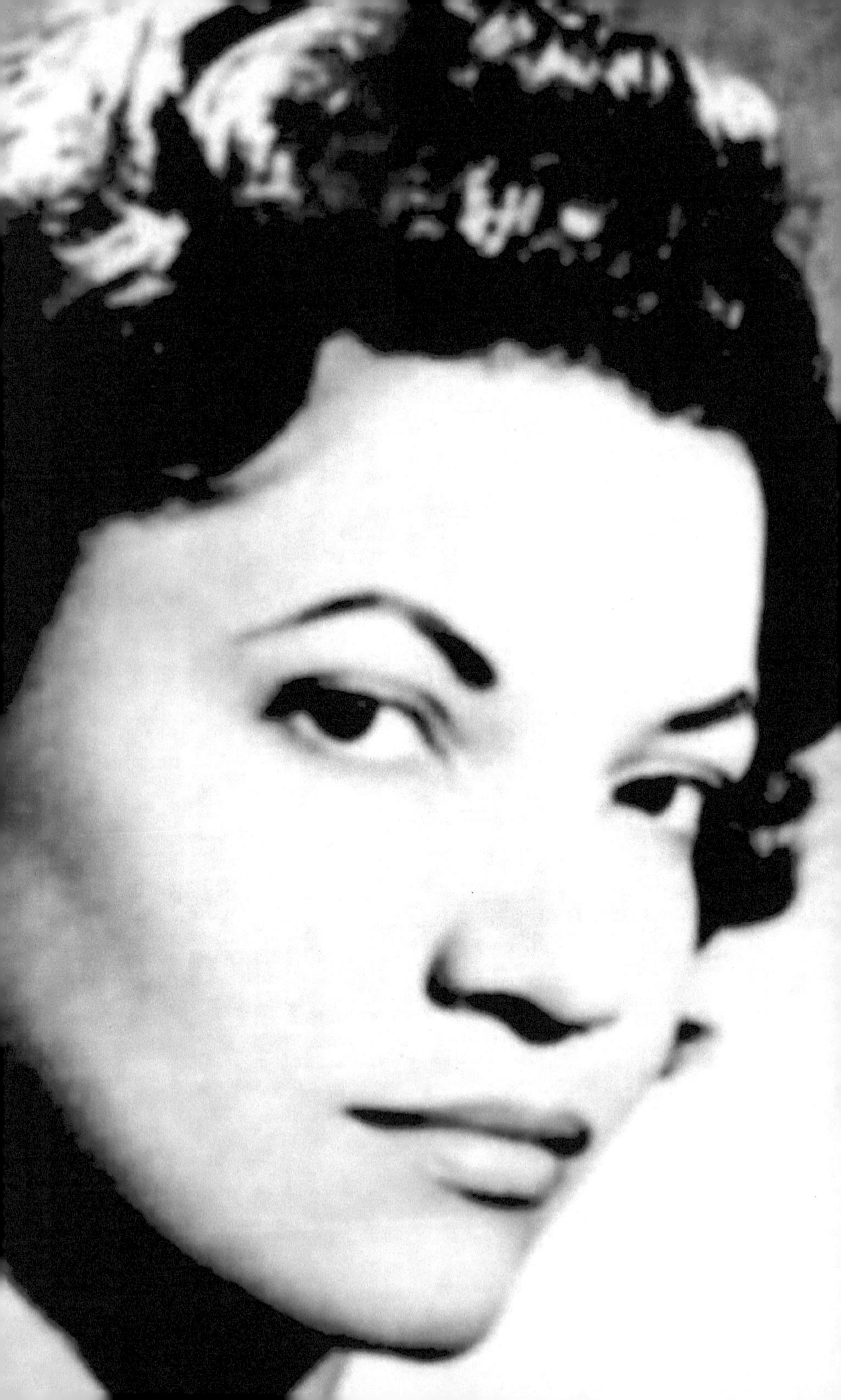

Kabiosile Elena Burke

Me lo dijo una noche allá en los años ochenta, cuando bajó los párpados, cansada, y tenía voz humana de mujer. Yo regresaba de una guerra absurda, y todavía olía a miedo y muerte. Ella lo supo, lo adivinó, lo respiró en la angustia con la que alzaba mi vaso de alcoholes totales. Me dijo: «Yo le sé mucho a la vida. Yo soy tierra». Fue en el cabaré Parisién del Hotel Nacional, y esa noche, bajo un tímido foco del escenario, cantó para mí y para la muchacha menuda que intentaba ser también tierra bajo mi cuerpo desolado.

Esta es, por eso, la historia de un gran dolor. Tal vez la historia de una inesperada nostalgia.

Elena Burke aquella noche, sola e inabarcable, estremeció los vasos de mi mesa con otras historias que anidaban en su sabio corazón. De pronto todo se hizo tierra, todo reverdeció, y aquel olor a pólvora y miseria que yo traía colgando en las pupilas, se fue cayendo en el mantel como una absurda ceniza.

Ella era la tierra.

Acomodaba sus rocas y sus raíces, y convertía su voz en un gran árbol donde empezaban a nacer las historias del hombre.

Yo descubrí, estremeciéndome, cuando terminó de alzar los párpados cansados, que aquella mujer era remota y múltiple, interminable y sin edad. Y que estaba viviendo una noche repetida miles de veces en el temblor de un terremoto.

Salí a la madrugada húmeda de la ciudad como si acabara de nacer, recorriendo inseguro el mismo trayecto que hacía Elena Burke cada día para salvarle la vida a gente como yo, que pedía a gritos que alguien le explicara los dolores del mundo. Ella era tierra y lo sabía. Era la vida y el dolor, era ninguna y todas, como una hechicera que ha visto nacer el mundo y luego desgajarse por culpa de las incomprensiones del hombre.

Y sin decirlo, contaba las historias humanas en su momento menos cruel: los cantos de una pena de amor, que son como una estrella que nos marca el cuerpo para siempre.

Porque la tierra suena cuando acomoda sus entrañas. La tierra lleva dentro un canto, entre rudo y amenazador, que solamente saben escuchar los elegidos.

Romana Burgues era de ellos. Tal vez lo fue sabiendo lentamente, desde aquellas escapadas nocturnas al callejón de Hamel, donde otros orfebres engarzaban la sangre nueva en el sonido del dolor. Era el filin, una manera de protestar dulcemente contra la mala vida, la traición y la sombra.

Nacida bajo el cielo habanero un 28 de febrero de 1928, adivinaba ya, en aquel ahora lejano 1941, que su temblor de abismo tenía un objetivo en este mundo: desatar el hondo ruido de sus entrañas. Por eso ganó en la Corte Suprema del Arte. Esa razón la llevó a la emisora radial Mil Diez, donde fue contratada de inmediato. La tierra clamaba en su interior.

Cuando su voz humana me dijo aquella noche lo que me dijo, detrás de sus párpados caídos pasaban veloces, como en un carrusel, las horas de sus vidas milagrosas.

Pasaron los maestros Adolfo Guzmán y Enrique González Mántici, dirigiendo su fuego, en el incontrolable ardor juvenil cuando buscaba las respuestas. Pasó el mulato matancero Dámaso Pérez Prado, su primer pianista acompañante, en la desolación del universo. Pasaron los telones pesados que se abrieron para deleite de los que comenzaban entonces a sufrir, en el teatro Fausto, y Tropicana. Y el Follies Bergere de la Ciudad Luz, donde el Indio Fernández, abismal y telúrico, descubrió aquella voz de hondísimo desencanto, porque él también sabía escuchar las quejas de la tierra.

Y de golpe, también, contra mi vaso de pólvoras que nevaban, pasaron los cuartetos que le llevaron a conformar aún más lo que ya era: el de Facundo Rivero, el de Orlando de la Rosa, y ese olimpo inalcanzable que ha sido el de la hechicera mayor, llamada Aída Diestro, donde el raro aroma del «Tabaco verde» se mezcló en el viento con otras alegrías y otras voces, que se llamaron Haydée, Omara Portuondo, y Moraima Secada.

Todo un largo camino para que fuera Elena Burke bajo la noche apretada de una ciudad llena de historias. Desde ese punto bajo la vieja luna, entraba a los rincones, puntual como la eterna marea, en una cita radial llamada A solas contigo, desde el piano de Meme Solís, que parecía una parte de su ser. Y fue tierra y arteria para que los humanos se miraran, sabiendo que el amor era también herida, y de esos cortes sangrientos, podía salir, con una luz distinta, un brillo hondo que se llamaba Elena Burke, el júbilo de estar intensamente vivos. Entonces fue también La Señora Sentimiento, sola, muchas en ella misma, como el bramar de la rabia, como el desconsuelo de un arroyo contra una roca que le interrumpe su caída.

Todo lo que se diga ahora será inútil y alegre. Ahora que la teníamos cubriendo el cielo con su voz. Ahora que todo se movía acompañado por ese aire lento y grueso que sacaba de su pecho, viene la muerte y nos roba su canto.

La muerte inoportuna, cruel y egoísta. Porque yo había aprendido a sentir las vibraciones del amor casi solamente con Elena Burke de fondo.

Mi alegría es superior a mi duelo. Ella existió. Ha estado. Supo como casi nadie espantar el mal sueño. Vibró debajo de mis pies. Hizo que la noche fuera ella misma, y el fulgor desolado de las estrellas cuando va a amanecer.

Nadie podrá amar u odiar sin sentirla. Ella es la tierra. Una tierra compacta a la que siempre volvemos. Un pedazo interminable de lava que nos recorre la vida entera.

Lo llenó todo. Estuvo. En esa marca empiezan los regresos.

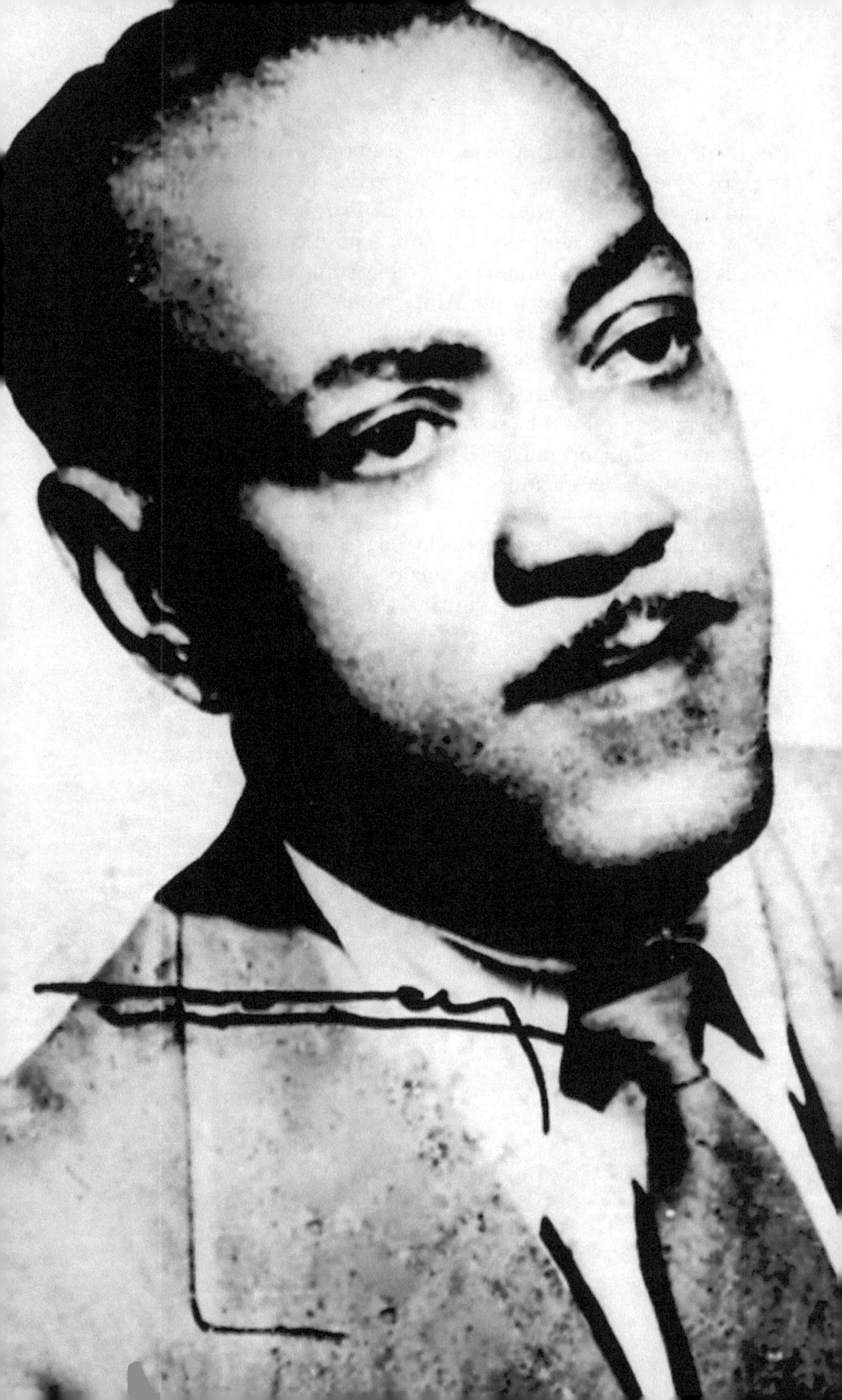

Kabiosile Abelardo Barroso

Entre la bruma de la memoria, la voz de cuchillo tembloroso de Abelardito Barroso, el hombre que nació dos veces, y al que, al final, en medio del oro del resurgir, le fuera arrebatada la razón de su vida: el aire espléndido del canto.

Siempre resurgen en mi mente las mañanas frescas de mi pueblo. Calles estrechas, casas pequeñas y limpias, y un vendedor de cualquier cosa, un voceador de olores transcurriéndolas, de arriba abajo, de sur a norte, enfrentándose al viento del amanecer, en esa hora espléndida donde el sol se instala suave, con ternura de visitante, casi con pena de alumbrar. Y en la grisura con destellos, Juan el bobo, cargado de recientes pastelitos de pollo, crujientes, apetitosos, cálidos en la lata que llevaba en bandolera. Y luego el mago Tati, con los dulces de delirio en el tablero plegable, en ristre aquel estante de tijera que abría ante el mundo sólo de un golpe que hacía doler el estómago. Sus voces todas, juntas, mezcladas, ya lejanas, fueron el eco del pregón mayor que Abelardo Barroso puso a caminar por el universo cuando anunció para la eternidad que había llegado el panquelero.

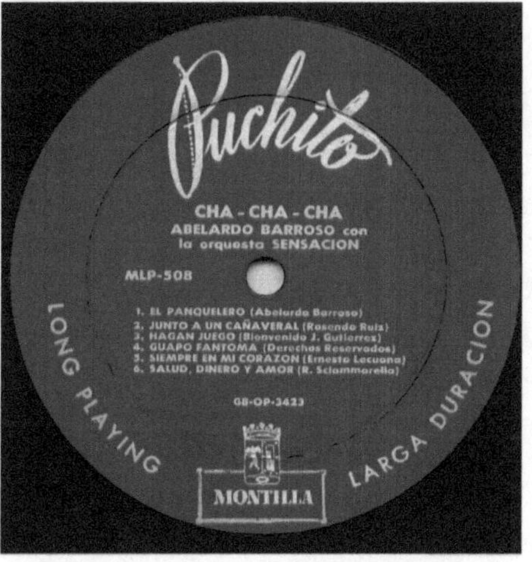

Cuando le vi, yo pequeñísimo y sin saber nada del mundo todavía, en la pantalla en blanco y negro de mi televisor, con aquellos ojos pequeños y tristes, y la mandíbula prominente que le hacía parecer una guanábana a punto de desgajarse, tuve una especie de premonición: por una extraña asociación de ideas e imágenes, cada vez que el aire era roto por un pregón; en todos los momentos en que aparecía la figura envolvente y a la vez escurridiza de un vendedor ambulante; en los amaneceres de luz límpida, en que de los rincones indescifrables salen los aromas de las cocinas, resurge en el agua torrencial de mi memoria el rostro de Abelardo Barroso, ya en 1956, causando verdadera sensación con la Orquesta Sensación, y el lento Chachachá que marcó con su voz de navaja, ronda en mis venas: *Panetelas borrachas y el coco, majarete con leche y el masarreal.* Sus productos provocan comprarle, por oírle tan sólo... cantar... *Llegó el panquelerоооо, rico panqué.*

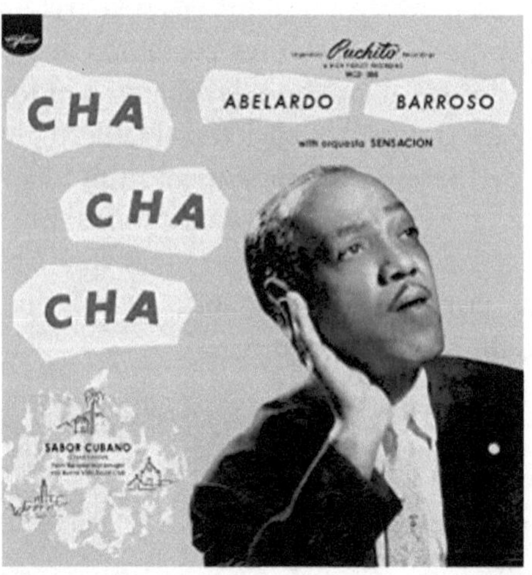

Esa extraña impresión, de asociar imágenes y música, vendrá, tal vez, porque Barroso estaba ya, desde 1925, en el aire irreductible de La Habana, cuando atacó al entonces lento y tembloroso son con el Sexteto Habanero. En el paisaje de la ciudad, en los salones ocultos donde se empezó a bailar, a musitar, a tararear el ritmo prohibido, el ritmo mal visto, la música de los marginales que devino alma de un pueblo, estuvo desde el principio del siglo su voz de navaja piadosa, su asombro trémulo, la presencia de sus vidas totales que tendían a repetirse.

Desde entonces, que es como casi decir toda la eternidad de mis vidas múltiples que me emparentan con Barroso, ha estado esa voz recorriendo los mismos senderos que se bifurcan. Y cuando parto de un sitio, cuando le doy la espalda a paisajes y gentes, mi corazón va tarareando dos de sus despedidas, antes de que la angustia de perder la voz le matara y desapareciera su largo rostro de fruta bomba entristecida. Canta mi sangre, canta mi mente, cantan mis pies alejándose en la bruma de todas las memorias: *Ya se va el guajiro, ya se va el guajiro de Cunaguá.*

Es como un cruel asombro. Un terrible y espléndido asombro de olores y sonidos. Un estremecimiento parecido al llanto. Un dolor que se agradece.

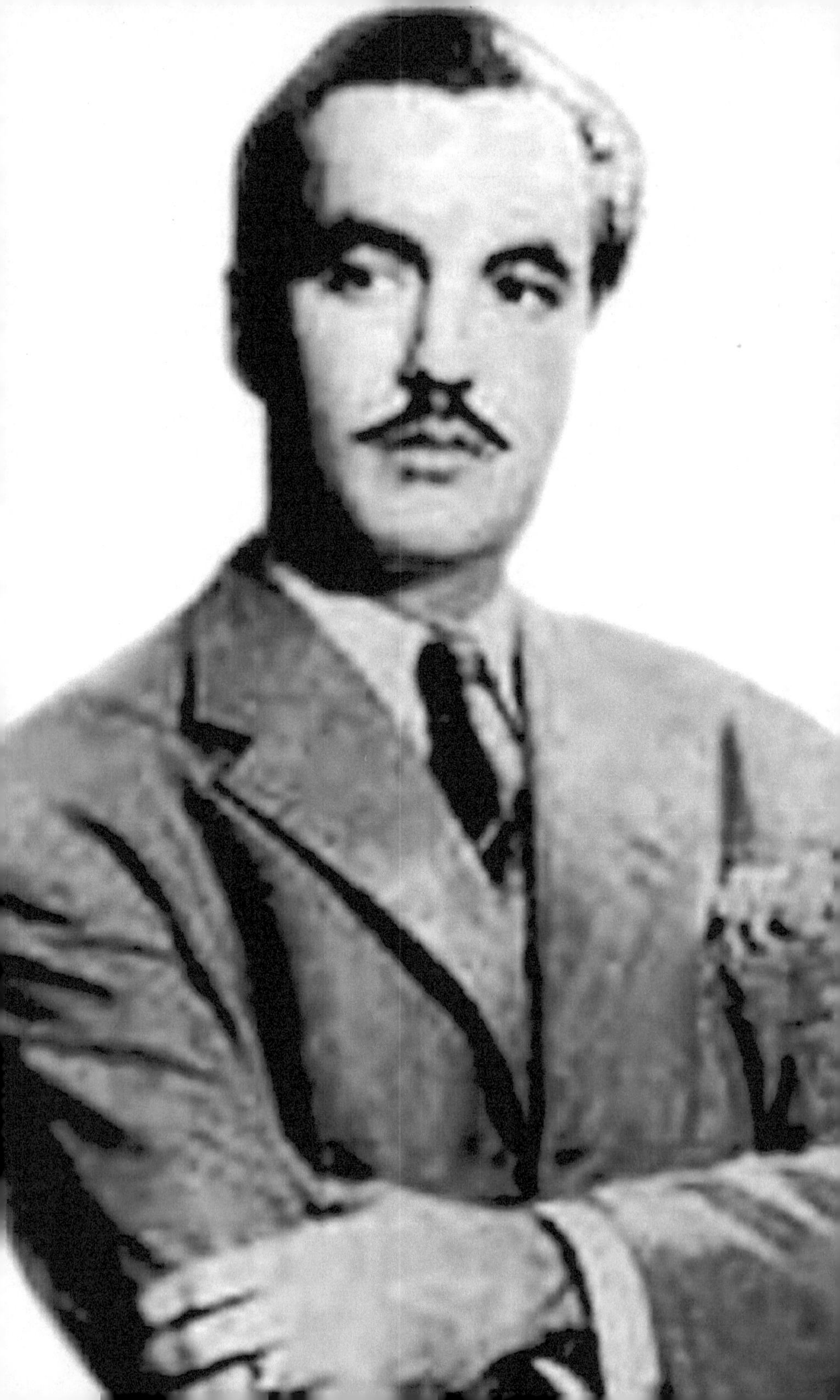

Kabiosile Pedro Junco

Cada vez que llega la noche, él regresa brevemente a la vida y muere de nuevo, envuelto en lágrimas, mirándonos tenerlo siempre tan presente. Por eso es la noche —cuando las formas no son formas, sino destellos de un delirio muy dulce— el momento perfecto para que en cualquier lugar del mundo alguien entone su canción, la más querida, la misteriosa, aquel discurso de amor que anda entre el adiós y la esperanza. La noche es su país.

Lo hacen los que quieren, y los que lloran por lo que pudo ser. Se tararea, se silba, se piensa; en los aviones y en los trenes; en los hoteles de mala muerte, entre las sábanas o en los embarcaderos, junto a la luz mortecina de una humilde lámpara que desafía el viento del olvido; en París o Madrid, en Caracas o San Juan, en Estocolmo o Estambul, aún sin comprender totalmente el filo triste de sus palabras, pero dejándose llevar por al balanceo feroz de una advertencia, que es casi el instante en que uno avisa que el corazón humano va a romper su coraza, y derramarse en cualquier lengua, cerca del mar, bajo los árboles, en la tormenta o en la serenidad de un hogar, junto al fuego que abriga el otro fuego antiguo de una elegante despedida que duele: *Nosotros/ que nos queremos tanto/ debemos separarnos/ no me preguntes más.*

Se llamó, se llama, Pedro Junco. Su vida y su canción, una de las treintaiséis que compuso y cantó, negándose a que su voz fuera grabada, como para obligarnos a no reconocer su garganta en el tiempo, parecen sacadas de un folletín de otro siglo. Pedro Junco, montado en un caballo que derrama luz por las calles de polvo detenido de la ciudad de Pinar del Río, un sitio que siempre ha parecido más población de fantasmas lejanos que geografía en el mundo, caracolea y nombra el aire antes de morirse nuevamente a los 23 años de su esplendor. Tal vez por eso «Nosotros» sigue conmoviendo, continúa perturbando la respiración y los sentidos, porque una vez un hombre dijo y cantó, en el umbral de una muerte que se repite, la manera exacta del adiós que otros van repitiendo, haciendo suyo ese destino humano que es renunciar a lo que creemos pertenecer o que nos pertenece. El hombre siempre se despide de algo, por eso la canción de Pedro Junco, la que lo mantiene caracoleando sobre el espeso y cercano horizonte de la inmortalidad, parece nacer cada vez que nos llega al cuerpo el esplendor de una pasión que no se deja atrapar. Pedro Junco es también el país de todos los olvidos. De las renuncias, de los rostros que nos perseguirán en medio del torrente final que la muerte nos lanza para sacarnos del corazón tanto deseo imposible.

Cuentan muchas leyendas sobre Pedro y ese pasaporte a la gloria que ha sido «Nosotros». Se llegó a hablar de una monja, como la secreta destinataria de su renuncia al amor. Todo como en el imperfecto mundo de los que son espectros en vida. Hasta una película sobre la canción y el contenido hizo México, que se hermana a nuestra sensibilidad en esas cosas tremebundas de amores difíciles, ojos tras los visillos de la penumbra, muertes precoces en el ardor de una fiebre inesperada y cartas lapidarias de nunca más. Así el fantasma de veintitrés años de Pedro Junco encontró tierra interminable para cabalgar en el secreto de otros amores, que mujeres diversas se adjudicaron. Hoy se conoce la verdad, y de tan sencilla y mortal suena más hermosa, porque se acerca a nuestro corazón de barro húmedo. Un amor normal, amor limpio de estudiantes. Ella se llamaba María Victoria Mora Morales, y el músico se prendó de su inocente altura en la inauguración de un curso escolar, en el Instituto de Segunda Enseñanza de la capital de su provincia. Un romance de aquellos de suavidad en las manos, de hasta luego en la punta cálida de los dedos, de besos echados al aire, de miradas y poemas en las libretas escolares. Duró sólo dos años. Ella era espigada y hermosa. Vivía en el Colegio Inmaculado Corazón de María. Era de otro pueblo, San Juan y Martínez. Él tenía veinte años, seis pies de altura, y los pulmones heridos sin remedio. He ahí las circunstancias.

Le dedicó también otras canciones de más pausada pasión: «Te espero», «Cuando hablo contigo», «Tu mirar», «Mi santuario» y «Soy como soy»; palabras olvidadas, que hicieron tiritar un corazón quinceañero en su día. Sin embargo, su testamento, el repetido y aún desafiante legado de amor trunco que ha sido y es «Nosotros», se estrenó en público sólo dos meses antes de que Pedro dejara en el viento de la noche el olor de su vida joven para siempre el 25 de abril de 1943. Tony Chiroldes la cantó en febrero de ese año, en la emisora pinareña CMAB. En la capital, Mario Fernández Porta la lanzó por las ondas más amplias de RCH Cadena Azul, y así llegó a ese volcán insuperable que se ha llamado Pedro Vargas, el hombre que primero la instaló en nuestras malas noches de solitarios. En 1945 el Tenor de América visitó a los padres de Pedro Junco, allá en Pinar del Río. Les llevaba un diploma de una asociación de artistas del hermano país, donde certificaban que la canción del desaparecido autor cubano había estado en el *hit* parade dos años consecutivos, destrozando o alentando otros amores, porque ya la canción no era el tributo íntimo del romántico aventurero a la estudiante que le guardó luto callado muchos años, sino un temblor que se contagia, de sangre a sangre, y de respiración a respiración, como si nuestra vida fuera un andén interminable por donde parte el pedazo que nos arrancan sin anestesia.

Por eso digo que él regresa en las noches, no importa el lugar del mundo donde una pareja quiera decirse algo, doloroso tal vez, como son todas las cosas de esta vida cuando queremos que se agranden y nos protejan. Pedro Buenaventura Jesús Junco Redondas, que amó desbordado también a otras mujeres, prometedor pianista, aspirante a abogado, nacido el 22 de febrero de 1920, pidió en su lecho de moribundo infeliz escuchar el fruto musical de su dolor. René Cabel cantó su tema en la radio para que él nos dejara con esta cegadora paz que nos inunda, en la resignación del que ha marcado el tiempo, instalado en el susto de unas palabras sencillas que nos brindan su piel interminable, para que se nos quiebre algo en el pecho siempre, sin saber que él nos mira, en el inicio de las noches eternas, muy serio, cómplice de todos los desamores, testigo de cualquier esperanza.

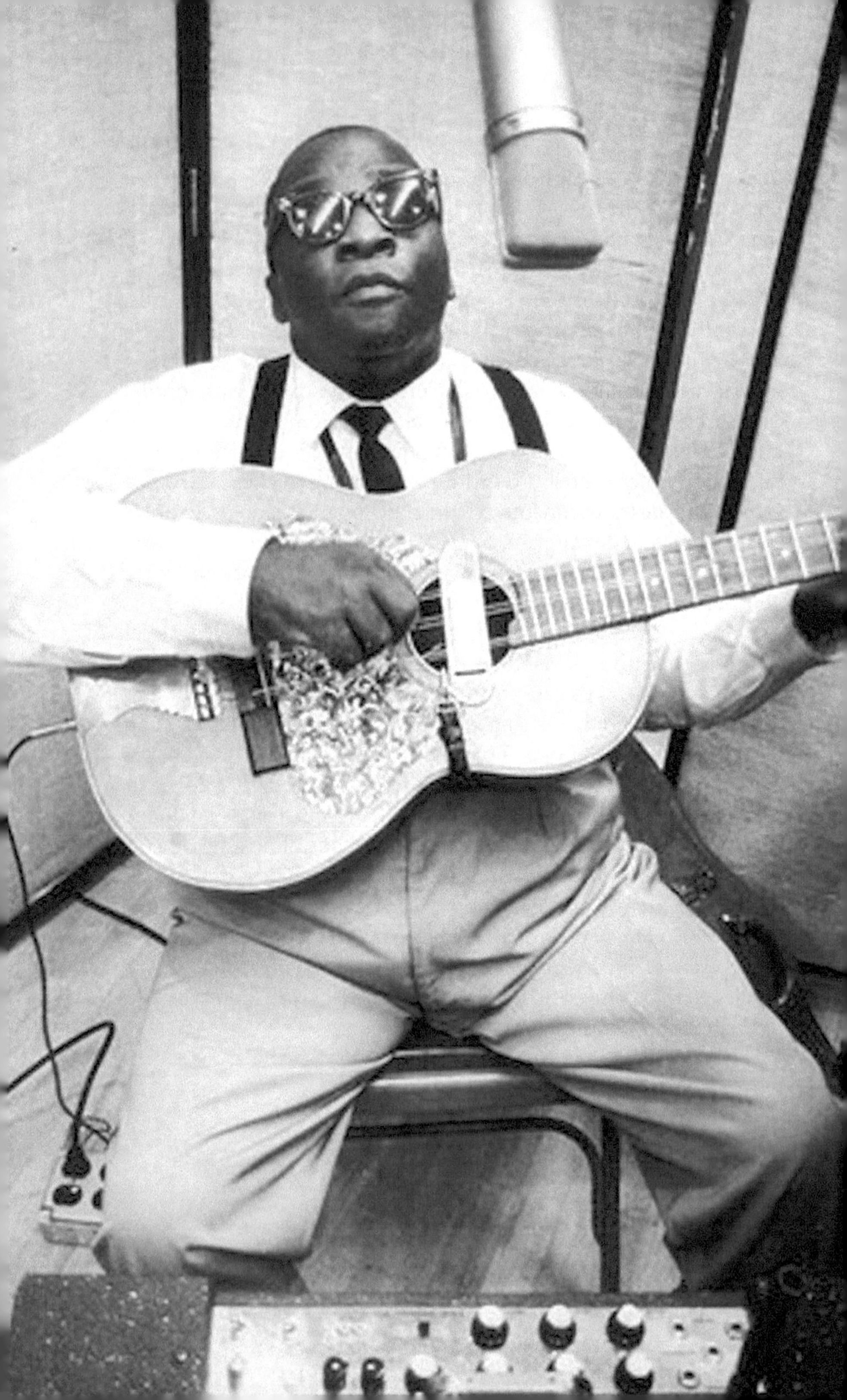

Kabiosile Arsenio Rodríguez

Nos dijo que el mundo era imperfecto. Él, desde su dolida imperfección, construyó otro mundo posible con las manos. Un mundo que sólo se escucha. Un mundo de luces y sombras donde el cimbrear del tres alegre o agorero, saluda y estremece, plantea y pregunta, marca los límites del fuego y abre el sabor como una desolación que va a reverdecer. Sólo con sus manos, sólo con el ansia de luz que el mundo le negó.

Nos dijo que la soledad no era monstruosa. Que buscáramos momentos para que bailara el corazón, aunque estuviera solo, porque el goce estaba en el rapto, no en el desbordamiento. La fruta prohibida de la felicidad instantánea, esa manzana que robamos del cielo, con picardía, cuando nadie mira, lleva directamente al éxtasis. Lo dejó escrito en los muros de la eternidad con indeleble tinta de sueños, con la ferocidad del africano esclavo que le antecedió en la isla, dueño de nada, o tal vez dueño de fulgurantes momentos para arrebatarle al mundo lo negado: *Ahora que mama no está aquí, dame un cachito pa´ huelé.*

Todo fue un juego de espejos. El negro regordete que pulsaba el tres con una extraña sonrisa en la cara redonda, bajo las gafas ahumadas, estaba en realidad burlándose del mundo ingrato. Todavía, musicólogos y periodistas, dudan ante sus engañosas inscripciones de nacimiento. Dos fechas probables le vieron venir al mundo: el 13 de agosto de 1913 y el 30 de ese mismo mes, dos años antes, en 1911. ¿Se llamó realmente Ignacio Loyola Rodríguez o Ignacio Arsenio Travieso? Un solo dato tomo como verdad irrebatible: un hombre que haya nacido en un pueblo de nombre tan sonoro como Güira de Macurijes, tiene la misión de engrandecer los sonidos del hombre. No importa cómo se llame el personaje que invente para andar entre nosotros. No importa el santo y seña de los registros polvorientos, donde grises habitantes intentan organizar el mundo entre legados. Arsenio Rodríguez pudo llamarse Juan, o José María, o Ignacio a secas, siempre que venga detrás el inquieto relumbre de un tres tejiendo armonías como las luces de un árbol en navidad, y que nazca de la nada, cada vez que griten «¡Alambre dulce!».

Nos enseñó que una vida es muchas vidas superpuestas, que hay que gozar el momento feliz en cada una de ellas, que la derrota es la más fácil de las muertes. Él, que volaba en la oscuridad de una magia que nos dejó como acertijo, y que habló de la vida como se habla de una mujer orgullosa que nos desdeña: *Después que uno vive veinte desengaños, ¿qué importa uno más?* Supo viajar con ilusión hasta el final, en un mundo que estaba hecho de infelicidades. Saltando entre las cuerdas dobles y viriles del tres, regresando sólo como un pájaro nocturno hasta sus trece años, cuando la patada de un caballo le envió a un pozo maldito, y le dejó un universo que sólo crece en las manos. Creo que buscó con ellas los caminos de los colores que recordaba, para que nos entraran misteriosos por el oído.

Para mí, gracias a él, hay un instante de plenitud, en que mi tierra se instala en el demoledor grito de mi sangre: sucede cuando Lilí Martínez se desliza por las teclas, siguiendo la queja feroz de Félix Chappottín en la trompeta burlona, y entra Arsenio terciando, con un agudo que complementa y pregunta, como si estuviera dándole pellizcos a la eternidad. Ah, el alambre dulce con que hilvana las estrofas, trucos aprendidos con el Sexteto Boston, en las madrugadas de delirio de los años treinta, en el bullicio de la Playa de Marianao y sus cuchitriles, donde los mejores músicos del mundo remataban la noche, sacándole los más plenos orgasmos. Y en el 1934, con aquella escudería de matanceros irredentos que fuera el Sexteto Bellamar, imprimiéndole al son la sobriedad de su ciudad marina.

Nos puso otros acertijos en el camino, para que, levantando falsas huellas, encontráramos la ruta que le llevó a un júbilo de resignada sabiduría. Lo escucho en una de ellas, su pieza «El caramelero», con la Orquesta Casino de la Playa, en 1938. Allí nacieron sus dos sobrenombres. Como un haz de luz inesperada, recordé la manera en que deambulaban los vendedores de caramelos y golosinas en La Habana de su época: sobre las pequeñas ruedas de un artefacto que remedaba un gran tablero, trenzaban unas cuerdas de fino alambre donde se endurecían al aire, colgando como los frutos, los jugosos pirulís de reciente hechura. Así paseaban anunciando aquel aroma de azúcares profundos, y los cristalinos destellos que Arsenio adivinó en la cadencia y el olor: alambre más dulce no hay. La voz de

Miguelito Valdés en ese reposado pregón, invita al tresero a sumarse a la pelea, y el Cieguito Maravilloso da una clase magistral de escasos 48 segundos, donde se concentran todos los puntos inevitables de la escala. Como una pincelada cargada de levitante intensidad, Arsenio solo, Arsenio Rodríguez en el ruedo, imagino que sonriente y seguro, abriéndose el pecho para que salgan a raudales las sangres profundas del azúcar convertidas en diamantes comestibles. Todo en cuarentaiocho segundos. Comenzaba su leyenda.

El año 1940 quedó para la isla como en el que se hizo la primera Constitución de la República, inteligente y avanzada, la ley de un país nuevo. También nació el Conjunto de Arsenio Rodríguez, guerreros inmortales del son montuno, que iban a cantar a todos los barrios con la voz misma del barrio. Saint-Exuperi escribió que lo esencial es invisible para los ojos. Arsenio nos lo está diciendo siempre con sus pupilas llenas de penumbra, desde la esencia misma de una eternidad diaria. En el rabioso montuno de las esencias, no deja de construir la luz que me alimenta. Una isla que es un sonido lleno de países. Un sonido que es una historia que se repite. Y un hombre en el centro de toda la negrura, que sonríe con un esplendor amargo. El golpe del corazón de la vida. El paso de alguien que anuncia la golosina momentánea gritando: «¡Alambre dulce!».

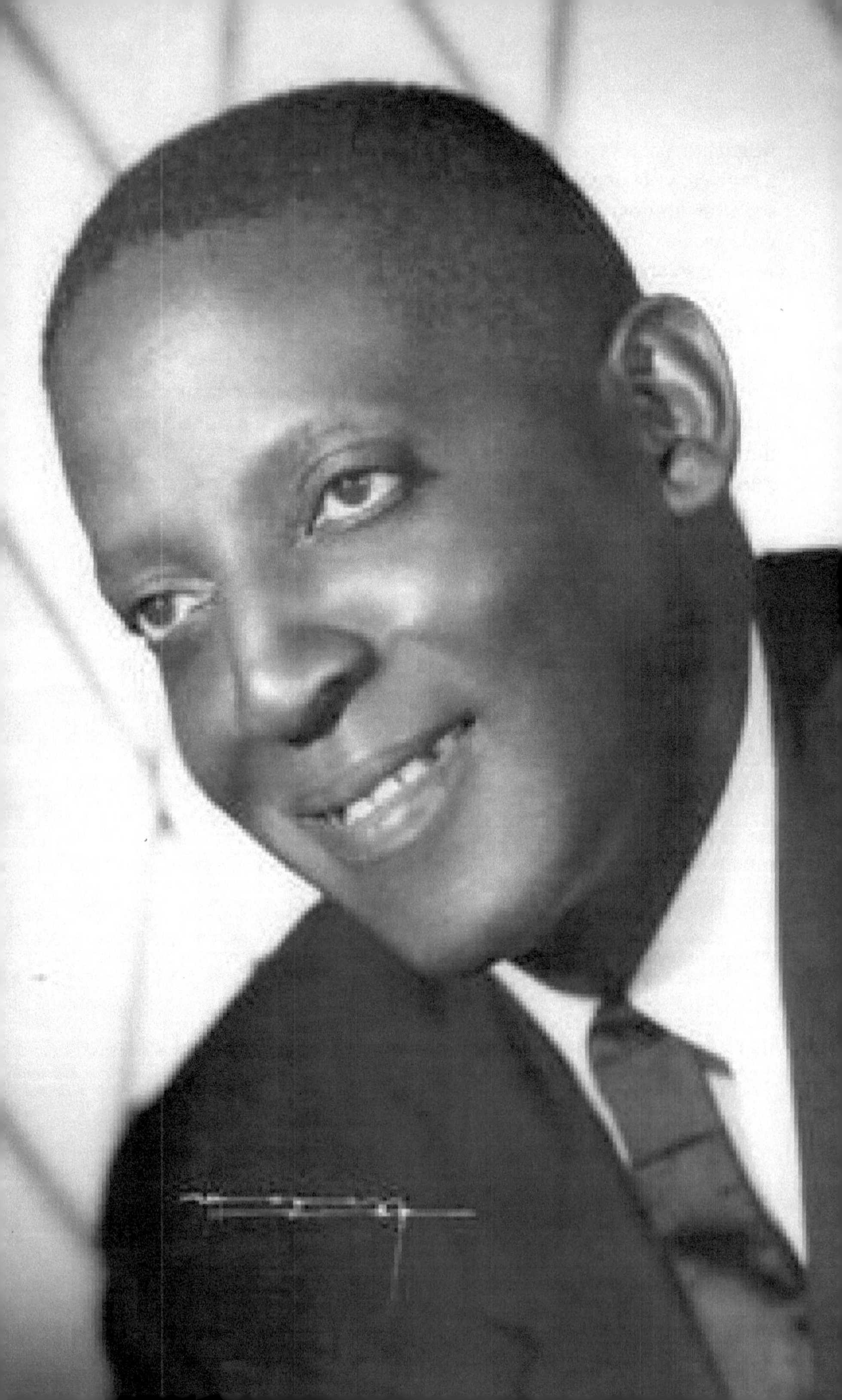

Kabiosile Barbarito Diez

Hubo una noche en que tuve la tentación de preguntarle a Barbarito Diez por qué no se reía nunca. Yo tenía veinte años, estaba recién casado, y nos rodeaban innumerables mesas en la Plaza del Himno de Bayamo, mi pueblo natal. Él deambulaba como un fantasma entre mesas de madera, vasos encerados de fría cerveza, y platos de macho con casabe, la torta de yuca que nos legaron los indocubanos, con pedazos de cerdo asado dentro. O casabe con longaniza, y su contraste de picantes esplendores. Noche burbujeante y sonora para los ojos blanquísimamente abiertos y asombrados en la noche del rostro de Barbarito, la vez que no pude preguntarle por qué cantaba tan tieso, tan sereno, tan sin gracia, que parecía que no era él quien lo hacía, sino una voz que le subía desde los zapatos.

Eran los carnavales de mi pueblo, y en ese Rincón del Recuerdo, a un costado de la iglesia mayor, la única edificación que no ardió el 12 de enero de 1869 cuando sus habitantes, en un arranque numantino le dieron fuego a todo para que las tropas españolas sólo recogieran cenizas. En el cuerpo me hervían las preguntas para Barbarito Diez, el negro oscuro que no llegó jamás a sonreír, mientras de su boca volaban perlas marinas, bocas rojas de un romanticismo meloso, moras traidoras y cleptómanas que robaban corazones, en el tiempo sin tiempo del danzón, el ritmo más sensual y desorbitante de mi raza.

Tres veces le miré a la mirada serena, que no empañaba la algarabía colectiva, y ninguna me atreví a soltarle a Barbarito Diez las preguntas que me recorrían el cuerpo. Tal vez porque yo tenía veinte años, y tenía junto a mí a mi primera esposa, asombrada de lo distinta que era aquella fiesta de pueblo lujurioso en mis calientes territorios, viniendo ella del caos ordenado de la gran ciudad, en años donde ya no pasaba casi nada. Quizá me confundía no acordarme del nombre del pueblo natal de Barbarito Diez, que en medio de la orgía gastronómica sólo atinaba a que se parecía a chilindrón, el fricasé de chivo.

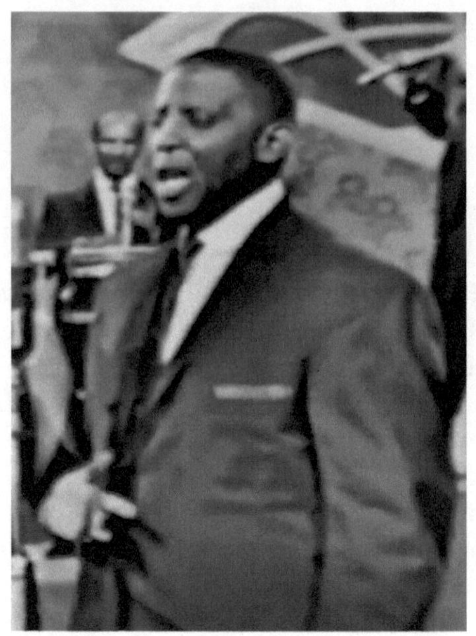

Su pueblo se llamaba Bolondrón, en la llanura matancera, en la quietud lejana y verde donde Barbarito Diez vino al mundo el 4 de diciembre de 1909, el día hirviente de Santa Bárbara. Tal vez por eso, o por haberse tomado tan en serio la vida, o porque la solemnidad del danzón se le instaló para siempre en las venas, Barbarito Diez no se reía nunca. Un Buster Keaton de ébano, más inmóvil que el cómico. Una sombra de voz fina y dulce, como un oscuro ángel que desafiaba la noche.

Y aquella noche de mi pueblo no pude preguntarle por su seriedad. Tuve que vivir mucho, tuvo que alejarse él y regresar, y morir y quedarse luego eterno, serio, varado en el largo camino de la gloria, para entender que tal vez Barbarito Diez amaba tanto lo que cantaba, que no lo hacía para los demás, lo cantaba para él, como un abuelo que te duerme en la noche infinita del campo. Por eso no se movía, ni enseñaba sus dientes blancos de mortal. Barbarito Diez se sumergía cantando en un viaje interior, y nosotros sólo escuchábamos aquella música sin comprender a fondo que era el sonido de un abismo, el agua que chocaba en los riscos, el eco ululante y estremecedor de un pozo donde caía la vida haciendo ondas enormes.

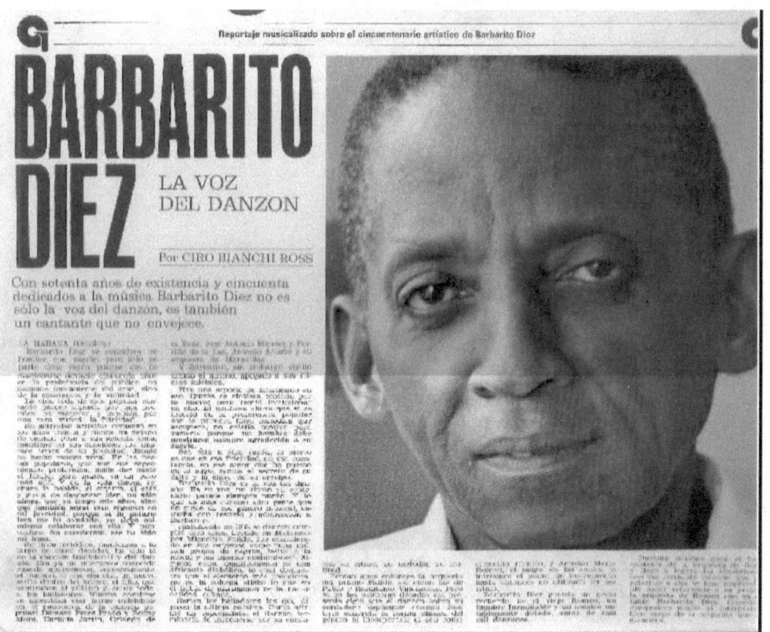

Reportaje musicalizado sobre el cincuentenario artístico de Barbarito Diez

BARBARITO DIEZ

LA VOZ DEL DANZON

Por CIRO BIANCHI ROSS

Con setenta años de existencia y cincuenta dedicados a la música Barbarito Diez no es sólo la voz del danzón, es también un cantante que no envejece.

Me basta esa respuesta. Me quedo más tranquilo con mi sed de preguntarle a mis veinte años. Hubiera cometido una imprudencia. Hubiera obligado a Barbarito Diez a bajar a la tierra, a despertar del sueño profundo y eterno en que vivía, y se hubiera perdido lo más importante. Así, serio y no seco, con esa solemnidad amable que da el brillo de sus ojos de asombro, andará en una nube Barbarito Diez, contando lo de aquella mujer que robaba carteras y corazones, o simplemente avisando, desde el fondo del pozo —brocal inmenso él mismo— que se acerca otro personaje de sueños, cuando canta: *Mira quién viene por ahí/ el Caballero de París.*

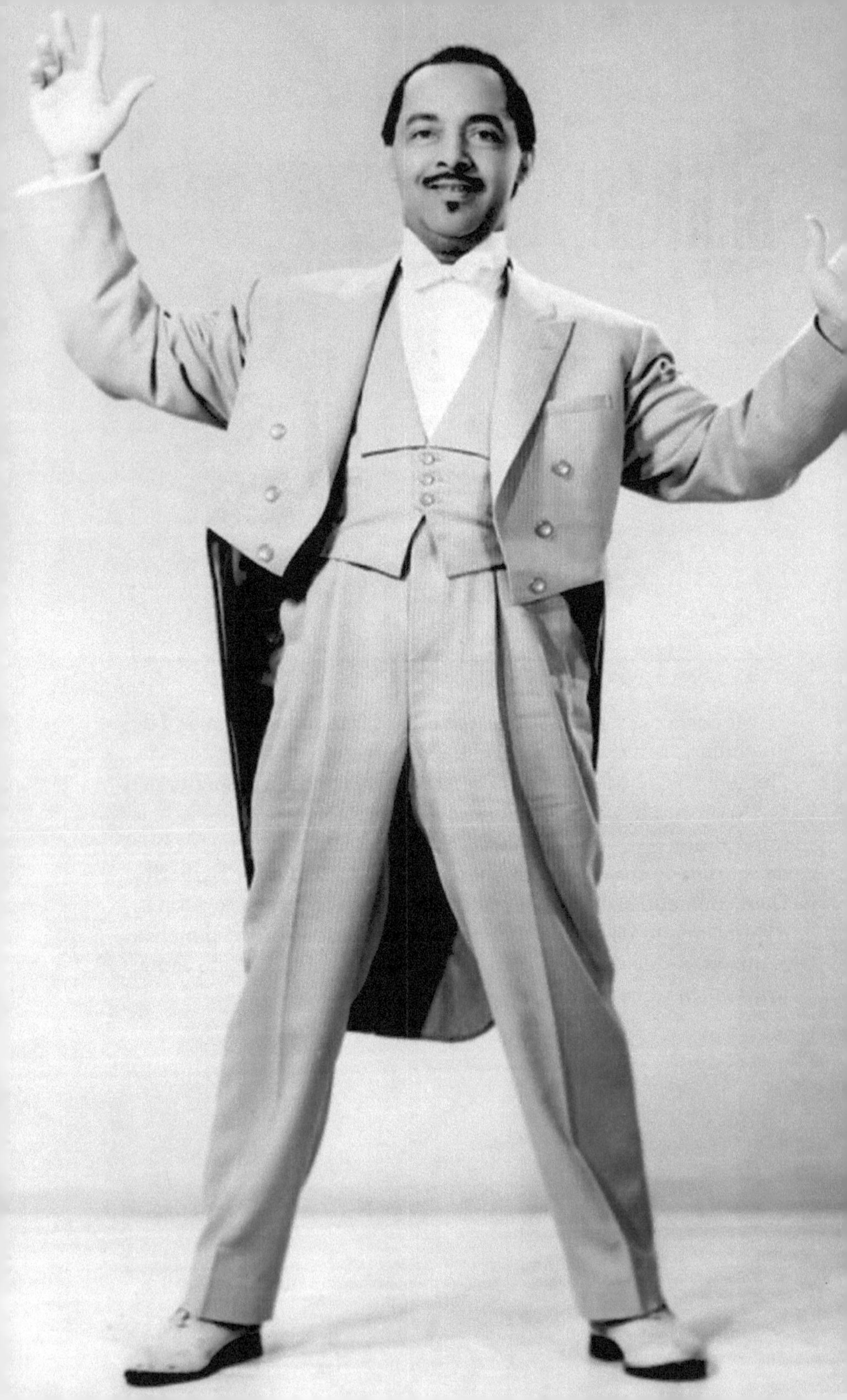

Kabiosile Dámaso Pérez Prado

Si Dios existe, ha de ser como él. Camina, mira, respira el aire que cree le pertenece, arrebata, exhala el viento procesado, escandaliza, ataca, cambia, va y regresa, desanda lo andado, se vira de cabeza, pone el cielo donde le conviene, protesta, corta, quita, siembra, apaga, inunda, ilumina, se despide y se queda, es dueño de la vasta planicie de la vida. Así ha de ser Dios. Así ha de andar si existe, de Limonar a Nueva York; de La Habana hasta la avenida Álvaro Obregón, en la Colonia Roma de la ciudad de México; de Madrid a Campeche. Sacando diablos menudos de su piano, los iremes de inquieto desandar en la llanura de Jovellanos a Colón, que los congos sembraron bajo las ceibas temblorosas, y los yorubas alimentaron con sangre de unicornios. Los güijes hambrientos, ansiosos de nocturnidad y caminos, instalados en su torrente para rugir en las trompetas luego, obligadas a aullar desfalleciendo, hasta extinguir el plasma y la saliva de los labios.

El mulato que entendió que el cielo era blanquinegro, y que sus dedos podían manejarlo a su antojo, no perdió tiempo nunca, porque el tiempo le esperaba en el corazón de los hombres, como un animal fabuloso, que dormitaba sus fiebres, dichoso y dispuesto, ansioso por salir enloquecido a enroscarse en las caderas del ardor. Dámaso Pérez Prado siempre lo supo, porque era Dios o se le quiso parecer. Nacido cerca de las aguas fabulosas que asedian a la ciudad de Matanzas, el 11 de diciembre de 1916, supo que estaba obligado a aprender a domar los sonidos y los destellos. Como un Dios casi humano lo engulló todo con el maestro Somavilla, y partió hacia la capital a descubrir el mundo. Pero mucho más, a que el mundo le viera sacar relumbres del silencio.

Era 1942, y había esa fiesta que parecía eterna en la ciudad grande y vieja. Allí el menudo Dámaso, antes de ser bautizado para la inmortalidad como Cara de Foca por otro de los grandes, solapado y astuto, fue soltando a retazos sus aguas tumultuosas. Ahora le escucho en los arreglos avanzados que hizo en 1943 para que tuviera más color ese inmenso colorista llamado Orlando Guerra, y a quien todos decían Cascarita tras un desayuno de músicos en el alba cubierta por unos cascarones de queso. Hay que escucharle los latidos de piezas sublimes como «Llora», de la autoría del gran Chano, donde los enmudecimientos de la Orquesta Casino de la Playa, y sus embates furiosos, anuncian otra era en la noche del mundo. Escucho al resbaloso y ágil Cascarita entonar «Tártara», un tema de picardía y marginalidad y se sienten los dedos del matancero arrebatando nubes de sabor en el estruendo glorioso que sucederá inmediatamente, para que los mortales sepamos que la vida es hermosa.

Había dejado atrás la noche trepidante de los cabarés de la playa de Marianao, el Pensilvania y el Kursal. Tal vez ya desde entonces, sus orishas tremendos le empujaban a desatar los tigres inesperados de aquellas armonías líquidas que había traído el oxígeno armónico de Stan Kenton, combinándolas con espasmos de tambores profundos, agudos cornos de escalofrío, broncas voces guturales que algún día, más allá del polémico ensayo de Orestes López, del que partió a su aventura, desatarían por la sabana mundial la estampida siniestra y gozadora de un ritmo de placer y desafueros: el mambo, una serpiente, con su enervante metal y aquel grito de leyenda en la punta de todo.

Tal vez por adelantado, incomprendido su arsenal de laboratorio, o simplemente porque en La Habana ya reinaban absolutamente otros monarcas, cruzó el cielo del mundo y arribó a tierra azteca, un sitio donde el eco de la música cubana llegaba con cierta lentitud, que permitía —que le permitió— ejercer como demiurgo, como satanizado sin recriminaciones. Pienso que lo estaban esperando. En una tierra donde el danzón había calado hondo, el mambo, nieto o biznieto de la dulce cadencia, separaría por fin a la pareja en una feroz competencia de sensualidades, más afín a los tiempos nuevos, donde la individualidad del ser tomaba predominio. Allí Cara de Foca cumplió su sueño sin diques, rompió los muros de cualquier perfección, para arribar al puerto despampanante de toda la adrenalina que su fiebre provocaba. Repitió ciertas fórmulas con aquel hombre que quiso ser Orlando Guerra, Cascarita, y que, partiendo de su ídolo llegó a ser Kiko Mendive, múltiple y solitario. Y en plaza mexicana le llegó a Pérez Prado su mejor baza, ese diamante indestructible que Miguel Matamoros arrastró en su cumbancha: Bartolomé Maximiliano Moré, el Benny. Nunca el mambo tuvo tanto olor a sierra y ensenada como cuando el mulato lajero puso a mover la cintura y los hombros a las mexicanas con su *barabatíbiri coimbre.*

Con él, haciéndose Dios o siéndolo de veras, ya nada fue igual a partir de 1951 y su «Rico mambo», al que siguieron, para que los jóvenes del momento despertaran sus diablos particulares, «Mambo Nº 5», «El ruletero», «Mambo en Sax», «Mambo Nº 8» y «Pianolo», una lección selvática de cómo la sangre puede convertirse en surtidor. Y luego, cuando puso a «Patricia» a danzar para siempre en el temblor sensual de nuestro corazón, con el agua milagrosa de aquella rubia desbordante en *La dolce vita. ¿Quién inventó el mambo que me provoca? Un chaparrito con cara de foca.* Había llegado. Lo habían coronado. Era El Rey del Mambo, un auténtico domador del viento entre tanta nobleza. Y México le quiso como suele querer a los buenos. Y él unió su corazón a aquel cielo que todo le permitía hasta que otras trompetas le llamaron con urgencia al cielo verdadero, en septiembre de 1989.

Ha sido largo su parecido a Dios o a lo absoluto. Intentando recuperar destellos pasó por el dengue y otras infusiones. Yo prefiero quedarme en el rugir compacto de su tropa, en aquellos años de fundación y plenitud, desde el 1951 al 1957. Y el piano suyo que hace tormentas desde la bahía de Matanzas hacia el mundo, los saxos metódicos y acompasados que marcan el delirio, para que el Benny le cante a Tongolele, o alce la mucura del suelo. Y Cara de Foca, taimado y espléndido, rompa la madrugada de su eternidad sonora con un grito rajado que cambió los cauces del aire y nazca, del temblor, el mambo, la serpiente emplumada que nos devora siempre.

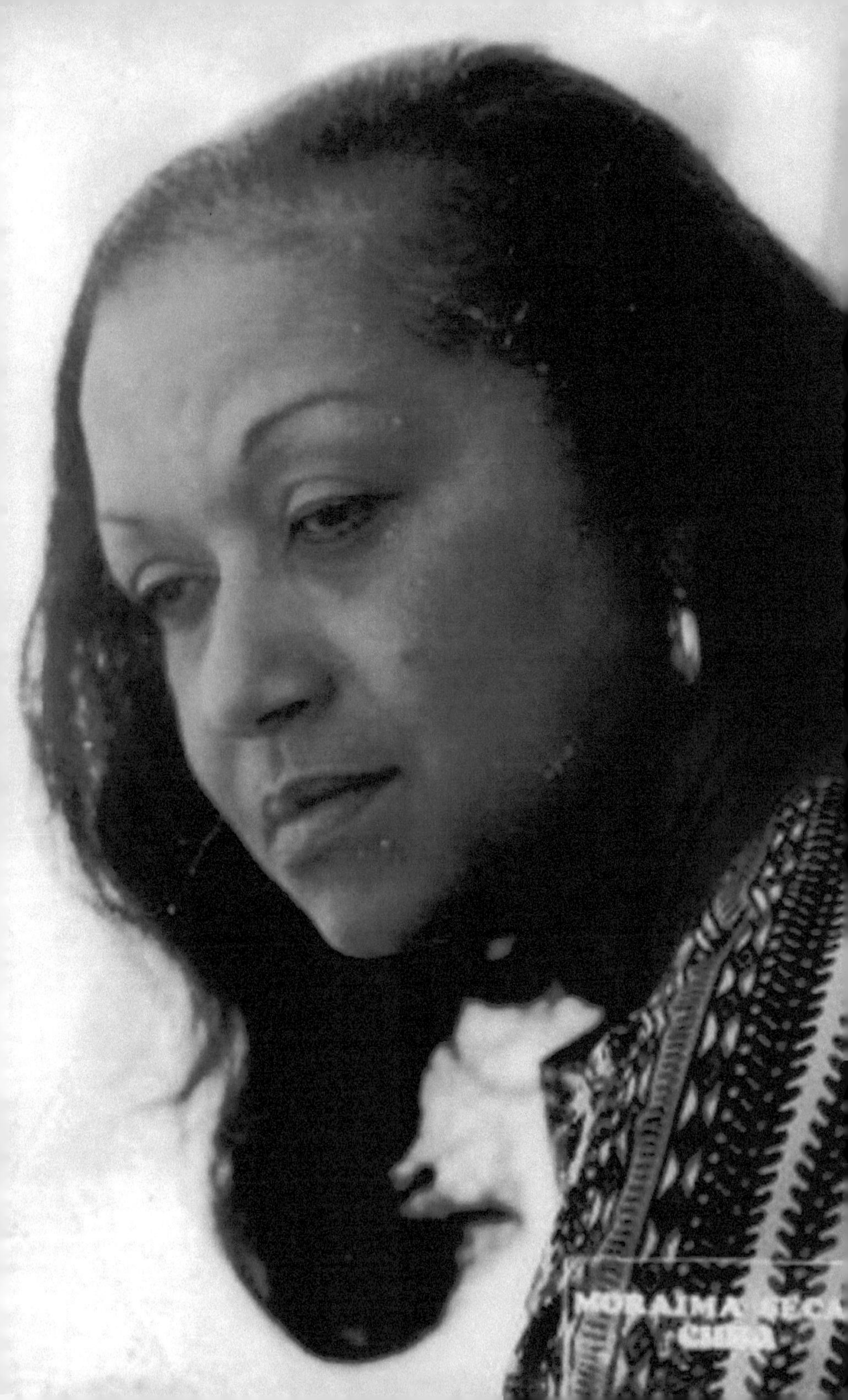

Kabiosile Moraima Secada

La vi lanzar un grito largo, casi un aullido, bajo la luz molesta de los reflectores. Luego alzó la cabeza desafiante, apretando los labios, como con ira y rencor. Sus grandes párpados cayeron. Es posible que tras ellos, aguardaran lágrimas de rabia o de enojo. Se golpeó el pecho, lenta, ferozmente, una, dos, innumerables veces, con el puño cerrado. Y sentí miedo de que estallara y nos barriera a todos; de que salieran de allí manantiales de hirviente sangre, quemándonos los ojos y la vida.

Un segundo más tarde, en un agudo casi agónico que fue perdiéndose en un eco, su puño se fue abriendo, con parsimonia, como un pájaro aturdido al que despierta el sol de repente, y extendió su larga mano vacía, donde ya no estaba el amor arrancado, el amor ido, el amor que era ahora traición.

Ella cantó siempre como si la hubiera asaltado la vida a punta de pistola. Como si todo fuera un engaño constante. Como si primero estuviera el temor de perder, que la alegría de tener. Gritar las cosas, mirar al aire y regañar a Dios, por injusto, porque le hacía doler el corazón, porque le hería con sus mañas, porque el amor no le llegaba con la intensidad eléctrica que daba. Con el torrente que ofrecía. De su pecho salían, como búfalos enloquecidos, esas palabras desgranadas, los sentimientos donde emplazaba a todo, su advertencia de que iba a luchar, a llorar peleando, a morder el viento y la oscuridad, y todo lo que fuera a arrebatarle lo poco que pedía para ser feliz, para sonreír sin pesares.

Era La Mora para siempre. En los ojos de un sobrino suyo, cercano amigo en mi lejanía, veo su rabia y su asombro hasta cuando le pide perdón a su conciencia. Adivino a la mujer fuerte y pequeña, de guapería elegante, de gestos que reafirman su decisión de vivir hasta el extremo, haciendo de cada minuto la punta de una, tal vez, dolorosa eternidad.

Ella acusa en las sombras. Ella suelta un aullido que viene cargado de fantasmas adustos, cabizbajos, y hay que adivinarla, salida de su natal Santa Clara, para llegar a la Orquesta Anacaona, y después, joven y seria entre las cuatro mosqueteras que cambiaron el mundo aquel agosto de 1952, en el *Carrousell de la alegría*, donde Germán Pinelli las llevó a cada hogar como el cuarteto de ensueños que había armado con celo y paciencia de niño la gorda Aida Diestro. Las D´Aida, que se lanzaron al ruedo televisivo con sólo dos temas en su repertorio, y que iniciaron un tejido vocal que cubre el aire de cualquier árida nostalgia.

Era La Mora, Moraima Secada, junto a la inmensa Elena Burke y las Portuondos, Haydée y Omara, inventando un camino que iba

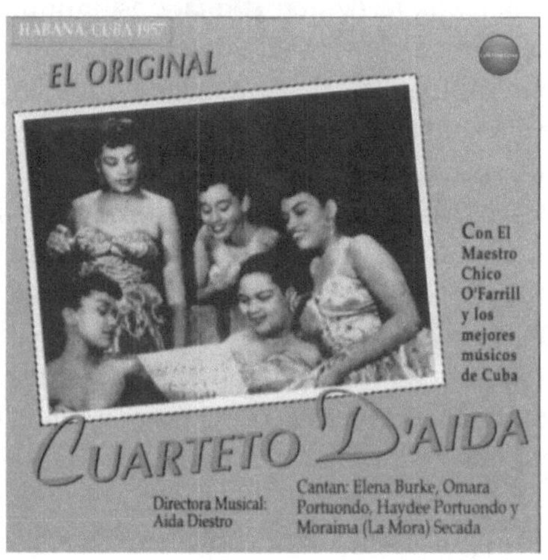

a marcar con fuego los años cincuenta. Junto a ellas acompañó a Nat King Cole en giras y en un disco. Y se enfrentaron sin temblor a Lucho Gatica, que tenía un continente a sus pies, en un dúo que sólo encuentran ahora los locos y los enamorados.

Luego fue Meme Solís, y Moraima como gimiendo con el piano. Y más allá, ella sola en el reproche de Dios bajo la noche en la ciudad.

Nos quedan sus atroces golpes en el pecho cuando señala al hombre infiel, al hombre flojo, incapaz de enfrentarse a su pasión desbocada: *Ese que está allí, es el culpable...* O cuando reflexiona tras el fervor del ansia: *Perdóname conciencia/ razón sé que tenías,/ pero en aquel momento/ todo era sentimiento,/ la razón no valía.*

Ella no enumeraba sus dolores. Ella era el dolor, que se paraba fino para que nunca olvidemos que existe, que se extiende común y amenazante.

Donde quiera que se llore o se sueñe. En los amores rotos, en la pasión sitiada por la pérdida, anda la voz de La Mora susurrando, bajando sus grandes párpados de china renegrida, cerrando el puño bravo, o abriendo lentamente la mano donde se posó la dicha alguna vez, y escapó, llevándosela en el estertor del mal año 1985, con su abierto corazón, hacia todas las partes de mi isla.

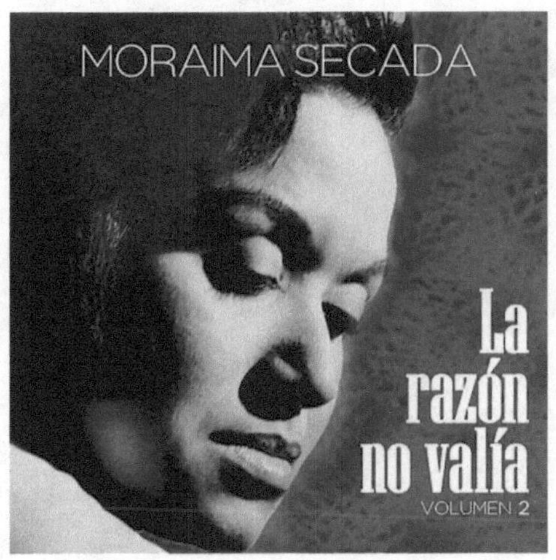

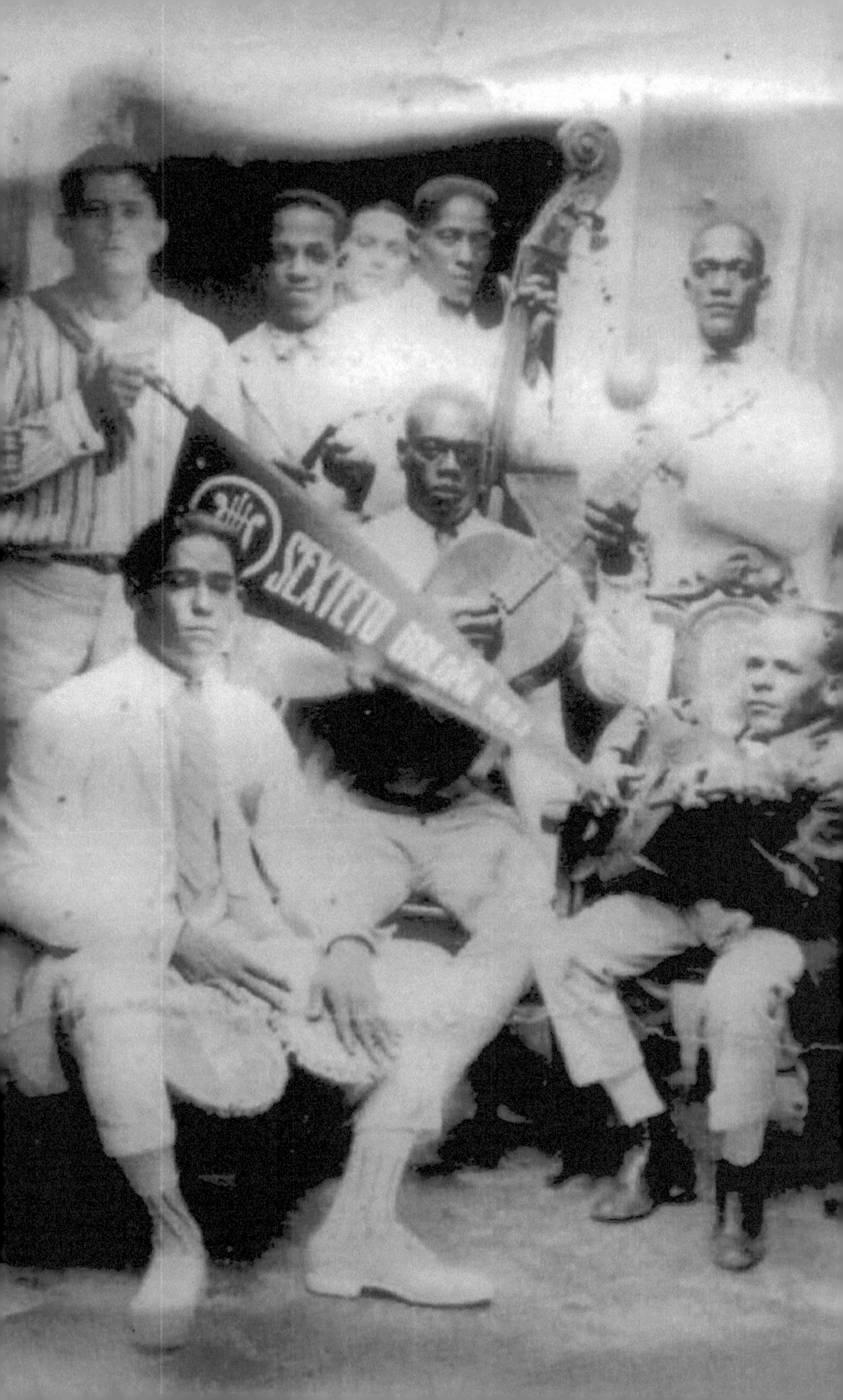
SEXTETO

Kabiosile Alfredo Boloña

Como Dios le había dado un cuerpo maltrecho, pequeño y jorobado, decidió compensarlo con una imaginación que ampliaba constantemente sus fronteras, un campo repleto de sueños que la vista no podía abarcar, pero que el oído agradeció desde 1920 cuando sus manos diminutas repuntaban el naciente son en las filas del Sexteto Habanero de Carlos Godínez.

Como su alma no se parecía a su cuerpo, sino que parecía más andar sin él, y regresar solamente a darle cuentas de los imposibles conquistados, Alfredo Boloña, el bufón mestizo que cambiaría el aire en músicas irrefrenables, fundó su propia agrupación, en aquella ciudad que, en 1923, aún tenía a nuestros abuelos de caminar lento, bajo los pálidos sombreros de pajilla. Y era el son bajando como un arroyo hirviente de las montañas de Baracoa, forjado allá en el Yunque, bruñido en canturías donde el nenguén iba sacando cuerpos del tres manigüero para apuntar hacia la capital, engordando sus aguas múltiples y totales desde Guantánamo a Santiago de Cuba, oliendo a frutas del Caney, bendecido por la Caridad del Cobre, sumando, deslumbrando, temido, pícaro, inevitable como el alma de una nación, o su corazón de madera, en el tronco mayor del aire de un pueblo.

Y Alfredo Boloña halló el cuerpo magnífico que le había negado la naturaleza en la estructura sabrosa e incitadora del son cubano, ritmo de azoro en La Habana de 1920, donde el menudo bongosero, nacido en la ciudad en 1890, aprendió armónica, marímbula y tres, para entregarse a él, bordándole los sueños que le dictaba el alma. Con la edad de Cristo, fundó su cofradía y su camino, y bajo su empuje fue el Sexteto Boloña la tercera agrupación del nuevo ritmo que grabara sus atrevidas creaciones, temas pletóricos de situaciones amorosas y otras, con su firma y su espíritu, que hablaban del reto a la vida, y de cómo se superaban las adversidades.

Según testimonios, ya desde 1910 andaba el inquieto jorobado en los quehaceres de aquel ritmo embriagador, cuyos primeros ecos fueron arribando a la capital con el tejemaneje de aquel ejército permanente, que había fundado el presidente José Miguel Gómez, y que, sin previsión alguna, hizo con el son como hace el viento con las semillas de las plantas, llevándolas lejos en su liviandad de nubes, para brotar en inesperado jardín, reforzada la planta con la caricia de otras aguas y un sol distinto.

Su tesón dio frutos tempranos. Aquel sueño de Boloña, nacido en 1923, ya estaba en el otoño de 1926, con la Brusnswick, disquera rival de la RCA Víctor, en un asombrado Nueva York donde dejaron dieciséis sones de espléndida madurez, de un candor que no muere, con la voz juvenil de Abelardo Barroso abriendo el aire a navajazos dulces, unos juegos de divertidísima imaginación del tresero Boloña en las cuerdas, y el compás de claves maestras que contienen los incesantes desbordes del Chino Incharte en los cueros. En ese ramillete retador y temerario de creaciones de Alfredo aparecen pensamientos gentiles, donde transcurre la mujer cubana de su época, flor perfumada de la sabia naturaleza, a la que pide, suplica, reza fervoroso, para que no le mate de pena marchándose, tras haberle embriagado con su potente aroma.

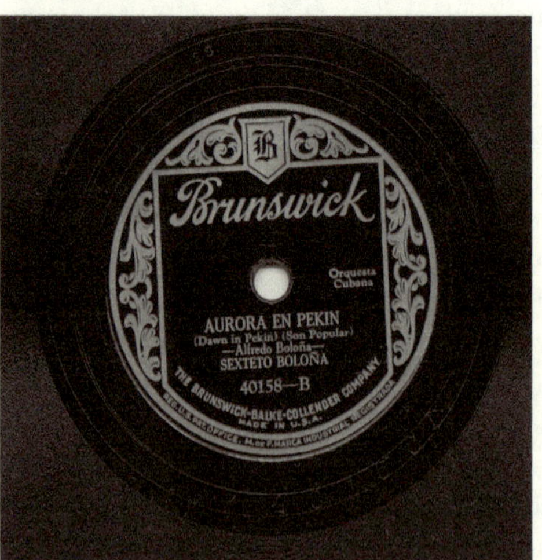

Pero luego le prohíbe ir al cabaret, sitio tabú, lugar entonces de tentaciones y pecados. De este inquieto y diminuto genio musical salieron también «Juana Carere» y esa inexplicable «Aurora en Pekín», de letra tan enigmática como el otro son que dice: *María*

Teresa yo te quiero/ con todo mi corazón/ y si me niegas tu cariño/ me vas a matar.// Me tengo que hacer un ebbó/ con coco, maíz y jutía/ y un gallo pá Yemayá//A la cuata co y có/ oya sile, oya deó/ a la cuata co y có, rondando por vez primera los destellos sagrados de lo afrocubano, mezclando «lengua» con castellano, sobre un ritmo que se acelera casi hasta llegar al paroxismo de los ritos que marca la liturgia.

Luego no hay más. El son creció, y fue su fuego extenso e indomable. Otros nombres llegaron al firmamento, ampliando las fronteras, asaltando las marquesinas de un júbilo compartido, vencedor en el aire nacional. El Sexteto Boloña, convertido en septeto, con la trompeta de Chappottín en el inicio de sus magias, fue apagándose, diluyéndose, marchándose por la liviandad de gente de mala memoria. Porque el olvido fácil es un crimen, sobre todo si el olvidado se llama Alfredo Boloña, pequeño, contrahecho, oscuro, con una luz irredenta en las pupilas que se apagaron, en esa Habana que nunca más supo de su breve sombra, en el año de Dios de 1964.

Había nacido para fundar y marcharse. Alzó una casa donde ahora vivimos.

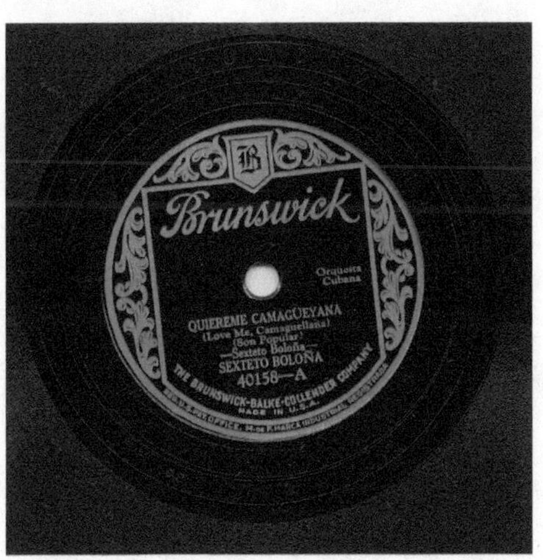

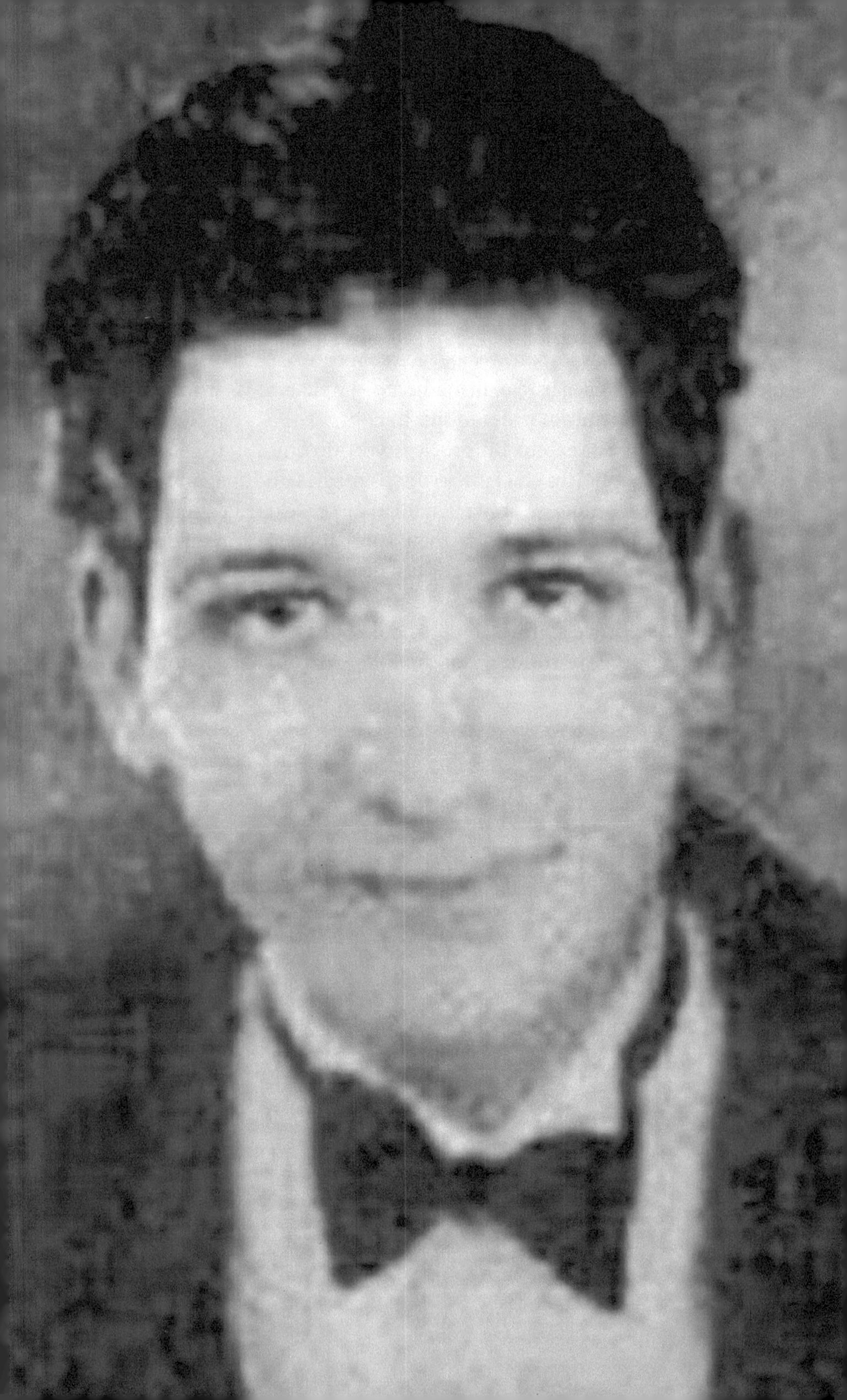

Kabiosile Nilo Menéndez

Desde que escuché su canción más emblemática, mis ojos se han perdido buscando esa mirada vegetal y salvaje, ingenua y triste, que él anunciaba, los ojos de un pasado, «serenos como un lago», y que he creído ver más de una vez, en los rostros sucesivos del sueño.

Porque Nilo Menéndez habló siempre en pasado, como se habla de una herida que late en la penumbra, cuando la lluvia de la memoria vuelve a hacer el reflejo de aquellos ojos verdes que tal vez soñó como yo, o que tal vez no, y en ellos puso un día su alma, como para salvarse ardiendo en su fuego de esmeraldas profundas.

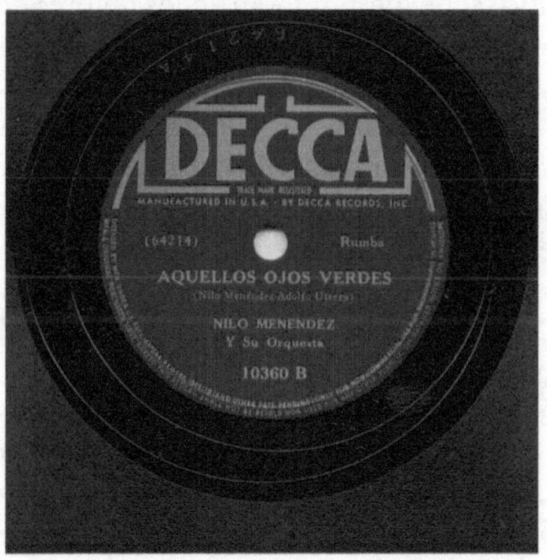

Cierto que las palabras no eran suyas: *Aquellos ojos verdes,/ de mirada serena,/ dejaron en mi alma/ eterna sed de amar.* Versos que motivó la mirada cargada de promesas de Conchita, hermana de Alfonso Utrera, en aquel frío Nueva York de 1929, donde la inseguridad y la pobreza anunciaban ya una mordida fatal para el mundo. *Fueron tus ojos los que me dieron/ el tema dulce de mi canción,* dijo Utrera para olvidar la realidad, y Nilo encontró el fondo de fuego perfecto para que millones de humanos las repitieran luego bajo cualquier noche, o buscaran el brillo de serenidad, entre árbol y tigre, que yo encuentro en las entrañas de lento fulgor de esa canción que vencería el olvido.

La grabaron ese mismo año con el mismo Adolfo poniéndole la voz y el corazón. En los pianos, Nilo Menéndez y ese grande de la emoción que sigue siendo Ernesto Lecuona, que anda siempre en la punta de todo lo nuestro. Era el primer bolero de estremecida factura escrito para piano.

Antonio Machín lo lanzó al mundo en 1931 —siempre Machín, el que tanto olvidamos— con la Orquesta de Antonio María Romeu, y en ello se tomó la atribución de un montuno que le adornó con llamaradas de filigrana caribeña.

Pero Nilo Menéndez siguió tocándolo como lo sintió la vez primera; como se me metió en la carne que me apresa, con la suavidad de una dentellada que parece darme lo imposible, en esos ojos que he vislumbrado o que me alumbran en los dolores de esta vida.

Ninguna de sus otras creaciones llegó a ese punto astral de aquellos ojos que titilan a través de los tiempos.

Había nacido en Matanzas, en 1902, junto al mar del norte que a veces, en tardes de extraña frialdad, tiene esos destellos verdes que entraron a su canción más recordada. Fue más tarde pianista de las Orquestas de Aurelio Hernández, Ramón Prende, Aniceto Díaz y Havana Park. En 1924 viajó al norte de los Estados Unidos, saltando de Nueva York a California, donde musicalizó películas de la Paramount.

Le creíamos perdido, allá en un aire distinto, sin saber que sus otros trinos del alma permanecían en La Habana, cuando en los descoloridos cines de barrio se proyectaban filmes mexicanos como *Los hijos mandan*, con Arturo de Córdoba y los hermanos Soler, o en *La inmaculada*, cuya banda sonora compusiera junto a Alberto Colombo.

En la penumbra de aquel lago sereno de aquellos verdísimos ojos que lanzó, para mi desamparo, en el mundo, fue fundador de la Orquesta del catalán más cubano que haya existido nunca: Xavier Cugat, a quien no pocas cosas se le reprochan, y otras se le dejan de agradecer, como que Nilo estuviera a su lado y los norteamericanos sudaran de pena escuchando la versión de «Green eyes», pensando que era de ellos.

Lento y casi en la sombra siguió escribiendo otros cantos que no llevaban aquella misteriosa fragancia de los ojos cantados. «Tenía que suceder», «Rumba en la noche», «Perdóname» y «Aunque no pueda vivir sin ti», son rincones pequeños donde también dejó su temblor, hasta que dijo un real adiós a este mundo, amparado por el lejano sol de California, el 15 de septiembre de 1987.

A mí me basta su primera y definitiva canción.

En el barrio de Grácia, en Barcelona, una noche de extraña llovizna, cuando los perros de la pena me perseguían sin misericordia, se abrió la puerta de un bar, y una voz comenzó a subir por los balcones. Casi me recitaban en el oído aquel conjuro de 1929: *no saben las tristezas/ que a mi alma dejaron/ aquellos ojos verdes/ que ya/ nunca besaré.*

Nilo Menéndez me acompañó hasta mi puerta. Tal vez no encuentre nunca aquel fulgor que él supo alabar como nadie. En el abismo de mi sueño estaban esperándome. Y luego fue una mañana distinta.

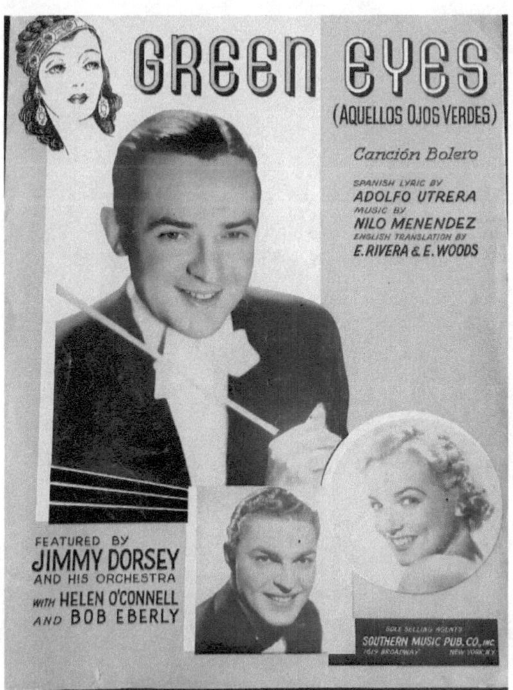

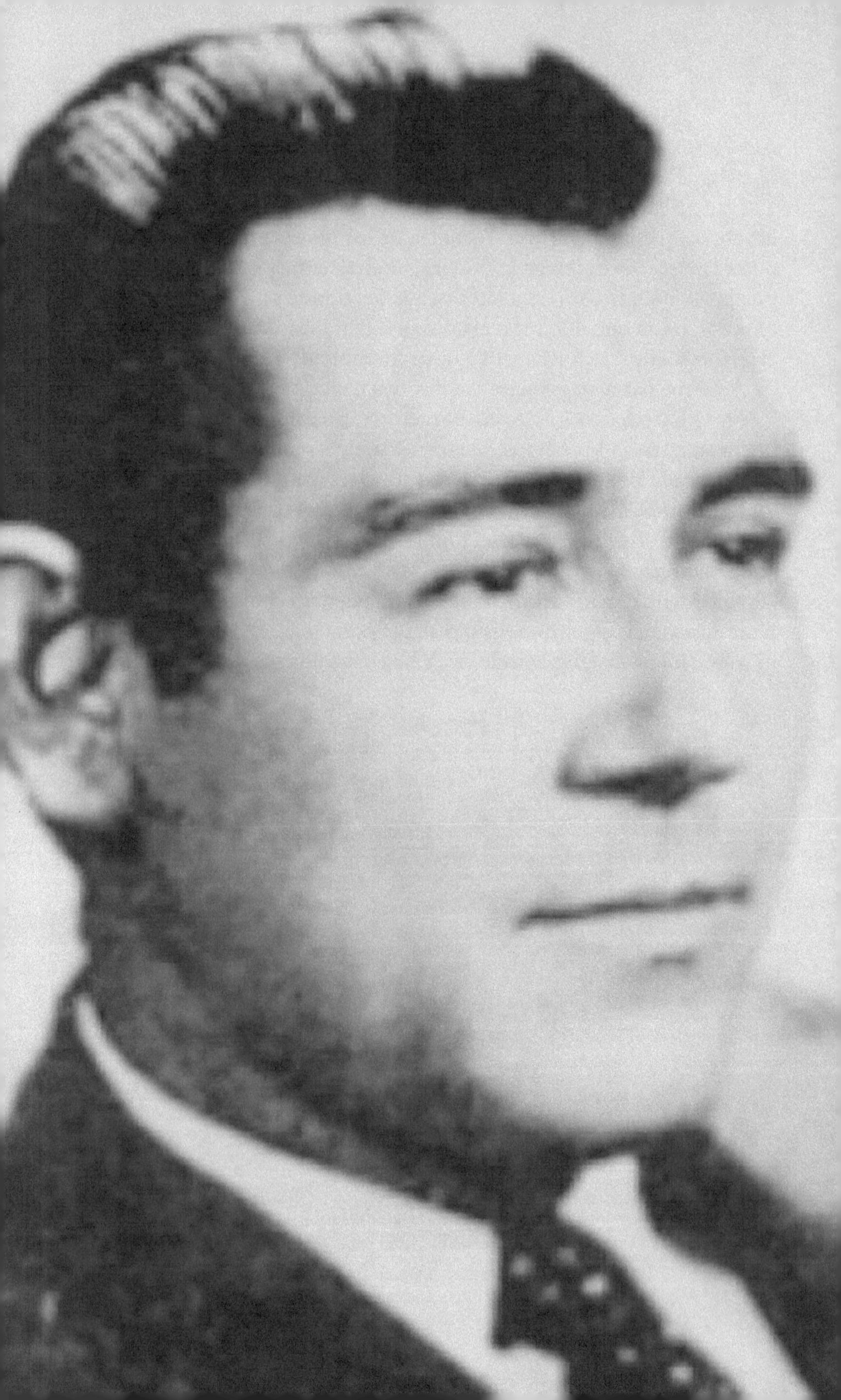

Kabiosile Guillermo Portabales

Alguna vez confesó cantando que era hijo del siboney, aquella raza exterminada de mi tierra por la espada y la cruz extranjera. Tal vez fue su manera de decir que pertenecería a la vasta memoria del dolor.

Como dolorosa fue su otra confesión de doble amor, abierto su corazón a dos islas, avizorando su muerte en una desde la otra, mientras lloraba de extrañamiento más tarde en la que guardaría sus huesos. Dos islas en su pecho, y, en medio, un mar caliente de guajiras lentas, elegantes, bucólicas hasta enfermar de tanta palma que susurra, y la vastedad de pájaros aleteando junto al arroyo de la ensoñación.

Con su voz entró el campo cubano al egoísmo de la gran ciudad; sus montes de añoranza, y el campesino solemne que enarbolaba su soledad a gritos.

Él anunció esa gigantesca capacidad de amor que tiene el hombre de la tierra; lo hizo aire en el mismo aire, para que nadie fuera sorprendido en el asalto: *Tú verás cómo quieren los guajiros/ tú verás.*

Quien le escucha, deja entrar en su sangre la naturaleza bravía de mi isla; los ríos que escapan de la sierra, el zumbido diminuto del tomeguín, la paloma augurando el crepúsculo, para que vengan a instalarse las estrellas límpidas sobre el fulgor de los mangos. Y bajo el cielo adormecido, un hombre recorre los caminos, hecho de fuego y madera, tierra profunda él mismo en el aroma de una savia que no reposa.

Lo consideraron rey de un género, la guajira de salón, que puede sonar muy ajeno a la telúrica pasión del montaraz, y cuyo padre fue Jorge Anckermann, con la obra «Toros y gallos», puesta en escena en el teatro Lara, en septiembre de 1899. Las voces de Pilar Jiménez y Adolfo Colombo sembraron en el viento esa joya titulada «El arroyo que murmura», primer tema de un estilo que esperaba la gracia sencilla de Portabales para otorgarle el cetro.

Fue dueño de la picardía y del fervor. Rodeado por guitarras de limpia canturía, su voz, levemente acerada, dice, con sorpresivo reposo las palabras mágicas del monte, como si con esos conjuros fuera creando el olor salvaje del entorno, dibujándolo en el interior humano hasta hacerlos respiración y contraseña.

Se llamó en los papeles de los hombres José Guillermo Quesada, nacido en Rodas, zona montañosa del centro de Cuba, y desde aquel 6 de abril de 1911 le persiguió como un incendio el esplendor del tocororo. A la manera de un príncipe que inaugura su estirpe, debutó a los 19 años en la emisora CMHI. Pero su sombra tuvo trono en 1939, cuando grabó «El vaivén de mi carreta», el quejido aplastante que Ñico Saquito escuchó en el alba de los pobres.

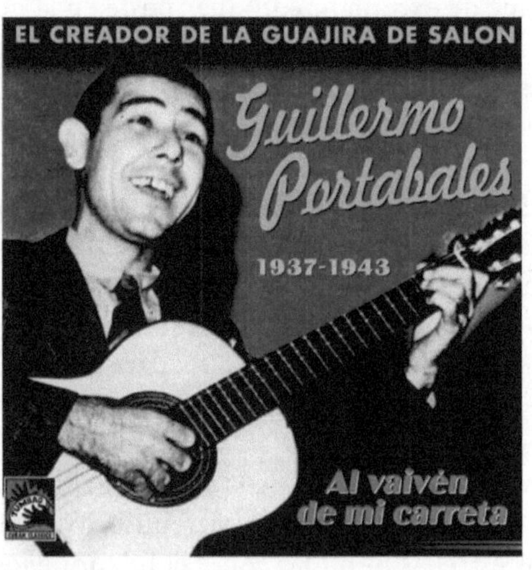

Ya había descubierto tres años antes la isla semejante que sería su segundo amor y su tumba: Puerto Rico. Por ello es múltiple, diverso, hombre de dos paisajes que en esencia se unen bajo el calor del Caribe. El punto guajiro huele a veces a jíbaro en la cuerda de su inquieta sangre inacabada. En Borinquen estableció su corazón a partir de 1953, por negarse a cantarle a un dictador.

El año 1944 le bañó de esplendor en la patria cubana. El pueblo le encontraba diariamente en *Rincón criollo*, un programa radial de la CMQ, que escuchaban hasta las piedras del camino. En 1948 repitió la fórmula, multiplicándola. Guillermo Portabales entraba a los hogares a las diez de la mañana y a las nueve y treinta de la noche, y fue uno más en la familia, hijo y hermano, la dulce esperanza de un paisaje distinto en la asfixia de muchos.

Fundó sonidos distintos: un conjunto con su nombre, y los tríos Habana y Cuba.

Ya había cantado, con el certero dardo de Rafael Hernández, estos versos premonitorios: *Como yo no soy de piedra/ algún día moriré./ A mi borincana tierra/ mis despojos dejaré.* Fue su despedida latente. Su legado.

En 1960 grabó un manojo de canciones en Radio Progreso. Salieron editadas en lo que resultó ser su más amplio y definitivo éxito disquero: *Aquí está Portabales*, como anhelando permanecer entre nosotros. El tiempo cruel no le permitió más regresos. El 25 de octubre de 1970 moría en un accidente de tránsito en Puerto Rico.

Las palmas, los arroyos, la yagruma solemne, la caoba de triste reciedumbre, todavía le esperan. Y en lo que se decide a regresar, está en ellos.

Es el amanecer y sus contornos. Lo van silbando los arrieros. Sube y baja del monte. Se ha confundido con la tierra.

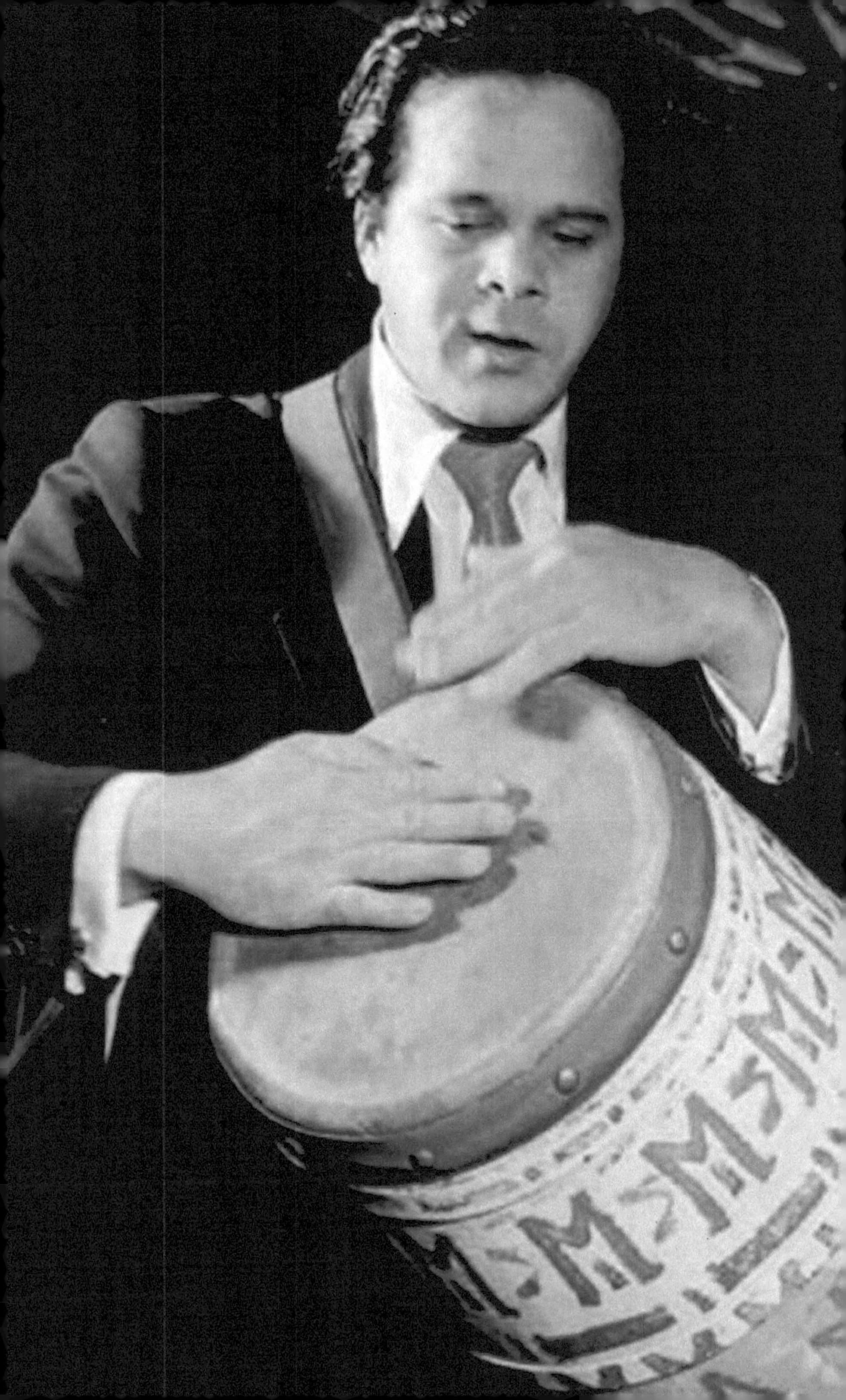

KABIOSILE MIGUELITO VALDÉS

El mundo no se paralizó la madrugada del 9 de noviembre de 1978. Pero en el aire del escenario del Salón Rojo del Hotel Tequendama, en Santa Fe de Bogotá, en Colombia, hubo como relámpagos que anunciaban un dolor enorme, una pena que comenzaba a crecer para todos los que habíamos estado ya marcados por la voz y el gesto de un cubano total. Fulminado de vida, soltando aché y buenas vibraciones, comenzó a adentrarse en la muerte quien se llamó una vez en los papeles grises de otros hombres Miguel Ángel Eugenio Lázaro Zacarías Izquierdo Valdés y Hernández, el amigo de los grandes, grande él mismo tras la sonrisa franca, con todo el sabor de la música. Se iba Miguelito Valdés, el mestizo que doblegó Norteamérica y que fue para todos, de pronto, Míster Babalú. Una especie de venganza del continente pobre.

Pocos hombres avisan que van a morir. Cuenta un amigo que Miguelito Valdés lo hizo. Se disculpó esa noche con el público, cuando ya sentía los navajazos irremediables en el corazón. Antes se habría despedido de sus otros dioses tutelares, dioses de cartón piedra y dioses de sangre; dioses de otra cultura, dioses asumidos porque no eran de su raza. El hijo de un español y una yucateca confundió a la eternidad haciéndose pasar por negro, cantando sus rituales como pocos, rey de la rumba del profundo cajón y del estentóreo pellejo animal, toques de santos y muñangas, que le entraron en la piel de indio sonriente desde aquel 6 de septiembre de 1912, en el barrio hirviente de Belén, donde está la loma a donde quieren llegar todos los soneros de estirpe.

Era un hombre marcado para la gloria.

Era un amigo en todos los momentos. En el cielo lo estaban esperando para reventar un bembé: Chano Pozo, el ambia de siempre; el Benny con las manos untadas de aguardiente; Mario Bauzá sabio y callado; Machito eufórico, y hasta Anselmo Sacasas, para sacarle al piano otros limpios destellos, aires dulces de guerra.

Fue chapistero de carros a una edad en que se sueña mucho y se tienen todos los anhelos.

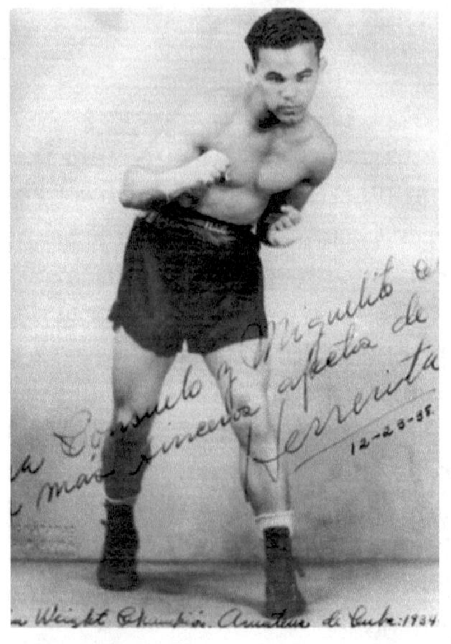

Subió su hambre adolescente a un *ring* de boxeo, y se mantuvo en pie durante veintitrés fieros combates.

Era un ser empecinado, legal, de los que dicen «voy por ese trillo» y no paran por mucha maleza que aparezca. Aunque haya fuego lo atraviesan. Así aprendió guitarra, contrabajo y tres en el Sexteto Habanero Juvenil, allá por 1927, cuando el mundo empezaba a ser mundo, sólo con quince años.

Era el chévere de Cayo Hueso, el amigo de otros chéveres, sus moninas de gesto profundo, que veneraban el hiriente clamor de los tambores, pero sabían también callar y dolerse, cuando un bolero estremecedor le salía a Miguelito de la flor ensangrentada del corazón. El barrio le armó el gusto y los sentidos, y lo inició como uno de sus guerreros para que llevara a la inmortalidad todo su sabor y su angustia. Cayo Hueso le dio voz y raíces.

Cuando grabó «Babalú», el coqueteo afrocubano de Margarita Lecuona, estaba avisando que toda una cultura de mezclas y hervores se abría paso para que el mundo la atendiera. Lo hizo con la Orquesta Casino de la Playa, aquel taller de diamantes, en 1939, una fragua solidaria de hombres que respetaban la música. Fue una versión inolvidable, un canto de oro que otras versiones no han podido empañar. Ni siquiera la que le abrió las puertas de Hollywood y Nueva York, en 1941, junto a aquel catalán con alma de judío errante, Xavier Cugat, que mercadeando con un ritmo lo hizo grande.

Miguelito Valdés, caramba, negro que no lo era, cubano hasta el tuétano bajo el cielo de Nueva York, La Habana o Bogotá. En el aire de México o Madrid, en Cayo Hueso, en la señal de la sed de otros hombres. La voz libre que tuvo más orquestas para grabar todo lo que sentía. El amigo que todos soñamos tener. Gracias a él, la infinitud de Chano Pozo se multiplica, pues le puso insuperable empeño a lo compuesto por su amigo de infancia, el tamborero asesinado.

Era del mismo material de los cometas. Pasan ardiendo y quedan, con una cicatriz en la memoria. Y hacen un antes y un después. Miguelito Valdés, caramba, otro de los pozos insondables de mi cultura. El río que ruge en una identidad. La voz que nos perseguirá para saber de dónde venimos.

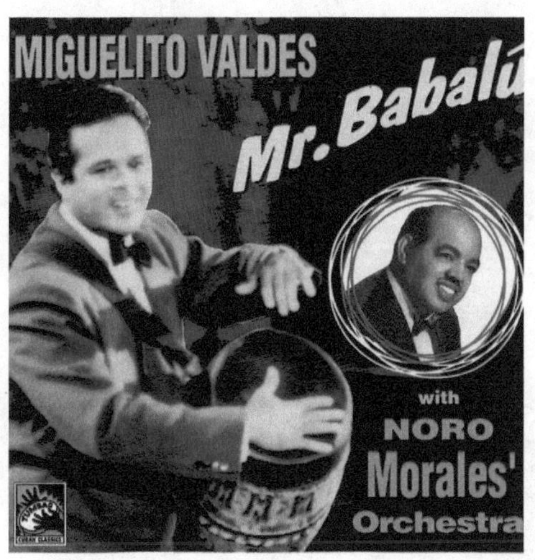

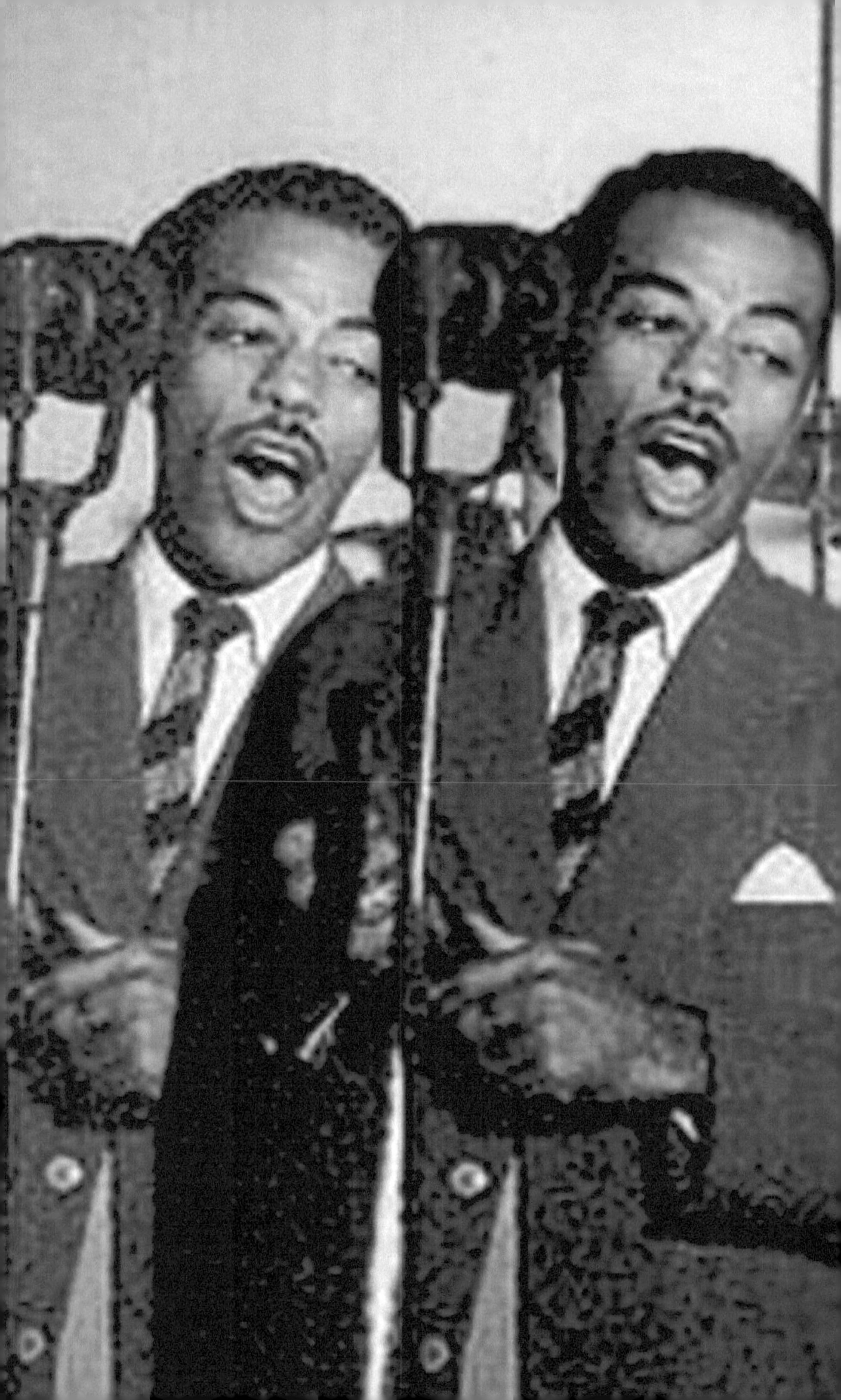

Kabiosile Orlando Guerra, Cascarita

Ahora que pasó el huracán multicolor de lo que lograste hacer en la tierra, y que de la aparente ruina, bajo el aire extraño de la ausencia, sólo sale una voz limpia y cargada de alegría, hemos comenzado a fundar una nostalgia sobre ti. Más que la buena memoria, sagaz, disparatada, con la que husmeamos los territorios que fuiste inaugurando con un estilo del que bebieron otros, me sorprendo a esta hora cínica del mundo, escarbando los años de tu esplendor cimero, preguntándome el por qué y el cómo, y, sobre todo, qué compactos conjuros te hicieron como eras, en esa imagen que hoy quiero salvar, para mí y los que luego vendrán a hacerse las mismas preguntas.

Preguntas cruciales para mi identidad. Serias dudas de la imagen que damos, de cómo éramos entonces, y cómo somos, a partir del esperpéntico personaje, guasón y divertido, cadencioso y burlón, chispeante y pícaro, precursor del chuchero que luego iba a asumir Benny Moré en la suplencia, cuando Orlando Guerra, nacido en el Camagüey, aquel 14 de septiembre de 1920 fue cediendo terreno a Cascarita, que arrasó en la popularidad cuando caían desmadejados —tal vez de tu ritmo fervoroso— los últimos tres años de la década del cuarenta.

Creo haber encontrado el origen.[1] Partiendo de la punta del hilo en la madeja sinuosa, con la guaracha «Cascarita de limón», donde urgías al cantinero a que adornara tu trago con un destello de piel de un limón, *poniéndote duro porque tengo apuro*, inauguraste el sobrenombre que te acompañaría de por vida, y el amargo sabor del alcohol que iba a matarte luego, pobre y desconocido

1. El musicólogo cubano Cristóbal Díaz Ayala me contó, muchos años después de haber escrito este texto, que el apodo de Cascarita se lo pusieron los músicos de la Orquesta Casino de La Playa por una anécdota graciosa que protagonizara el cantante durante una parada que hicieron en una gira, para desayunar. Cuando pidió un bocadito de jamón y revisó lo que habían puesto dentro de su pan, Orlando Guerra protestó de manera graciosa: «Pero esto no es una lasca de jamón, esto es una cascarita». A partir de entonces lo llamaron así.

en la Ciudad de México, en 1975, en el destello de una gloria que huyó despavorida de tu corazón. De modo que tu bautizo artístico, aunque ya habías nacido en la provincia calentando motores en la música, estuvo signado por esa cáscara amarga que supiste rodear del sonido perfecto de trombones, entre fieros y totales, o un saxo que también aprendió a burlarse como tú de todo lo divino y humano, enarbolando el estandarte del buscavidas noble, cuando reconocías: *mala maña, mala maña tengo yo/ oyeeeee, me gusta mucho enamorar, tú va a ver.*

Mi país fue en los años cuarenta, no un paraíso deslumbrante, sino el inicio de algo más sólido y posible, que los hombres se encargaron más tarde de destrozar con ambiciones y egoísmos. La capital se llenó en aquella década perdida, de lugares donde relumbraban las mejores voces del mundo, o casi. Sitios oscuros y brillantes para que el cuerpo soltara el amor y la lujuria, en la cadencia de más de cuatro ritmos de esplendor. La radio se multiplicaba con un sinfín de caminos en el viento. El cine abría sus puertas a los músicos de calibre. Los más espléndidos cabarés desafiaban el tedio, haciendo la noche un tesoro repleto de rubíes alcanzables. Y en ese mundo de rivalidades tenues habías impuesto la personalidad rotunda del disfraz con el que Orlando Guerra, lleno de paz, se transformaba en Cascarita, el primer cantante cubano que despojó definitivamente al son de solemnidad o dolor, lo revistió de guiños espectaculares y lo hizo masticable también para los ojos.

Por eso venías en la ascensión indetenible de la espuma de tu talento, y en 1937 supiste entrar al cofre todavía inexplorado de aquella forja de maravillas que ha sido la Orquesta Casino de la Playa, donde peleaste, mano a mano, con la otra manera de desdoblar hacia el mundo la cubanía, que aportaba el gran Miguelito Valdés. Y el salto que redondeó tu aureola de fraseador sorprendente, de manantial inagotable de ocurrencias, que caían en el síncope exacto de la sangre, con los Hermanos Palau, del 1939 al 1941. Y nada mejor que un cierre de oro, dueño total de un decir que sembró otros estilos, campeador absoluto de la guaracha zumbona, a la que le ponías aquellos gritos jocosos de *alimento o camina*, flechas sonoras que en los cincuenta iban a recrear a su manera Laserie y el Benny, con otros aullidos de guerra y amor. Sesenta años más tarde te encuentro intacto en la complicidad de una voz que sigue asombrosa, marrullera y maulladora, como un gato desbordado de contraseñas malditas, para que no hubiera terremotos de muerte u olvido. Sale tu entera figura de esa voz que reparte alegría desde la suya, y en el compás de tu única manera, escucho con todo el cuerpo: *ere la negra que baila en la rumba/ guampampiro/ mimi, ere la negrona que baila en la rumba.*

Por fin te he encontrado. Pueden seguir los años demoliendo imágenes, arrastrando otras cosas que, de simples, no merecía enarbolar por más tiempo. Tú, sin embargo, estás aquí, saliendo intacto de la furia y el alborozo. Reconstruyendo con la garganta, la luz alucinante de una época en que mis padres sintieron la noche de la ciudad como ahora, de lejos, la estoy sintiendo yo. Ahora que sé, gracias a ti, los «cómos» y los «dóndes», y te me haces un «por qué» para siempre, entre soberbio y juguetón, y sé que me acompañarás mientras respire.

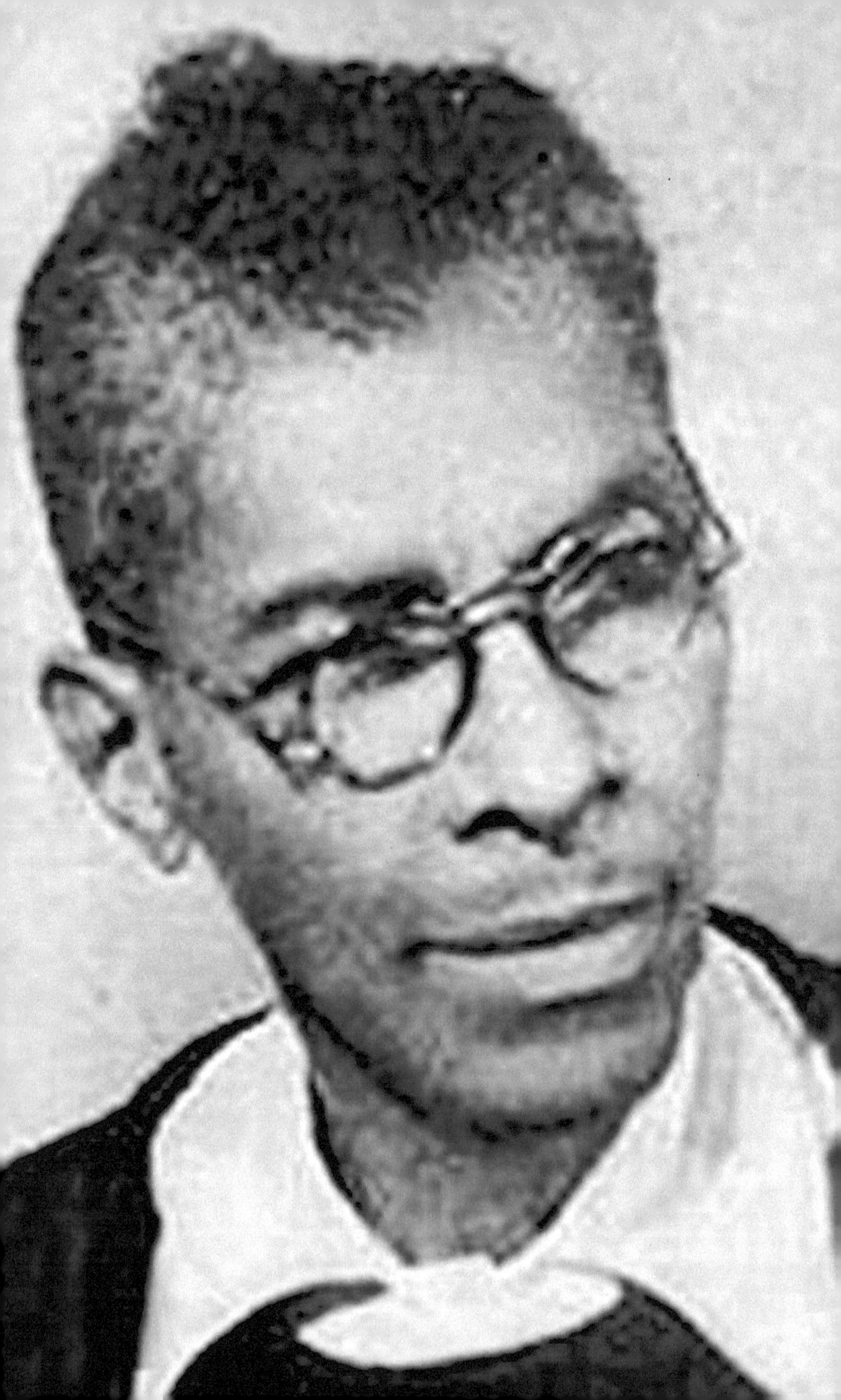

Kabiosile Manuel Corona

En sus manos se fue aquel tiempo hondo y descarnado, donde los hombres labraban piedras en la noche, sin saber que eran diamantes; puro y celeste fuego, lanzado como una alfombra para el amor y la pureza. Su rostro desolado, caminó bajo la noche de La Habana, y fue de los que supo poner las cosas en su sitio, es decir, como debían ser las espinas de la vida en el ensueño lento del corazón.

Había nacido cerca de los peces, respirando la serena fragancia del mar de Caibarién, el 17 de junio de 1880, en una isla que aún no era país, y que más tarde sólo logró serlo a ratos. Tal vez por eso, y por la soledad profunda que le marcaría para siempre, se refugió en el bosque de las palabras hermosas, y en las cuerdas de su guitarra que fue su hermana y su sombra.

Llegó en 1895 a la capital, que era entonces una villa de sueños empozados, rodeada por el fuego de una guerra, y halló sustento en el sereno oficio de tabaquero, como para estar consigo mismo en medio del humo y la vastedad de aquellas naves silenciosas. Pero empezando el nuevo siglo salió a la noche insular a derramar, en terrazas y bares, lo que le inundaba el corazón.

Perseguido por el hambre y el desamparo de las madrugadas, Manuel Corona supo ver lo bello entre tanto espanto. Hizo de las palabras un refugio, con la orfebrería del sufrimiento humano, y desafió una época donde el arte era menos que nada, y los hombres no podían dedicarse a la creación a tiempo completo. La guitarra y la desolación fueron sus compañeras inseparables.

Si a algún cantor le deben lo impagable las mujeres de mi tierra, es a aquel mulato espigado, que robó sus nombres y sus esencias con sólo una mirada, y las sembró, con delicado candor, en la sed infinita del futuro. La canción «Mercedes», escrita y estrenada en 1908, le abrió algunas puertas en las peñas. Su nombre estuvo ligado a aquel nombre de mujer desde entonces. No hay alma sensible en este mundo que, alguna noche de fragores o tristezas, no haya sentido en la sangre parte de aquel ruego, que es también un retrato fervoroso de la dulzura femenina: *Mercedes la que a mi alma consuela sin cesar,/ que siempre me ha querido con férvida pasión,* para terminar casi en un rezo que da, en su sencillez, la soledad insondable del trovador errante: *No me desprecies nunca, pedazo de mi vida,/ para vivir tranquilos queriéndonos los dos.*

Dicen las lenguas de toda laya que le veían frecuentar lupanares, en la madrugada de los barrios más perversos. Allí encontraba el calor y la ternura que las casas decentes le negaban. Allí alimentaba su espíritu y su estómago. De aquellas penumbras salían historias de amores imposibles que recibimos hoy, sin preguntar qué mujer de mala vida le saturaba el corazón al poeta. Mejor así, en el bando de los humildes, cerca de la desesperanza, porque le hacía más humano. Y porque la flor de sus versos adornaba con una lumbre inigualable los salones malditos. Yo lo bendigo porque así la carne se acercó al fuego de su espíritu, y aquellas mujeres marginadas fueron rozadas por la belleza, y tuvieron de ese modo alta ilusión en sus vidas salvajes.

Es difícil descubrir en la vasta obra de Manuel Corona las motivaciones de sus cantos, porque él disfrazaba, como un Quijote cuya pesado yelmo era el abandono, los nombres de las damas que su pensamiento elevaba a diosas. Sucede así en «Santa Cecilia». Yo le veo también rebordes oscuros a ese desgarramiento con nombre de mujer, que él tituló «Aurora», y puede ser mujer o alba, donde eleva y desprecia, ama desmesurado y amenaza, y que siempre acude a mi mente en la voz que le prestó María Teresa Vera, alumna y amiga, a la gran obra que nunca inscribió. Escucho a María Teresa desandar por esa canción, ya clásica, cargando un retintín de amarga infelicidad y bravura, diciendo: *Ay, Aurora, me has echado al abandono,/ yo que tanto y que tanto te he querido,/ con tu negra traición me has engañado/ y en el fondo del alma me has herido*, primera parte de una honda queja que continúa: *Tú has tratado de engañar el alma mía,/ Oh, castígala, gran Dios, con mano fiera./ Que sufra mucho, pero que no muera...* Y terminar casi de rodillas, clamando, para esa eternidad que no soñó su dolido autor con: *Ay, Aurora, yo te quiero todavía.*

Menos peligro corrió aquella negra esbelta que nos legó Corona con el nombre mágico de «Longina». Tuvo la suerte de quedar entre nosotros, descrita con respetuoso ardor, por embeleso del trovador, que, reverenciándola, pedía tal vez, una tímida sonrisa de aquellos labios de coral. En su ventura musical andan también «Adriana», «Tu alma y la mía», «Las flores del Edén», «La rosa negra» y «La Alfonsa», polvos enamorados en el rostro del tiempo, pero que aquel fantasma de sombra ardiente lanzó a cabalgar sobre la música de las estrellas, poniéndolas acá y en el día insondable del mañana, con aquel «encanto juvenil» que logró cantar con fibras de su alma, ofrendándolas con notas de su lira, esa que volvió a blandir como sabio consuelo afirmando que sólo mi lira/ me consolará.

Pero quien piense que Manuel Corona únicamente creó tétricas remembranzas, burbujas de la angustia y el desamor, va equivocado a su encuentro. Muchas de las mejores páginas risueñas del devenir cubano salieron de su mano. Sones y guarachas, y hasta bambucos cubanizados, que en notas de cantarino sabor nos legó el bardo.

Sólo que se nos fue, como un arroyo que arde ante nuestros ojos, y deja humedad en las antiguas piedras. Murió el 9 de enero de 1950, apartado y solo, en una pobreza que todavía me duele al invocarla, como un árbol que se deshoja en el patio de una casa de la que todos se han marchado. Dicen que, de hambre, porque en su andadura torrencial se preocupó poco por las legalidades de este mundo. Vendió canciones al momento para comer, y otros medraron con su herencia.

Convertido ahora en fantasma de amor, en aparición nocturna, no ha habido balcón de esos pueblos pequeños y lejanos de mi isla, donde alguna muchacha no haya sido puesta a levitar, en el jazmín de la noche, por uno de sus cantos, en una serenata que le iluminó con el fanal que auguraba su entrada al amor. A mí me acompaña desde siempre su sombra, la imagen dulce del hombre no letrado, que escarbaba palabras en la playa del mundo, para engarzar una de las joyas más brillantes de mi cultura.

Algunas noches, en esta distancia que ha puesto mi corazón, entra Manuel Corona en las diversas voces que nunca soñó, y que le acunan ahora, para no dejarlo morir otra vez en ese abismo terrible de la ingratitud.

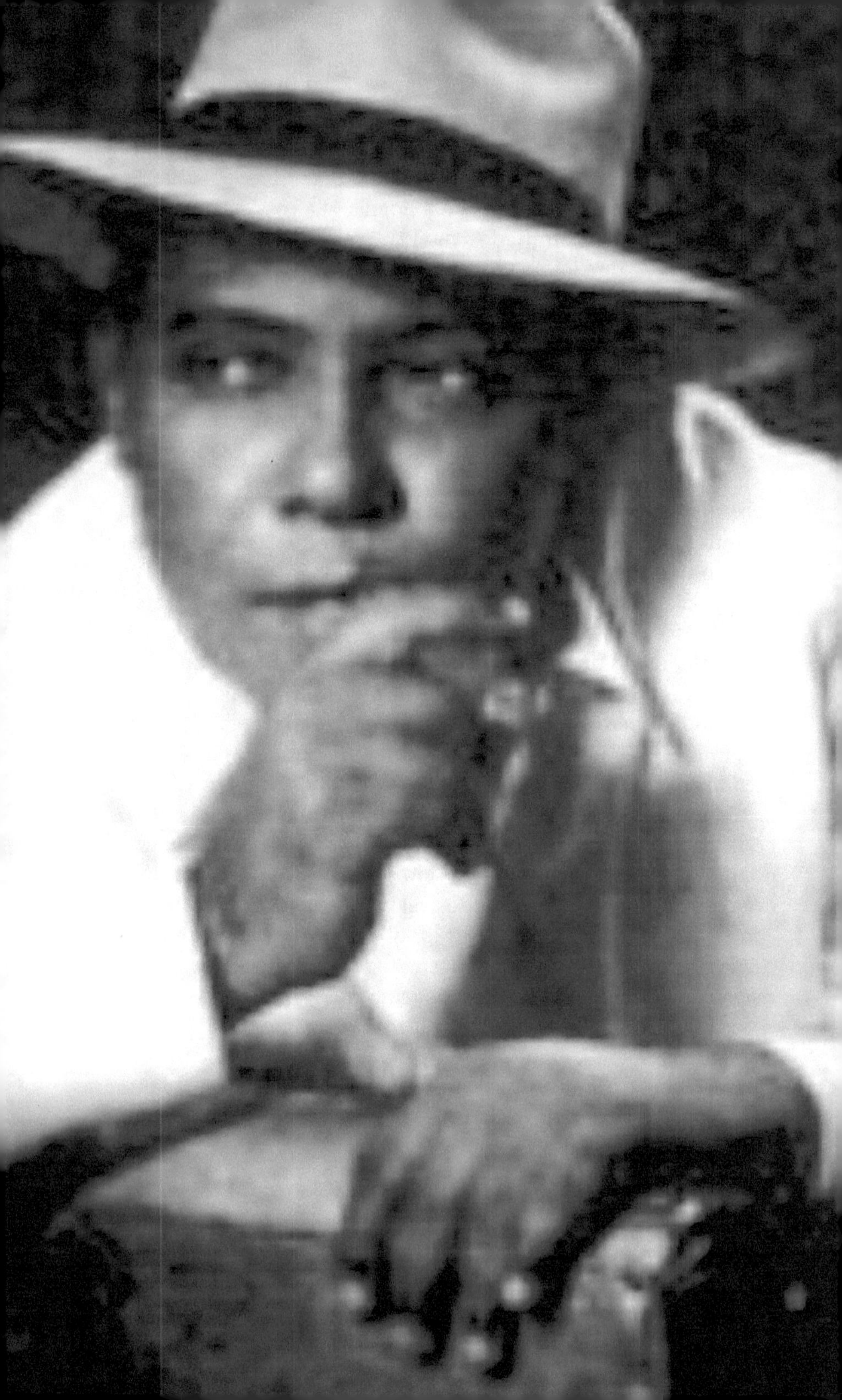

Kabiosile Pedro Jústiz, Peruchín

Como una máquina magnífica. Como un avión incendiado que sobrevuela las frondas, al límite, tocando las diminutas cabezas de los árboles. Como un anfibio que hace temblar la costa antes de emerger, destellando, abandonando el abismo cargado de peces nunca vistos. Como un huracán en un joyero. Como un hombre que diera vueltas ruidosamente a su esqueleto, para dejar las manos recorrer las planicies, retumbando, descargando alegrías, así encontré un día reciente a Pedro Jústiz, Peruchín, el último golpe de mar que le estaba faltando desde hacía ya mucho a mis sangres.

Punzante, como si soltara de su cuerpo el dolor, y lo fuera alejando, haciendo crecer barrotes de magia con su *tumbao* en el montuno. Punzante, y a la vez alegre, exacto en el martilleo de las teclas, a las que castiga con amor, como si fueran su último refugio en la tierra. Él juega, parece que se va, regresa lento más tarde, ensimismado, hondo, hasta que los dedos recobran fuerza y amenaza otra fuga que va dejando, desmadejados en el aire, colores que se mezclan, como sangres de su agonía.

El moreno que vino a este mundo el 31 de enero de 1913 cargando el nombre de Pedro Nolasco Jústiz Rodríguez, para ser rebautizado más tarde, bajo el rugido del viento como Peruchín, bebió primero de su madre las formas que el mundo tenía para sonar. De ese intercambio hondo salieron los futuros rayos, esa relación que le hizo ver el tejido sonoro de este universo violento y bello, y que en la noche insular tiene raíces que van a dar al África.

Tal vez, por esa razón, a los diez años, cuando su familia fue a vivir al pueblo de Antilla, bajo la sombra del abuelo Evelio Rodríguez, director de la Banda Municipal, el niño halló el diamante que buscaba. Su sed tenía respuesta.

El sonoro nombre de su pueblo de adopción, la insolencia del sol en el Oriente cubano, el ruido y el silencio de sus habitantes iban a conformar lo que más tarde fuera el sentido secreto de sus magias. Algo frutal, espléndido, rotundo como un sol iba a salir de esa raíz suya que no se cansaría de sacarle jugos a la tierra. Escucho su creación más conocida, un regocijo, una fiesta titulada «Mamey colorao», y sé que lleva la semilla de su sentir. Un cosmonauta encerrado en una güira. El hombre que baja a los abismos, limpiando las afiladas rocas del descenso con notas precisas del teclado. Todo cincelado, pero con una furia subyacente.

Quizá por ello fuera el arreglista más consecuente del Benny Moré. Su almirante. El marino que sentía en la sangre la luz de las olas, la vibración exacta del monte con cada explosión vegetal. En la Banda Gigante de Benny Moré fue, en los cincuenta, el vigía que descubría el fulgor en la sombra enmarañada. El que pulió la proa de la nave, donde aquella «tribu» realzaba la eternidad del genio de Santa Isabel de las Lajas.

Pero había un antes en la velocidad de sus manos. Un antes que le dio fuerza y osadía para atreverse. Con esos ingredientes dejaría su marca en el espeso bosque de luminarias en la década más dorada de nuestra música.

Fue en 1933, junto a Electo Rosell, Chepín, hombre de sombra auténtica, donde sus manos hallaron el hilo firme de la raíz popular. Con la Orquesta Chepín Chovén, bajo el fulgor de Santiago de Cuba, veló sus armas, las que le ayudaron luego en su viaje definitivo y arriesgado a la capital, donde confluían todos los torrentes sonoros.

Y entonces, La Habana de entonces. Selva, vergel, pequeña Gran Manzana repleta de vibraciones y luces. Locales de estrellas o penumbra, humo en los ojos, sibilina y tierna. La Habana donde desembocaban todos los ritmos; la confluencia inevitable del ardor. La Habana de entonces, una esquina del mundo, ciudad de gloria y de paso, donde todos buscaban el oro perfumado. Abismo y pedestal, siempre cuna, perenne horno para cocer el asombro.

Allí arribó, cada vez más cerca del ovillo, con el hilo brillante que nunca había dejado de apretar, y estaba el líquido puro de la imaginación esperándole: el *jazz*, territorio de vastedad absoluta, aire de libertad desenfrenada, cumbre del color amplísimo de todos los sueños.

Sus manos dejaron la impronta de ese delirio de corceles, saltando de una agrupación a otra, en la búsqueda incesante de un espacio propio que ya era estilo, modo de asumir el aire que le rodeaba, y dar salida a esa raíz vital que entroncaba con otras: la Casino de la Playa, la Swing Band, el Conjunto Matamoros, las orquestas de Mariano Mercerón, la Riverside y la de Armando Romeu le vieron sentarse ante las teclas para construir su mundo dentro del mundo, a la vanguardia de todo, en las alas alucinantes de la imaginación.

Y en las bravas noches de aquella ciudad mágica, le quedaban fuerzas y locura para ir a hacer memorables sesiones en aquella cofradía de brujos indomables que integraban Guillermo Barreto, Tata Güines, Gustavo Tamayo e Israel López, Cachao, que son una de las cumbres de mi música.

Ahora le veo con un gran habano en su mano diestra, la mirada profunda que resguarda un sombrero blanco que cruza una banda negrísima. Es su imagen para siempre, allá en los campos eternos donde desandará con otro delirio. La tez morena, el rostro impávido, una serenidad que no alcanza la muerte, la que se llevó al otro que fue en el desamparo de lo imposible el 24 de diciembre de 1977.

Suena cerca de mí un disco repleto de conjuros: *Piano con moña*. La *moña*, que es en argot *yunfa*, ángel, duende, embrujo. Lo que los fríos sajones denominan *swing*, pero que en mi lenguaje va más allá de un simple término: algo más que cuatro o cinco letras, y que se parece al genio, pariente de la rabia o la iluminación. Lo que llevan los inolvidables dentro del cuerpo, como un veneno hirviente. Algo elevado y mágico que no les deja irse nunca de este doloroso esplendor llamado La Tierra.

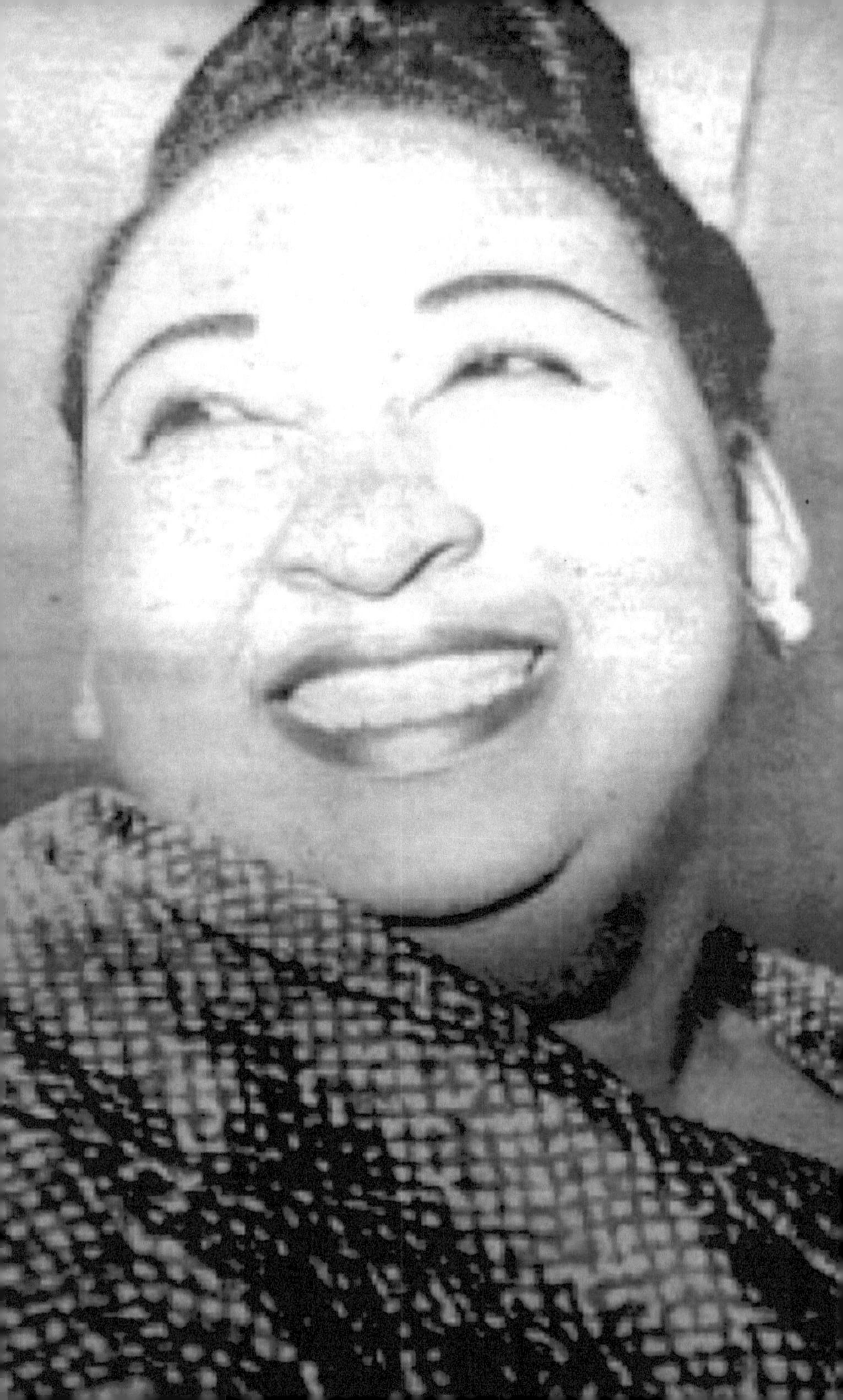

Kabiosile Freddy García

La noche sensual del filin se derrama sobre la ciudad. La Habana no duerme, los cuerpos sudan, se tocan, se entrelazan junto al olor a sal del arrecife. Los cuerpos sudan amor. En la cocina de la mansión de un médico, el doctor Arturo Bengochea, la negra gorda canta con su corazón lleno de olores. Canta para ella, como luego, en la noche, cantará para el que quiera, pero sobre todo para ella, sacando lentos destellos de su enfermo corazón que ha saturado el ajo, el detergente, el sonido de los cubiertos ajenos.

Tenía en su piel trémula y ancha el sol arisco de la llanura de Camagüey. Negra y pobre, salió otra noche de Céspedes, un pueblito de casas de tablas y tejas fulgurantes, para que la envolviera la gran ciudad, con su diamante oculto en la garganta, el alma cargada de intensidades y dolores. Era 1948.Tal vez por eso sus platos desprendían un aroma distinto, unos olores que se podían cantar con el andar secreto de sus venas, donde la canción había hecho un nido todavía desconocido para el mundo. Su ilusión era simple, y gigantesca. Quería que la tuvieran en cuenta, quería existir más allá del ronronear trémulo del horno, y de las lágrimas íntimas de la cebolla en la cocina. Quería, según confesó: «*Convertirme en una estrella de cabaré, ganar mucho dinero y recorrer el mundo llena de joyas y lentejuelas*».

Era un sueño de Cenicienta. Por eso su coto de caza fue la noche que se derramaba sobre la ciudad. Una ciudad pesarosa y noctámbula, donde se abrían como claveles desaforados, los clubes nocturnos de El Vedado o La Playa. Una ciudad llena de excesos y mojigaterías, de alegrías y penas que se contaban a grandes voces con todo el cuerpo, gritando o susurrando, con el ronco gemido de tambores y cajas o en el leve trino de una guitarra junto al mar. En esa magia, persiguiendo el sueño que le había traído a la enorme ciudad viva, la gorda Fredesvinda García, con ayuda del cielo o de alguna oculta hada madrina se transformaba en Freddy, en las noches azules del final de la estrecha barra del bar Celeste, en Humbolt e Infanta, y sobre el ron y los encantamientos, le brotaba una voz bronca y sensual, una voz llena de tierra que despertaba a los borrachitos tristes y los ponía a llorar como si escucharan a una madre llamándoles al centro del amor.

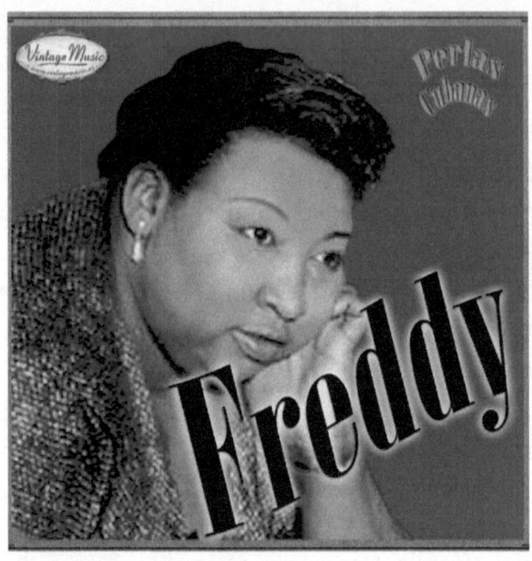

Un periodista describe así su noche triunfal, la hora en que la descubrió un avezado cronista de la farándula y le abrió la ventana menuda para que su talento fuera a desplegarse para el asombro de los vivos: «Para complacer al doctor Palma y a su distinguida acompañante», la gorda cantó «Bésame mucho» de Consuelo Velásquez. Después hizo «Tengo» de Marta Valdés y «Debí llorar» de Piloto y Vera. «Era tanta la fuerza de aquella voz vigorosa y trepidante, era tal la riqueza de su musicalidad, y a la vez, se desplazaba —a caderazo limpio— con tanta gracia y naturalidad por el pequeño local, que a los pocos minutos todos se olvidaban de su grotesca figura, incluso de su timbre, que por momentos se tornaba un tanto varonil».

Y llegó al cabaré. Y la noche amarga de la Cenicienta negra se bordó de ligeras lentejuelas, pesadas para su corazón que había masticado tanto silencio. Pasó con esa fuerza atronadora de los cometas que todo lo ponen patas arriba. Sobre el escenario del casino del Capri, el hotel por donde aún cruzaba el humo sangriento de Meyer Lansky, Fredesvinda García se transformó para toda la eternidad en Freddy, clavando en el cielo humano sus versiones de «Noche de ronda» del flaco de oro Agustín Lara, y «El hombre que yo amé» de Gershwin. Y grabó un disco entre los dos infartos que la fulminaron, un legado extraño para quienes nacimos más tarde y miramos con desconsuelo las descascaradas, absurdas paredes del bar Celeste, en Infanta y Humbolt, que se mantuvo vivo y desolado, lleno de borrachitos que ya nadie llamaba desde el incendio de ningún corazón. Mezclada con el irreductible polvo que dejan el paso de los automóviles y los ómnibus, creciendo en una tristeza casi amarilla cuando el sol se ahoga en el malecón cercano, anda la voz de aquella cocinera por cuya garganta Dios habló a los habaneros, una noche de filin de 1959, contando los pesares que les sucedían a todos, con chispazos urgentes de una hoguera que dejó la mancha imborrable de su incendio en la tierra.

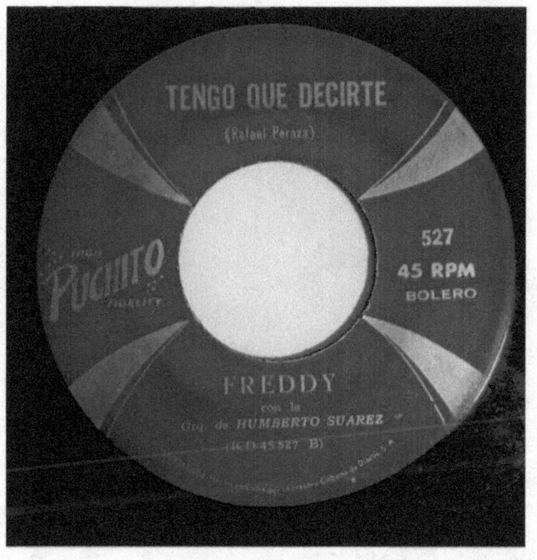

Nota sobre Freddy:

Muchos años después de haber sido escrito y publicado este Kabiosile, se encontró en Puerto Rico el certificado de defunción de la malograda cantante, y se aclararon algunas dudas, como que nació en La Habana, y no en un pueblecito de Camagüey, y que su nombre real no era Fredesvinda, sino Fredelinda García, hija de Justo García y Manuela Herrera.

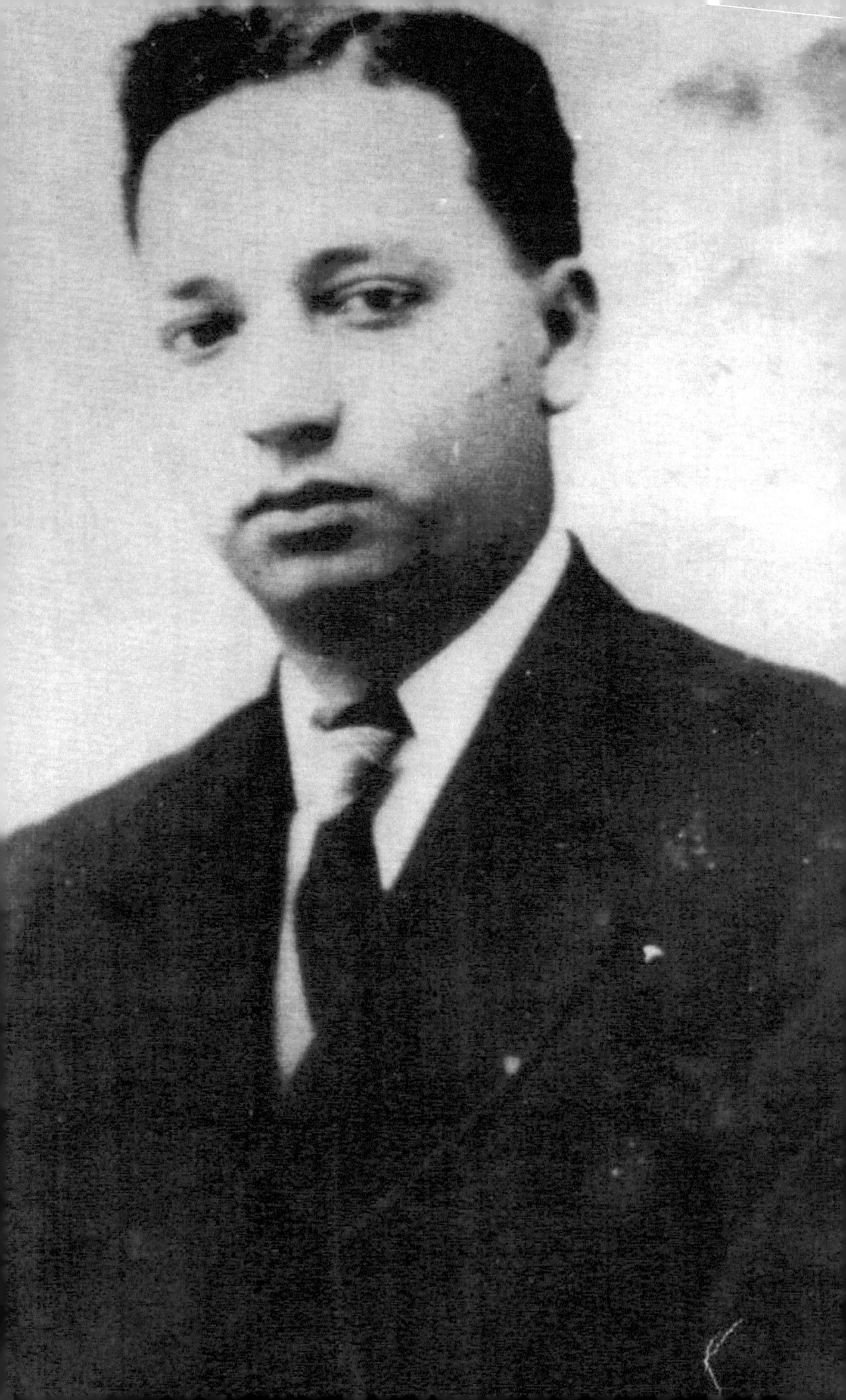

Kabiosile Rafael Gómez, Teofilito

En el potro de humo de la imaginación anda en la eternidad Teofilito, la tímida guitarra que entró a la gloria con un juego galante.

Muchos hombres pasan por esta vida sin un buen verso donde caerse muertos. Él tiene una canción para fundar amores; una canción que desde 1915 enamora y conquista, estremece y sonroja, y es sitio por donde pasan a pie otros corazones bajo la lluvia de la dicha.

Como él, otros músicos lo hicieron todo sin abandonar el terruño. Soñaron allí, entre las casas polvorientas, como atados a la tierra que los vio nacer, y para ellos el resto del mundo era aventura y desmesura.

Sin embargo, Rafael Gómez, el hijo del violinista Teófilo, acomodó sus sueños en Sancti Spíritus, que era un pueblo a la usanza, lejos del mar, y con el ritmo soñoliento de esos asentamientos de hombres simples, que despiden la noche en los parques, o en la balaustrada de una ventana, para que una hermosa mujer vibre en el fondo de una serenata.

Pero desde 1915 todo fue distinto para él y para nosotros. Lanzó un mensaje de amor gentil en un juego galante, y ha traspasado las fronteras de su geografía pueblerina, su vida y hasta su nombre real de músico sin estruendos.

Nadie sabe a esta altura que escribió, con la sangre humilde de los trovadores provincianos, otros temas como «Temo al olvido», «No sé por qué» y «Ayer pensando en ti», cuyas destinatarias duermen en la ceniza inocente del tiempo como amores pequeños, serenos, ajenos al relumbre y al escándalo; aquellos romances de pañuelos y espliegos en la esencia voladora de una mirada en la penumbra. Tal vez por ello utilizó su pensamiento como mensajero, para que Fragancia acusara su dardo de pena: *Pensamiento,/ dile a Fragancia que yo la quiero,/ que no la puedo olvidar,/ que ella vive en mi alma,/ anda y dile así.*

Había nacido en Sancti Spíritus el 20 de abril de 1889, en el mes de las flores, y en su tiempo las palabras pensamiento, veneración y alma, significaban mucho todavía; y las mujeres habitaban el esplendor callado de los románticos, instaladas y eternas, como los rosales en los patios.

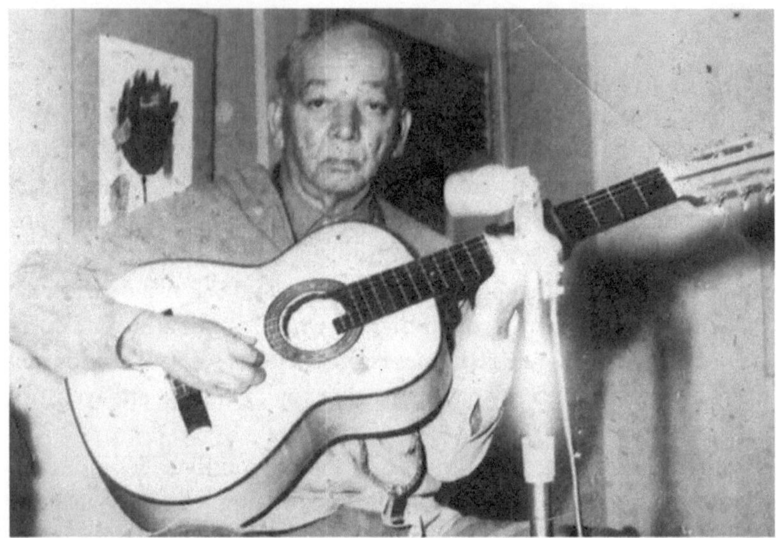

Dicen que esa canción, con la que se alejó del olvido, nació casi de un reproche, en el cumpleaños de una adolescente llamada Rosa María Ordaz. En la celebración de sus dieciséis años, varios trovadores llenaban el aire de arpegios. Hicieron un juego de adivinanzas y escogieron las flores, como antifaces para ocultar sus nombres verdaderos. María Rosa se nombró «Fragancia», que es la suma de todo el aroma y es también como un destello de sueños esperanzados. Teofilito no supo descubrir que era ella quien se escondía debajo de esa esencia sonora. La joven le otorgó, displicente, una segunda oportunidad, pero con una premisa: tenía que dedicarle una canción. Dicen que le retó diciéndole: «Ya veo que no le inspiro ni un pensamiento. Tome estas uvas y piense en mí, aunque yo no voy a pensar en usted». Ese fue el inicio de su inmortalidad. Rosa María Ordaz era quizá el destino, disfrazado de muchacha inocente.

Pocos recuerdan que el trovador dirigió en sus años mozos el coro del barrio Jesús María, de esos que cantan la clave espirituana, que es una marejada entrando limpia al corazón de quien la escucha. Ya han olvidado, o importa poco, que Rafael Gómez, Teofilito, tocaba flauta, clarinete, acordeón, timbal, y contrabajo, además de guitarra.

O que compuso también danzones de tersa belleza, como «Nenita I», que el maestro Romeu consagrara entre sus huellas sonoras.

Ya digo que fue otro después de aquella aparente casualidad de 1915, cuando una adolescente lo obligara a jugar con el cielo. *Anda, pensamiento mío, / dile que yo la venero,/ dile que por ella muero,/ anda y dile así;/ dile que pienso en ella/ aunque no piense en mí.*

Ese «Pensamiento» le cubre y lo realza. Gracias a su canción podemos recordar la sencillez del hombre, el temblor de las palabras simples, la suavidad de nuestro primer amor, al que no acertamos a decirle todos nuestros sueños.

Dicen que murió donde nació, en aquel pueblo de cantos profundos, lejos del mar, en 1971. Su canción le protege y le acuna. Más que una declaración, tímida y dulce, es una esencia que repetimos contra la muerte. Y en la noche de los pueblos, otros la enarbolan como un himno, y vuelven las palabras desnudas del ser humano a tener un alma trémula y virtuosa. Un alma donde cabe lo fugaz de este mundo; lo que aún hace llorar a las muchachas tras una ventana.

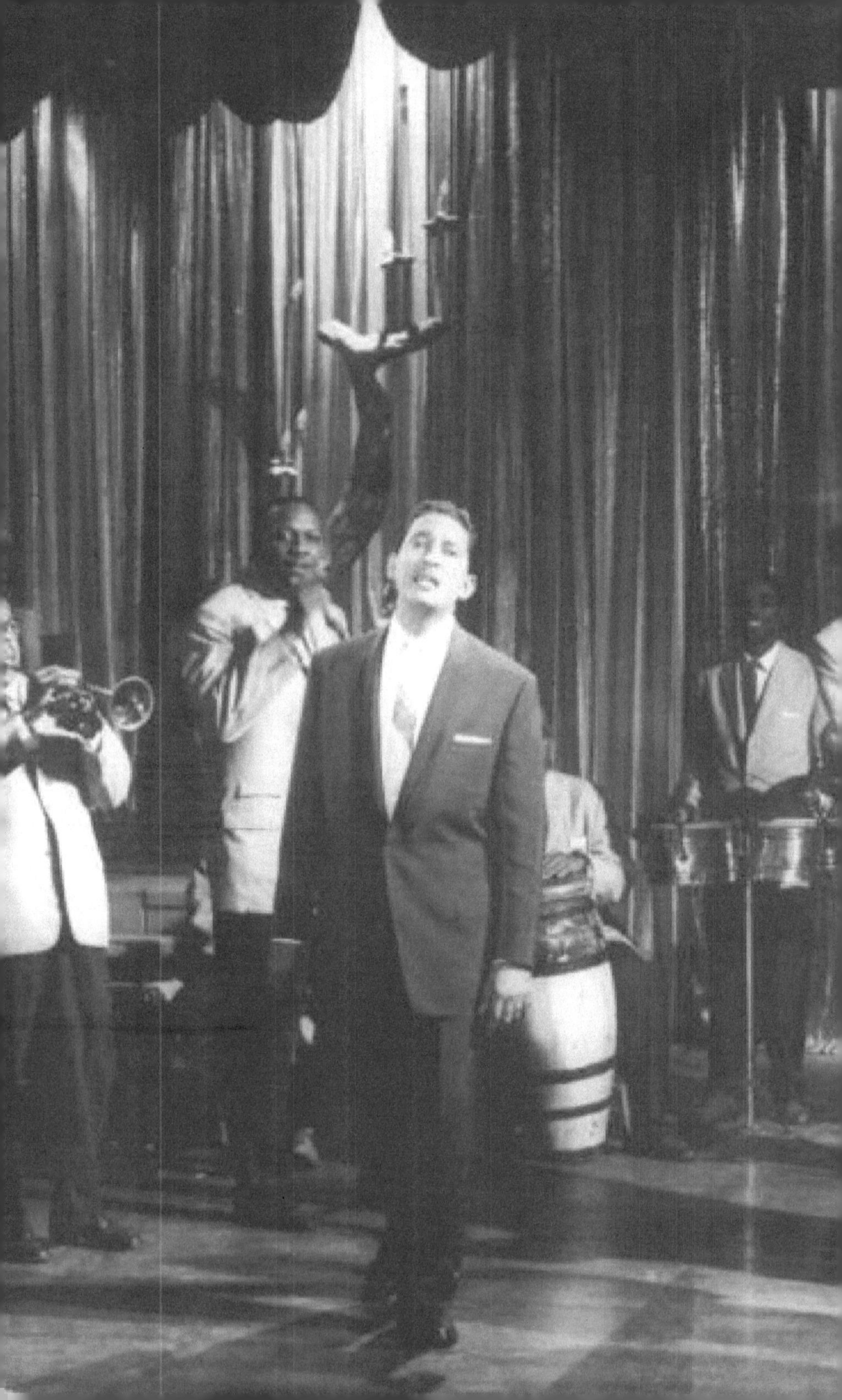

Kabiosile Fernando Álvarez

Mi madre hubiera llorado ahora nuevamente. Ella, que hacía entrar la luz montada en un bolero, y deslizaba las manos sobre el polvo de aquel mundo que fue mi casa alguna vez, como si acariciara todos los amores perdidos que contaban con música, habría sentido hoy una pena muy honda sabiendo la noticia: Fernando Álvarez, el muchacho de gafas oscuras y pullover de rayas azules, que descendía por la escalerilla de un avión inmenso en la carátula de su primer larga duración en solitario, *Así es Fernando*, ha desaparecido de mi tierra.

Tal vez volvió a subir por ellas al blanco aparato gigantesco que lleva por los cielos a quienes cantan al amor, sufriendo, hasta el lugar incierto donde se amontonan también los cariños perdidos, las toneladas de reproches, las abortadas pasiones, las caricias fantasmales, los sueños que se rompen como un cristal de Murano triste con el roce del aire, y los mensajes que jamás llegaron a tiempo a sus desesperados destinatarios.

Quizás ande en la nada donde se llora aún y se conmueven, los que una vez juraron cosas imposibles, cabizbajo, sintiéndose culpable de haber incendiado tanto corazón, de regalar promesas a otros, a quienes la mala vida les impidió cumplirlas, y también, y mucho, por haber sido sincero cantándolas, dándole altura a todas esas penas afiladas que le cortaban a él mismo por dentro, y se le iban empozando lentamente en los ojos de párpados cansados, con los que una tarde me miró en una emisora, micrófono por medio, cuando quise preguntarle por qué el bolero le hacía tanto daño.

No me atreví entonces, y ya jamás se lo preguntaré. No sé si en este juego de azar le toque a mi alma andar por el cielo, esa otra nada en que tampoco creo. Es posible que Fernando Álvarez ya no esté en ese sitio, si allí ha ido precisamente ahora, con su voz lenta y pastosa, a obligar a los ángeles a ruborizarse con la hirviente pasión de los humanos. De modo que me respondo yo mismo lo que nunca le pregunté, pero he adivinado, en todos estos años de pedirle a un amor que descienda de todas las nubes y venga a posarse en la terrible realidad, que aquellos cantos de cadenciosa hondura se le fueron metiendo a Fernando venas adentro, como vidrios molidos y punzantes, hasta obligarle a un rictus de insondable desolación en el aire que le rodeaba en cada hora. Un mal mirar de mansa tristeza en el acontecer, donde tampoco está mi madre ya, inaugurando la luz de las mañanas de mi pueblo, con aquel disco de pasta negra entre sus dedos.

Viene a esta hora hasta mí aquel mediodía santiaguero de sulfurosa esperanza, en que Fernando fue a las pruebas que realizaba Mariano Mercerón para constituir nueva orquesta. Y el susto que se llevaron su amigo Pacho Alonso y él cuando oyeron salir un mundo de verdísimos destellos, torrencial y aplastante, de la garganta de aquel mulato espigado que luego fue como su padre en este mundo: era Benny Moré. Hasta se preguntaron si ellos podrían alguna vez pararse ante un micrófono, porque la inmensidad del Benny los puso casi invisibles y tontos.

Santiago de Cuba le vio salir joven y asombrado. Allí había nacido el 4 de noviembre de 1928.

Pero Fernando aprobó aquella prueba, y fue uno más de los Muchachos Pimienta de Mariano Mercerón, en la escudería de aquel relámpago de Lajas que se apellidaba Moré. Con él viajó más tarde a La Habana, en 1953, y el Benny fue tutor y amigo, hospedándole en su casa largos meses, uno más en la tribu, que así se conocía la Banda Gigante. Y con la anuencia y el entusiasmo del Benny, Fernando Álvarez comenzó a ser más que sombra cuando aceptó suplir a otra garganta de primera, Roberto Faz, que había dejado un agujero insondable en el Conjunto Casino. Nadie como él cantó después aquel «Llanto de luna», como lo dejó grabado con la agrupación de Espí. Ahora le escucho y sé por qué a mi madre se le ponía el alma de muchachita entre las flores, pues Fernando va soltando los versos de Julio Gutiérrez como una detenida marea que lo humedece todo. Pausado y aplastante, sigue en el cielo ese estilo que inauguró entonces fraseando inimitable lo de: *Ebria canción de amargura que murmura el mar…*

Después fue cuando bajó la escalerilla del enorme avión que le trajo a mi casa, a las mañanas de verdes explosiones que cuidaba mi madre, protegida y asediada por los boleros de su primer disco como solista. En la foto de aquella portada, Fernando Álvarez usaba unas gafas oscuras, como para que nadie viera que el dolor de esos amores que cantaba le empezaban a herir con bruscas raíces vivas, y se veían ya en sus ojos como un susto. Ahora no están ni él ni mi madre. El disco se perdió en uno de los tantos cambios de mi vida. Queda sólo en el aire la penumbra del filin con que dijo al mundo sus cosas, las de todos, sabiendo que la traición y la esperanza le iban cubriendo las paredes húmedas del alma. Como la lava en el cuerpo invisible del volcán. Como un monstruo marino escondido en los abismos. Como el dolor que da la simple esperanza y la alegría de hacer el universo desde el ojo diamantino del corazón. Como la hiedra.

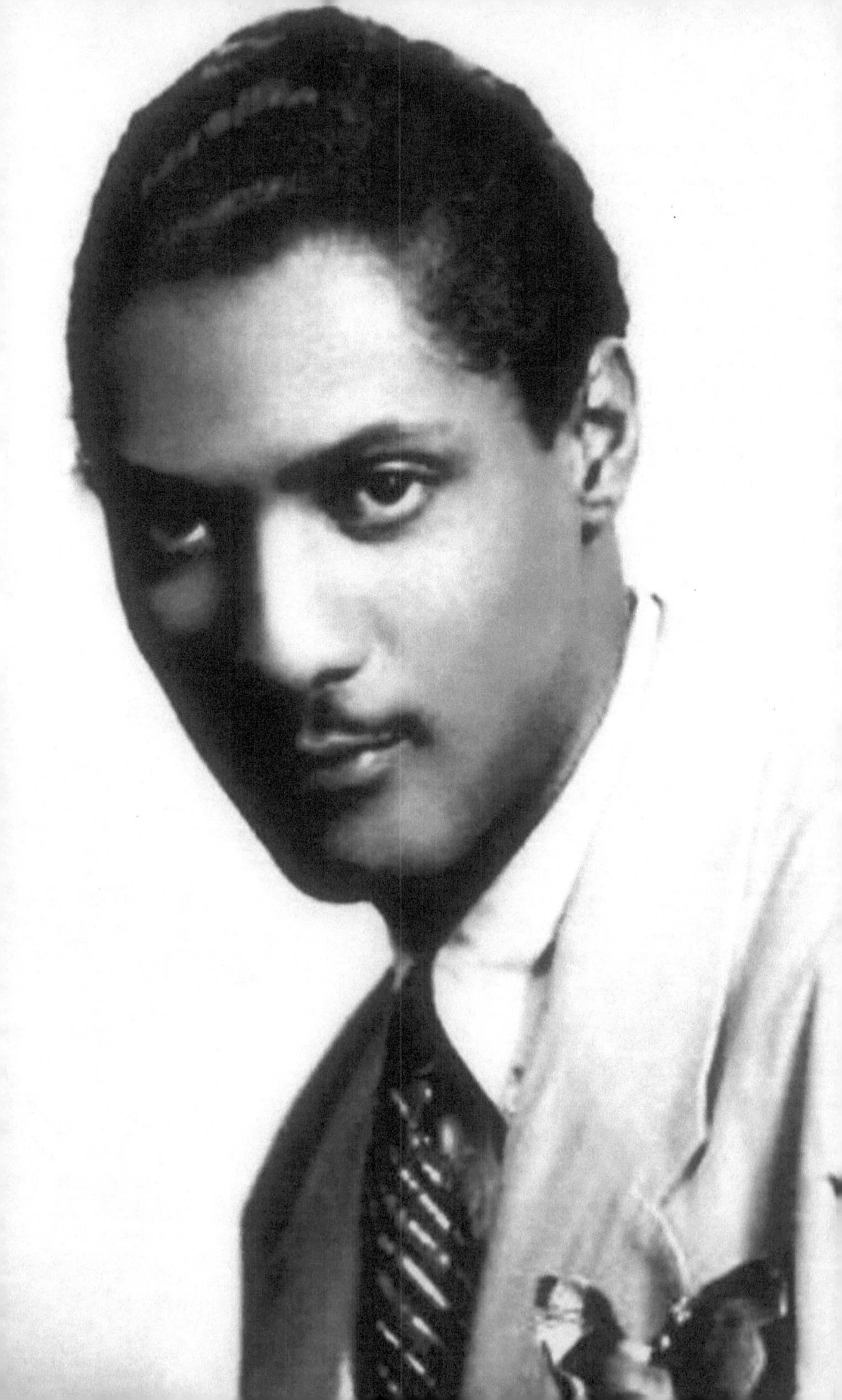

Kabiosile Ramón Cabrera

Esta es la historia absurda de un hombre que fue dueño de muchos pueblos de la isla de Cuba. Ramón Cabrera les cantó, los apresó más bien, en los sueños que armaba y componía, con lenta nostalgia, con una orfebrería que les sobreviviría más allá de casas y entornos. Sin embargo, vino a morir de alguna tristeza inconfesada del otro lado de la tierra, en Madrid, una ciudad que nunca apareció marcada en su anhelo.

En las listas que pretenden refirmar la memoria de los hombres, se confunde con un general carlista, aquel Tigre del Maestrazgo que tal vez trajo mucho dolor, y no el sueño tibio que necesitan los humanos en su frágil corazón. Tiene también, y desgraciadamente relacionado con la música, el mismo nombre de un asesino: un colérico mexicano que acribilló a balazos, en Texas, a un cantor de barrio que no se sabía una canción solicitada. No era ninguna de las que escribió este bayamés para que el Benny Moré engrandeciera los paisajes cubanos.

Yo nací en su pueblo, un sitio tendido junto a un río que ahora se enrosca en sí mismo, pero que llenó una vez mi pecho con la fuerza de su viaje hacia todas las partes. Entonces yo pensaba que por sus aguas se llegaba al mundo. Tal vez Ramón Cabrera tuvo la misma peregrina idea, porque echó a volar su ternura trashumante, y comenzó a llenar el cielo de mi país con una geografía insólita, y un día, aquellas ciudades y barrios a los que cantó por voz de otros, amanecieron regocijadamente asombrados, mirando el nombre de sus sitios en la eternidad de los viajeros.

Ya nadie piensa en Manzanillo, el diamante oriental al borde de aguas azules como la pena, en el golfo de Guacanayabo, sin que el Benny le invite, por mediación de Cabrera, a ir a «pescar la luna en el mar». Con la garganta del Bárbaro lo puso en nuestra emoción, en ese aullido de amor que huele a oleaje y precipicio: *Noches de luna de Manzanillo,/ brillo de plata sobre la mar.* Silban sus versos junto a la fuerte brisa, y allá en el fondo, pasa un viejo barco entre gemidos. Por eso el Benny lo apuntó con el trémulo esplendor de Ramón Cabrera: *Para las novias de los marinos/ de Manzanillo quiero cantar,/ porque en silencio siempre se mueren/ si ven un barco lejos zarpar.*

Y no hay mortal que ponga en duda las maravillas de Cienfuegos, la perla del sur, que tiene desde entonces, en la memoria sonora, el aire lento del sueño. Hijo de una ciudad de tierra adentro, con gente como yo, enamorada del horizonte azul, bordeó el litoral de la ciudad, y llegó al monte inmenso que la vigila. Lo dijo para que nunca más olvidáramos el ruido tenue de la tojosa, revoloteando en la sombra alargada de la yagruma: *Me gusta ver cómo baja/ del monte el Hanabanilla/ y cómo choca en la orilla/ de la roca que lo ataja.// Me gusta ver cómo encaja/ el Escambray en el llano...*

Desde «Guantánamo» a «Marianao», señalando a las santiagueras, deteniéndose en «Banes» para Tito Gómez y la Riverside, y enalteciendo con Tito a mi tierra —la suya— «Bayamo», en un trayecto de pasión donde sembró siempre las flores perfumadas de la mujer cubana, Ramón Cabrera iluminó con música el atardecer de esos paisajes. Los incrustó en nuestra sangre, y ahí andan deslumbrantes y alegres. Yo he sido una de sus víctimas. Y sé que me moriré en la contradicción, por no llevarle la contraria, pues absolutizó la belleza de la mujer palmera, cuando le tocó el filo de alguna mirada ardorosa en Palma Soriano. Ese son, bullendo en mí, me obligaba a mirar con fijeza en cada aventura, a las jóvenes, que en las aceras del camino que atraviesa el pueblo, resguardaban el brillo enceguecedor de su pelo bajo los parasoles del arduo mediodía. Me moriré pensando que tal vez tuvo razón Mongo Cabrera, y que ahora yo, tan lejos, no podré ejercer mi extraño oficio de vigía del amor. Y serán sus mujeres las más bellas de la tierra, si él lo afirmó con ese fervor que lo enaltece.

Como no discutiré su exagerado optimismo, cuando exclamó —siempre por voz del Benny: En Marianao la vida se ve/ se ve color de rosa, porque hay trampa en su euforia. El estribillo lo delata: *Allá en Marianao/ tengo mi querer,/ y lo voy a ver/ al anochecer,* escaramuza de hombre enamorado que glorifica un sitio con lo que siente, con toda su nocturnidad y poesía.

Pienso ahora, en la distancia, si Ramón Cabrera se hubiera quedado en Bayamo, donde vio la luz de la metáfora en 1925, y no le hubiera dado por andar descubriendo los destellos que nadie como él sintió, en las ciudades del recorrido musical, le habría bastado uno solo de sus boleros, «Tu voz», escrito en 1952, especialmente para esa futura reina que es y será Celia Cruz, y que ha soltado desde entonces con tanta lava arrolladora. Queda en la noche de los tiempos la pregunta: *No sé qué tiene tu voz que fascina... para declarar a todas las almas que Tu voz se adentró en mi ser/ y la tengo presa,/ tu voz que es tañer de campanas/ al morir la tarde.*

Hoy es otoño en la ciudad donde escribo. El mar se esconde cerca, y en su noche también quedará alguna novia que llore al ver partir las sombras de un gran barco. Para mi sorpresa, no es Antonio Machín quien me llena de esperanza con otra creación inolvidable de Cabrera: «Esperanza». Es la nostalgia parisina de Charles Aznavour que me trae ahora al bayamés muerto lejos del océano. *Esperanza, Esperanza/ le bonheur en nos coeurs suit son cours.* Nunca pensé que un nombre de mujer —aquella muchacha que sólo bailaba cha cha chá, pronunciado así, en otra lengua, me conmoviera tanto—. Vienen a mí, de golpe, las ondas del río que ahora mismo se oculta de su antiguo esplendor en la ciudad donde los dos nacimos. Pasan, en el viento veloz de mi casa en las nubes, como postales de sangre, los pueblos que nombró contra la mala memoria. Ramón Cabrera murió lejos del mar, en Madrid, el 15 de diciembre de 1993. Su corazón se disfrazó, seguramente, de marino, y pasará rielando sobre el agua profunda de Manzanillo, mientras todas las novias le despiden, y Benny Moré vuelve a estremecer el oleaje de la dicha.

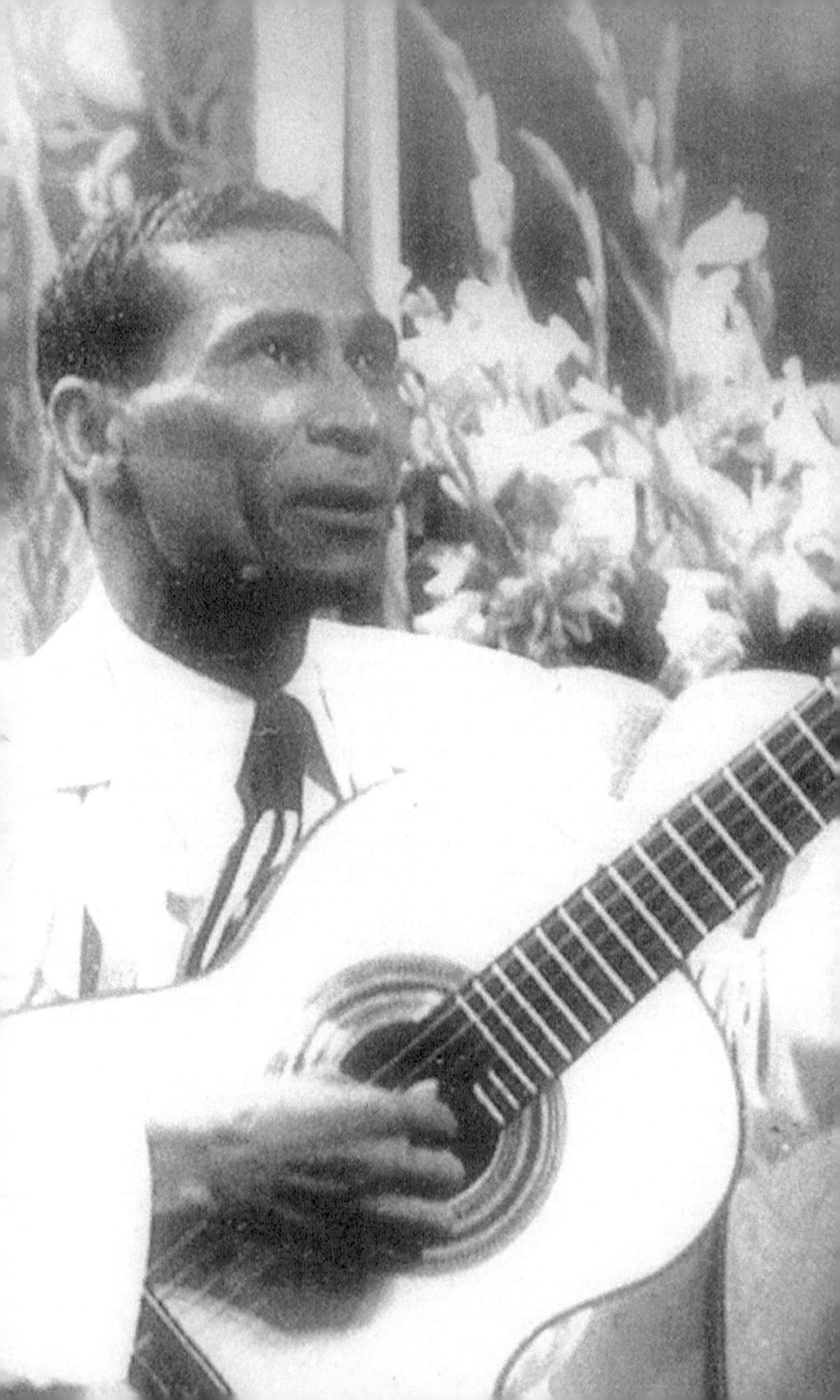

Kabiosile Lorenzo Hierrezuelo

Tímido como un indio; fraterno y atrevido como todo santiaguero, el Compay Primo me saluda en la imaginación.

Si Matamoros ha sido el desafuero de la alegría, el tropel bullanguero de los sonidos de la ciudad, del barrio, del hombre de esquina y bar en colmeneo, Lorenzo Hierrezuelo huele todavía a monte profundo, al brillo dispar del rocío en la mañana, cerca de la Sierra, en los arduos caminos donde, alrededor de un mal quinqué, el guajiro desata su esperanza en la cumbre nocturna de un tres, mientras el ron de Oriente aleja a los güijes no convidados, y se convoca la gracia para que el día próximo venga con menos dolor. Miguel es calle empinada de Santiago de Cuba. Lorenzo es trillo, desfiladero, guardarraya en el alba, donde ululan los cedros casi despiertos, vuela el sijú desde su rotunda brevedad, suena el tren cañero en la distancia, y se respira el profundo aroma del café en un conuco apartado.

Escuchando su armonía acompasada y atronadora, uno adivina el tándem de un central azucarero —todavía arcaico ingenio —, y la conga arrollando en el suburbio o el batey. Salen del pozo de los sueños nombres auténticos, fundados en la noche de los tiempos: Baconao, Siboney, Yarayagua, y su sitio natal, el Caney, donde el humo espectral de los aborígenes se hace cuerpos de nuevo en los negros cortadores de caña, que cuentan, en una extraña lengua, las estremecedoras leyendas de otra tierra que parece no haber sido nunca real. En el son acelerado de su guitarra, que transparenta tropel de caballos en fuga, hay una picardía dolorosa, una felicidad ingenua del hombre antiguo que saluda al monte recién humedecido, y que alza sus manos al sol para reemprender la siembra y la supervivencia, metido en el hondo interior que transforma y procesa lo que entra por sus sentidos.

Cuánto hay que agradecerle a este hombre pequeño, nervioso, de inquieta voz aguda, desde que nació el 5 de agosto de 1907 y el bichito inquieto de la música le inundó la sangre de relámpagos.

El que sabe, sabe, nos dijo en una de sus más reflexivas creaciones, mezclando su antepasado indocubano con la raza africana que le abrigó. Cerrada su historia humana el 16 de noviembre de 1993 en La Habana, ciudad que fue a conquistar en 1930 bajo la itinerante sombra del hambre, nos parece Lorenzo de una presencia abrumadora, un hombre de mil caras e incontables tonos, múltiple y repartido entre su segunda trovadoresca a María Teresa Vera, la suplencia que hacía en el Conjunto Matamoros, y el protagonismo autoral y de voz prima en su obra tal vez mejor recordada: el dúo Los Compadres.

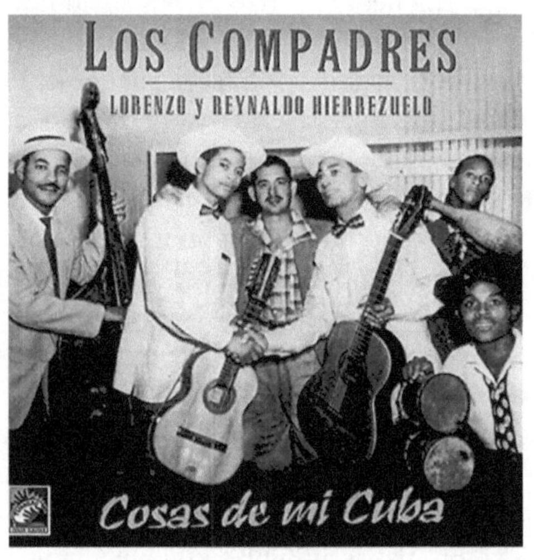

Oriente es también en Cuba/ de las regiones más bellas,/ allí el dolor no anida,/ porque nacen las estrellas, cantó Lorenzo en 1959 junto su hermano Reynaldo, con versos de Manuel Poveda, en una de las más emblemáticas asociaciones musicales cubanas, nacida en una imprevista enfermedad de la gran María Teresa, y yo encuentro ahí el vórtice de toda la obra creadora que hace de Lorenzo Hierrezuelo un caso singular en el son oriental, que sigue rezumando el líquido esencial de los frutos más tentadores y sabrosos: ese apego a su tierra natal, que no es pose, ni caricatura, sino una textura pulposa que llevó por el mundo, extendiéndose desde su raíz primaria. Mientras con la Vera —en la función complementaria que hiciera años antes el malogrado Rafael Zequeira— era la segunda lírica en una trova más de bohemias y encajes, con su primo Francisco

Repilado —Compay Segundo— relevado en 1955 por el veinte años más joven Reynaldo Hierrezuelo, desató la otra cara de una moneda que nos sigue deslumbrando con sus saetas de luz, un telúrico son de alucinante crecimiento sonoro, con letras surgidas del cotidiano vivir de los más humildes y simples. Y en esa aparente sencillez, van los razonamientos llenos de picardía y gracejo ante el amor, el paisaje, los alimentos, la asunción de la cumbancha familiar con la que esos seres dan sentido a sus vidas y la comparten en un gran acto de amor fraterno.

Su ingenio creador lleva ese aroma de caserío renaciendo en la mañana de la montaña, huele a bestias que pastan en el silencio de las cumbres, vibra como un arroyo que mezcla en el aire su transcurrir nostálgico, con las ramas que dispersan la vida, brotan en él las flores y los finos filamentos indiferentes del curujey, el helecho de plata que enreda su fervor en el viento menudo, todo con la caliente forma que marca el sol en la región más oriental de mi país, esa, donde sus habitantes cantan hablando, con un ritmo y una pronunciación que lleva candencia y goce, y las inflexiones suenan hasta más burlonas en la mismísima desgracia.

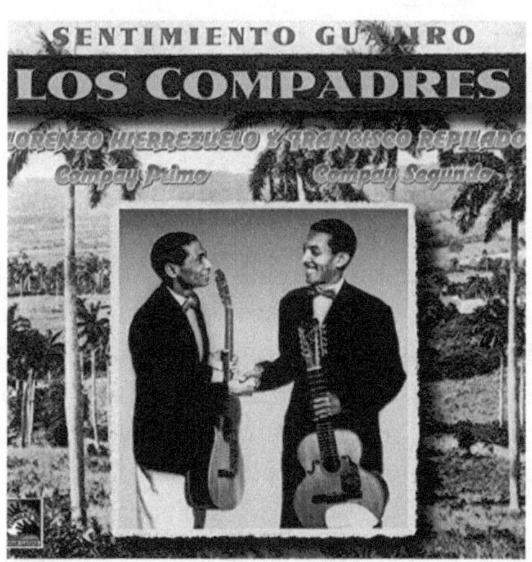

Qué poco le hemos tenido en cuenta, cegados a veces por voces que pensábamos mayores, siendo él mismo de la estatura torrencial de los otros, divertido, hondo, increíble en la diversidad que logra a pesar de un sello muy personal que lo distingue. Cuánto espacio ha llenado, desde aquella resolución suya de quedarse en la capital de la isla, recorriendo la noche fervorosa de los bares, hasta integrarse al Trío Lírico Cubano, y luego, en 1933, al Sexteto Cauto de Mozo Borgellá, para iniciar, en 1935, la andadura de serena y dulce solidez con la inabarcable María Teresa Vera, bajo cuya luz, la suya, más que disminuir, se fundía dosificada por decisión propia. Qué digno de alabar aquel año de 1948, en el nacimiento de un compadrazgo de abismal alegría, donde el aire se repleta del casabe con macho asado, y el goloso sonido de los tostones, ñames, yucas de la más profunda sonoridad gastronómica. Lorenzo es la sensualidad de los manjares simples de la cocina oriental, el vaho sinuoso del carbón en el anafe, que hace inolvidable lo simple, con los aromas convertidos en cicatrices del legado de una nación. En su canto, más que las loas al cuerpo y sus movimientos, andan incrustados los rincones húmedos de la vegetación estallante, la cordialidad del párrafo solidario entre los caminantes que coinciden, alrededor de una taza de café hospitalario de bienvenida o adiós, y los rones espléndidos del guateque, volviendo menos tenebrosa nuestra habitación en la tierra.

Cuánto hay que hacer para que vuelva al alba, para que no abandone nuestra mesa. *Vamos a comer temprano/ porque me huele a visita*; cantó con el tímido desparpajo de quien teme los sobresaltos que provocan los gorrones, en ese son de fuego titulado «Baja y tapa la olla», en una época en que también declaraba —en perfecto binomio con su primo Repilado— *Yo no como la jutía/ porque tiene cuatro dientes*, dueño de un aparente absurdo, que resulta surrealista a los extraños que pasan sin comprender a los orientales de mi tropa. Razonamientos afiladísimos de hombre del monte, acostumbrado a una libertad que toma del cielo o la naturaleza, amigo de su sombra y su bestia, y para el que un cuento, una anécdota, una palabra en oreja ajena, es un tesoro que le salva de la soledad de los confines.

Dijeron una vez, adelantándose al tiempo, que los compadres habían muerto. Lorenzo desmintió el desolador augurio con un son que ahora me cubre el corazón de esperanza: *Hay Compadres para rato*. Lo sé y eso me hace feliz. Siento que vuelve en el amanecer, donde quiera que abra yo los ojos y no entre el tibio olor del guayabo a tocar mi nuevo día. Él derrama entonces ese verdor y esos aromas, y le ordena a su hermano Reynaldo que baje del puente de la guitarra, que se convierta en flauta humana, y el día se pone humano en el universo para mí, con Lorenzo Hierrezuelo echándome un brazo por los hombros, mirando el horizonte con el perfil afilado de un indio que se le escapó a las leyendas.

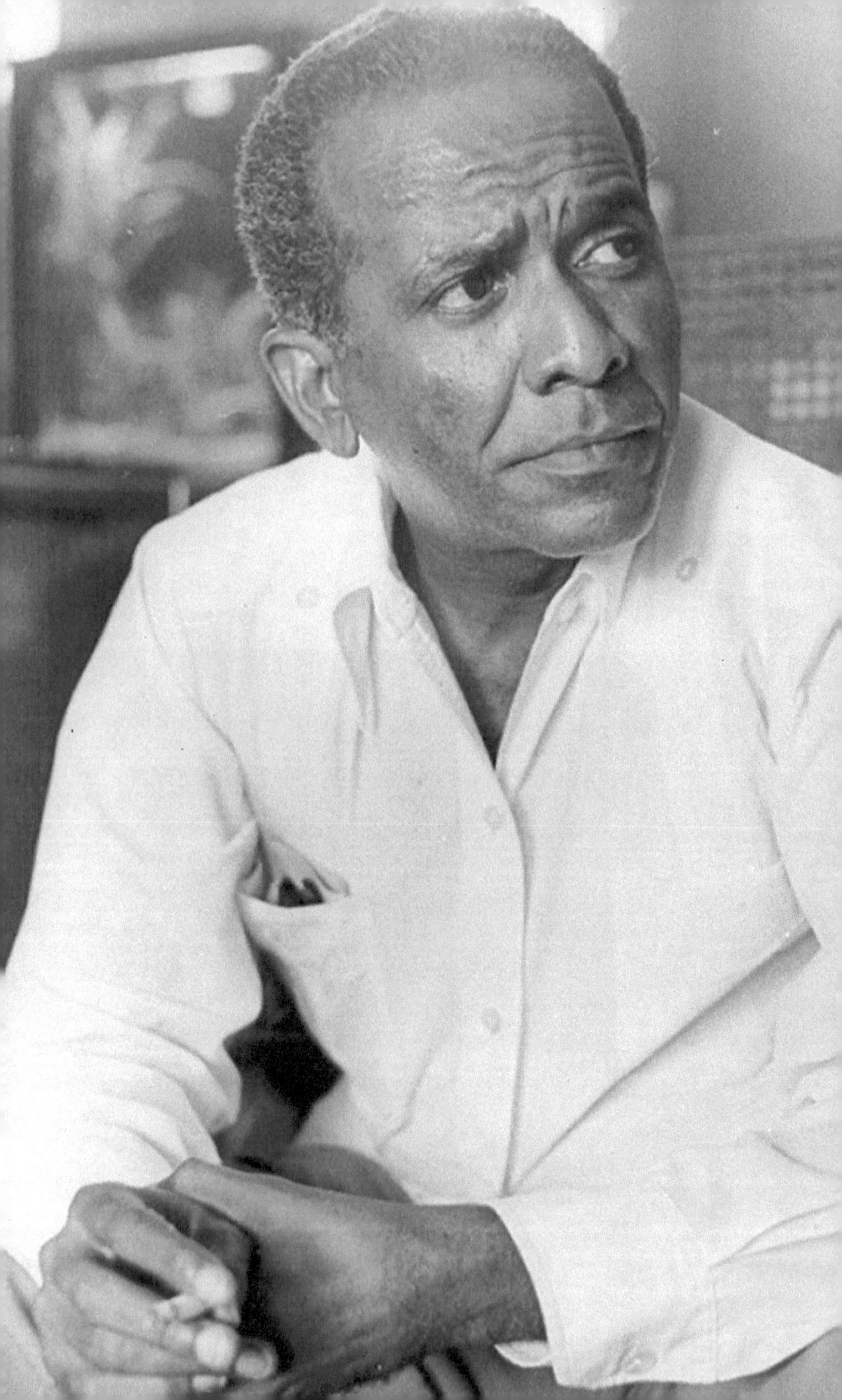

Kabiosile José Antonio Méndez

Nunca fue la noche más trémula y sensual que cuando él tocaba las estrellas desde ese agujero en las alturas, llamado El Pico Blanco, en el corazón de El Vedado, desde donde se puede conversar con Dios y hacer llorar a una mujer de imposibilidad y esperanza.

Nunca los humanos quedaron más desolados que cuando se marchó, y ya no hubo de nuevo un día siguiente en el arpegio vivo de su sueño.

Nunca se le pidió con tanta desolación a otra alma que abriera los ojos y la luz, para entender el fuego de nuestra soledad, la selva de nuestros sentimientos, el abismo de ahogarse en palabras que no expresan lo que se siente. Él lo supo decir, y en el polvo suspendido de las angustias lo cantó con aquella voz suya, rajada y susurrante, que olía a penumbra e hipnotismo: *Si me comprendieras, si me conocieras,/ qué feliz serías./ Si me comprendieras, si me conocieras,/ jamás llorarías.*

Nadie sabe cuándo José Antonio Méndez comenzó, de pronto, a ser El King, en la complicidad de las mesas donde se iba a sufrir y a hacer crecer una esperanza.

Sería después, ya solo, cabalgando aquella maltratada guitarra que le guiaba y le hacía cruzar la noche habanera, sobre el aire de una cosa extraña, una cosa que le apretaba a la gente la garganta y el corazón, y que luego fue llamándose el filin, para nombrar una manera de conjurar el desamor y la desdicha.

Tal vez ocurrió mucho más tarde, cuando ya habían pasado su encuentro con el gran Frank Emilio Flynn en el Instituto de La Víbora, y aquel proyecto de inexpertos que se llamó Loquibambia, que antes había sido un trío mexicano bautizado Xochimilco, que anunciaba, entre rancheras y corridos, tamales de maíz y servicios variados de mecánicos, pintores y albañiles.

Es posible que primero fuera El Ronco, porque las penas pasaban por su garganta como el ruido de cristales de una botella rota, casi aplastadas por la vena terrible que le nacía en el corazón. Más que soltar un río tumultuoso que abriera las tierras a su paso, José Antonio Méndez susurraba sus delirios, los contaba como si fuera madrugada y no quisiera alarmar al mundo, los recitaba a media voz, y el dolor se encargaba de que todos le escucharan, más con la sangre que con los oídos.

Tal vez estaba ya escrito, o el hambre le obligara a viajar a México, que fue la cocina perfecta para lo que La Habana no entendía en su momento. Y pocos comprendían allá en los años 40 del siglo XX a aquella fragua de locos y soñadores que decidieron darle filin al estruendo y al silencio, con una música que iba contracorriente, armada de todas las invencibles músicas aprehendidas: desde Bach a Sinatra, desde el danzón al *jazz*, en la angustia de Satchmo en la humareda del Mississippi.

A México partió, con el dinero justo para que no le devorara el olvido, en un barco de carga, sin ver sol o alimentos, en tercera clase. Allí aparecerían las puertas de su eternidad, por donde entra

y sale a cada hora, entonando, como si agonizara, los compases de una de las canciones que más se han cantado bajo la noche del universo: *Novia mía/ desde el primer y fiel abrazo/ se hundió por siempre en el ocaso/ mi negra y cruel melancolía.*

Yo me estremecí con ese himno, una madrugada junto al oleaje de la ciudad, cuando entré a El Gato Tuerto, donde, en un rincón, me esperaban ardiendo los ojos de una muchacha. El King dijo por mí lo que yo había preparado en lento caminares por el malecón de La Habana: *Al abismo/ no temo ir en desenfreno/ si no me apartas de tu seno/ novia de todo mi egoísmo.*

Todo había sucedido mucho antes, cuando alguien le dio el santo y seña del sitio donde otros hablaban aquel idioma extraño que creyó haber inventado. Una puerta se abrió en el callejón de Hamel, y dentro estaban los hacedores de eso que todos llamaríamos filin, como una extraña cofradía, preparando las sendas del porvenir y del amor: Angelito Díaz de anfitrión, mientras giraba Arcaño en un tocadiscos, hechizando al Niño Rivera, Portillo de la Luz, Elena Burke, Jorge Mazón, Frank Domínguez, Aida Diestro, Ñico Rojas, Armando Peñalver y Tania Castellanos.

Había nacido el 21 de junio de 1927. La madre lo quiso médico o abogado, pero él decidió ser constructor de un sentimiento. No necesitó para ello «Cemento, ladrillo y arena», sino la rara luz que le iluminaba por dentro, y con la que nos alumbró la pasión y la pena. La muerte le asaltó como una loca, sin aviso, cuando tenía el alma todavía repleta de diamantes que pulir.

Ahí quedan, para que otros las susurren y amanezca, confesiones profundamente simples, como «Me faltabas tú», «Novia mía», «Por nuestra cobardía», «Ese sentimiento que se llama amor», y «Si me comprendieras», signos escritos con sangre sobre las estrellas del tiempo.

Nunca fue la noche igual de desolada y hermosa que cuando José Antonio Méndez anudó los arpegios de ese canto sutil, que hoy y siempre nos siguen estremeciendo. Como si se hubiese quedado, escondido y misterioso, en el abismo de una ciudad donde sólo se ama cuando él canta.

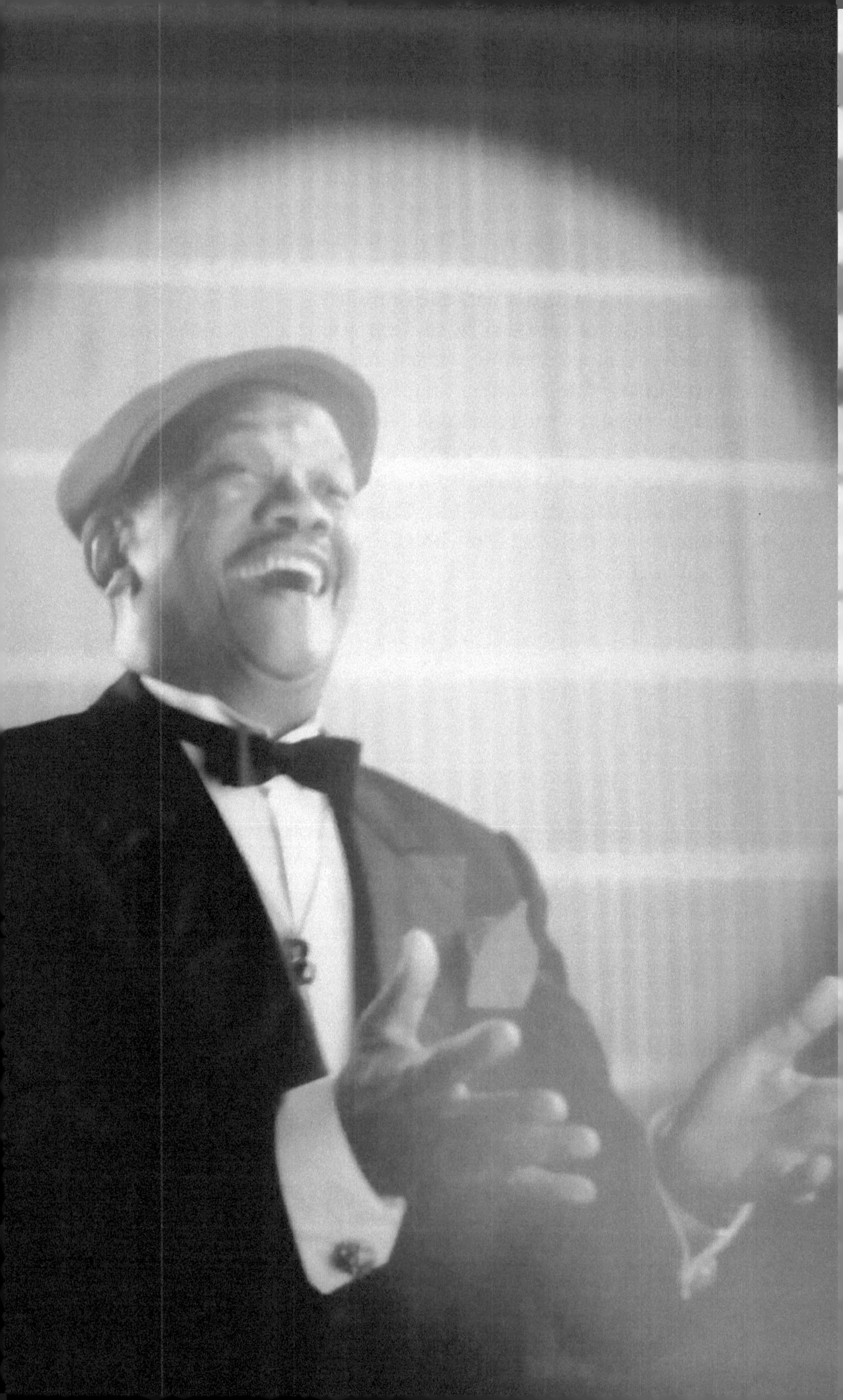

Kabiosile Rolando Laserie

Plantado, firme, desafiando a la vida, haciendo trizas el aire con sus manos que cortan, bajo la luz del mundo sigue Rolando Laserie su desafío sonoro. Así soltó, cantando «Las cuarenta» como una versión más calurosa de malevo de barrio, la triste visión de las mujeres que el tango metía en el alma de los compadritos de los arrabales. Lo repitió luego en otro merengue que él convertía en cualquier otra cosa, en ese estilo bravo que lo ubicó para siempre contestándole al mundo perverso, negándose ir nunca más «A la rigola», porque «las mujeres son como las serpientes».

Dónde está ahora la espesa noche del Sans Soucí, donde resaltaba la negrura hostil y tierna de Laserie en aquella pista que viera pasar también otras glorias. Allí derramó el aire nostálgico y sudoroso del circo donde aprendió a domar los sonidos broncos de la percusión. Tal vez por esa escuela yo le siento en su manera de caminarle cabreado a los boleros, muy adentro de la queja rabiosa, el equilibrista que nos ponía el corazón en vilo, siempre avanzando en una línea no palpable, con miedo a que se desplome, que se hunda en el abismo de la contracorriente, y que el ritmo —como la invisible cuerda que le ata a la realidad— se le quiebre bajo los pies de la voz con que nos hacía cómplices también de sus penas.

Había venido a este mundo de penas y glorias el 27 de agosto de 1923, en Santa Clara, una ciudad de extensiones grises, en el centro de la isla, emboscada por montañas casi azules. Le descubro el origen pobre y villareño en un modo difícil de enfrentarse a las consonantes finales, y en esas «eses» aspiradas hasta el dolor y la asfixia, cuando se le hermanan las «erres» con las «eles», que suena a maleza apisonada. Su estilo amenazante logra una de sus cumbres en otro tango perverso donde él parece atravesar un agua turbia y venenosa, cuando ha visto a la mujer por la que perdiera familia, honra y amigos y que ahora es una sombra de aquel esplendor traicionero. Conmueve más que asusta su amenaza de irse a otra penumbra a no llorar, cuando lo fija en la parte más sangrienta del aire en ese final que a mí me hace bajar los ojos: *esta noche me emborracho bien/ me jalo bien jalao/ pa´no pensar*, trocando el «olvido» del texto verdadero por una fuga mental que es preferible. Porque el olvido es una mutilación, y Rolando Laserie, negro de otro código de honor, no la aceptaba.

A mí me secuestraron esta voz.

Lo escondieron porque alguien quiso pensar por mí que toda su pena era cosa del pasado, y esa ausencia fue un castigo y la mutilación que no pedía. Grises funcionarios, entusiastas colgadores de banderolas pensaron que en el porvenir diseñado en sus mesas no podría existir el marginal que castigaba a las mujeres, culpándolas de los remiendos del corazón y otras injurias no siempre tan menores. Alguien lo engavetó cuando Rolando Laserie cambió el horizonte y se marchó a México a echarse otros cielos en la chistera. Pobres tipos sin gloria que le escondieron tanto, ahora que yo le he descubierto también lejos, y me he reconciliado con la noche habanera que él tensaba con el aullido de su garganta.

Aunque no esté, porque una ola de amargura se lo llevó en su cresta allá en Miami el 22 de noviembre de 1998, recién llegado yo a Barcelona y le ignoraba todas las muertes que hoy me duelen. Ya no creía ni en sí mismo, como dijo hablando de dineros, amores y amigos, ya desde inicios de los años cincuenta de un siglo XX que terminó sin él.

Guapo en mi pecho, no de belleza, no al estilo del piropo español, sino con la bravura de mi tierra, donde los guapos son los que maldicen y vencen, los que le arriman el pecho a los puñales de este mundo para morir o vencer. Guapo, enervado, desafiante, hondo, tal vez no en su filosofía primaria, pero sí como una espada donde se cuelga el pesar.

Rolando Laserie es una esencia, uno de esos fragmentos importantes que arman el esqueleto amplio de mi nacionalidad. Guapo en el tono donde no pedía clemencia, y guapo en la hombría del decir, donde le entraba a la cadencia sin temores, atrasando o adelantando a su antojo los compases del canto y caerle justo a la armonía. Tal vez fuera eso lo que descubrió Ernesto Duarte cuando le incluyó en su orquesta para soltar aquel torrente estruendoso donde saltaba del puro *jazz* al estruendo del montuno irrefrenable. Allí estuvo rodeado de otras luminarias: Celeste Mendoza, Rolo Martínez y el gran Benny Moré, con quien alcanzó el esplendor, trabajando en su Banda Gigante como percusionista en 1953.

El guapo, el guapachoso, el que una vez se quedó solo contra un ávido público que esperaba al Bárbaro del ritmo, y desató su repertorio personal de boleros y guarachas para que perdonaran al jefe y amigo, quien, en la inconstancia del alcohol dejó una cita con su banda. Aquella noche perdonaron al Benny Moré su irresponsable levedad y dejaron entrar para siempre a Rolando Laserie en sus vidas, por valiente y amigo. Y por su estilo único. Y por su carga de filosofía callejera. Y por esa voz que una vez intentaron que yo no conociera, que creciera sin el amparo de su navaja descarada.

Pretendieron no sólo desampararme de su canto. Le castigaron a él secuestrándole también la patria donde debieran andar sus huesos temblorosos. Él cantó con los grandes del siglo, bajo otras noches lejanas, siendo una patria verdadera y distinta a la de sus verdugos insolentes.

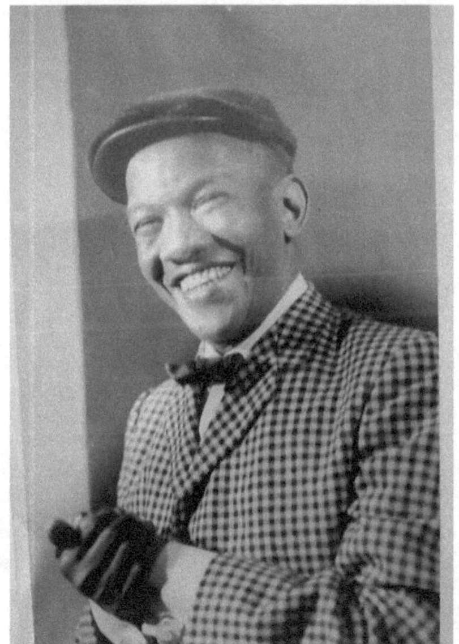

La tierra ajena donde guarda sus insolentes ternuras es también nuestra patria inmensa. Porque extendió la isla de su corazón haciéndola un bolero que amenaza desde la sombra de su eternidad.

Yo te he encontrado, Rolando Laserie. Ahora mi país es sangre de esa sombra que proyecta tu muerte innumerable.

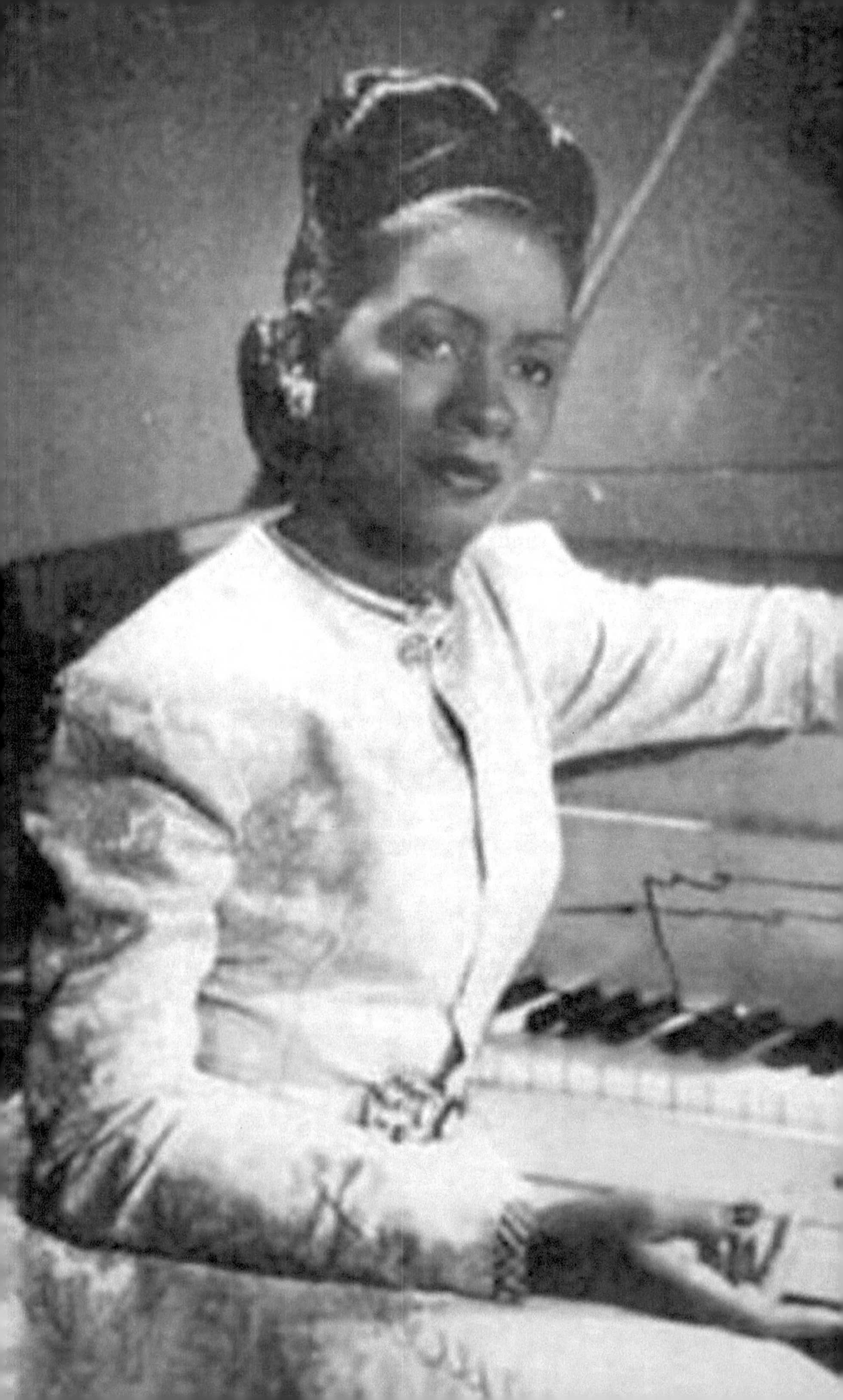

Kabiosile Isolina Carrillo

Gardenia es jazmín y es suavidad, sutileza, algo que late en el fondo de la penumbra en el amor y la pradera. Significa, con esos empeños que los hombres le hemos dado a las cosas de este mundo, amor secreto y también alegría. Porque debajo de toda alegría sincera ronda un amor callado, una pasión que suelta poco a poco sus pétalos y riendas, una luz que es más grande que la mañana.

Isolina Carrillo siempre lo supo desde que nos regaló, no una, sino dos, aquel año de 1947, en que perfumó para siempre la tarde de La Habana, y pudimos desde entonces los mortales tristes, llevar en las manos aquel latido simple y hermoso que ofrendar a los amores posibles.

Pero que no nos llame a engaño. Tras esa seda de pétalos aparentemente inocentes, va la fuerza tremenda de alguien que a los diez años ya se enfrentaba a la vida venciendo obstáculos, negra y mujer, en el difícil terreno del arte, pianista acompañante, inventora de la música que complementaba las maravillas de la pantalla de los cines silentes, sola en la oscuridad de otras historias.

Por eso sus gardenias, dos, son sangrantes músculos de un sentimiento que ha acabado, y ella reclama, exige, ordena, que el destinatario reflexione: *ponle toda tu atención,/ porque son tu corazón y el mío*, para luego, con el golpe de un veneno perdurable y sutil, clavar como un dardo esta amenaza eterna, herida en su abandono: *A tu lado vivirán y te hablarán/ como cuando estás conmigo,/ y hasta creerás que te dirán te quiero.*

La oscura y tozuda mujer que había nacido en La Habana el 9 de diciembre de 1907 no se detuvo en aquellas flores de secreto dolor. Nadie recuerda que su ancha boca jugosa rompió los vientos de la ciudad en 1933, sacando aires de pena a su trompeta, integrante del que fuera tal vez el primer ejército femenino en mi isla, el septeto Las Trovadoras del Cayo.

Ella siempre estuvo en todas las cosas, un poco sombra, un poco también en la estremecida quietud de sus gardenias, reinventando el mundo sin que apenas lo notáramos. Por eso, cinco años antes del lamento febril que la consagraría en lo eterno, fundó en 1942 la primera orquesta de danzones de Cuba, cuando ya el género era cosa de obstinación y archivos. Escribió otros testimonios del corazón que no alzaron el vuelo como sus rotundas flores mágicas. Pero igual ternura cargan temas como «Canción sin amor», «Como yo jamás», «Eres parte de mi vida» e «Increíble».

La astucia que le otorgó la vida, y el buen ojo que afiló en su enfrentamiento desigual, la llevó a fundar el conjunto vocal Siboney, donde agigantaron su esplendor dos mujeres que también serían inmensas en nuestro cielo musical: Celia Cruz y Olga Guillot. A la primera le adivinó casi el futuro y la encaminó por los senderos afrocubanos que iban a convertirla en la guarachera indomable que es.

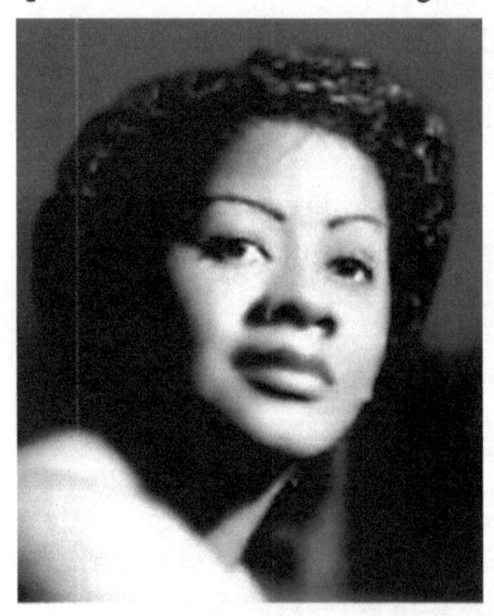

En 1996, en la puerta final de la existencia, Isolina Carrillo confesó que la gardenia era, entre todas, su flor, y su perfume el escudo que le protegía de las desolaciones. Tal vez con ese emblema salvaba su memoria, y aquel momento espléndido en que su esposo, el cantante de ópera Guillermo Arronte estrenara sus «Dos gardenias» —registrada en abril de 1948— en los micrófonos de la emisora radial RHC Cadena Azul.

Luego su canto fue enarbolado por otro grande, que la extendió en el horizonte con arreglos de vértigo de un matancero que también asombraría: Dámaso Pérez Prado, quien puso las trampas mortales que usaría el jefe Daniel Santos para sellar la suerte de su canción en la tierra. Por ese sendero transitaron más tarde, con brillos diversos del corazón, Pedro Vargas, Antonio Machín y Nat King Cole, y el aire del mundo tuvo olor a gardenia.

El 21 de febrero de 1996 se arrugaron sus pétalos con el aplastante olor de la oscuridad. Una semana antes, los amantes del universo habían sentido muy dentro el compás desolado de su canción que le sobrevive. En el agua eterna de esas gardenias su sombra sigilosa sigue mirando nuestras truncas ternuras, los avisos mortales del deseo en el precipicio de la existencia.

Siempre una voz la llevará en la llama donde las lágrimas se estancan. Ella fue el instrumento que usó una vez la tristeza humana para gritar la incertidumbre.

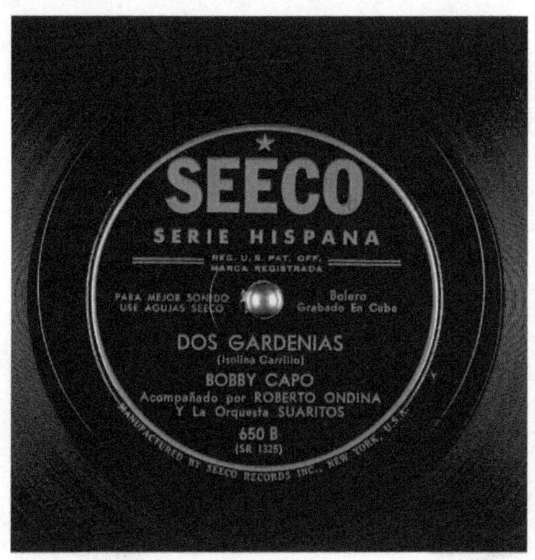

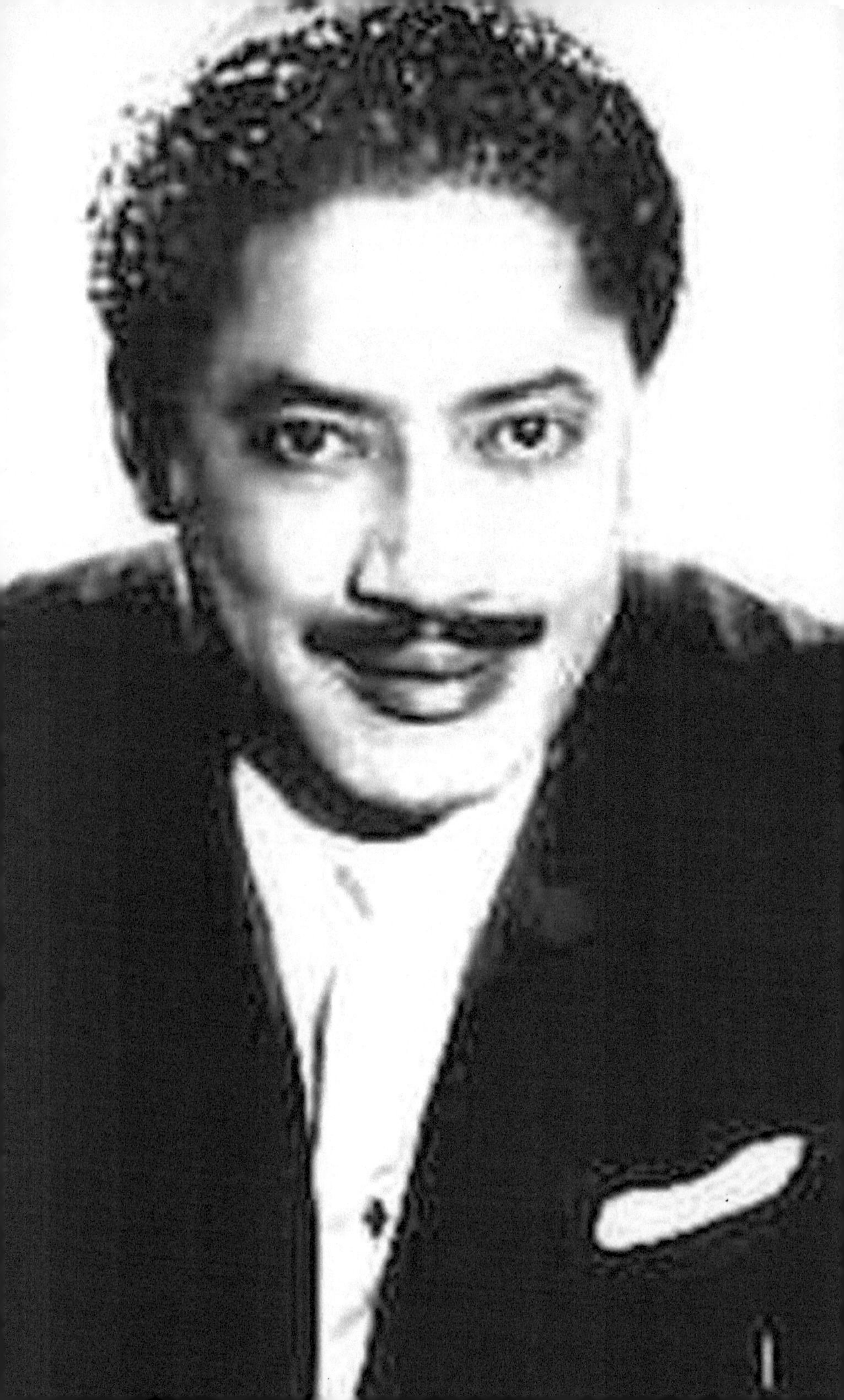

Kabiosile Orlando Contreras

Mirando el bar Robert´s, en la mañana o en la tarde, mi madre lo decía: «Esa es la manera que tienen los hombres de sufrir por amor». Dentro, al borde de la tímida barra oscura, entre cervezas y manotazos, entre rones y carcajadas, susurrando o gritando penas y desilusiones, alguien con cara de destierro y ojos achinados por el alcohol, tarareaba un bolero estentóreo de Orlando Contreras. «Esa es la manera que tienen los hombres de vivir por amor» pudo también haber dicho mi madre, calle arriba, calle abajo, en la calle Zenea, pasando por el Bar Robert´s, donde alguien siempre se pegaba a la victrola donde parecía habitar Orlando Contreras.

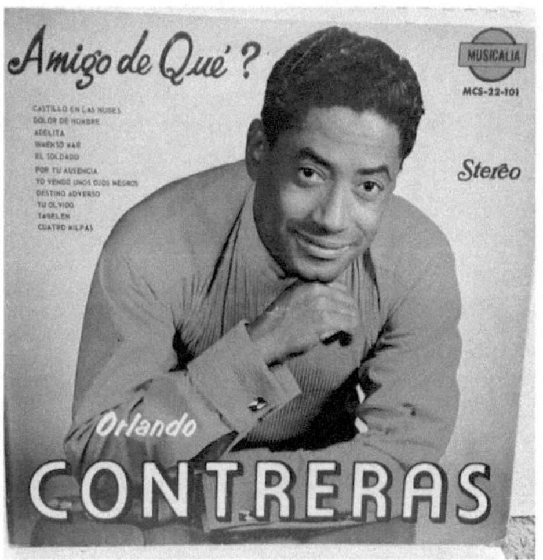

Luego aquellos hombres que sufrían en esa barra y en todas las barras, ya viejos, ya curtidos por amores inverosímiles, lejanos o palpables, pero siempre amores trágicos y tremendos, me lo volvieron a decir: Orlando Contreras les calentaba las venas, porque Orlando Contreras no cantaba, sino que era dueño de una voz muy sabia que narraba la historia de cada cual, y cada uno se ponía con esa voz, acodado en cualquier barra del mundo, a hacer lo único que aprendió ante la malquerencia de una mujer canalla: «sufrir por amor», como decía mi madre que actuaban los hombres que tenían, en el profundo ron y en la voz de Orlando Contreras, los pretextos suficientes para mirar la vida tras el resplandor de una navaja.

Y todo para no llorar recordando a aquel «amigo mío» que se acostó una noche con el amor de nuestra vida, traicionando el sagrado rubí de la amistad. Lloraban con las espeluznantes estrofas de la mujer que cambiaba sexo por alcohol, que ellos mismos habían seguido sigilosos de bar en bar, donde otros hombres que escuchaban similares zarpazos al alma de Orlando Contreras, derramaban alcohol y besos sobre la dama traicionera. Se complacían alzando la amistad que enarbolaba Orlando Contreras en sus bolerones de delirio caballeresco, frente a una cama vacía, siguiendo el fantasma del amigo que había escrito una última carta desde la soledad enferma y profunda.

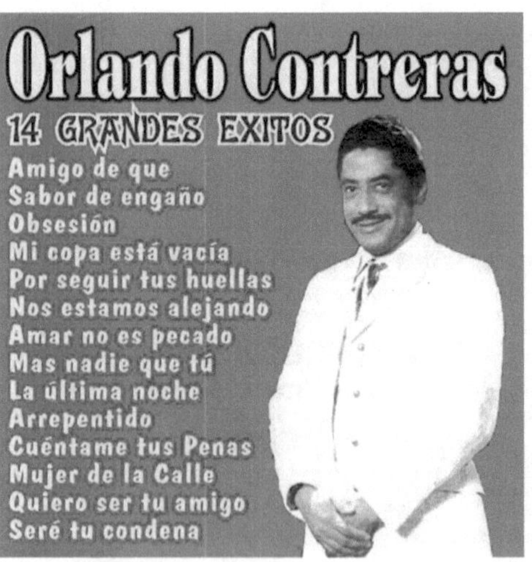

Porque, desde «Total», el estremecedor tema de García Perdomo, la concepción del sentimiento había cambiado. Los hombres comenzaban verdaderamente a hacerse las víctimas. Y en un estudiado masoquismo, se complacían contando humillaciones y desplantes, siempre diciendo adiós a la bandolera que había arramblado con el bravío corazón, dejándolo lleno de hieles y cicatrices. Cuando llegó

Contreras ya los hombres habían aprendido a sufrir en los bordes oscuros de las barras de caoba. Todas las mujeres eran malas, menos la madre, que era perfecta y santa, y los viejos escudos de la honra castiza habían hecho férreos nudos con el honor abakuá.

Yo crecí y me alejé de aquella calle Zenea y del Bar Robert´s, con sus borrachitos que rumiaban infelicidad. En el aire siguió el olor trágico de Vargas Vila. Caminé otras calles, entré en otras penumbras. Desapareció, como por arte de birlibirloque la voz de Orlando Contreras, arrastrada por la infamia de la política. Pero desde entonces, desde casi siempre, en las pupilas nevadas de los hombres canosos, sé descubrir la historia de la mujer que se acostaba por una copa; intuyo el llanto oculto de quien perdió una cintura femenina en una dudosa elección; sé que detrás de esas pupilas, en la sombra, sigue girando el viejo disco de Orlando Contreras, y se alarga aquella tarde en que mi madre me llevó a un bar, para que viera cómo sufrían los hombres por amor.

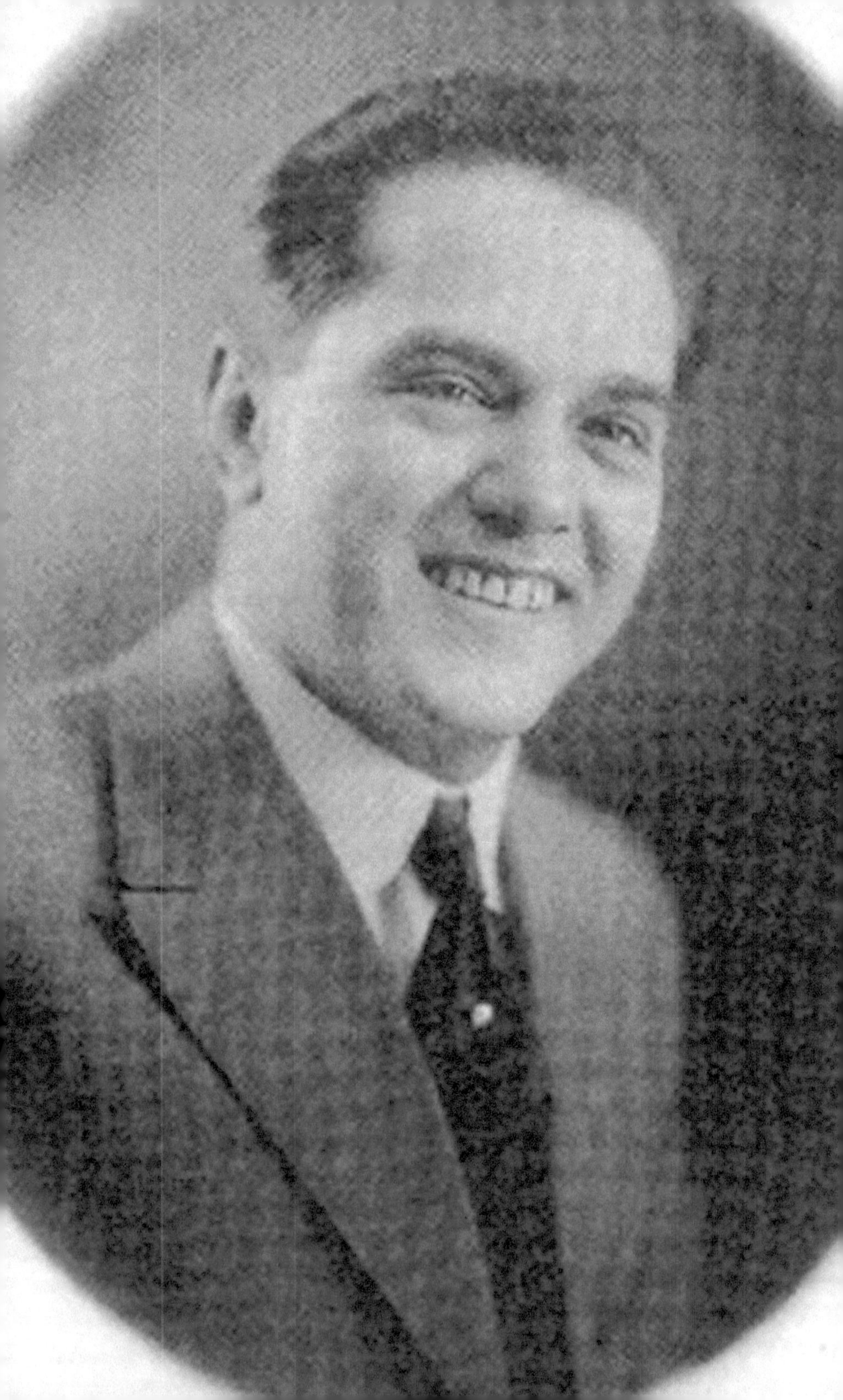

Kabiosile Eusebio Delfín

Sus mentiras piadosas confundieron el ardiente corazón de mi madre. Ella creyó que todo era posible entonces, y comenzó a sembrar árboles en su memoria; y en sus troncos, confiada y enceguecida, marcó a hierro las señas de su hombre, para que también el paisaje le perteneciera. Murió sin darse cuenta, pero la enorme ilusión que le dio aquel canto, hizo tal vez su vida menos cruel. El nombre de su amor permanecería marcado en las cortezas, aunque hubiera otro tipo de olvido en este mundo.

De algún modo todos lo hemos hecho a partir de su creación, que una gran mayoría nombra con su primer verso, desconociendo que fue inscrita con otro título, el de la pregunta adolorida que le hace un árbol a esa niña, que mi madre imitaría más tarde enarbolando una esperanza azul. Desde que la escribiera, allá por 1924, con versos encontrados en un almanaque, todos conocen su canción más total como «En el tronco de un árbol», cosa que puede llegar a irritar a los ecologistas trasnochados, que olvidan con frecuencia que el hombre es más importante que las piedras y las frondas.

La canción se titula, sin embargo, «Y tú, qué has hecho»; habla de una muchacha enamorada que hiere la casi humana piel de un árbol con su nombre, en un impulso desolador de miedo a la mala memoria. Hasta ahí todo va tan normal como anotar un verso en un libro o una pared. Lo realmente sorprendente, que hace que Eusebio Delfín se haya metido para siempre en nuestras vidas, es que el árbol se conmueve, como haría un viejo al que halagan, y a pesar del lacerante dolor que le ha infligido la adolescente (siempre habla de una niña), le regala uno de sus casi humanos dones: una flor.

Ese alegato en contra de la desmemoria, es más que eso. Más que el diálogo sobrenatural entre un vegetal y una persona. Es el agrio reproche a la ingratitud, y, tal vez, eso hace la canción de Delfín tan extendida, conmovedora e inmortal.

Había nacido en un pueblo del centro del país, fundado por Agustín de Serize y Xenes el 12 de enero de 1842 y que bautizó como

Palmira, al igual que aquella ciudad siria desaparecida, y terminó llamándose Palmira de Alcoy, para solucionar un desacuerdo con el capitán general del momento, Federico Roncali, conde de Alcoy. Allí, cerca de esa perla sureña que se llama Cienfuegos, vino a este mundo alucinante, en 1893, Eusebio Delfín, para poner a hablar a los árboles «conmovidos allá en su seno».

No fue cantor por hambre o trashumancia, que es al fin y al cabo, en nuestra historia, casi la misma triste cosa. Trabajaba puntual en un banco. Quizá por esa pesadilla, llena de números y operaciones, se adueñaba de la noche para encender los bordones de su guitarra y viajar, nave oscura y sin rumbo, por el amor que pedían los habitantes de la gran ciudad que fue una vez La Habana.

Cuando sus manos se hastiaban de cheques al portador, subía a primer plano su corazón repleto de música, y rastreaba en los papeles y en el cielo los apuntes humanos que iban dejando otros poetas. Así encontró los versos conmovidos del chileno Pedro Mata, y completó con aquel resquemor titulado «La guinda», una de las canciones que el hombre no debiera olvidar. Con ella también soñó mi madre, y en el recinto breve que sería su vida, las alas de ese canto flotaban con liviandad diaria.

Otras muchachas le creyeron también, y ahora se olvida que escribió y cantó más dolores espléndidos; algunos, con verdadero humor, que es la manera más sutil de esconder la sangre que la pasión dispersa. Así supo decir con desgarrada gracia, en su bolero «Las novias pasadas», que necesitaba nuevos licores para su vida, pues se refería a aquellos amores como un «néctar tomado». Lo afirmó con una frase que a esta altura del feminismo puede herir, pero era su verdad: *Las novias pasadas/ son copas vacías.*

Como todos, llamó «pecadoras» a las mujeres, aunque también, a la usanza, se ponía a sus pies, y derramaba lágrimas de acíbar. Les colocó otros adjetivos que lo incluyen sin discusión en la trova cubana: «diosas, vestales, ninfas, divinas presencias». Y, como los otros, voló con la metáfora que rozaba lo cursi, y los cabellos rubios eran, en su lenguaje, «coronas doradas». Pero eso nos lo hace vivo y humano. Así lo sintió aquella muchacha que necesitaba soñar, y que un día fue mi madre en este mundo.

En otro de sus grandes temas: «El pobre Adán», fue fraternal y hasta un poco burlón con la lástima hacia aquel lejano padre que se arrancó una costilla para hacernos sufrir por las mujeres. Quizá esa mirada tan diferente le llevó también a ser distinto en el rasgueado del bolero.

Murió en La Habana en 1965, mi madre no lo supo.

Ella siguió tarareando por los caminos aquella canción de coraje y esperanza. Como esperando que algún árbol de los que hirió, le lanzara una flor para aferrarse.

El nombre de su amor ya fue borrado. Nuevas muchachas en el mundo graban en la corteza de su alma otras señas de amor.

Eusebio Delfín se ríe en secreto, allá en el bosque eterno. A veces llora por la inconstancia humana.

Él nos lanzó la flor que pedíamos a cambio.

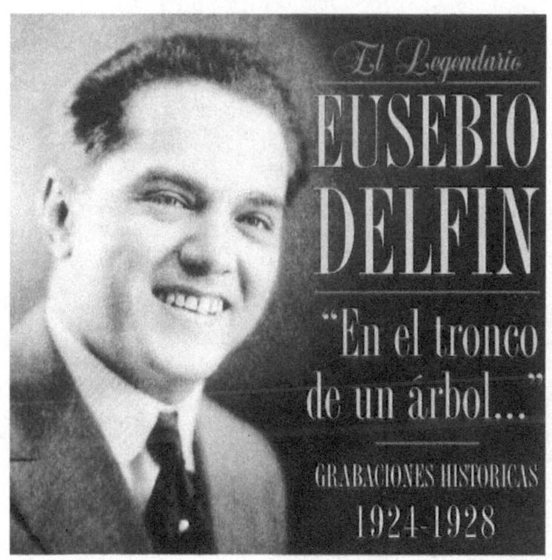

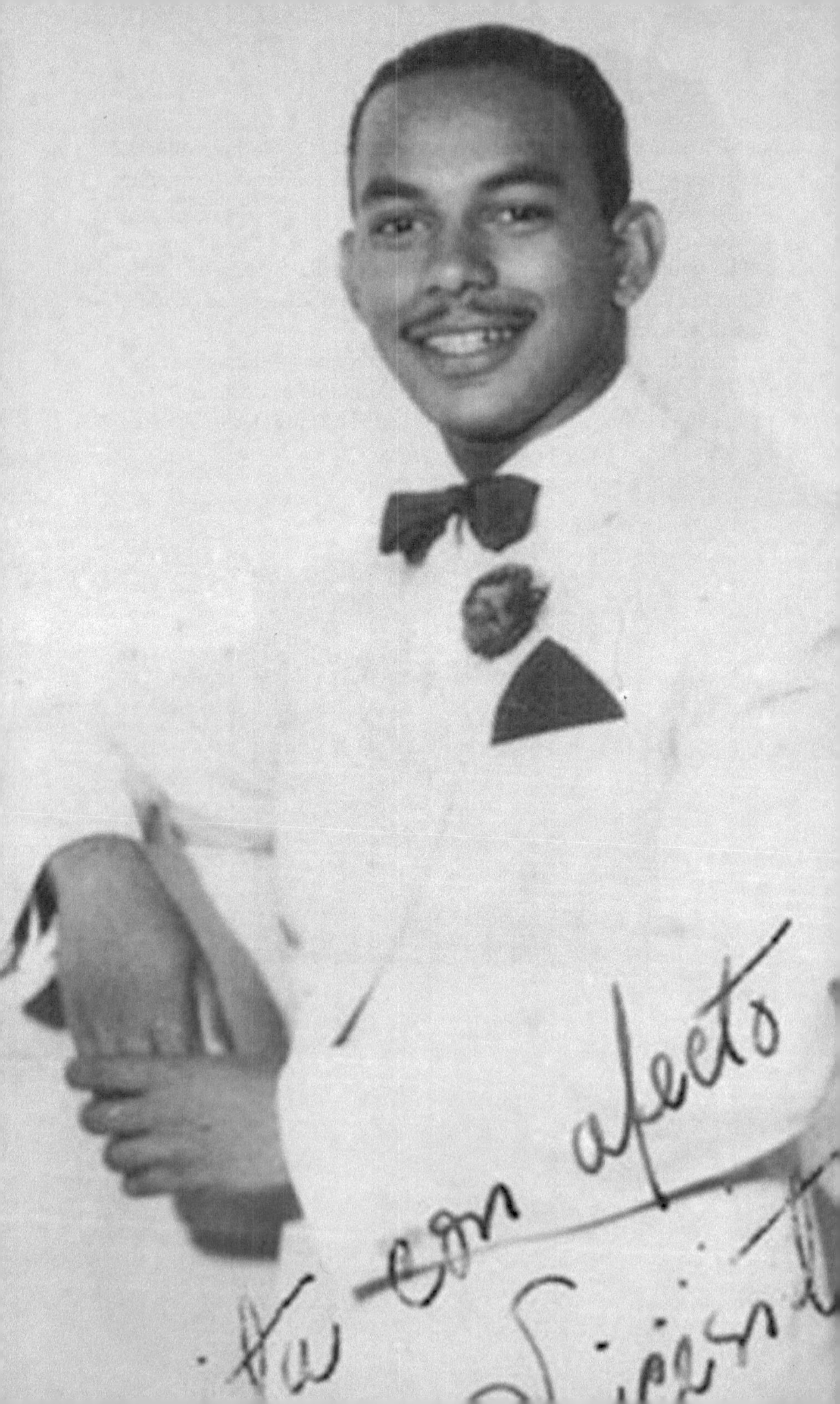
con afecto

Kabiosile Vicentico Valdés

Su voz era tan espesa como la noche de mi pueblo. Obligaba a mirar al cielo a los amantes. Los borrachitos tristes del bar de la esquina, olvidados sus malos amores, cuando ya no sabían ni por qué pena lloraban, salían envueltos de llovizna y oscuridad a comprobar si alguna vez la luna había tenido adornos. En la invencible victrola seguía la voz de burla y pasta de Vicentico Valdés, llegando sibilina desde México o Nueva York, confesando su inmensa culpa, con desparpajo célebre: *Los aretes que le faltan a la luna/ los tengo guardados/ en el fondo del mar.*

Tuvo que pasar el tiempo para que me gustara. El tiempo, el implacable, que va desgajando esperanzas y sembrando nuevas y absurdas nostalgias. Tuve que perder un país para que esa voz suya, entre burlona y gangosa, fuera una de mis pequeñas tierras conquistadas. Y arribé entonces al dolor del corazón de Vicentico Valdés portando mis dolores descoloridos y rabiosos, como explicándome, en la pesadilla del derribo de todas las fronteras, por qué a mi padre le brillaban los ojos cuando le escuchaba, en aquellas tardes lentas, en la placa incesante que parecía mordida por un animal más feroz que el tiempo.

Así supe que había nacido en Cayo Hueso, el barrio espléndido al que todavía entran con cierto temor los pacatos. Un sitio de puertas extrañas donde hay músicas recónditas y toques de tambor, y donde la memoria de los chéveres del universo va cabizbaja en el recuerdo de unos zapatos de dos tonos que son sombra en el aire de la ciudad. Allí se abrió su corazón al siglo el 10 de enero de 1921, un año antes de que Alfredo el Chino Zayas, tartamudo y sagaz, presidente de una República temblorosa y casi a contrapelo, inaugurara, discurseando en inglés, la primera emisora de radio de mi isla, y por donde iba a salir, años más tarde, sinuosa y para siempre, la voz de aquel mulato, hermano de otros músicos instalados en el viento sonoro de mis razones.

Creció envuelto en esa música profunda, con el llamado incansable de los cueros que invocaban la presencia de orishas guardianes, y que también ayudaban a contar historias de amor y de presidio. Por ello transitó las rutas endiabladas del son y la guaracha antes de encontrar la plenitud cadenciosa del bolero, donde desplegó su personal y subyugante estilo. En 1937, cuando comenzaban aquellas espléndidas mezclas entre el *jazz* y el son, que dieron nuevos horizontes a la música cubana, Vicentico Valdés, junto a su hermano Alfredo, fue voz de sabrosura del legendario Septeto Nacional, que había fundado Ignacio Piñeiro, y anduvo un trecho en la segunda etapa de esos músicos de avanzada. También curtió su garganta entre las huestes de otro grande: Cheo Belén Puig, con cuya charanga aprendería los silenciosos misterios del danzón. Cerró con broche de oro esa década, integrando una de nuestras primeras *jazzband*, la Orquesta Cosmopolita.

Pero el horizonte le oprimía. México le abrió las puertas, como a tantos otros cubanos, y desde 1944 al 1947 saltó de orquesta en orquesta grabando incansablemente todos los ritmos. Sospecho que fue allí, cuando grabó el bolero «Obsesión», de Pedro Flores, que intuyó todo el fervor que podía darle a un género que cambiaba con inusitada velocidad de formas y estilos, y donde ya comenzaban a campear por sus respetos esas cofradías del corazón que fueron los tríos mexicanos.

Sin embargo, presintió que tal vez no estaba allí la puerta secreta de su gloria y viajó a la Gran Manzana, donde la música de Cuba comenzaba a arder, y desde donde se le medía mejor el pulso al planeta. Tuvo razón al hacerlo. En Nueva York fue acogido por dos de las mejores agrupaciones latinas del momento, curiosamente, boricuas; así fue continuador de la vibrante simbiosis que ya se había establecido entre las músicas de las dos islas hermanas. Vicentico Valdés empezó a ser conocido por el ambiente latino de la mano de las orquestas de Noro Morales y de Tito Puente.

Entonces llegó su momento, en los albores de los años 50. Era tanta su valía, la solidez de su extraña manera de decir, y la cálida lumbre con la que su corazón cocinaba los boleros, que se impuso en los años de más grande esplendor de nuestros ritmos, aquella sorprendente época de oro, donde reinaban en el género voces tan grandes y disímiles como Benny Moré, Olga Guillot, Toña la Negra,

Agustín Lara, Pedro Vargas, Daniel Santos, Bienvenido Granda, Orlando Vallejo, Lucho Gatica o Panchito Riset, por mencionar algunos. El bolero le abrió un espacio para que él irradiara, y con ello fue, palmo a palmo conquistando los azorados sentimientos de viejos y jóvenes, de amantes taciturnos o pasionales, y hasta de aquellos borrachitos de pesado olvido que salían distintos del bar cercano a mi primera casa en este mundo.

Transcurrieron largos años de intenso quehacer, de fulgurante discografía, de elevarse hasta el cielo para clavar allí, por siempre, temas de amor que nadie cantaría nunca más como él, o en los que será, para siempre, obligada referencia, como una marea inevitable que muerde los bordes apagados del recuerdo. Y caso insólito, estando en Cuba sin estar, ya cuando decidió que los regresos eran imposibles, fue de los pocos que tuvo programa radial propio, como si en su sentir anduviera toda la memoria de un pasado glorioso que el pueblo no se cansaba de avivar. Durante más de treinta años, cuando se abría sobre la capital cubana el mediodía de entrecruzadas somnolencias, la voz de Vicentico Valdés entraba en las casas anunciando que seguía escondiendo los aretes de la luna, en un espacio de lunes a viernes emitido en la COCO «el periódico del aire», una emisora que supo mantener ardiendo el rostro de lo que habíamos sido.

El 26 de junio de 1995, el cuerpo que contuvo las sangres misteriosas de Vicentico Valdés, dijo adiós al cielo de Nueva York, y todos los cielos se hicieron plomizos ante la noticia que La Habana no supo oficialmente. Al siguiente día, como todos esperaban, su voz volvió a inundar las ondas de la vieja emisora desde el programa *Vicentico en la tarde.* Eran las cuatro tras el meridiano, y él continuaba, burlón, pausado, con un decir tan aplastante como si a uno le entrara por los oídos un arroyo de ardiente melaza. Seguía prometiendo hacer un collar con los aretes selenitas.

Creo que siguen allí, guardados con celo y amor, en el fondo del mar que ahora me separa de mi tierra. Y es la voz de Vicentico el brillo que me acerca a los dolorosos arrecifes.

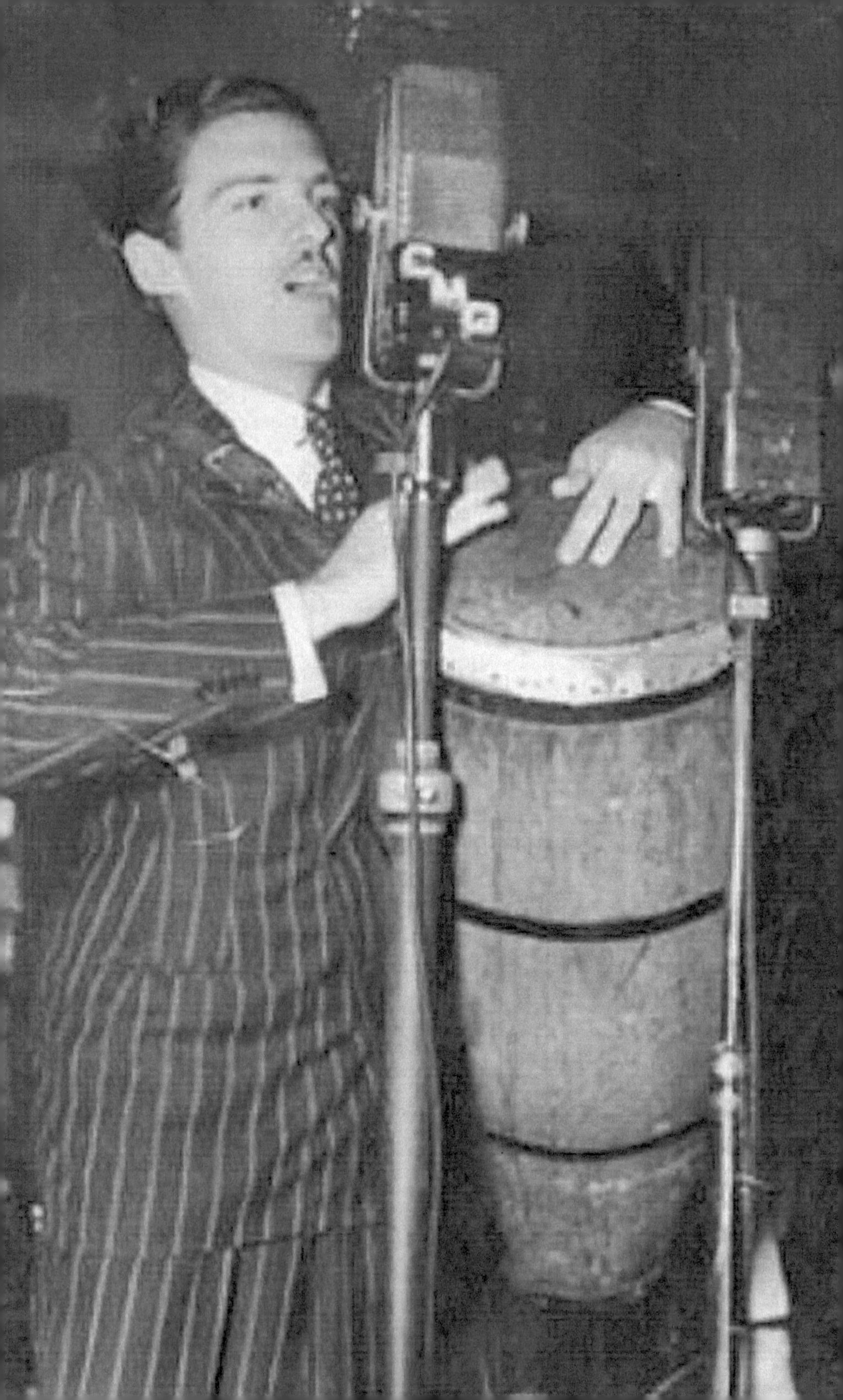

Kabiosile Roberto Faz

Él le cantó a la noche vibrante y a la vida. Le hizo guiños sinceros a la comprensión del desamor. Le cantó al baile y a la sensualidad, a la alegría de sentir, al vasto cielo que esconde nuestras tibias miserias.

Más allá de su intento de regresar de la muerte, desde el 26 de abril de 1966, que es leyenda urbana y mitología casi terrorífica, Roberto Faz reemprende vueltas innumerables cada día, retornos sinuosos, en el azul del aire, en la espuma del mar de ese pueblo costero que amó y le sigue venerando.

Su voz de blanco rumbero, de cazador enérgico, se hizo del humo del horizonte, en Regla, un pueblo de pescadores que respira la cruda brea del puerto, la estela de esos barcos que parten hacia ninguna parte o hacia todos los confines del adiós, y el silbido del agua, que en la noche lo acerca a las luces de la ciudad de enfrente. Allí empezó su transcurrir humano, en el fervor oculto de los negros estibadores que guardaban su canto y sus señales, para que el tiempo no les arrebatara nunca más la memoria de otra vida. Mirando las señales de humo, sus estrellas decapitadas, separado solamente por la bahía, Roberto Faz fue sitiando a La Habana con su canto, como a una mujer o una montaña.

Nació para la música. Su cuerpo breve estaba hecho por esos raros componentes internos que hacen vibrar el aire y los colores, y los transmiten hacia fuera, elaborados como una luz de júbilo, como un dolor de brote que intenta desplegarse. Desde aquel 18 de septiembre de 1914, mientras una guerra devastaba nieves lejanas, llegó con él la calidez distinta que iba a darle más tarde al bolero, con una hondura de amante desdeñado, y un fraseo en la guaracha que le encumbraría ante su gente. Así, a los trece años, estaba ya ganando un premio con el Sexteto Champán Sport, fundado por Félix Chapottín, y más tarde, en el Septeto Cubanos del 32. Antes anduvo por el Sexteto Bellamar, bajo la sombra iniciadora de su padre, en una década de profundos cambios en la música de la Isla.

Pero no todo fue el canto en aquellos primeros entusiasmos del camino. El ultramarino sitio natal le vio, alternando la noche de cálidos destellos sonoros, con oficios de hombre común, que disfrazaban al guerrero de dulce voz aguda: detrás de la barra de un bar o al timón de un autobús. Ya en esos años de aprendizaje, todos los géneros le pusieron a prueba. Así ejercitó su espectro sensible interpretando danzonetes con la Orquesta de Estanislao Serviá, para transmutarse más adelante en la euforia de la capital, buscando su lugar en el firmamento, en el cabaré Hit, acompañado de la Orquesta Continental, todo como una lenta forja, para llegar espléndido al inicio del camino que premiaría sus dones y su esfuerzo, con la *jazzband* de los Hermanos Le Batard.

El pequeño reglano había venido para imponerse. Contó a un periodista, mucho más tarde, cuando ya era dueño de su propio Conjunto, —estrenado el 16 de enero de 1956, y que resultó el mejor y más popular del año 1958—, que su verdadera ascensión, aquel primer peldaño que todo grande anhela, le había llegado cuando morían los años treinta. Por aquel entonces suplió en la CMQ radio al trovador Berto González, que le pidió lo relevara por su indisposición, y esa baraja inesperadamente ganadora le valió un exclusivo contrato por dos años en las ondas.

Hay que escucharle como hago yo ahora, en medio de un otoño de lejanía, que su voz también lejana viene a alumbrar. Pleno, exquisito, dueño del salitre y la frondosidad de un canto que se instala en mi nostalgia de todas las cosas aprendidas en la ausencia. Roberto Faz se queda eterno en esa noción de patria que llevo ahora por el mundo, mientras desgrana, con pesadumbre y decisión, los versos osados de un canto nada fatalista: *Un algo se interpone/ para poder amarnos...* Son los compases iniciales de «Comprensión», el bolero de Cristóbal Dobal, que es como un código de respeto en las renuncias. *Es mejor que yo me vaya/ y que sufra la partida/ aunque estemos separados/ pero con felicidad.* Un himno solemne al desamor, donde se pregunta para siempre de qué sirve sufrir quimeras.

Fue la consagración buscada y deseada: voz mágica entre magos, con el Conjunto Casino, que llamaban con razón Los Campeones del Ritmo. Allí entregó, desbordado y pletórico, once años de su vida en el estilo que ya había demostrado durante el año casi exacto de sus primeras grabaciones, con la tropa del Conjunto Kubavana, que entró a la memoria de la mano de Alberto Ruíz. Fue entonces, en ese 1944 que descubro en las ruinas de mi historia, cuando Roberto fue sólo Faz, la faz o el rostro de un modo de sentir, flanqueado casi siempre, entre el 1944 y el 1945 por su tocayo Roberto Espí y por Nelo Sosa, para luego fijarse, destellando, en una de las trilogías no superadas de nuestra música, aquel terceto sobrehumano que anunciaban para todos los tiempos como Espí, Ribot y Faz. Dos Robertos y un Agustín, que encendieron la noche americana con la pulsación devastadora de lo torrencial. Nunca se ha vuelto a cantar de ese modo la profunda composición de Sindo Garay «Mujer bayamesa». Un aire de lenta y amarilla pena me recorre, cuando vuelven a resonar los tejidos impecables de esas tres voces cantándole al fervor de una mujer, pasión que respiré, y que sigue alimentando al niño que nació en aquel sitio de verdes indoblegables.

La vida no debiera ser como es, sino como uno quisiera. Yo no pido riquezas, ni amores duraderos. No solicito eternidad o diamantes. Me basta con que Roberto Faz regrese siempre, ondeando en estas tardes catalanas, cuando el olor del salitre de mi isla se me mete en los huesos, imprudente y doloroso. Que cante, para mi paz pequeña y momentánea, una y otra vez, con Espí y Ribot, ese manto de luz de la trova que nada borra y que se titula «Bohemia», salida de la sangre inquieta de Miguelito Companioni. Y que me vuelva a convocar, con el lejano sol que atardece sobre la línea del horizonte de Regla, cruzando sobre la lanchita de mi frágil memoria, a la timba feroz de todos los rumberos. Esos que hacen que la música sea superior a la muerte y al olvido.

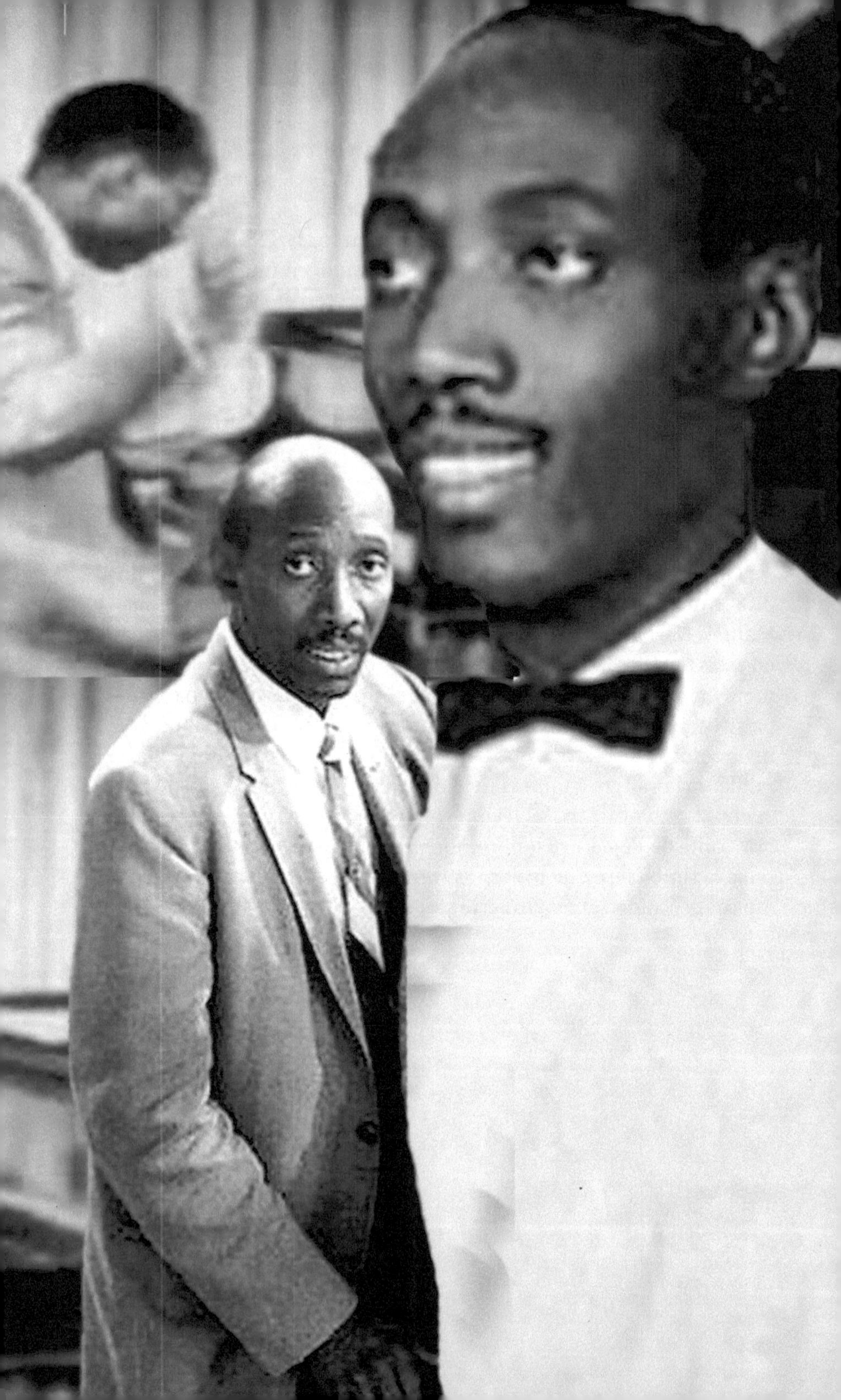

Kabiosile Lino Frías

Señor: Si es que existes, acoge en tu seno a esta llamarada que una vez se llamó en la tierra Lino Frías. Abrázalo, ponlo a tu alrededor porque si de veras existes, tus días serán mejores, y si eres sólo un sitio recurrente, será entonces el mejor de los sitios posibles si en él habita Lino Frías.

Debes saber que era un hombre humilde y modesto. Que no presumió de los tantos dones que tuvo entre nosotros, y nos dejó, sin embargo, un puñado de sonidos que nos hacen respirar mejor cada día.

Acércalo a ti, si acaso existes, porque sospecho que si es tan grande tu bondad como dicen, es que también has escuchado a La Sonora Matancera, a la que ese siervo que anda ahora en tus vastos territorios, ayudó a construir sobre la memoria inabarcable de los hombres, como un rayo de fuego, como una alegre cicatriz.

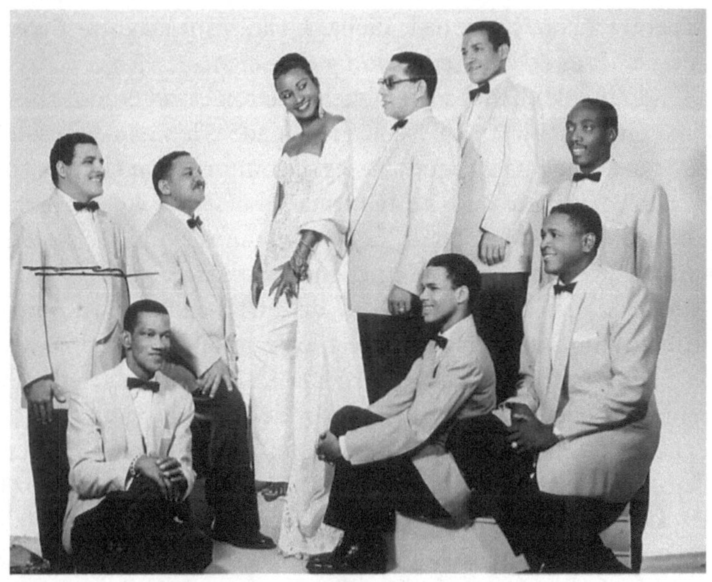

Regocíjate de tenerlo en tu seno, si es que hay algo más grande en este mundo que el gozo que despertó entre los suyos, que fueron multiplicándose y no precisamente por milagro, sino por cosas de mayor honra, como el talento, la dedicación, el regocijo del amor y la fiesta.

Él fue la pieza que faltaba en una de las más perfectas maquinarias que dieron al hombre de mi país la suave paz de la alegría: la Sonora Matancera, donde puso sus manos de ébano desde 1944, con una cadencia que iba a quedar en el sentido del corazón humano, sin estridencias, derrochando el sabor de un aire que nos identifica en el universo.

Es cierto, Señor, que creyó en ti a través de otros nombres. Nombres de dioses oscuros donde andabas mezclado con la vida, terrenal, más humano, con rostros diversos, olores de angustia y júbilo que salvaban en la inmediatez. Eras Orula, y la vista perfecta del cazador en la supervivencia del monte. Eras mujer y eras hombre en la esencia de su veneración jubilosa; hembra y macho palpable, contradictorio, errado, abismal como Yemayá en el salitre de los océanos. El rumor del deseo en Ochún en una dulzura feroz como un manto o la noche, y la pícara osadía del niño que recorre los caminos, en una mano Ikú, con más de veinte formas de llamarla, y en la otra, el oro breve de la dicha. A ellos cantó la inmediatez de su alegría. Eras en él la redención y el castigo.

El hombre de ébano, cuyos abuelos fueron cazados como bestias en un continente lejano, llevaba en su madera la savia de la solemnidad jocosa de una isla que a veces se confunde con el desparpajo o la indolencia, pero que es otra forma del deseo de vida, la practica exterior de la furia y la pena. Y en esa manifestación fue sostén de un ritmo que cobijó más de cincuenta voces.

Lino Frías era la pieza de relojería de aquella banda que acompañó muchos estilos en la raíz de un estilo reconocible y propio. Acógelo, Señor, porque en ello mostró complacencia y mansedumbre, serenidad y paciencia, dando lo mejor de sí mismo cada día, como un caleidoscopio humano donde la luz tuviera también miles de reflejos, siempre sus manos en el vórtice, redondeando la voz del huracán múltiple que ha sido La Sonora con todo su infinito retablo.

Y un buen día halló la puerta de la inmensidad duradera, la forma de estar cerca de la llama que arderá para siempre, en la honra a una simple planta que resumía la fuerza más ambiciosa de la Creación. Y le construyó una alabanza que lleva la esencia del hombre de mi tierra, con la verde sangre de una planta que sana y da alegría, que abriga el espíritu de la noche, que protege el alma y la piel, y en cuya luz cohabitan dioses y humanos: la siguaraya, baza de un orisha mayor y escudo del hombre en la raíz de sus fervores.

A ella le cantó —y eras tú posiblemente el destino de su alabanza— como flama en la selva de todas las rutas dolorosas, donde el siervo encuentra hálito y curación, y que tiende su savia mágica con un poder a invocar, pero que en los labios, cantándola y bailando con el fulgor de su nombre, le entra alegría profunda al cuerpo y el corazón resplandece.

Señor: si te agrada que el hombre glorifique la obra que dicen hiciste, Lino Frías ha de estar en tu sombra. Y con él, aquella mujer de ébano llamada Celia Cruz, que fue la primera que elevó ese canto sobre la tierra, grabado en un disco en enero de 1951. Y el fino mulato de Santa Isabel de las Lajas, cuya prematura muerte nos dejó un incendio en la piel del dolor, que se llama en la tierra y en el cielo Benny Moré, a quien los hombres bautizaron, por intermedio tuyo, El Bárbaro del ritmo, el Benny para siempre en la luz y la sombra, que hizo definitiva la llama de esa planta cuando le dio su garganta perfumada para que echara flores tronantes.

El Benny la consagró, consagrándose. La savia de aquella mata, la siguaraya, le sirvió para imponer su aire afilado en su país, de vuelta de otras aventuras, por si quedaban dudas de su excelencia. La lujuriosa presencia sonora de ese canto hizo decir a Fernando Álvarez y Pacho Alonso, que le escucharon el estreno en un programa llamado *De fiesta con Bacardí*, que aquel era un gigante, quizá de los pocos que podían acunar entre sus manos la planta sagrada que Lino hizo himno, contraseña de identificación de los isleños por el mundo, signo de reconocimiento y aviso de que una paz muy grande y feliz entra en las venas.

Con esa invocación dulce y estruendosa, su autor marcó el escudo de sus ancestros, el pasado y el futuro en el mismo escudo de esperanza y protección, porque la siguaraya resume todo esto: «Dueño es Changó. Es el primer "palo" que después de saludar a los cuatro vientos saludan los mayomberos en el monte. Es de los principales en las gangas, y a la hora de cubrir *Ngando*, cuando un adepto cae en trance, se le ponen las hojas, en la mulanda (cabeza), para que el espíritu lo agarre fuerte. Se le llama abrecamino, tapa camino y rompe camino. Rompe camino porque el *fumbi* se le rompe al enemigo, tapa camino porque evita que el enemigo se meta en el camino de su *Nfúmo* y lo obstruccione».

Así fue dicho por otros dioses oscuros en el temblor profundo de la selva.

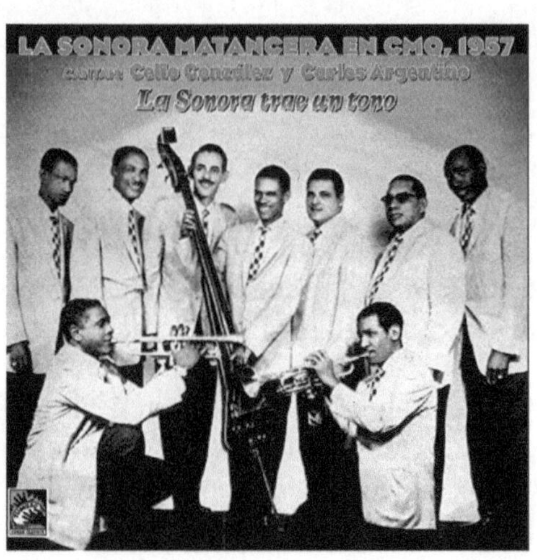

Luego este hombre, el hacedor de sonidos, el que llevó sobre la tierra el nombre humano de Lino Frías, se alejó de esa isla con la tropa, esa Sonora Matancera que sería una isla fuera de la Isla. Una isla ella misma con su historia a cuestas, con sus viejas glorias que no envejecen, con el silbido de una identidad.

Él ha muerto lejos de su tierra, Señor, arrastrando el olor de aquella verde sombra. Arrástralo hacia ti y ponle el alma dolida a girar sobre el cielo de Cuba, para que le alumbre desde la fuerza de sus manos.

Hazlo, si existes, aunque sus otros guerreros le acompañan, como hicieron mientras respiraba, mientras sentía nostalgia mirando el horizonte, en todas las noches en que su música sembró en todo un continente, pequeñas piedras contra el olvido.

Bajo una siguaraya, o en la tierra de todas, está su cuerpo protegido. Y el aire de la fina madrugada hace que las hojas entonen su canto mayor, que comienza: *En mi Cuba crece una mata/ que sin permiso no se pué tumbar...porque son orisha.*

Y en su letanía crece un relámpago que alumbra su nombre.

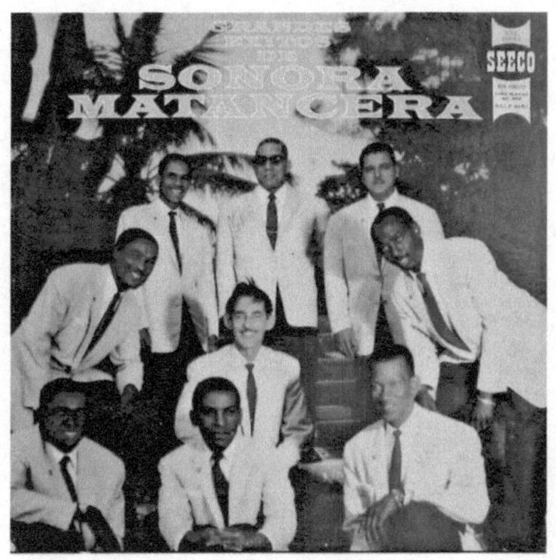

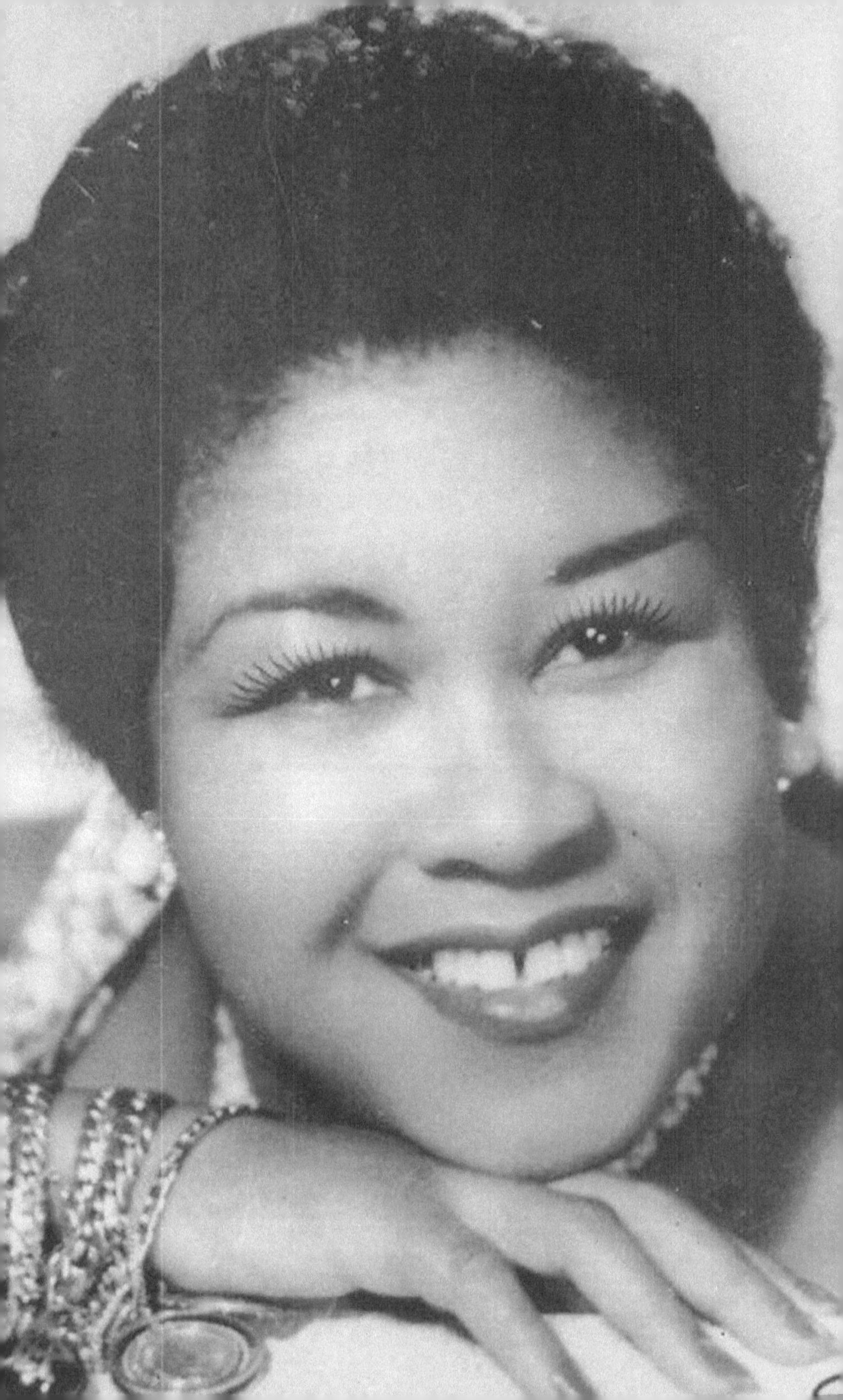

Kabiosile Paulina Álvarez

De niño no soñaba mucho con reyes o emperatrices. A mi pueblo, blanco e hirviente, nunca llegaron en aquella época las desoladas historias de Sissi. Y los monarcas eran, en mi imaginación de terremotos y montañas, unos viejecitos bastante tristes que inventaban diabólicos acertijos para que los príncipes se llevaran a sus hijas al huerto. Pero la voz de Paulina Álvarez entraba, sigilosa y con una lejanía refrescante, y se expandía por las calles estrechas, como poniéndole dulzores a la tarde bravía. Era una emperatriz que no acertaba a imaginar, hasta que una noche se hizo dueña de la pantalla, ya en el fondo de todo lo vivido, como un pasado que viene a despedirse.

Era un ritmo raro, como la música victoriosa de mis domingos en el parque, pero con un galope más desesperado, sin esa gruesa cadencia que tenía el danzón de aquellos vetustos ancianos de la retreta para que las palomas sollozaran en los aleros. «Es el danzonete», dijo mi madre ante mis ojos de azoro, y no hubo más presentaciones para Paulina Álvarez hasta que me enseñó el rostro con que había extendido la alegría.

Desde entonces Matanzas no fue la ciudad vertiginosa y rodeada de agua que cruzábamos en las calladas madrugadas de nuestros viajes a la capital. En el relumbre dormido del río Yumurí creía yo que las aguas se abrían para que surgiera plena e indoblegable la voz total de Paulina Álvarez anunciándole al mundo el nacimiento de un nuevo ritmo que no pasó de algunos buenos momentos: *Allá en Matanzas se ha creado…* Fue después, con estos ojos que le buscaron un rostro anterior, cuando le supe a Paulina Álvarez el título aristocrático con el que entró a la historia de los sonidos de mi país, y que enarbolaba, bien ganado, por la rotundez de su voz, aunque el invento que lanzara Aniceto Díaz en la llamada Atenas de Cuba allá en 1929 no tuviera otra nostalgia que algunas obstinaciones de Barbarito Diez y esporádicas incursiones de la flauta mágica de

Arcaño, que decidió explorar algunos de sus senderos hasta el filo del horizonte abismal.

El danzonete no era nada o lo era todo. Rotos los protocolos y los abanicos, y la pereza del juego preliminar que aprovechaban las damas para desmayar a los hombres con sus pestañas, antes de que se lanzaran, muy decentes, a poner una mano pudorosa en sus talles de ardiente parsimonia. El danzonete entraba desaforado en las rótulas, hijo casi bastardo de los salones franceses de la contradanza, y del son manigüero, que hizo brillar a mi isla en el desafuero del siglo. Y anunciando lo que pensaron iba a ser hallazgo feliz, Paulina Álvarez, plena en su algarabía retadora, «Rompiendo la rutina» del equilibrio.

Había nacido en Cienfuegos el 29 de junio de 1912, y desde temprana edad el trino que apresaba en su pecho había tendido alas, buscando una libertad que encontró luego en La Habana, cuando se radicó allí con su familia. Tenía entonces catorce años y decidió que el canto era su vida. Así se convirtió, con una suave obstinación, con lento empeño firme, en la cantante de la Orquesta Elegante, que hizo brotar todos los fuegos bajo la noche cubana, pero que jamás dejó su testimonio en placas para nosotros.

La tenemos guardada en la memoria del aire por otros empeños. El 15 de junio de 1937 asaltó la eternidad con una pequeña charanga, en un local improvisado, en medio de un desafuero de la discográfica Víctor, la primera empresa que comprendió la riqueza sonora de mi tierra. Ese día, acompañada de la Orquesta Castillito, grabó cinco piezas con un micrófono de pena. Cuatro de ellas eran danzonetes.

Pero su determinación de mujer bravía la llevó a otra culminación en 1939, cuando fundó su propia agrupación, convirtiéndose en precursora. Queda en los anales, junto a la Orquesta Anacaona y la fiereza de María Teresa Vera, como presencia hermosa de la mujer en nuestra música en tiempos tan difíciles. Con esos músicos grabó solamente catorce números. Danzones y boleros que se mantienen vivos como pájaros que cruzan el agua del tiempo. Tras ese gesto deslumbrante desapareció de las casas disqueras durante veinte largos años, aunque siguió regalando su voz con una nueva orquesta.

Por fin, en 1959 y 1960, como una gran dama que dicta testamento abierto al aire, nos regaló su único disco de larga duración: *Homenaje a la Emperatriz Paulina Álvarez.* Fue su estertor, su sello del adiós, la mano que se mueve mientras entra en la bruma de un olvido aparente. El 22 de julio de 1965 la muerte la sentó sobre la grupa del horrible corcel que la alejó para siempre.

También con elegancia, para que nunca dudáramos de su paso sobre la tierra, rodeada por una pléyade de estrellas; en 1960 puso en acetato el célebre danzonete que le abriera las puertas del largo camino. «Rompiendo la rutina», desde la oscura noche matancera en que Aniceto Díaz creyó que asombraba al mundo con un ritmo nuevo, quedó como una huella que al menos le otorgó un título de alcurnia a Paulina Álvarez. Fueron 65 músicos asombrosos, entre los que se contaban Israel López Cachao, Enrique Jorrín, el flautista Fajardo y Cheo Belén Puig. En la inolvidable corte que consolidó su testimonio estaban también maestros de la talla de Rodrigo Prats y Odilio Urfé. Gilberto Valdés dirigió aquella orquesta de ensueños.

La rutina no se rompió completamente y el danzonete pasó un poco de largo, dejándonos el aviso de que el danzón podía ser eternamente joven; y la voz y el título de emperatriz de Paulina Álvarez, la mujer que me asombró una vez cuando era yo inocente, y comenzaba a atrapar el mundo por sus hojas espinosas. Hay tardes, especialmente cuando me acerco al mar, en las que creo ver las luces de Matanzas hiriendo dulcemente la bahía. Y una voz en mi sangre va subiendo, como pidiéndome que no la olvide nunca. Es Paulina Álvarez, en su carruaje de música, que cruza sobre mi corazón a esa hora de esperanza, como si comenzara a crecer la marea.

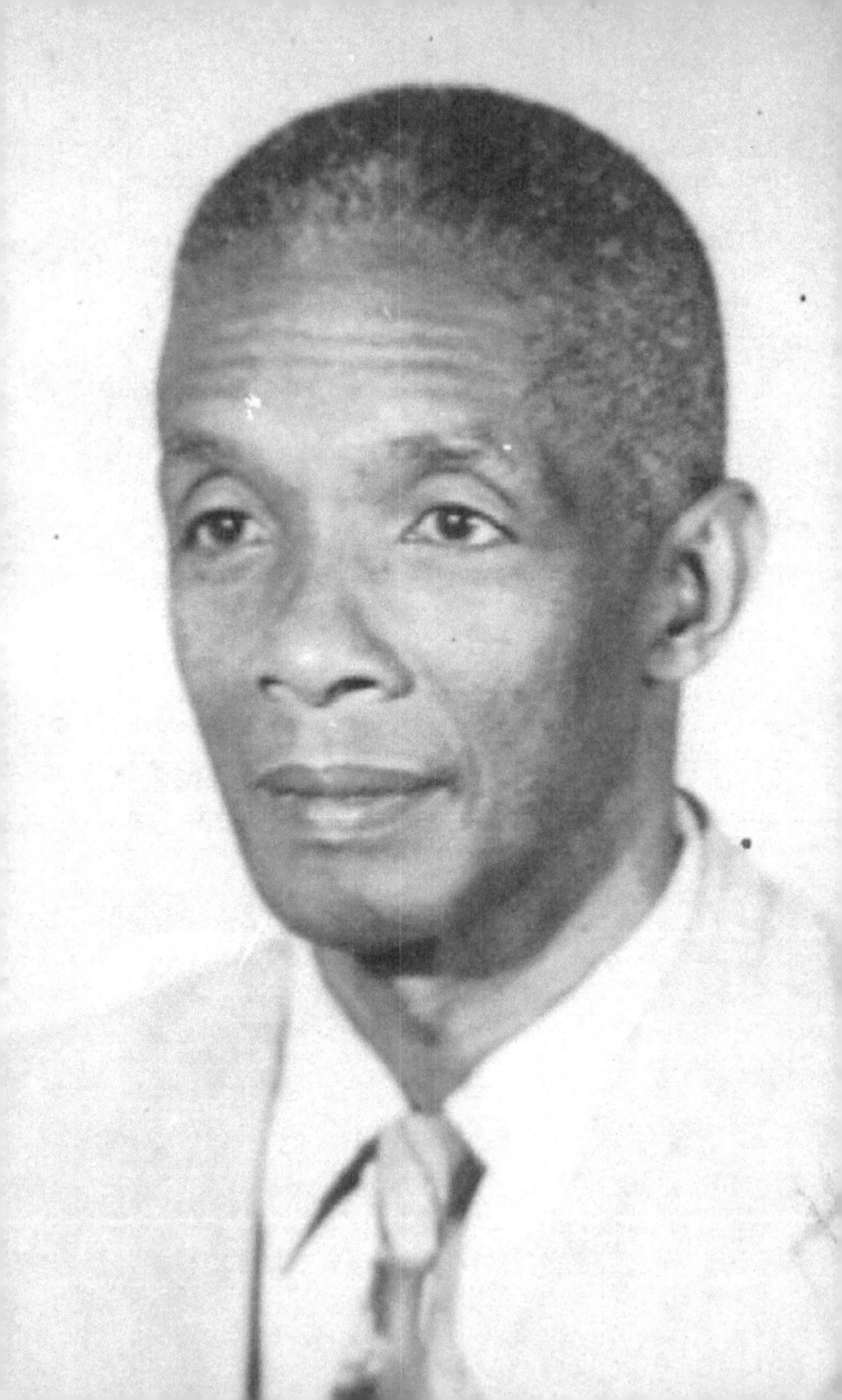

Kabiosile Luis Marquetti

Como era maestro de profesión, quiso enseñarnos a querer. O tal vez a decir de otra manera todo lo dulce y amargo que puede ir echando el tiempo en el corazón del hombre, y que le ahoga o desespera, que lo hace triste como un árbol en el que no se posa ya ni el viento. Desde la tierra roja de Alquízar, uno de esos pueblos en los que no parece verdecer nunca la esperanza, con casas bajas, donde la luna castiga más que alumbra con su luz temerosa, supo ampliar los bordes de la palabra y quejarse para siempre del amor, como no nos atrevíamos, como a nadie se le había ocurrido reprochar hasta entonces.

Dicen que los humanos no sabemos valorar el fuego de la dicha hasta que no nos quema o se pierde. Creo que Luis Marquetti Marquetti, doble él mismo, espejo de un sueño oscuro, nacido el 24 de agosto de 1901, en medio del primer verano de un nuevo siglo, le hirieron desde temprano las espinas de la desesperanza. Por eso soñó con lo que no tuvo, y supo cantar también a las esencias de lo que poseyó. Humilde, oculto, maestro de pueblo polvoriento, en la paz de un tiempo redondo que trae días gemelos y similares. Y su palabra tuvo tan sorprendente eco que el mundo amó y lloró con sus verdades, sus «Deudas», sus «Plazos traicioneros», en esos versos que nos mordieron para siempre la piel donde se posan las muertes cotidianas.

El hombre humilde de piel azabache, hijo de Joaquina y Luis, un capitán del Ejército Libertador, hermano mayor de prole numerosa, que no conoció las amargas dulzuras del ocio, pues sus vacaciones eran otra búsqueda de ayuda económica, y que dejó de soñar con hacerse abogado o médico, sólo nos dejó setenta y seis boleros para que le cubra la eternidad. Puede parecernos poco si se aspira a ese fogonazo, a veces vano, que solemos llamar la gloria. Otros han dejado kilómetros de palabras que el viento roba y no se lamenta luego su pérdida. Luis Marquetti, compositor de mediana suerte en sus primeros cuarenta y cuatro años de vida pausada, puede encender el fuego que nos salva del olvido humano solamente con su primera canción, aquella que le dictó a su hermana una tarde de 1941, cuando el chispazo de la inspiración le derramó hacia el mundo un canto a la madre. No hay otra manera mejor desde entonces, que acercarnos a quien nos dio la vida con aquella letanía suya que, muchos años después, Antonio Machín llevara a todos los cielos posibles, con su voz de implorar perdones innecesarios: *Madrecita del alma querida/ en el pecho yo llevo una flor/ no me importa el color que ella tenga/ porque al fin tú eres, madre, una flor.*

Esperó hasta 1945. No importaba. Como si su segundo oficio en esta vida fuera aguardar por todo y por todos. Al fin y al cabo era un hombre calmado donde se cocinaban lentos sueños. Y tenía a mano la mejor historia de amor de este mundo, la suya propia, la historia simple y duradera de su esposa Aida, la joven maestra que abandonó la capital buscando trabajo en su pueblo. Se habían casado en 1935 y le duró toda la vida, que así saben querer los poetas que, luego pretenden enseñarnos la estatura del amor. Tal vez a ella dedicó dos de sus más melancólicos temas de fuego: «Allí donde tú sabes» y «Me robaste la vida», que no son gritos de desesperación, sino de una ternura lenta, que reposa en el fondo humano de la diaria ternura.

La espera fue fructífera. Él se había quejado de la vida, pero como sabiendo que todos los versos que le bullían en el pozo claro del corazón tendrían su momento. Lo dijo en un bolero que suena a mal querer, y que desde su estreno, ocupó el aire ardiente que escapaba de las ventanas de bares y prostíbulos; un trino impaciente, de los pocos que pudo permitirse: *Cada vez que te digo lo que siento/ tú siempre me respondes de este modo/ deja ver, deja ver/ si mañana puede ser lo que tú quieres*; para terminar con un razonamiento que es sentencia incontestable, punzón de fuego a las más férreas corazas: *si mi Dios es tu Dios/ para qué quiero estos plazos traicioneros.*

En 1945 escribió, en tres minutos según su propio testimonio, la primera pieza que le abriera la luz de los buenos caminos. Se llama «Deuda», y conquistó de inmediato al universo hispano con sus suaves reproches. Pedro Vargas se enamoró de aquel bolero que hablaba, sin mencionarla, de las perfidias de ciertas mujeres, y de los afilados colmillos del amor imposible. Pero fue el gran Roberto Faz quien lo hizo himno y le derramó encima sangres violentas de su pecho, para que nunca olvidáramos lo que duele querer, y mucho más, la garra inclemente del olvido.

A partir de entonces hubo otro cielo para aquel enjuto y aparentemente triste maestro de pueblo pequeño, porque en el cielo de otras distancias, sus razones de amor eran cantadas por las mejores voces de la época, Lucho Gatica desde Chile, y el tenor de América bajo las estrellas de ese universo que supo conmover, extendieron la sencillez dolorosa de una de sus inolvidables creaciones. Y hasta hubo película con su título. Desde entonces, los amantes supieron reprocharse con sutil parsimonia, susurrando aquellos versos magníficos que dicen: *Me duele saber de ti/ amor, amor qué malo eres,/ quién iba a imaginar que una mentira/ tuviera cabida/ en un madrigal.*

Luis Marquetti quiso ser infinito y casi lo logra en cuerpo y alma. La muerte física lo llamó el 6 de junio de 1991. Comenzaba otro verano en mi isla; otro, como aquel, noventa años antes, donde abrió los ojos para asombrarse y asombrarnos. Vivió tranquilo en su pueblo de terrones encendidos, en una casa de lentas maderas en la avenida 89.

Debajo de su techo se forjaron páginas imborrables, que el viejo maestro, que comenzó tarde a ensartarlas, regaló al hombre para que todo le alegre y le duela. Para que sepamos que *un querer que nace en una mesa/ entre espumas se debe sepultar*, y alcemos con él el inmenso vaso de esta vida, que hubiera sido, tal vez, más terrible sin él.

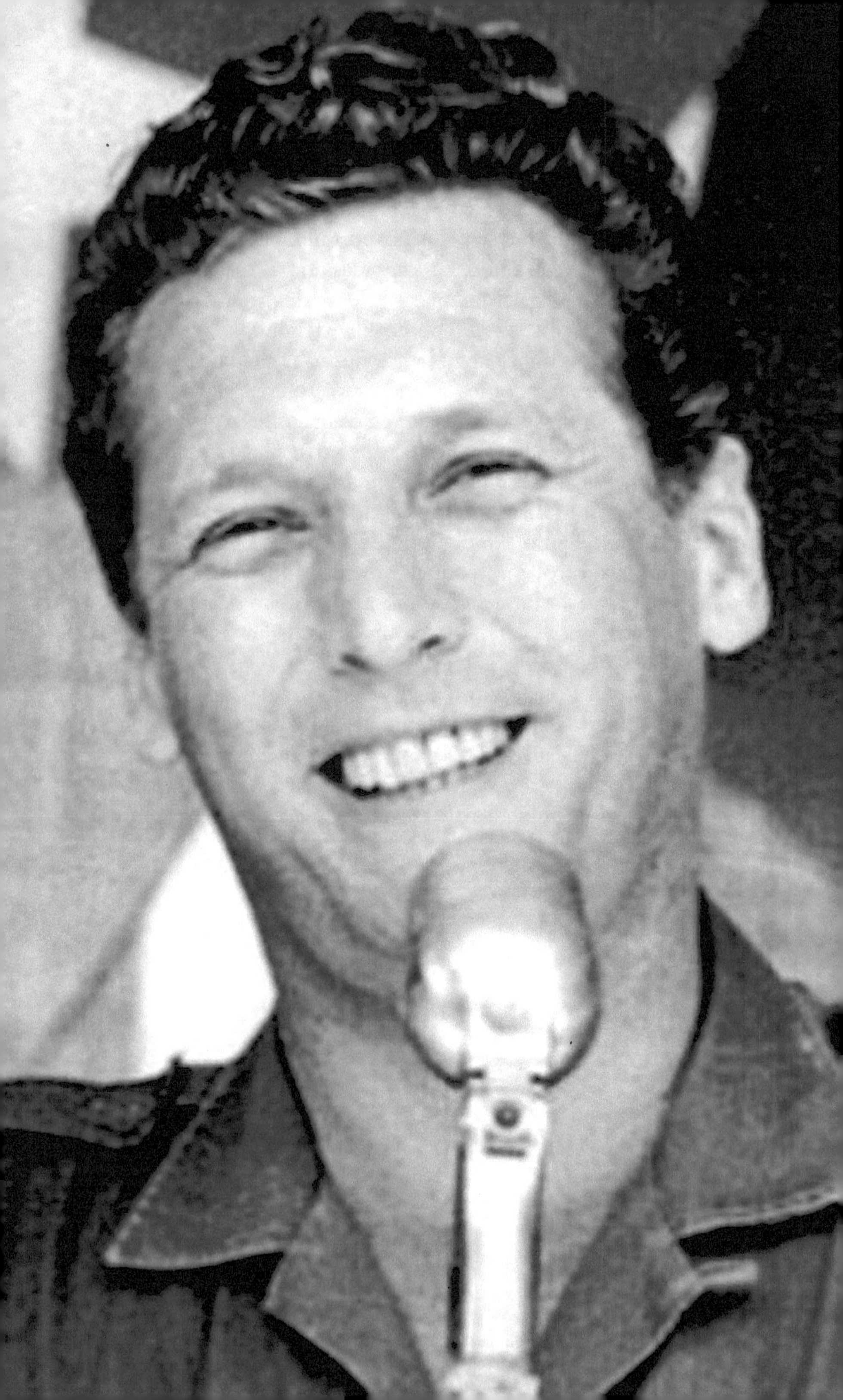

Kabiosile Ramón Veloz

Llegó cuando el campo había sido tomado por otras voces, y no le importó mucho, porque no lo sintió como amenaza o competencia, sino como reto, para hacerse un sitio en el brillante lugar donde todos cabían. Su instinto no le traicionó, y poco a poco, gracias a su simpatía natural, a esa voz de tenor donde cabían las más variadas melodías, y a la constancia, se fue instalando en el alma del cubano, que aprendió a no olvidarlo.

No puedo precisar cuándo fue llenando con su voz todos los espacios de mi casa, de mi barrio tranquilo, de aquel pueblo rodeado de montes y tierra, como algo familiar y común, en esa cotidianidad que se parece a la gloria. Aquel grito de guerra que lanzaba su esposa Coralia Fernández, cada domingo, al borde de las siete de la tarde, cuando el temor al lunes comienza a rondar las casas y los corazones; lo convocaba, nos convocaba, a una fiesta distinta, que era el guateque campesino donde su gracia y su complicidad nos lo convertían en padre y amigo.

Entonces yo era incapaz de pensar, ni por asomo, que aquel hombre elegante y con rostro de vecino alegre, que navegaba por el alto y caudaloso río lírico de «Tabaco verde», había comenzado cantando tangos y guarachas. No le imaginaba el acento rioplatense, la bufanda gardeliana embozándole el sentimiento de barrio amargo, cuando él era abierto y campechano, lleno de esa alegría que da el saberse pensado, citado, comparado, aplaudido.

Había nacido en La Habana, el 16 de agosto de 1927, y eso lo hacía cercano y similar a mi padre, que también susurraba, con su poca pero entonada voz, temas de amor de complicidad cálida que Ramón Veloz cantaba con un temblor casi íntimo. Ahora sé, porque lo dicen los especialistas, que era tenor, y que comenzó en el arte no como cantante, sino como actor dramático en radionovelas, de aquellas que sembraban a la familia completa alrededor de un transistor. La primera, dicen, se llamó Los ángeles de la calle, y había sido escrita por un genio que también inventaba canciones no tan secretas, muchas de las cuales llevaría Ramón Veloz a su expresión más alta, convirtiéndolas en sucesos. El genio se llamaba Félix B. Caignet, y la versión que hace Veloz de su «Frutas del Caney» siempre me hace estremecer, porque le encontró un aire entre nostálgico y lírico que no ha tenido en otros cantores.

Pero en Cuba las frutas no nacen solamente en el Caney. Vuelan por el aire ardiente de la isla sus aromas sensuales, acompañados por la humedad de la tierra donde brotan, con un esplendor que espanta y alegra. Por eso el campo cubano está en cada rincón, en la ciudad profunda, bajo los lechos humildes de las ciudadelas misteriosas, y se le respira hasta en el oleaje repiqueteante de un yambú, o una buena columbia en los puertos. Ramón Veloz, campesino de ciudad, se dedicó entonces al género, esa música que tiene laúdes y sonoridades canarias, bien mezcladas con un lejano pero palpable lamento del África más mediterránea. Y fue rey, o casi rey, como un príncipe popular y asequible, que es a veces mejor que ser rey. Un embajador del género campesino que convocaba, bajo su nombre sonoro, a un guateque dominical en la sala de cada casa de un país.

Le he hallado al filo de 1950, integrando aquella menuda tropa que Ñico Saquito componía y descomponía, pero que resultó ser más una esencia que un pretendido trío, cuarteto o conjunto musical: Los Guaracheros de Oriente. Con ellos dejó sembrada su voz Ramón Veloz en los surcos de un disco. En ciertas tardes nebulosas, cuando el fantasma de la nostalgia echa su sombra por mis ventanas tan pegadas a otro cielo, suelo escucharle en aquella invencible versión de «Jaleo», una de las picarescas creaciones de Ñico. Pero la que me triza el alma, y me obliga a salir buscando las primeras sombras de la noche catalana es su sentida interpretación de otra joya del mismo autor: «Al vaivén de mi carreta», que recupera, en la gorjeante garganta de Ramón Veloz toda la carga de tragedia empozada en el alma del campesino de mi tierra.

No fue en la guaracha donde impuso su más amable recuerdo, su galanura de guajiro citadino, falso, pero aceptado por todos, como el galán que puede y sabe encender un convite, sino en las criollas, boleros, canciones, puntos y, como último, definitivo y más amplio territorio conquistado, la guajira, a la que le imprimió un aire diferente al de Guillermo Portabales.

La muerte no le dejó llegar a esa plenitud que ya avisaba. El mismo día que iba a cumplir 59 años, un 16 de agosto de 1986, tañó con amargo estrépito el canto del laúd. Cayeron los sombreros y echaron a volar las pañoletas de todos los guajiros que sentían ese día como propio. Se iba el caballero, el hombre solícito, una referencia del fervor de la tierra, del canto del monte que alegra y acompaña. Se acabó la canturía, aunque cada domingo, cuando la tarde tiende su nube cansada en el bajío, la voz de Coralia Fernández le llame y nos apure para que rompa el júbilo de las guitarras.

Yo siento, en la lejanía de algunos domingos, a esta hora distinta del otro lado del océano, que renace la voz de Ramón Veloz —que se multiplicó en hijos y nietos continuadores— y sobre el mar, que se transforma en campiña, surge un canto muy dulce de Eduardo Saborit. Tal vez aquella versión de «Noche de Veracruz», del inmortal Agustín Lara, que el cubano cantaba como si navegara por el río Cauto, acariciado por lejanas señales.

O ese himno de amor que nadie ha cantado con el latido de un conmovedor sentimiento, «Amorosa guajira», de Nené González Allué. Se cierra mi distante madrugada y estallan las frutas en la memoria, mientras Ramón Veloz hace que se ilumine el otro lado del mundo cantando un reclamo que siempre repetirá: *Ven, amorosa guajira,/ que ya nada me inspira,/ ni el canto del ave que surca el azul.// Ven a alegrar mi bohío,/ que hasta el lecho del río se ha vuelto sombrío/ porque faltas tú.*

Entonces, caballos oscuros y desesperados, destrozan el horizonte.

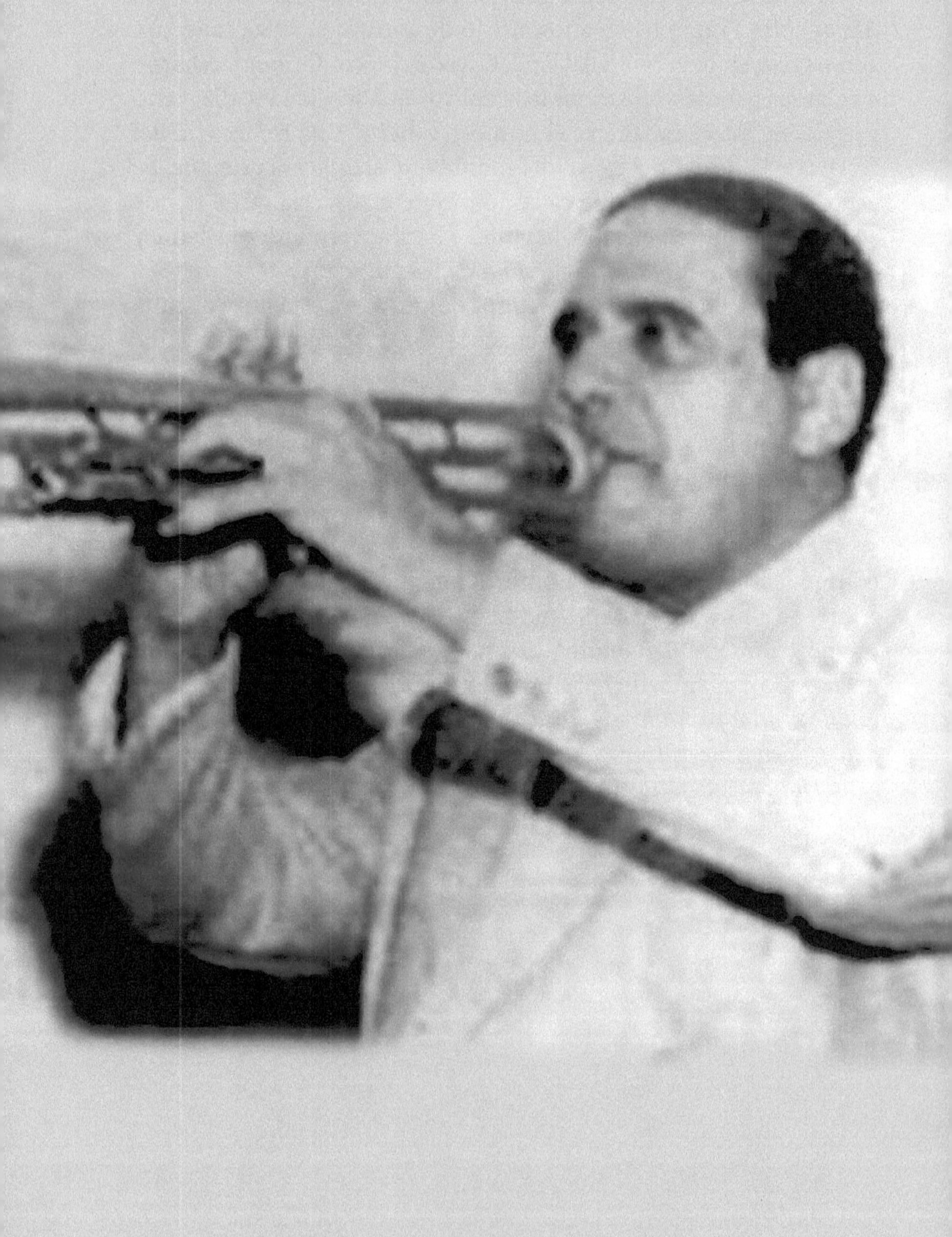

Kabiosile Julio Cueva

Nadie recuerda que su trompeta inauguró la inmensidad moderna del Empire State Building, en un New York que esperaba ansiosamente a King Kong, sacudido por la primera crisis inhumana de este mundo. Había visitado ya la Gran Manzana en 1930, en otro de esos avisos fulgurantes de que todo cambiaba, cuando fuera contratado por Don Aspiazu para liderar los metales de aquella Orquesta, con la que Antonio Machín dejó en el aire universal «El manisero», un reclamo que sigue mandando a dormir a las caseritas, cucurucho en mano, con el doble sentido más ingenuo que se recuerda.

Tal vez Louis Amstrong, se inspiró en el trazo metálico de Cueva, para aventurarse por esos caminos siderales del instrumento, en la versión del tema de Moisés Simons, el mismo año de su estreno, con el título de «The Coconut Vendor», donde transforma la llamada al vendedor de cacahuetes en un desgarro de amor a María, con aquella voz de pena que nos llenó el siglo XX.

Fue el propio Moisés Simons quien cambiara su vida, allá en 1928, pagándole un sueldo de sultán para la época, en la agrupación estelar que el compositor había formado para animar las noches del Roof Garden del Hotel Plaza, en el corazón de La Habana de entonces. Había llegado recientemente a la ciudad para integrar la orquesta del Teatro Campoamor.

Pero ya había probado suerte en la capital anteriormente. La dulzura socarrona de su trompeta llenó el aire de la ciudad y luego de la isla, recorriendo teatros con la compañía teatral de Arquímedes Pous. Su manera de burlarse del aire vino seguramente de ahí, de ese constante encuentro con el bufo cubano, que cada día subvertía la realidad, caricaturizándola.

Había nacido el 12 de abril de 1897 en Trinidad, una de las siete villas que fundara Diego Velázquez bajo inspiración divina y con buen ojo económico. Allí regresó después de su primera aventura habanera para crear la Banda Municipal, que dirigió durante varios años apacibles, hasta que el cuerpo le pidió más estremecimientos, y ganas de desconocer las fronteras.

Por esa razón, ya en el vórtice musical de la isla, saltó de la Orquesta de los Hermanos Palau a la expedición newyorkina de Aspiazu, que dejaría huellas profundas en el asfalto norteamericano. Pero la vieja Europa, casi repuesta de una guerra miserable, y cocinando en sus entrañas otra, mucho más devastadora, le enviaba guiños zalameros. Fue allí donde empezó la verdadera e increíble historia de este hombre con cuyo apellido bautizaron uno de los primeros reductos del son cubano en el París de 1934: el cabaré La Cueva. En la otra orilla del Sena, los golpes del tres y la sensualidad, tenían el protagonismo de los Hermanos Barreto, amigos y rivales en la madrugada francesa.

Pero en la Isla, pocos sueñan su rostro cuando la tierra se estremece con un espasmo telúrico, y salen de las rocas y del monte, los compases quebrados y como de lejana conga, de «El golpe bibijagua», que ya Rita Montaner había paseado también por sus senderos de gloria. Entonces Julio Cueva no adivinaba aún que le esperaban el sobresalto y un olvido espeso más grande que la soledad humana, pero eso vendría tras su gloria en los años cuarenta.

La guerra borró su huella en la Ciudad Luz, a donde había llegado primero con Aspiazu, en aquella gira inaugural, donde abrieron el cabaré Plantation, la primera huella antillana de la que se tiene allí memoria. Gracias al cine podemos verle todavía, en el jolgorio parisino de los filmes «Orquídeas negras» y «Espérame», donde el zorzal argentino, Carlos Gardel, comenzara a enamorar al universo. De esa época dorada quedó su paso por Bruselas y Londres. Decidió quedarse por su cuenta en Francia, y en esta capital, bebió los jugos profundos del *jazz* contratado por el músico negro norteamericano Snow Fisher.

Cabalgó por Europa desde entonces, hasta inaugurar su Cueva el 12 de junio de 1934, con una agrupación de estrellas que tenía a los hermanos Grenet como punta de lanza de toda aquella música que comenzaba a remover las entrañas. De París a Madrid, y de allí, al cielo de la República, que quiso defender, con los pobres del mundo, en la confusión de quienes quieren hacer del mundo un lugar limpio. En la contienda, al servicio de la izquierda, dirigió la Banda de la 4ª División. Y después, el retorno francés, en la estampida de la derrota, cuando el monstruo de la guerra mayor amenazaba desatarse para engullir la libertad humana. Su libertad. Porque Julio Cueva estuvo a un trís de que se le muriera el son por dentro y por fuera en un campo de concentración, que le castigó el alma durante setentaiocho días.

Marcado así por los dolores del hombre, regresó a la Isla, y fue como un renacer de su esperanza. Y su música se hizo lo más parecido a las cosas invencibles, hasta que veinte años más tarde, rencores ocultos le pudrirían en vida en un puesto gris de archivero de la Asociación de Músicos.

Me duele Julio Cueva como me desgarra el destino de los buenos en mi país. Cuando aceptó una oferta de otra emisora con cuyo dueño ya había trabajado. Todo hubiese sido un paso normal para mejorar su economía y la de los músicos a su cargo. Lo peligroso era que trabajaba entonces contratado por la Mil Diez, la emisora del Partido Socialista. Sospecho que algunos de esos torvos militantes consideraron una traición su mejora. Esperarían dos décadas para vengarse con todo el peso de un rencor oscuro.

Me duele Julio Cueva y su grandeza desconocida en esa isla que amó y puso en la geografía de la memoria sonora.

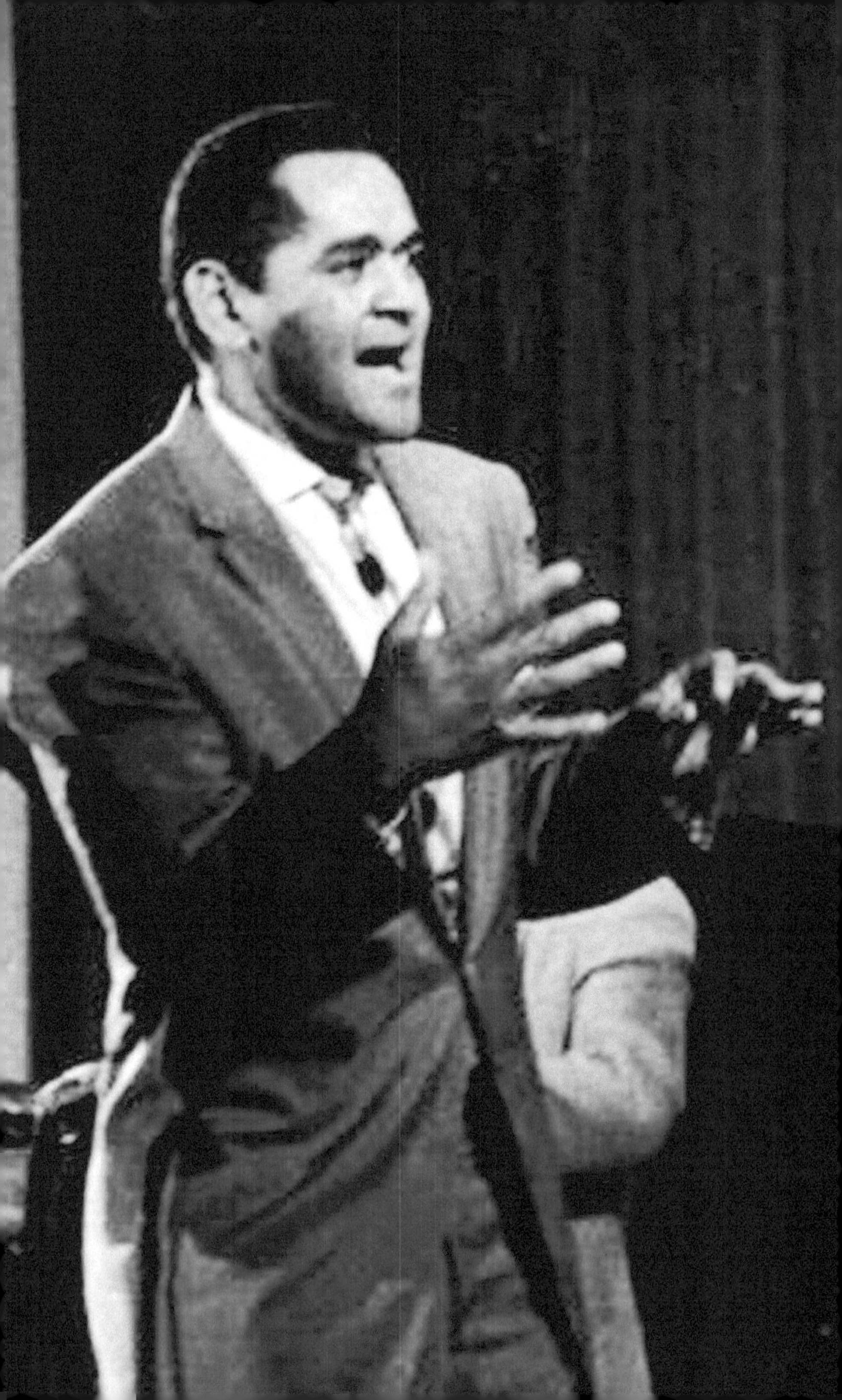

Kabiosile Pacho Alonso

No fue el «simalé», aquel ritmo raro y fugaz que olía a marea nocturna, ordeñado por Enrique Bonne del misterio de la Tumba francesa.

Y tampoco el «pilón», el otro golpe de contenida furia, donde sus manos y sus rodillas bajaban y subían, como ascendiendo a las verdes montañas de Baracoa, en el aroma de los granos enrojecidos del café que se iba desgranando bajo una paila cadenciosa y él gritaba, todo ojos, *ya lo aprendí, ya lo aprendí/ el pilón es sin miseria.*

No fue la broma que supo perdonarme con su «compay» condescendiente, mano en el hombro e invitación a ver un ensayo vigoroso de sus muchachos ya «pachucos», por donde andaba el hijo que retomaría más tarde su bandera, allá en la agujereada calle O´Reilly esquina a Habana, una tarde plomiza tras la cual no le volví a encontrar en ningún cielo porque ya casi iba a morirse.

Será tal vez la bruma de las noches en que aún no había nacido yo, y su modo de decir casi me estaba esperando. El humo ardiente y sensual del Scheherezada, el club nocturno donde muchos años después tuve cuerpos de mujer en mis brazos, pero nadie cantaba a aquella hora «Soy tu ley» como lo hizo Pacho Alonso. Y nadie la cantaría después igual, con esa manera dulcemente feroz de quebrar las últimas frases, como temiendo a veces ser rotundo, entre la indefensión y la seguridad en sí mismo.

Porque, más allá de sus jocundas gozaderas, su paso enfebrecido por ritmos musicales diversos en el aislamiento sonoro en que se convirtió la Isla tras la llegada de unos libertadores para los que la alegría pareció siempre un pecado, Pacho Alonso es, para mí, una voz esencial del filin, entre la picardía y la culpa. Sé que no olvidaré más nunca en esta vida aquellas manos grandes suyas, que se abrían como si fuera a emprender vuelo, y con su mejor cara de búho entristecido, arqueando mucho las cejas, me enseñó que «Llorar es de hombre», como si no quisiera hacerlo, pero obedeciendo la fuerza de ese torrente de agua fresca, indetenible en su bajada, que es el sentimiento que hace nuevos cauces dentro del alma.

Está claro que rescato también sus temas de alegría sin muros, con su estilo de no meterse en nada, pero afirmándolo para que no le culpemos. Cómo voy a borrar de su estampa momentos tan sublimes como «A cualquiera se le muere un tío», que nos hacía normales y con idénticas penas probables en el resplandor de este amargo mundo. Cómo se me escapará aquella advertencia suya y de todos, que lanzaba al aire moviendo un larguísimo dedo, y casi poniendo expresión de disgusto, mientras se negaba a aceptar trampas sorpresivas con «Yo no quiero piedra en mi camino». El niño que una vez fui aprendió mucho de Pacho Alonso, que se burló de sí mismo y de las convenciones estéticas, gozando profundamente mientras cantaba aquella guaracha que convirtió en himno: «Que me digan feo».

Aprendió todas las trampas en la Orquesta de Mariano Mercerón, entre 1951 y 1954, flanqueado por dos grandes que convirtió también amigos de su sangre y sus modos: Fernando Álvarez y Benny Moré. Ardides que puso en práctica ya ese mismo año 1954, con su gracejo oriental y la arteria de santiaguero hervor con que había estudiado la carrera de maestro normal para alternarla con el pentagrama. Así fundó una guerrilla de bravía estirpe, Pacho Alonso y sus Modernistas, semilla de una familia mayor que le duró veinte años: Los Bocucos.

Todavía en esos tiempos era solamente el ídolo de una parte del país, hasta que invadió las eficaces victrolas, se mudó a la capital y logró un contrato con la RCA Víctor, que le permitió sorprender a la isla total con ese susto gastronómico firmado por Marta Valdés: «Sorpresa de harina con boniato», que es la otra punta ardiente de su sensibilidad. Yo, sin embargo, me quedo en la media luz del nigth club del edificio Focsa, viendo girar el LP *Una noche en el Scheherezada*, donde, a pesar de su múltiple valía, supo recitar con el corazón las maneras vibrantes del filin, de un modo tan personal que se han hecho inimitables. Hay que escuchar su versión infinita de «Imágenes», la canción de Frank Domínguez, para comprender cómo los hombres podemos aguantar el llanto y aparentar falsas indiferencias.

Lo guardo así mejor, casi solemne en esa pena que le apenaba transmitir, con la voz que se le escapaba hacia adentro, y saltaba luego, sorpresivamente para alargar la frase hasta la rama más alta, dándole como un navajazo de sustos en el aire, para que salieran al cielo luces que no eran sangre, sino hilachas de un candor doloroso. «Las lágrimas no hacen ruido al caer», como supo decir en esa complicidad donde le conservo y protejo. *Mejor será llorar, si es que consuela/ clavarme este puñal, aunque me duela.*

A pesar de que ahora no esté cerca. Aunque uno piense que no hay más, y un olvido escandaloso cubra la ciudad y la Isla. Pacho Alonso, sobre el caballo brioso de la vida, transcurre sobre el tiempo que no se terminó el 28 de agosto de 1982. Su galope se escucha. Detenido y sin iguales, sigue cortando el aire con una mano muy larga, y nos avisa: *por eso mi corazón se muere, se muere, se muere,* sin esperar que comprendamos su dolor.

Como una llamarada. Como un lucero que parpadea y reclama. De la alegría a esa marea negra que nos ahoga ante la inmensidad.

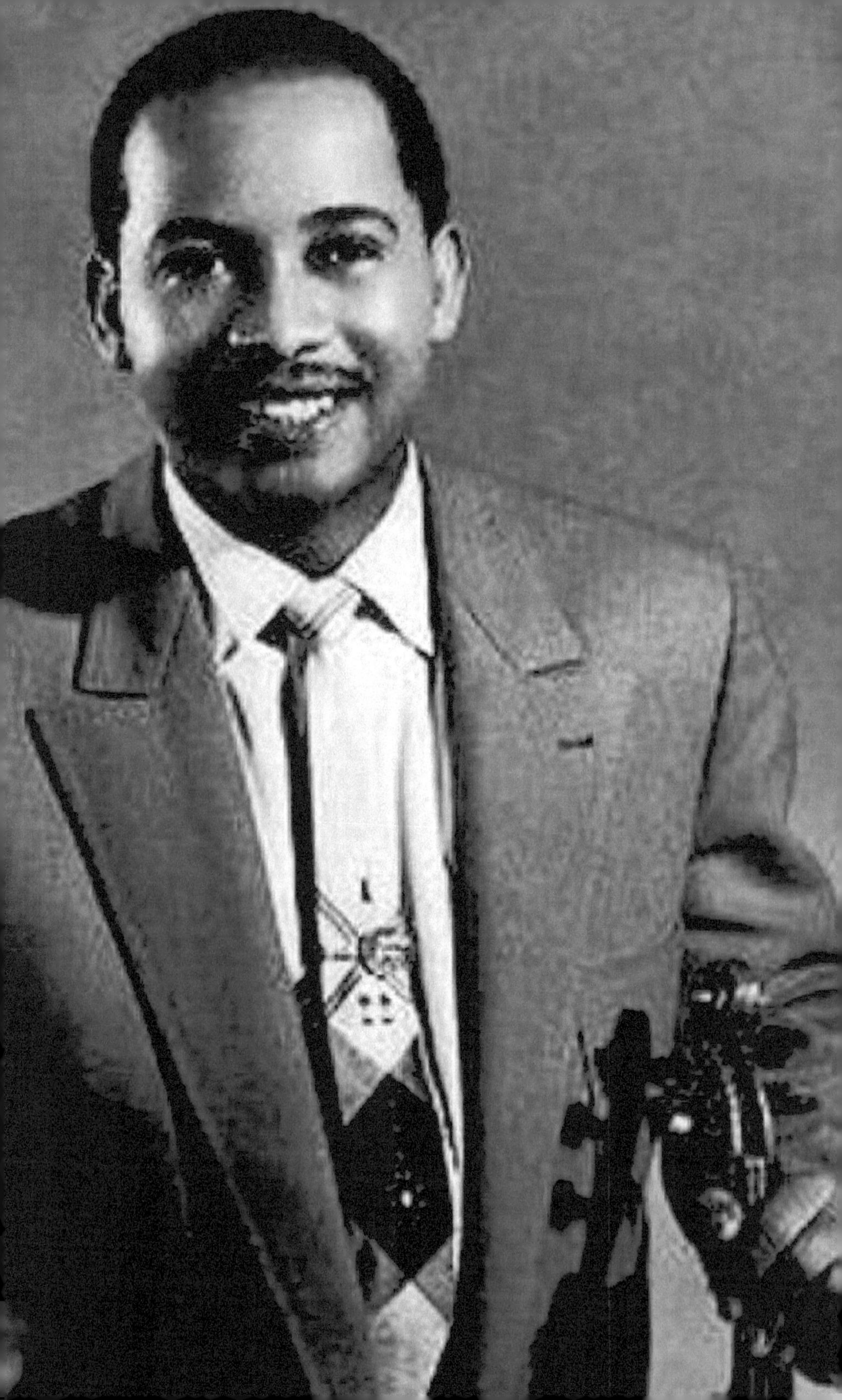

Kabiosile Enrique Jorrín

No le cabían los dientes en la boca ni la música en el cuerpo. Tal vez por eso le vi siempre sonreír, y llevando el violín como el ciego su bastón y el perro al ciego, en los espejismos de la gran ciudad, y al pairo, las estrellas, ese brillo remoto que es el incendio de todas sus corazas.

Desde la muerte —esa ausencia injustificada, la inexplicable selección de un dios colérico— le siento en mi distancia física con una dulce alegría que nunca comprendí viviendo en sus alrededores. Esa es su piedra de bondad: derrumba las distancias.

Su legado, que alzo y escondo, que saco a relucir contra los malos vientos, la desmemoria, la maldad de los hombres y las piedras del largo camino: una alegría que me hace pertenecer al cielo de una isla que no termina en la breve línea filosa del mar. Un país que se expande y me acompaña, con el compás jubiloso de su invento: el Chachachá.

Ahora es fácil decir los límites de su textura humana, de un diciembre a otro diciembre, con sesentaiún años de latir: 25 de diciembre de 1926, el inicio de su andadura, la fecha de su asombro contra el cielo de un pueblecito llamado Candelaria, allá en Pinar del Río, la provincia más occidental y olvidada, alejada de los caminos del son; y la despedida, el último mes del malhadado año de 1987, en la capital cubana, que usted había puesto a bailar como pocos, con aquel violín suyo que fuera techo del mundo, tabla de salvación, cetro y corona de su invento.

No fueron los aires de Candelaria, sitio sereno, sino la barriada de El Cerro en la capital, donde vivió Enrique Jorrín su infancia de modesto esplendor, lo que le fue metiendo en el cuerpo el ardor de la música. Cerca, con las mismas locas sinuosidades del humo de leves cigarrillos, subían al cielo las notas de encanto que le arrancaba al aire el mago Antonio Arcaño, y ellas le invitaron a completar ese desquicio del mundo. El Cerro, antiguos refugios de hacendados que fueron cubriéndose de la inexorable ceniza, y a donde subieron los negros más tarde a desgranar la música irrespetuosa, la música loca, la música de la lujuria total que ahuyentaba la muerte.

En esa amalgama de noche compacta aprendió el corazón de Enrique Jorrín los vuelos fieros del violín, y se graduó como hombre de pasión.

Entonces llegó la década del 40 y él era ya maestro joven, con ganas desaforadas de brindarle sus pedazos al mundo. Graduado del Conservatorio Municipal de La Habana emprendió su camino de condotiero en la Orquesta del Instituto Nacional de la Música, que dirigía, con armoniosa imaginación, esa lumbre que fuera González Mántici.

Y era entonces el danzón la hoguera más pausada, la prueba suprema, el ritmo de los cuerpos cadenciosos entre los torrentes desaforados del son oriental que había irrumpido con mil disfraces e ilimitados caminos. Enrique entró en el sacerdocio del danzón como violinista de la Orquesta Los Hermanos Contreras. Era 1941. Dos años y cien danzones más tarde ingresaría en la cripta más sublime del género, aquella fabulación no repetida nunca más que fuera la orquesta del maestro Arcaño, el mismo que le tendió la trampa sonora con su flauta hechicera. De ese modo le tomó el pulso a lo viejo para degustar la honda rebelión creadora en sus filas, cerca de Orestes López y su hermano Cachao, que engendraron las invisibles riendas de un hijo increíble del danzón: el mambo esplendoroso que luego pasearía Dámaso Pérez Prado sobre la faz de la tierra.

En esa fragua, su alma inquieta bordó las primeras preguntas. Y salió de ella con el absoluto irrespeto por la música que da el amor desmedido. Insatisfecho con lo ya realizado, con lo rotundo, con lo creado, hizo lo que siempre hacen los dioses con las luces del mundo: cambiarlas, modificarlas, reemplazarlas por el dictado venial de sus sangres impetuosas. Se había estrenado ya en la orquesta de Arcaño, que obligaba a sus músicos, en un reto tierno y fraternal, a demostrar que eran la maravilla. Con tales magos se atrevió a escribir danzones de feliz acogida: «Hilda», «Central Constancia», «Liceo del Pilar».

Ya andaba su germen revuelto para asombrarnos. Cuando llegó a la Orquesta América, de Ninón Mondéjar —que más tarde quiso apuntarse un poco de gloria con su ritmo— iba cargado de otras ensoñaciones que le dictaron los tiempos. Era 1951 cuando lanzó el primero de sus impactos, y dos años más tarde, el mundo se rindió ante la evidencia de aquel ritmo menos endemoniado, de cadencia seductora en el que los cubanos volvíamos a ser los guapos de la pista. Un ritmo que nació desde los pies, cuando Enrique Jorrín observaba, desde su atalaya de nuevo Dios, las sensuales evoluciones de las parejas. El Chachachá había nacido, con ese nombre que es onomatopeya, resumen de sonidos del movimiento, como una metáfora que desplazaría la luna hacia el brillo de la pista.

Y con ellos, el candor de un doble sentido que hoy nos parece casi infantil, en el juego de un montuno que quiere decir más de lo que el cuerpo aguanta; o que pronuncia menos de lo que la mente pretende para el enlace. «La engañadora» puso una esquina habanera a girar sobre el mundo. Más tarde, todos quisieron atravesar la bahía por «El túnel», que más que agujero subterráneo es un conducto en el tiempo, postal de aquella ciudad que luego cambió sus rostros de jubiloso pecado.

Ahora dicen los que saben que su invento tiene de todo. Hijo del danzón, desprendimiento de la elegante furia, y hasta una pizca del chotis madrileño.

Yo prefiero escucharle ahora en dos momentos de mi suerte: con la orquesta América en 1954, cuando las voces tenían el susto de la juventud, y luego, en grabaciones de 1986, con la voz del gran Tito Gómez poniendo en su punto la jauría de un mundo de esperanzas. Vuela el violín de Enrique y destellan sus dientes, como para que el barro de la muerte se distraiga.

Ahora mismo se pone mi sangre a alzar piedras de la memoria. Suena en la gris mañana de Barcelona esa pieza perfecta que se llama «Nada para ti», que es como un leve guiño a todas las pasiones. Regresa Enrique por la Calzada del Cerro. Regresan mis padres a la pista. El cielo de La Habana arrastra los pies con una cadencia caliente.

Vuelvo a resucitar en Prado y Neptuno, mirando los cuerpos que ahora llevan la sed de su herencia total.

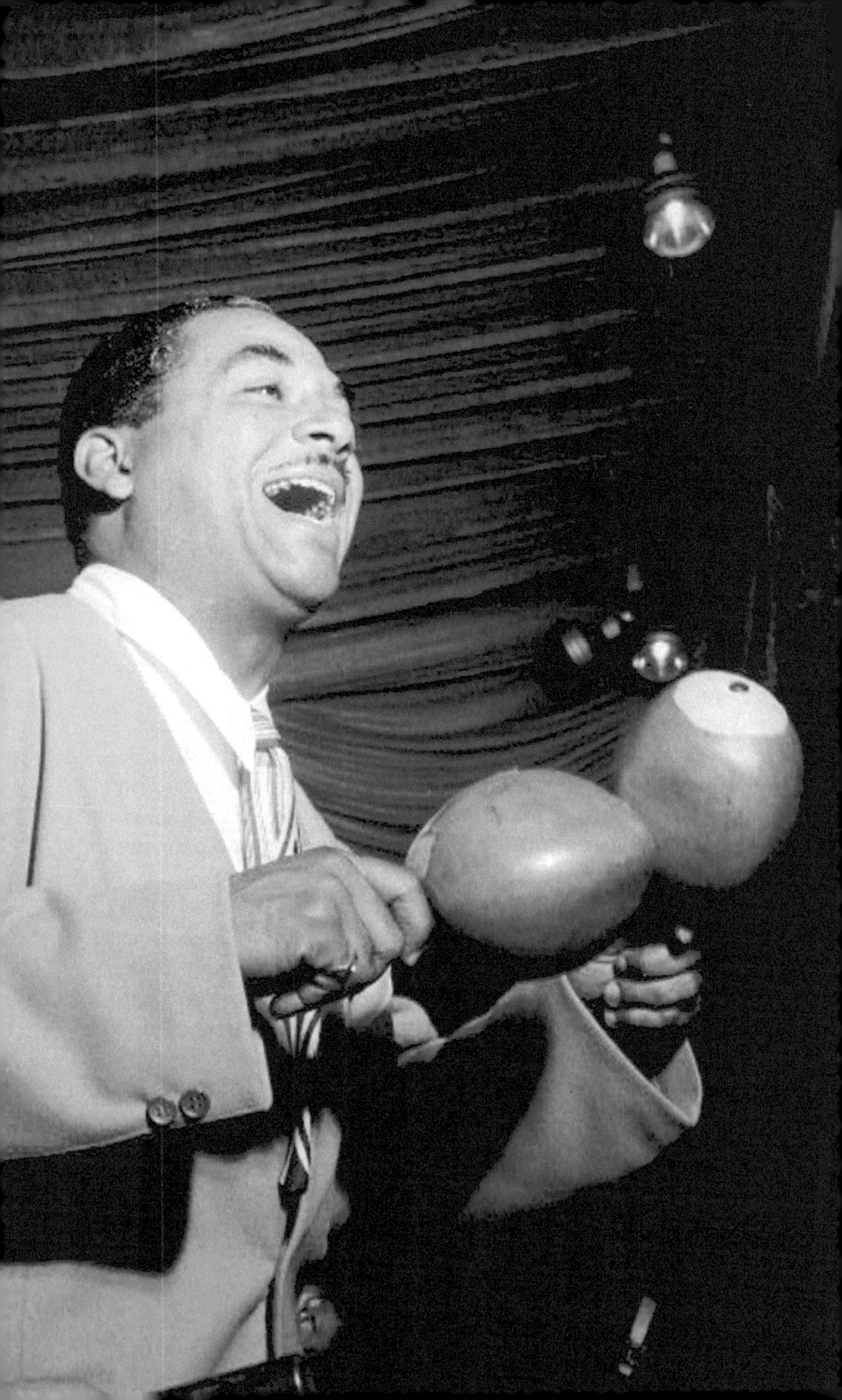

Kabiosile Machito Grillo

Parecería que todas las calles de Nueva York se llamaran Machito, porque van a dar al oculto corazón de lo latino, esa fuerza que él descubrió, incrementó, ayudó a crecer sobre Manhattan, como un útero vibrante en la eterna vigilia en las orillas lentas del Hudson, dando forma palpable a la inmensa noche de los cuerpos que recuerdan su fulgor bajo los remotos cielos abandonados.

En realidad, sólo hay una plaza, que no se llama Frank Grillo, que era el nombre humano de ese mulato coleccionista de broncas claves sonoras, poseedor de una sonrisa tan breve como la luz de un vaso, en la oscuridad de una rumba, sino Machito Square. Quien se detenga ahora allí, bajo el sol de otro siglo, parecerá confundido, aplastado por una más de esas historias ocultas que, con la vastedad de ríos distantes, fueron a concluir sobre la Gran Manzana.

Machito nació en Marianao, el más populoso barrio de La Habana el 3 de diciembre de 1909, siendo Francisco Grillo, bajo el cielo de fuego de Santa Bárbara bendita, que es Changó en los cielos ardientes de su raza. Tal vez por eso le dio desde pequeño por atrapar los secos llamados que dan las semillas en el viento, y el quejido ancestral de los cueros de chivo, para llegar a convertirse, según críticos de ese otro gran país que habitaría «el Count Basie de la música afrolatina».

El año 1928 venía cargado de espléndidas sacudidas sonoras. De ese año son los mejores discos del Sexteto Habanero, a punto de convertirse, como sus competidores cercanos, en septetos, con la inclusión agónica y alegre de la trompeta. Fue el año en que Moisés Simons, por intermedio de Rita Montaner, clavó en la eternidad el pregón misteriosamente sencillo de «El manisero». Y fue el asalto triunfal a una Europa asombrada por la telúrica cercanía de ritmos que le sobresaltaban, en la extraña mezcla de su misma sangre olvidada. Y Frank Grillo, siendo ya Machito, inició la labranza de su extensa andadura en la música. Una larga lista de conjuntos soneros contaron con él: el Sexteto Occidente, de María Teresa Vera y los

Conjuntos Agabamar y Pic-Nick, donde fue segunda del acero afilado de Abelardo Barroso; el Sexteto Universo le incluyó también entre los suyos, y el Nacional, de Ignacio Piñeiro, contó con su voz para una impresionante estancia en el cabaré Montmartre.

Fue el primero que cantó en la capital, ya siendo 1929, aquella rara y explosiva mezcla que se llamó danzonete, estrenada por su inventor Aniceto Díaz, al borde de la bahía de Matanzas. Lo hizo en el salón de baile de la sociedad Sport Antillano, en Zanja y Belascoaín, con la orquesta de Gerardo Pérez, a quienes todos llamaban Calabaza. Fue entonces que conoció al hombre que iba a cambiar su vida, aunque su nombre perdiera, con esa aventura magnífica, los ecos merecidos en su isla, donde se le ha olvidado tanto.

Ese hombre se llamó Mario Bauzá, y es como un templo enorme en la hondura de toda la cultura cubana. Con él, Machito fraguaría el sueño total, viajando hacia la raíz del origen remoto, para llegar a la cresta enorme que se formaba al encuentro de dos de las músicas más sólidas de este mundo: el *jazz* y la cubana, nacidas de la pérdida y la esperanza, de la hondura y la extrañeza, del horizonte partido y el júbilo. De esa conjura musical con su cuñado Bauzá, surgiría una de las orquestas de insondable mixtura y rotundo sonido, que sacaría chispas a la noche americana: Los Afro-cubans.

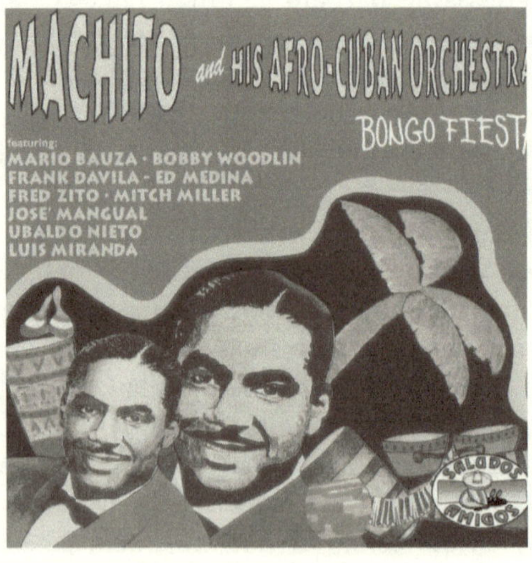

Pero en los siete años que precedieron el salto de Frank Grillo a Norteamérica fueron de intenso aprendizaje, de pequeñas batallas en la noche habanera. Así su voz se confabuló con las Estrellas Habaneras y el Conjunto Moderno. Por eso estaba listo para la pelea y para el siempre postergado proyecto con Bauzá, aunque siguió dejando señales de su incendio en muchas de las agrupaciones latinas que dominaban a finales de los años treinta aquella megápolis que era ya la Nueva York moderna: el Cuarteto Caney, la Orquesta de Noro Morales, la Hatuey, y el Conjunto del trompetista boricua Augusto Coen. Todo para llevar adelante, en la espera paciente, y que Bauzá dejara su fichaje con Cab Calloway, mientras él reconocía terreno en la Orquesta Siboney.

Entonces llegó el año redondo de 1940, que fue como el comienzo de otro siglo en el siglo. Mario Bauzá abandonó sus compromisos ante la urgencia del cuñado que ya se había lanzado al ruedo con sus Afro-cubans, después de despegar aprovechando el impulso de las ocho piezas que había grabado con el catalán universal Xavier Cugat, y todo fue desde entonces un antes y un después, una repentina doma de las serpientes del sabor que nadie supo cómo, con cuántas sangres, sacudió al público sajón con silbidos de sus mismas raíces. Mario Bauzá había escrito ya ese himno de pertenencia a una raza, que se titula «Tanga», que ahora escucho yo bajo otras luces en las tres versiones inimitables que hicieron Machito and His Afro-cubans en el Birdland Club de la calle 52, la noche del 16 de junio de 1951, repetida con una intensidad que desmorona cualquier absurda idea de muerte, en noviembre 10 y 17 del mismo año, con la presencia de Graciela, esa reina de todos los registros, incorporada desde 1943, el año en que Machito la estrenara, incluyéndola para siempre entre sus armas de combate, lo que le dio un giro distinto desde entonces a su repertorio cubano.

Cuánto se perdió más tarde cuando su nombre no fuera mencionado nunca más en La Habana esa tan suya, la que llevaba como un tatuaje en el pellejo bronco y delirante de la voz, y fuera solamente cita enigmática en los corrillos secretos de los iluminados y no el fuego perpetuo en las calles de la Isla. Me estremece escucharle con esa tribu urbana interpretando «Carambola», parto inolvidable de dos monstruos que simbolizan el entresijo de las razas: el cubano

Chico O´Farrill y el norteamericano John Birks, que el universo conocería como Dizzie Gillespie, tan unido a la savia de los nuestros.

Fueron así aquellos delirios en La Conga, el Beachcomber, el Royal Rost y el Bob City, hasta llegar al Palladium Ballroom de Broadway tras incendiar Harlem con actuaciones en el Savoy y aquel Blen Blen que bautizó Machito para que las estrellas pálidas de la ciudad no olvidaran jamás a Chano Pozo. Logró incendiar la noche de los barrios altos y la madrugada de los suburbios, e hizo de sus cuarteles musicales cielo e infierno de tentaciones inevitables, paraísos de una raza que pasó de negra a latina, ampliándose en el golpe de sus compases, y en las trompetas abrumadoras donde se derramaba la delicia de la sensualidad o del dolor.

Esa fue su gloria absoluta: no la conquista pobre de una esquina o de una plaza donde brilla su nombre, sino la otra gloria mayor, la enorme gloria muchas veces callada, labrada noche a noche al borde de todos los abismos: unir, en la nostalgia, el orgullo latino, ese espíritu que asombra a quienes no entienden la vastedad de nuestras culturas, hechas de sangres diversas, en la mezcla de todos los alcoholes que destiló el odio y el amor; los idiomas revueltos que no se hablan, sino que brotan de las manos, de los pies, de los ojos que saben que más allá de las fronteras sólo está la muerte aguardando, y que hay que llegar a ella con el cuerpo cansado, hecho trizas, después de asustar a los astros con el aullido de un mambo.

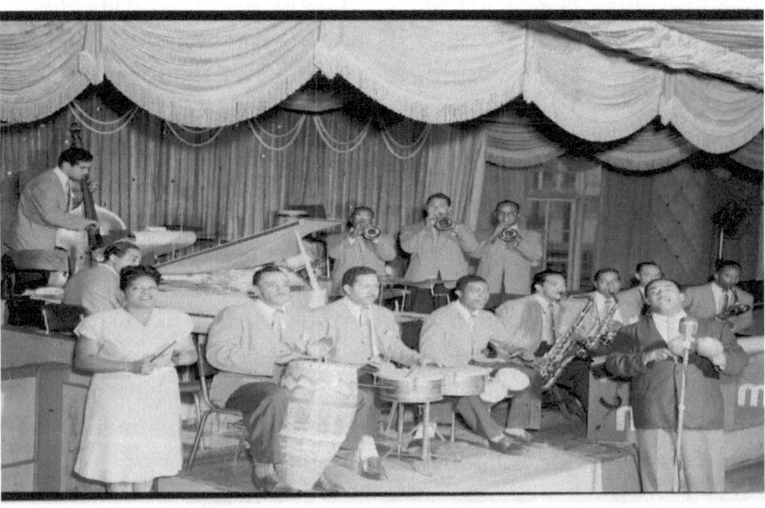

Frank Grillo murió como su gran amigo Miguelito Valdés, con absoluta entrega a la música. Fue en Londres, durante la última gira de su corazón. Era 1984, cuarenta y cuatro años más tarde de que su llama ardiera en la capital del mundo. Allí, una plaza le recuerda: Machito Square. En La Habana, no. Otros tristes y absurdos nombres ocupan el sitio que habría de tocarle.

Él no tiene ninguna prisa. Cabalga sobre el aire, tronante, como sobre la luz de las trompetas que ahora, en la noche, me traen de nuevo aquel «Wild Jungle». Tal vez en la estrepitosa y cálida sonoridad de «Kenya». O en el grito inmortal de «Tanga», que fue la punta de mi siglo.

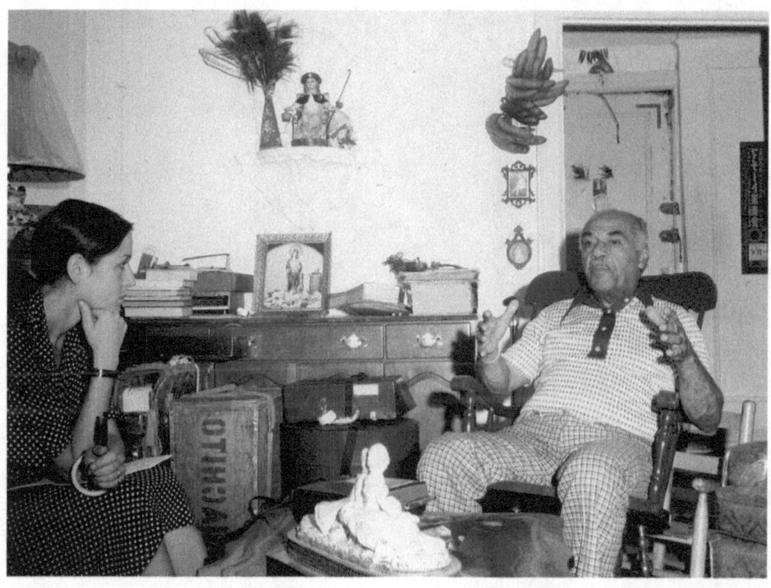

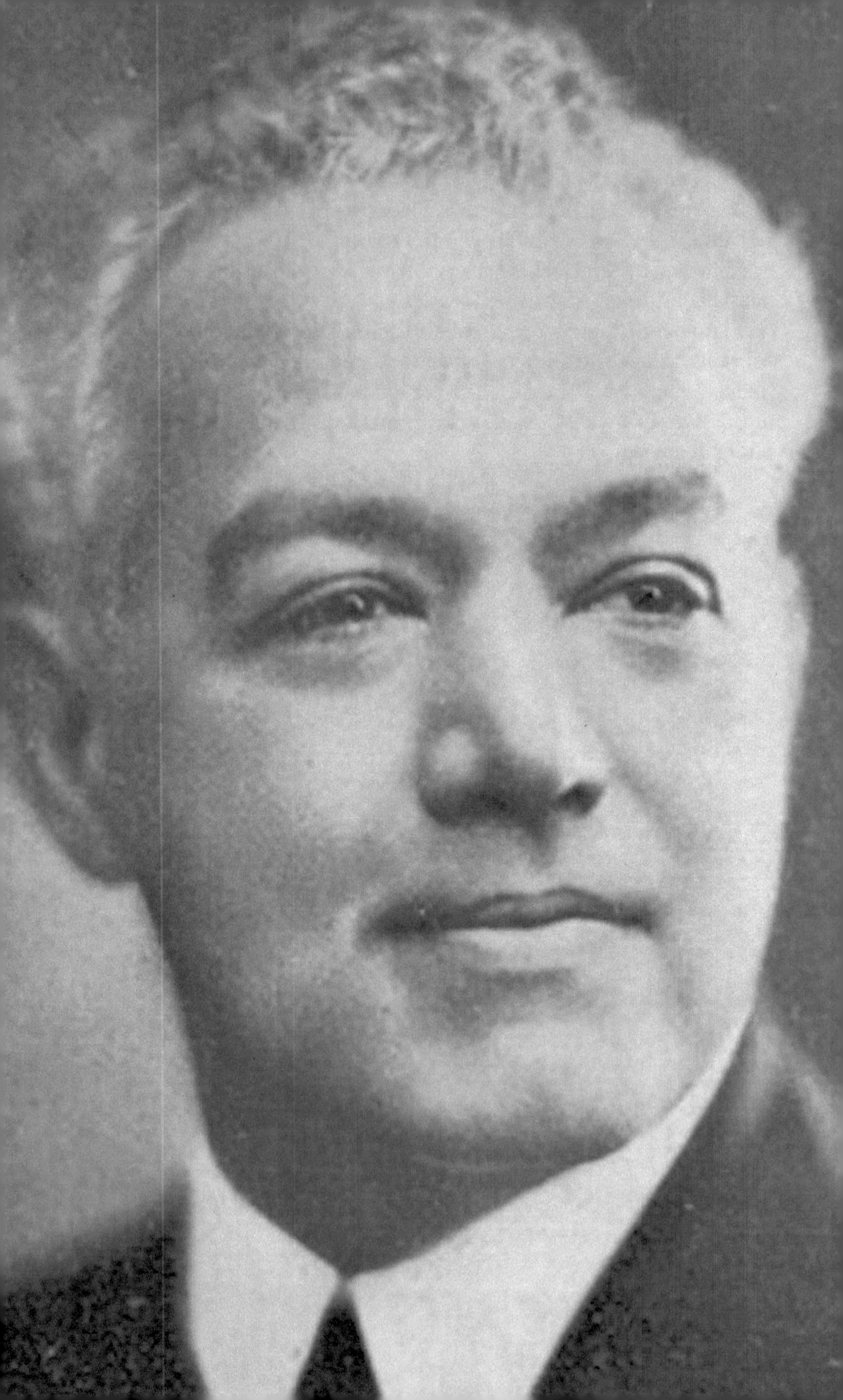

Kabiosile Moisés Simons

En París, bajo la luz difusa del otoño, le seguí el último rastro. Allí, donde ahora son otros, hijos del Magreb, quienes anuncian, como apenados, las extrañas frutas que arden en sus manos, y no hay el sol donde una tarde de 1928 vio, para inspirarse, a un negro reverberando alegría, con una lata colgada del brazo, los ojos repletos de cucuruchos de papel de estraza, avisando a las caseritas que probaran el maní —ese cacahuete caribeño cuyo nombre sirve para designar otra hierba de humos densos— antes de acostarse, con la gracia del doble sentido que se da en la isla de mis diversos corazones.

Allí, en la rúe San Martín, en el corazón de Saint Denís, surgió, como por encanto, la voz de Mistinguet, aquella vedette de ojos tristes que hizo arder la ciudad en los desaforados años veinte, y que en los treinta era ya reina absoluta de Pigalle. Entre sus erres de dificultosa respiración, distinguí aquel pregón mundial de Moisés Simons, pero esta vez se llamaba *La rumba d´amour*, orquestada por la Créole Band de la Coupole, en una revista ofrecida en el Casino de la ciudad luz en 1931, y grabada el 11 de octubre de ese año por la artista de mirada inconsolable.

Entonces comencé a ver con los ojos del alma la ciudad que recorrió mi compatriota, el que encendió La Habana con más de una melodía contagiosa, y quiso que el son y las sonoridades más calientes atravesaran el Atlántico e hicieran nido allí, como ya habían probado, con mucha suerte y no menos acierto, los Lecuona Cubans Boys, Rita Montaner, Sindo Garay, Antonio Machín antes de integrarse al corazón de España, los indomables hermanos Barreto en el Melody´s Bar de Montmartre, donde dicen que Moisés alejaba algunas noches la verde nostalgia de la Isla, desde lo más alto de París, brindándole a esa ciudad los destellos alegres de sus manos. En 1934 los reunió a todos para hacer estallar Montparnasse con el espectáculo *La noche de los trópicos.*

En las calles de Saint Michel sorprendí el fantasmal rostro de aquel pasado que se sigue arrastrando por este mundo de pena. Un disco de la mezzo soprano Susan Graham, grabado en el Carnegie Hall, me trajo al músico más vivo que nunca. En él había incluido una creación poco conocida que se titula «El vagabundo». Así su nombre brilla entre otros grandes y llena mi corazón de brillos más serenos de los que hallé en el dormido Sena. Junto a Debussy, Brahms y Mahler, el nombre de mi compatriota lleva las alas de una sonoridad que remite a la ciudad de La Habana, donde naciera un 24 de agosto de 1889, hijo del músico vasco Leandro Simón, que le enseñó a cazar en el aire esos sonidos que cuentan la historia del corazón humano. Aquel padre musical le transmitió otros secretos que le sirvieron para ser, desde los nueve años, organista de la iglesia del barrio Jesús María —repleto de cadencias africanas— y maestro de capilla de la iglesia del Pilar.

Conmovido más tarde por esos hallazgos; transido aún por el cielo implacable de París, le he seguido buscando hasta aquel primero de marzo de abismal desolación en que se nos vino a morir en Madrid, en 1945, a punto de que terminaran los horrores de la guerra que volvió a hacer panteras a los hombres. No llegó a ver a Judy Garland cantar compases de su creación más redonda, la que hiciera triunfar en Nueva York a Machín con la Orquesta de Don Aspiazu; que había grabado Rita Montaner en Cuba en abril de 1928; para que Sachtmo pusiera en ella una trompeta de escondida angustia, con el nombre sajón de «The Coconut Vendor», que grabaron en pleno delirio de imaginación los escarabajos de Liverpool, The Beatles, el 10 de enero de 1969, en las brumosas sesiones de *Let it be.*

Más allá de que sea cierto o no que la letra de «El manisero» la escribió de prisa, sobre una servilleta, a cuatro manos con un amigo bohemio y periodista, en uno de los cafetines del Paseo del Prado, lo verdaderamente importante es que abrió con ello un universo más amplio para mi música, en un nuevo camino donde entraba el exultante dolor de los pregones populares, aquella gracia nacida de la supervivencia con destellos geniales. Del amor que sintió Simons por la hermana de aquel amigo cómplice nació uno de sus cantos de más fina fibra, «Marta», donde confiesa que encuentra a dios en sus pupilas de azul aurora.

Yo le evoco mejor en otra creación suya que resume sabiduría y gracia: «Chivo que rompe tambó», que en la voz de Bola de Nieve se llena de todos los guiños posibles. Le imagino entonces desmesurado, desbordándose en aquella Habana que de pronto le quedó pequeña un día, dirigiendo zarzuelas en el teatro Martí, escribiendo crítica musical, informándose de nuestro folklore, e innovando las nacientes *jazz band* a las que llevó a experimentar con el danzón.

Su vida azarosa fue contada ya por Oscar Hijuelos en su novela *Una sencilla melodía habanera.* No me extraña. Yo recogí esos fantasmas en el aire de París, en ese invierno donde la voz de Mistinguet me trajo una isla remota sobre el viento. Detenido en ella, para siempre, abriendo su corazón al mundo, Moisés Simons me reafirmaba que el universo entero cabe en una melodía, en un grito, en el anuncio que hacían los negros en el malecón habanero para que las niñas abrieran sus balcones por donde iba a entrar por fin el sueño.

Cuando la silbo en otros inviernos, la tierra no tiene entonces fronteras.

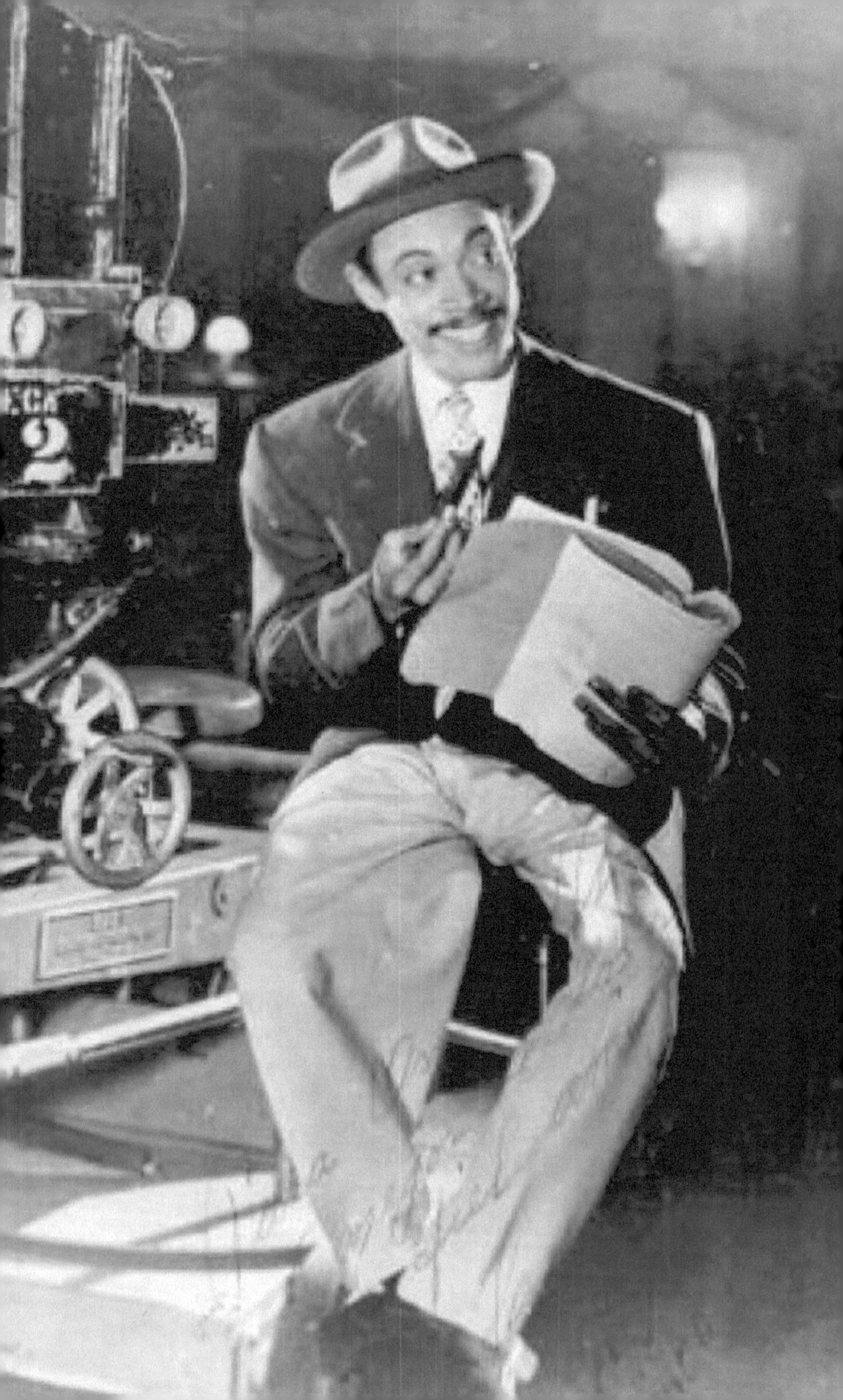

Kabiosile Kiko Mendive

Ahora ya no es siquiera una sombra. Nadie le conoce en su tierra, ni en las tierras diversas que buscó para que su luz creciera. Ahora aparece, sin embargo, en las ruidosas películas con las que México disfrazaba, avergonzado, su identidad; sólo allí, en esas pálidas copias de un tiempo hecho trizas, se ve el ardor de vida que poseyó. Junto a María Antonieta Pons, recién llegada ahora también al mundo de los fantasmas, quedan esos delirios de canto y baile, de rumba criolla, donde la sangre de Cecilio Francisco Mendive, Kiko, quiso dejarnos un legado.

Fue muchos, en la ilusión de ser él mismo, de construirse un rostro y un estilo. Fue el espejo que tuvo que marcharse lejos, para que nadie reconociera el rostro que en su superficie se veía, que era el rostro de otro, perseguido en el sueño para ser su rostro propio. Era una confluencia de azogues con una esencia marcada: el aire sonoro de mi tierra, que es genético, que corre como un virus, que se respira como la sal de una tormenta y deja muescas de padres a hijos, y se es, sin pensarlo, originario de un pozo de caldos profundos.

Salió del olvido para llegar al mismo sitio, y enmascaró su dolor haciendo reír, aunque era casi completo, casi perfecto, casi compacto en su manera de expresar todo lo que llevaba dentro, pero al hacerlo lejos de donde quería, ya no era él mismo sino una sombra del sueño perseguido.

En la distancia quedó su rostro, con las máscaras sucesivas que tuvo. Y en la isla nadie supo nunca más su nombre, la única riqueza verdadera que llevaba debajo del pecho, desdibujado por los cielos donde intentó ser señal y referencia. Bajo el último de ellos, el cielo de Caracas, fue nuevamente él mismo aquella noche del 5 de abril del año 2000, porque el nuevo milenio no estaría lleno de su gracia. Pobre y solo, sin que el Caribe llevara el eco de quien volvía a juntarse con tierra extraña, con la sal de sus huesos se hacía tierra cubana.

Todos hablaban de él, de la gracia que tuvo, de cómo se movía para inventarse el hombre que, como una armadura, iba a llevar por la tierra americana.

Yo he tenido también que ir a buscar un sol que no era el mío. Disparos extraños en la ventana donde amanece, sobre un mar que no bañó jamás mi torturada, ancha memoria. En ella no estaban su nombre ni su voz, y es sólo ahora, los dos lejanos, ambos fantasmas de una misma caballería celestial, donde he descubierto sus huellas.

Había nacido negro y pobre, dos condiciones repetidas en la faz de este mundo perverso, allá en el barrio habanero de Los Sitios, donde el aire se contagiaba de músicas y ancestros, un 22 de noviembre de 1919, y desde niño tuvo esa sed intensa que le iba a salvar de cualquier marejada. Fue en aquel entonces Canillita, nombre robado a Chaplin en la era muda de nuestros abuelos, y así se acercó, a los once años, al sexteto de otro gran olvidado: el tresero Alfredo Boloña.

Con veinte años, decidió que lo suyo era la noche, el mundo sonoro donde su sangre traviesa le podía abrir caminos entre luces y sombras. Era 1939 y pudo hacer incursiones con el Sexteto Caribe y el conjunto Los Jóvenes de la Crema. Ya poseía su primera máscara visible: la del hombre que marcaría a una tropa de cantantes jaraneros, Orlando Guerra, Cascarita, que iba a adelantarle la imitación de su propia muerte en tierra ajena, dicharachero, atrevido en la forma de montarse sobre los compases que le acompañaban.

Buscando desasirse de ese modelo se fue a México en 1941, solamente para encontrar que la imagen de la que huía, era la que se tenía de todo cantante cubano. Se resignó, tal vez esperando momentos mejores, y lentamente, con su otra arma, el baile, comenzó a ser Kiko Mendive. Las películas de rumberas estaban en pleno auge. Así que su estreno en el cine fue con los pies. Su gracia quedó en *Qué hombre tan simpático*, de 1942.

Era el comienzo de su universo, que siempre iba a encontrar semejanzas con el de otros. Pero su esencia es única, al menos en el celuloide. Allí queda para la memoria, junto a hembras sensuales que el Benny enumeró en esa larga y apetitosa lista que es Mangolele: Blanquita Amaro, Rosita Fornés, Amalia Aguilar, Rosa Carmina, Meche Barba, María Antonieta Pons y Ninón Sevilla. Grupas telúricas, que han sido y serán, testimonio de un tiempo en que América era goce y liviandad.

Ahí están esas cintas que no supimos ver, que no aprendimos a recordar como otros, y de donde jamás le rescatamos: *Cruel destino, Balajú, Embrujo antillano, Bésame mucho, La reina del trópico, El amor de mi bohío, Tania la bella salvaje, Gángsters contra charros, Una mujer con pasado, Me lo dijo Adela, Casa de perdición* y *La engañadora*, entre la treintena de filmes, que hoy no nos atreveríamos a mirar, si no es para sacar del agua del olvido los rostros que aplaudían quienes nos fundaron.

Con esa imagen lograda, donde estaban ya superpuestas las otras, dio el salto a Caracas, que en los años 50 prometía ser una Nueva York tropical. Allá fue en 1952 con Olga Guillot y Noro Morales. La televisión le abrió las puertas en Venezuela, y allí se radicó en 1956 para no regresar jamás a ninguna otra parte. México estaba repleto de Cascaritas, y para rematar, había llegado el auténtico, ya sin la aureola de otros tiempos.

Esa, la televisión, fue su casa definitiva, su país y su gloria. Cantaba, bailaba y hacía humor. Hasta la fatal noche de abril del final de otro siglo. Los que crecieron viéndole, dicharachero y vecinal, en *Media Jarra Musical* y *Radio Rochela*, son más ricos que yo, que le he descubierto ahora bajo antifaces de lejanía y nostalgia, y donde se despoja de ellos en temas como «Palito de tendedera», «Pin pon»o «Quién pompó».

Lo he apresado, con dolor, en esa alegría que tal vez nunca llegó a existir, y que un día borraron en mis tardes junto al mar. Hoy somos solamente dos fantasmas que se encuentran en el tiempo, en diversos tiempos que se hacen uno, sobre una voz que no quiere acabarse. Él lo dijo risueño en este son montuno que cierra mi noche: *Se acaba el mundo.*

El único disco donde le atesoro cierra con otro augurio que me estremece: «La muerte», creación de Memo Salamanca. Allí canta, como una bandera que el viento desgaja a esta hora: *La muerte/ vaya, me llama/ me quiere arrullar para siempre en sus brazos/ lo sé»*. Y termina pidiendo algo que yo ahora también firmo con sangre: *Ay, Satanás, sepárame pasaje.*

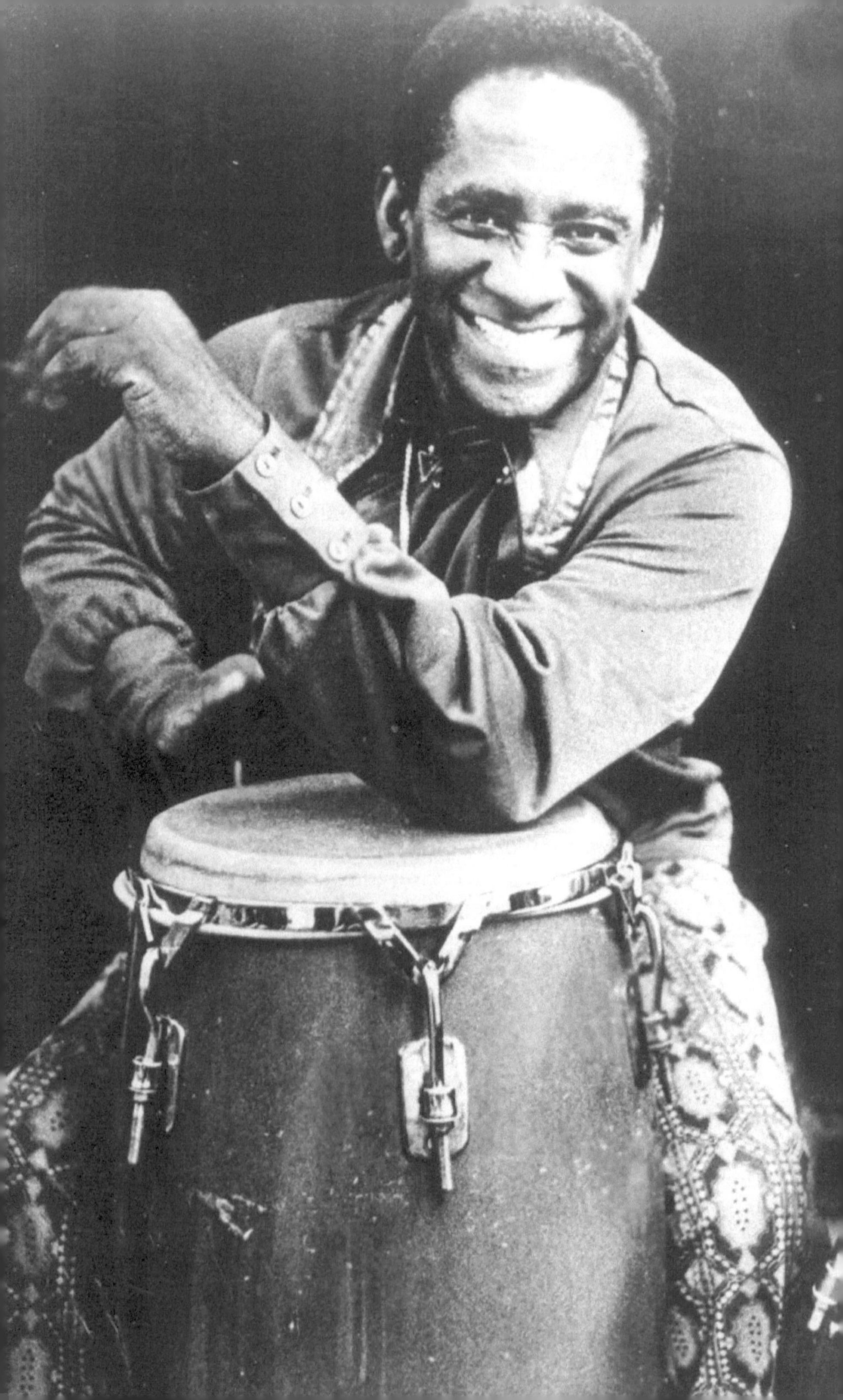

Kabiosile Mongo Santamaría

En la selva del cielo le estaban esperando. Nubes estremecidas, ángeles dispersos, relámpagos incontrolables abrieron a esa hora profunda de su muerte algo parecido a un camino de cuero de chivo para que él arribara atronando el espacio, pidiéndole a Changó estar a su lado, ya para toda la eternidad merecida.

Ahora su parte más humana reposa lejos de sus supuestas raíces, en otro lugar extraño, llamado Woodlawn Park South, en Kendall, al sureste de Miami, tal vez para que su cara de güije que mostraba la alegría como si fuera un susto constante viaje acompañada por el *tam tam* remoto de los indios del lago cercano, que saben también de sonidos bruscos como reclamos en la noche profunda del tiempo, y para los que no hay, como para Mongo Santamaría, otro país que la memoria.

Porque Ramón Santamaría Rodríguez, que naciera, con rabia en las manos, en el barrio de Jesús María, el 7 de abril de 1922, no necesitó nunca la palpable estructura de un país. Su geografía sanguínea, eso que muchos poetas y estudiosos solemnes llaman «la raíz», era como la luz de sus muchos dioses interiores, que viajaban con su sangre en el tiempo, desde aquel abuelo arrancado de la madrugada africana para ser esclavo de hombres diferentes y jamás soñados, y que en su afán de supervivencia supo acomodar los guerreros de la jungla al nuevo paisaje y que se los transmitió al nieto, heredero de las ensoñaciones de su raza.

La costumbre le quiso domar. Los requisitos del hombre blanco le pusieron un violín entre los brazos. Y luego la madre le inclinó a las teclas relumbrantes del piano, que se abrían para él con el marfil y el ébano, pero pudieron más las hondas resonancias, ese mundo tumultuoso que quería salir por sus manos, echando fuego, tronando, marcando las sístoles de la tierra. El bramido de su sangre lo llevó a las congas, el enervante universo rítmico que tienen todas las cosas de este mundo: el tronar del cielo y el paso del tiempo.

El año 1948 se abrió ante sus manos ya profesionales. Había comenzado mucho antes, con el Conjunto Camacho, de Camagüey. Luego, en la capital, pudo grabar con Dámaso Pérez Prado y continuar tocando los cueros en el Sans Souci y el mítico cabaré Tropicana. Con un cuerpo de baile y otros percusionistas, y con la llama de la ilusión que le marcaba la idéntica ruta del gran Chano Pozo, viajó en 1949 a Nueva York, para actuar en una revista de variedades que fue su primer espacio en la prensa, un dato que le alentó en las futuras decisiones. Por ese debut en el Teatro Hispano les bautizaron como Los Diamantes Negros Cubanos.

Gracias a otro músico insular, Gilberto Valdés, se quedó trabajando en aquella especie de sucursal de Tropicana que se había radicado en la ciudad de los rascacielos. Allí abrió la década prodigiosa, la del 1950, repitiendo historia con la efervescente horda de Pérez Prado, que inoculaba por doquier el virus del mambo, hasta que dio con el sonido de jungla de otro percusionista grande, con el que comenzó su verdadera entrada en la historia: era 1951 y Mongo Santamaría calentó los cueros en la Orquesta del boricua Tito Puente, que arrastraba el legado de Machito y sus Afro-cubans y comenzaba a adueñarse de la Gran Manzana. Con esa agrupación dejó en nuestra memoria el virtuosismo de su arte en dos discos ya clásicos: *Puente in Percusión*, de 1955 y *Top Percusión*, de 1957, justo antes de saltar a un proyecto mayor, que iba a ser la puerta de su gloria total: su fusión con el vibrafonista Carl Tjader, con quien lanzó en 1959, en el disco *Mongo*, un tema que iba a tener el mismo efecto de terremoto inolvidable que la «Manteca», de su ídolo Pozo. Ese himno de africanía caribeña y absoluto sabor, no apto para sangres espesas se llamó y se llama «Afro Blue».

Los de adentro de la Isla comenzamos a olvidarlo, o a no reconocerlo, a pesar de que él llevaba en su interior el caldo venturoso de lo que somos. Nos alejamos de su vida y su obra a pesar de que regresó a La Habana en 1960 y allí dejó, sobre los arrecifes y la piel del viento dos de los discos que no pasarán jamás de moda, porque son el vuelco magistral de su herencia y sus sueños bajo el sol insular, y de las extrañas mezclas del Caribe: *Mongo en La Habana* y *Sabroso.*

Ya estaba preparado entonces este mundo para su golpe definitivo, ese relumbrante «Watermelon Man», de Herbie Hanckoc, que Mongo impregnó de un relumbre distinto con los relámpagos de su corazón de jungla y que se mantuvo durante seis semanas en la lista de los diez más escuchados en Estados Unidos, que era en 1962 como decir en el universo total. Su nombre, que ya no precisaba de marquesinas, porque se abría paso solo en los *jam sessions*, en los tugurios del *jazz* desde Chicago a Liverpool, en las mesas tristes de los bares de aquel poblado de pescadores que fuera Miami antes de la ola de coterráneos de Mongo que la situaron en la geografía del sabor, en los espléndidos espectáculos de la Quinta Avenida y en el cine. Era la consagración del maestro, que hizo escuela, dejando una profunda marca indeleble en el jazz, como hiciera antaño el malogrado Chano, en la genialidad de creadores que le acompañaban, como Chick Corea o Michel Camilo, para quienes abrió Mongo Santamaría los horizontes de la sonoridad con aquella sangre sonora que había viajado desde el continente negro a las Antillas y luego recogiera el viento feroz y dulce de los algodonales, la furia perenne del delta del Mississippi, y el metal atemperado de la tradición europea.

Ahora ha cerrado la puerta y adentro suenan sin descanso las congas de esta vida. Las que inventó o supo transmitir, las que llevaba ocultas en la respiración de sus ancestros, las que puso a bailar en Broadway. Que la mano tendida a otro huracán cubano, la Lupe, en su desamparo al arribar a Nueva York en su destierro. Queda el premio Grammy de 1978, con ese disco de sol que se estrena, llamado «Amanecer». Queda su jovialidad incansable, y la esencia que ningún gobierno le pudo arrebatar.

Porque descubrió que, en la libertad del aire, en la amplitud del cielo de la música, no hay barreras, y mucho menos barrotes. Y ha dejado una concepción de la hermandad que entra por los oídos, directa al corazón de los que vendrán. En ese cielo están Chano Pozo, Tito Puente y la Lupe esperándolo, para que el pellejo tenso de los chivos vuelva a marcar, por siempre, el extraño sonido acompasado de la gloria humana.

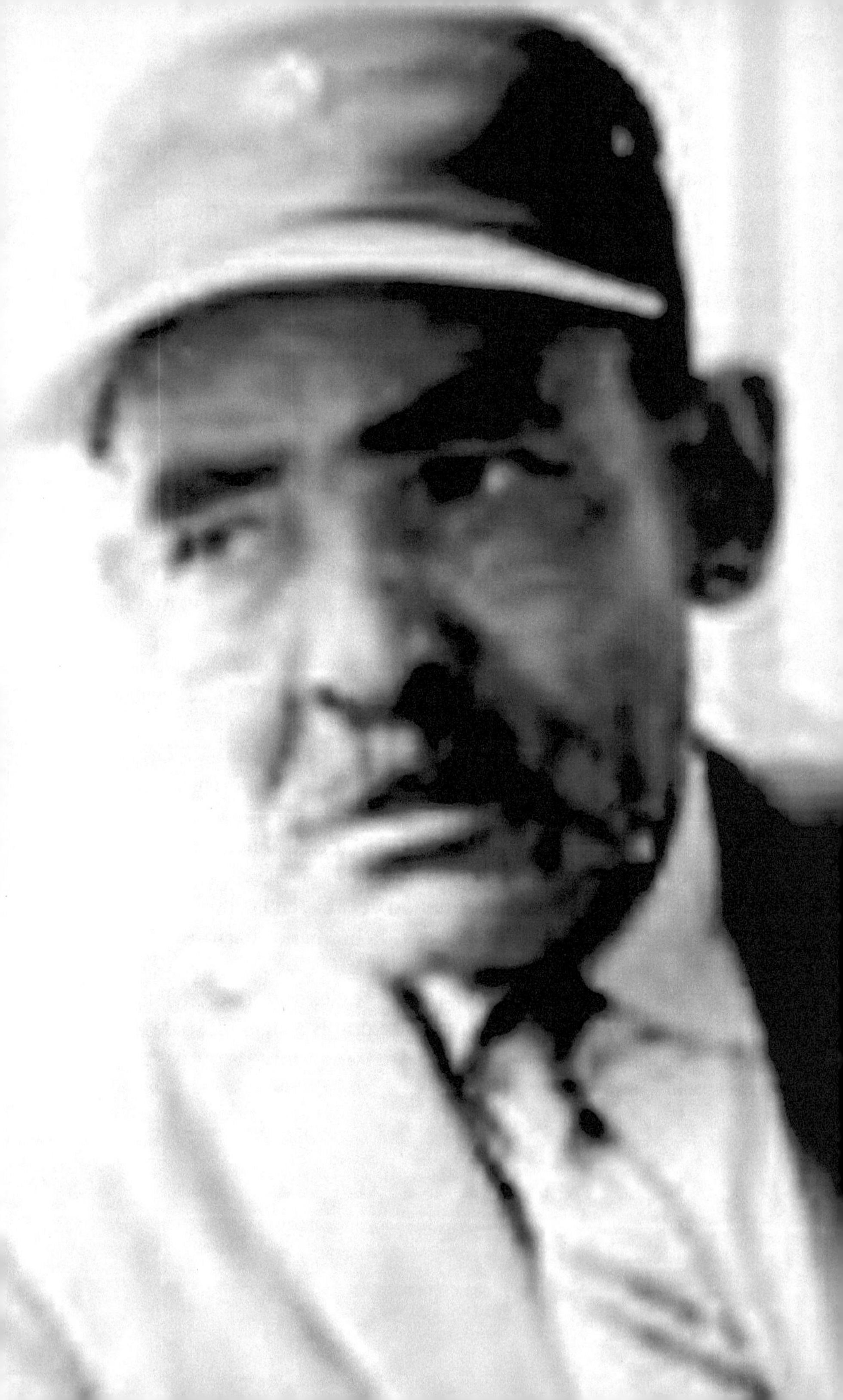

Kabiosile Bienvenido Julián Gutiérrez

Nadie sabe qué ángel atormentado, qué río inesperado en su desorden de estrellas mustias, qué agujero en el tiempo redondo, qué agonía de luces, visitaron a Bienvenido Julián Gutiérrez el día o la noche que escribió «Convergencia», y en una única y excepcional conjura entregara la letra a Marcelino Guerra, Rapindey, para que aquella alucinación, aquel delirio, trajera el amor como un madero húmedo de reproches a esta costa de ahora, donde hubo de instalarse por siempre como un bastión de eternidad.

¿Qué bicho malo le picó, qué gotera caía, qué ruido hacía Dios en las azoteas del mundo? Eso nadie lo puede contar, ni importa ya, aturdidos ante la presencia apabullante de ese texto de aguas enrevesadas y saltarinas, y esa melodía que viene directa, más allá de la última pared del corazón, a provocar sangres que nadie ve.

Lo supe cuando Pablo Milanés rescató de las malas olas del olvido aquella canción que habla de geometrías y naufragios. Y luego tropecé con ella en su versión más sentida, que hiciera el gigantesco sonero Miguelito Cuní en los años cincuenta, con el Conjunto que heredara Félix Chappottín de Arsenio Rodríguez.

Mi búsqueda fue más allá en el tiempo. Con el mar que me aleja, en la ciudad que me cubre antiguas desesperanzas, y protege la nueva ilusión con que renazco, hallé un día, como imagino encuentran los arqueólogos las huellas remotas del hombre, la versión primera de ese tema. Lo cantan Machito Grillo y Johnny López con el ya mítico Cuarteto Caney, y va envuelto en otro viento, cantado con exactitud que más parece asepsia, perfecto en el temblor de las voces que lo animan, pero sin el fuego que más tarde otros pudieron imprimirle, para que fuera en realidad el canto de nadie, el reproche de una sombra que se ahoga en un océano de dudas inexplicables.

El caso de Bienvenido Julián Gutiérrez es un caso extraño, de esos que hacen tambalear mi agnosticismo, y provocan la grieta de una duda personal en el misterio sobrehumano de este mundo. Pienso en Bienvenido Julián y se me ocurre entonces que Dios no es impalpable, que su presencia asoma en forma de estos destellos deslumbrantes, o que hay algo en el aire que busca cuerpos, mentes y corazones como el suyo, para justificar los sonidos que nadie ha podido recrear. ¿Sería ese rostro de Dios el que tuvo el compositor aquel día, a finales de 1939 o inicios de 1940, cuando le llevó a Rapindey los versos enigmáticos —transidos de un aparente lirismo trasnochado— de «Convergencia», ese bolero filosófico, que ningún otro músico había acertado a llevar al pentagrama? ¿Era la oscura y misteriosa mano de una fuerza mayor?

He buscado su rostro y no aparece. Creo tener una imagen del ser humano que fue, mulato de carnes breves y baja estatura. No sé dónde le he visto. En qué sueño, en qué río de mis grandes y espesas nostalgias apareció Bienvenido Julián Gutiérrez, traído por la voz de Cuní, o la de Abelardo Barroso, quien hizo suyo aquel otro canto de pena —entre la burla y el desgarramiento— titulado «El huerfanito», con el que nos conmovió siempre cuando gritaba en el aire, como un aullido del viento entre las hojas de la noche: *Yo no tengo ni padre ni madre que sufran mis penas,/ huérfano soy./ Sólo llevo tristeza y martirio en el alma/ el cruel dolor/ de no hallar una mujer,/ una mujer buena,/ que mitigue las penas tan grandes que llevo en el alma/ con tierno amor,* mientras el coro de la Orquesta Sensación repite, tras cada estrofa de aparente desolación en el reclamo: *Yo no tengo padre, yo no tengo madre, yo no tengo a nadie que me quiera a mí.*

De niño, en el silencio inocente de mi casa, sonaba confundiéndome a diario ese son que Barroso llevara a cadencia de chachachá. El niño que yo fui no comprendía cómo podían cantar aquel hondo dolor con tan alegre despreocupación. Luego, cuando la vida misma me fue cercenando ramas de inocencia y he intentado entender más el alma de mi pueblo, esa creación de Bienvenido Julián me parece la muestra más rotunda de la picaresca. Y hasta me ha servido, en breves ocasiones desoladas, para desequilibrar el alma de una dama. Es la conmiseración llevada a engaño a través de la súplica, lástima que busca amor enarbolando la orfandad como un estandarte de soledad e indefensión. Ahora me hace reír con sana alegría, y más cuando recuerdo las caras de pavor que esa canción me provocara en la infancia.

Siendo presencia fantasmal, Bienvenido Julián Gutiérrez ha estado siempre rodeándome, cercándome como un animal incorpóreo.

Ahora le he rescatado. Hoy sé que vio la luz en La Habana el 22 de marzo de 1900, nacido para marcar el siglo con su amplio signo. Ahora escucho la voz que nunca tuvo, recreando la otra burla de jolgorio derramado que se llama «El diablo tún tún», o con la voz que le ha prestado para siempre Miguelito Cuní, que entona ese himno de veneración a nuestra patrona, la Caridad del Cobre, cuando invoca a los tres navegantes salvados por su luz imprevista y que se titula «Los tres Juanes». ¿Cómo pudo labrarse la inmortalidad sin saber cantar o tocar instrumento alguno? ¿Cuál es el secreto de su fecunda inspiración, que le convertía, más en instrumento del cielo que un artista a la usanza? Para ello no tengo respuestas.

Sólo se me ocurre que todo le vino en sus inicios, con aquel coro de claves, Los Roncos, donde volaba su mente inspirada componiendo los lamentos portuarios que son el guaguancó, el yambú y la columbia. En el fragor de los repiqueteos con que los negros transmitían al espacio sus señales de vida y muerte, en la queja bronca de las tumbadoras, en el vuelo sesgado del requinto, debió encontrar Bienvenido Julián Gutiérrez los cauces secretos de las historias que fue llenando de palabras, y que luego se acomodaron, perfectas, a la sonoridad de los sextetos y septetos de son.

Vivió sesentaiséis años de su siglo. En boleros, rumbas, guarachas y sones dejó una huella en nuestro mundo, más palpable que su persona física. Murió el 10 de diciembre de 1966, en la misma ciudad donde transcurrió su vida de fantasma sonoro.

Pienso en el mar que rodea la ciudad; cierro los ojos e imagino la vivencia contada en «Convergencia», el bolero finísimo escrito por un negro sin estudios, a quien la inspiración le hizo trazar, con puras palabras, imágenes de geometría mortal con las que quiso cantarle al abandono y la desesperanza. Y entra Cuní, a dúo con Pablo Milanés, o Machito con Johnny López en el albor de los tiempos, y el mar se revuelve con los restos de ese desamor testimoniado. Y en el sueño que sueño, las palabras se hacen imágenes dolorosas al escuchar: *Madero de nave que naufragó,/ piedra rodando sobre sí misma,/ alma doliente vagando a solas/ de playas olas, así soy yo,/ la línea recta que convergió,/ porque la tuya al final volvió...*

Entonces se sienta, como una sombra, Bienvenido Julián Gutiérrez en el arrecife de mi agradecida memoria.

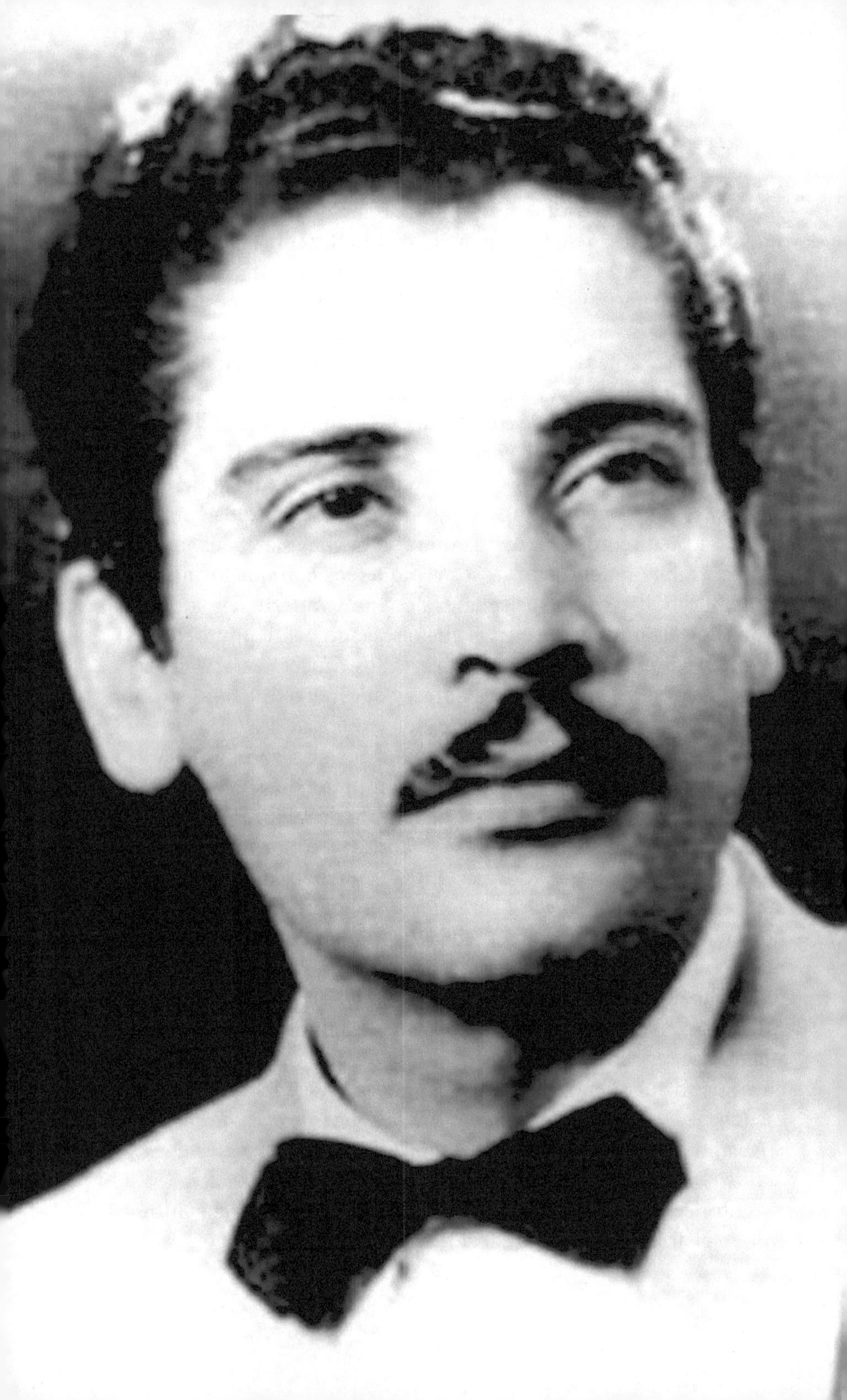

Kabiosile Daniel Santos

¿Quién me dice que no era nuestro? ¿Quién se atreverá a robarme el corazón del Inquieto Anacobero de la savia de mi corazón? ¿Quién pondrá su mano despiadada en mi memoria, la memoria que aprendí luego de saber que tengo memoria, y cercenará de esa Habana que amo la presencia rotunda del Jefe, con su *tíbiri tábara* en todos los rincones?

Nadie se atreverá. Nadie puede contra las fortificaciones de lo que uno ama desaforadamente. Ningún poder extraño tiene ya ese poder.

El nombre de Daniel Santos era desconocido para mí en aquella Habana de 1980. Nunca supe que junto a El Rincón de Hernando, allí en la calle O, cuando moría o se difuminaba en la Calzada de la Infanta, o se convertía de pronto, inexplicablemente, en Humbolt, para comenzar el tejido minúsculo de cuchillos repletos de bares como el Celeste o el Detroit, había fundado su propio bar en 1958. Un bar que duró poco, lo que en Cuba se dice que dura un merengue en la puerta de un colegio. Él, que espero la entrada de Fidel Castro, desde la azotea de Radio Progreso, aquel 8 de enero, con su corazón rebelde, de independentista furibundo, el corazón justiciero que lo mató casi cuarenta años más tarde.

Su nombre fue un enigma para mí en aquellos años de mi asombro radial, cuando comencé esta larga y amorosa carrera en la COCO, «el periódico del aire», que fundara aquel periodista de voz amarga y ademanes justicieros llamado Guido García Inclán. En mis pininos llenos de incertidumbre, cuando comenzaba a sumergirme atolondrado en los tesoros de la música cubana, me hice cargo de un raro programa sabatino de variedades, que fui llenando de secciones y otros delirios para que se pareciera más a mí que a lo que antes fuera. Entonces, puntuales cada lunes en la mañana, en la abultada correspondencia que recibíamos, encontraba sin falta una postal, la misma imagen de La Habana y el mismo remitente. Era un oyente, de esos obsesionados con una hora y un espacio. Con su caligrafía de hombre mayor felicitaba al colectivo de aquella Caravana Musical de cada sábado, y al final, justo al final, iba su petición sencilla que ha quedado marcada en mi recuerdo: «Quiero ser complacido con Daniel Santos cantando «Pa´ fricasé los pollos». Llegué a odiarlos. Al solicitante y al intérprete. A sus pollos, al fricasé de cada lunes, a la voz de aquel raro cantante boricua que había dejado tanta huella.

Pero estaba ya herido de curiosidad. Herido por la extraña manera en que aquel hombre cantaba, repleto de desfachatez y pasión, de júbilo y angustia. Y lo busqué, primero con dudosas intenciones. Ya luego convencido, entregado, y converso a la fe de Daniel Santos. Y encontré su vida y sus milagros, su estatura de hombre humano y la oculta pena tras tanta alegría volcánica. Así entré a los predios fogosos de la Sonora Matancera, y a la historia del mítico personaje conocido como Bigote e´Gato, el asturiano dueño de un bar en Teniente Rey 308, que deambula aún, a sus 91 años de locura invencible, bajo una *xapela*, como un fantasma irrecuperable por Luyanó.

Gracias a Daniel Santos me enteré de lo amargo y hermoso que tiene la «Humanidad», y me zambullí de lleno en el «Tíbiri tábara», que no tiene explicación idiomática y hay que expresar en puro cubano con los hombros, las manos y los ojos. No encontré a «Linda», más allá del enigmático bolero rastreado en los ojos de todas las mujeres que he amado, y que no tuvieron noticias de El Jefe, y nunca sospecharon que yo buscaba algo más que sus lavas sinceras.

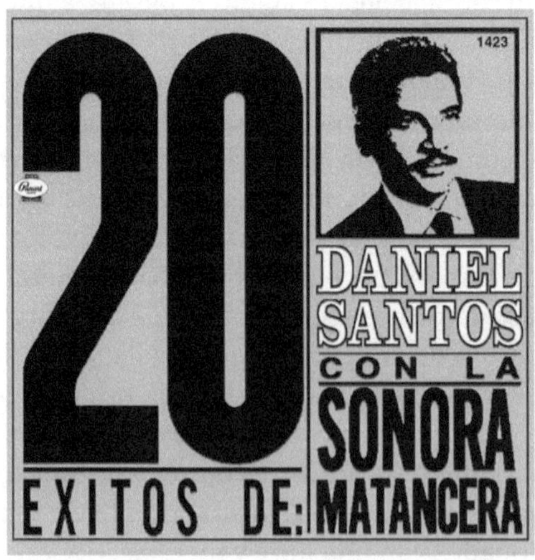

Y le encontré, yo jubiloso, mozo juerguista y mujeriego, allá en los años cuarenta, casi al unísono con Pedro Flores y Rafael Hernández, en aquel bar de mala muerte de Nueva York, donde cantaba por diez dólares la noche y todo el vino que resistieran sus entrañas victoriosas.

¿Quién se atreverá a decir que no es de los nuestros, cubanísimo de vocación, tristezas y jolgorios, cantando su aporte al ajiaco en que solamente le tocaba poner la boca? ¿Quién me arrebatará a Daniel Santos más allá de su muerte, el 27 de noviembre de 1992, segado por una sombra en el corazón tras siete matrimonios y mil mujeres? ¿Quién vendrá a negarme el polvo habanero de su polvo, su ceniza que vuelve a hacerse sangre y hombre conmovido y conmovedor cantando para siempre «Dos gardenias»?

Gracias, Jefe, Inquieto Anacobero que andarás revolviendo los cielos con tus piruetas humanas. Sigues aquí, y seguirás. Aunque comiencen de nuevo a llegar postales, con un remitente obseso, pidiendo que quiere un pollo pa´fricasé. Yo seguiré esperándote en el tíbiri tábara, ese amago indescifrable del sueño cubano.

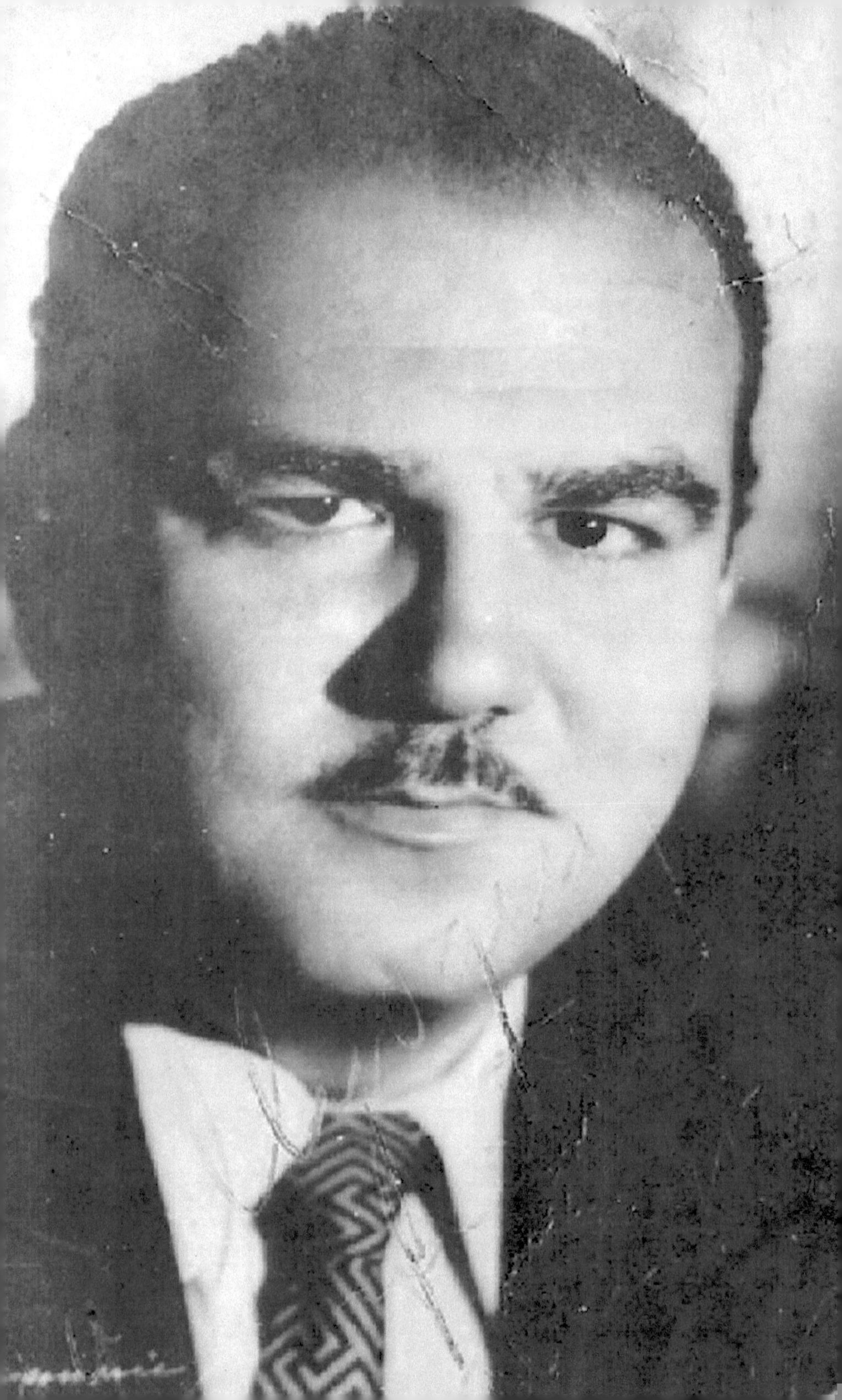

Kabiosile René Cabel

Soltando el alma por la boca, convertida su ansia en aire tremendo que el fuego de sus dieciséis años reforzaba, un muchacho lleno de sueños, lleno de música para siempre, en 1930, frente a un micrófono de la emisora CMBD de la ciudad de La Habana, dejó de llamarse José de Jesús Cabezas Rodríguez, para ostentar, en todos los rincones de América, otra marca en la piel y en el rostro, y desde entonces fue, simplemente, contra el olvido, René Cabel, acompañando a los que saben amar.

Cómo llamarse así. Cómo recordar luego, en el muro del malecón, o en la planicie de los cielos, que la voz que entona el canto que hace soñar a la persona amada se llama José de Jesús, que parece apelativo más de jefe de secta y no santo y seña del alma. Recordar que el dueño de un torrente sonoro que estremece tiene el inhumano nombre de José de Jesús Cabezas Rodríguez no es cosa de humanos. Por eso aquella tarde, cuando el febril muchacho que lo portaba, abrió su portentosa cascada interior, el avispado empresario Gaspar Pumarejo le inventó aquella nueva mascarada real, el escudo de guerra que el tenor iba a cargar para siempre en el asalto a las huestes del amor. Armado caballero, ungido, convertido en suave león que embelesa más que asusta, René Cabel salió a la tarde habanera siendo otro y él mismo, con la llave para abrir el cielo de los grandes. Había nacido para la música.

Algo de magia le acompañaba en el empeño; alguna sombra extraña le cubría con la fronda de pasadas glorias que iban a pertenecerle, poco a poco, en el hechizo del canto. El muchacho de largo nombre que sufrió otro bautizo aquella tarde del año 1930, había estudiado, nada menos, que con el maestro Arturo Bovy, el director del coro que acompañó a Enrico Caruso en 1919, en su accidentada visita a La Habana. De algún modo el aura del tenor italiano le había aupado la sangre impetuosa al ahora René Cabel, y soñaba victoriosas escalas y aplaudidas arias en la Scala de Milán.

Pero no fue posible. A esta altura del mundo nada recuerda por qué —tras ocho años de empeño— nunca logró incursionar en el bel canto. Tal vez fuera su éxito impactante en 1933, con el apoyo de un pianista, dedicando su técnica exquisita a la canción romántica, y al bolero de raíz lenta y espaciosa que comenzaba a hacer temblar en cristal del universo. Fue culpable el bolero de que su torrente tronante conquistara cauces nuevos, siendo luz y penumbra para las almas que se buscan.

Hubo también otros culpables, para bien nuestro. Yo le agradezco a René Cabel estar vivo, porque el corazón de mi padre pudo derramarse así en la piel de aquella muchacha menuda que tintineaba bajo la luz esperándole. Con la voz del tenor pudo mi padre detener el tiempo, hacerlo suyo, manejando a su antojo entre las olas del amor, aquel reloj que construyó Roberto Cantoral para que soñaran las muchachas tímidas. Fue el maestro Ernesto Lecuona uno de esos trampolines, que propiciaron que Cabel cubriera con su voz el cielo de mi isla.

Con una pieza de Lecuona, «Yo quiero que sepas», invitado por este a uno de sus conciertos habituales, arrancó el júbilo a los presentes y tuvo que repetirlo cinco veces aquella noche de su gloria. Había cantado en 1934 acompañado por la Orquesta de los Hermanos Castro, una de las familias más musicales de Cuba. Amparado por sus aciertos, y con el ímpetu de sus veintitrés años, se lanzó a México, el inicio de otro gran sendero para su lírica impecable. Tierra del gran Pedro Vargas, que ya había hecho el camino en dirección contraria, Cabel se sumergió en el desafío. Vargas tenía, en su bautismo total, el título de Tenor de América. El cubano se contentó con un reinado menor, territorio marino de profundas resonancias. Así fue desde entonces El Tenor de las Antillas, un vasto imperio de islas sensuales, desperdigadas, míticas. La noche del mar cálido fue diferente escuchándole, en ese rosario de amores inmemoriales que huelen a salitre y brisa ardiente. Nadie que le escuche ahora en «Lejos de ti», «Despecho»,«Inspiración», «La barca», «Santa» o «Mujer», puede abrir los ojos del mismo modo al siguiente amanecer. Algo en su interior se habrá roto o brillará de otra manera, algún ruido del viento le evocará otras historias, como si en su corazón se almacenaran otras distancias, otros besos, las palabras no dichas nunca antes por la dicha.

No estuvo en las victrolas de los bares marrulleros. No hizo llorar a borrachitos desamparados. Sin embargo, logró, desde las aguas tibias de ese mar que rodea las islas antillanas, acercarse a la gente a lo mejor del sentimiento, eso que los tristes espíritus han dado en llamar «lo romántico» o «canción romántica», y que no es más que el sentimiento humano con el que nos enfrentamos a las profundas cosas de la fundación de la vida.

Dicen que el presidente Carlos Prío Socarrás no dejaba de escuchar cada día la versión de «Peregrina» en la honda nostalgia del aire de Cabel.

Mi madre murió antes, sin haber dejado de ser la muchacha que esperó que aquel reloj que viajaba en la voz del tenor, dejara de marcar, inclemente, las horas del susto de los hombres, esos golpes de tiempo que nos acercan al adiós. No supo nunca que René Cabel, que una vez fue José de Jesús Cabezas Rodríguez hasta que le encontró la finísima mirada de Gaspar Pumarejo, había detenido su maquinaria lírica la noche del 14 de marzo de 1998, bajo el cielo acerado de Santa Fé de Bogotá, Colombia. Allí vivió desde 1964, y se ocupó de cosas más profanas, dirigiendo espectáculos en el Hotel Tequendama, donde seguro vio morir a otro grande, Miguelito Valdés.

Desde las olas espesas del sueño le regalo al gran tenor una bienvenida tardía. Puntual, como deben hacer los agradecidos, le doy la despedida y las gracias, aunque sólo sea porque hizo soñar y amar. Tal vez en nombre de aquella muchacha que una vez fue mi madre, que confundió el otoño con su voz, y que sintió saltar su corazón con el rumor de su llamado.

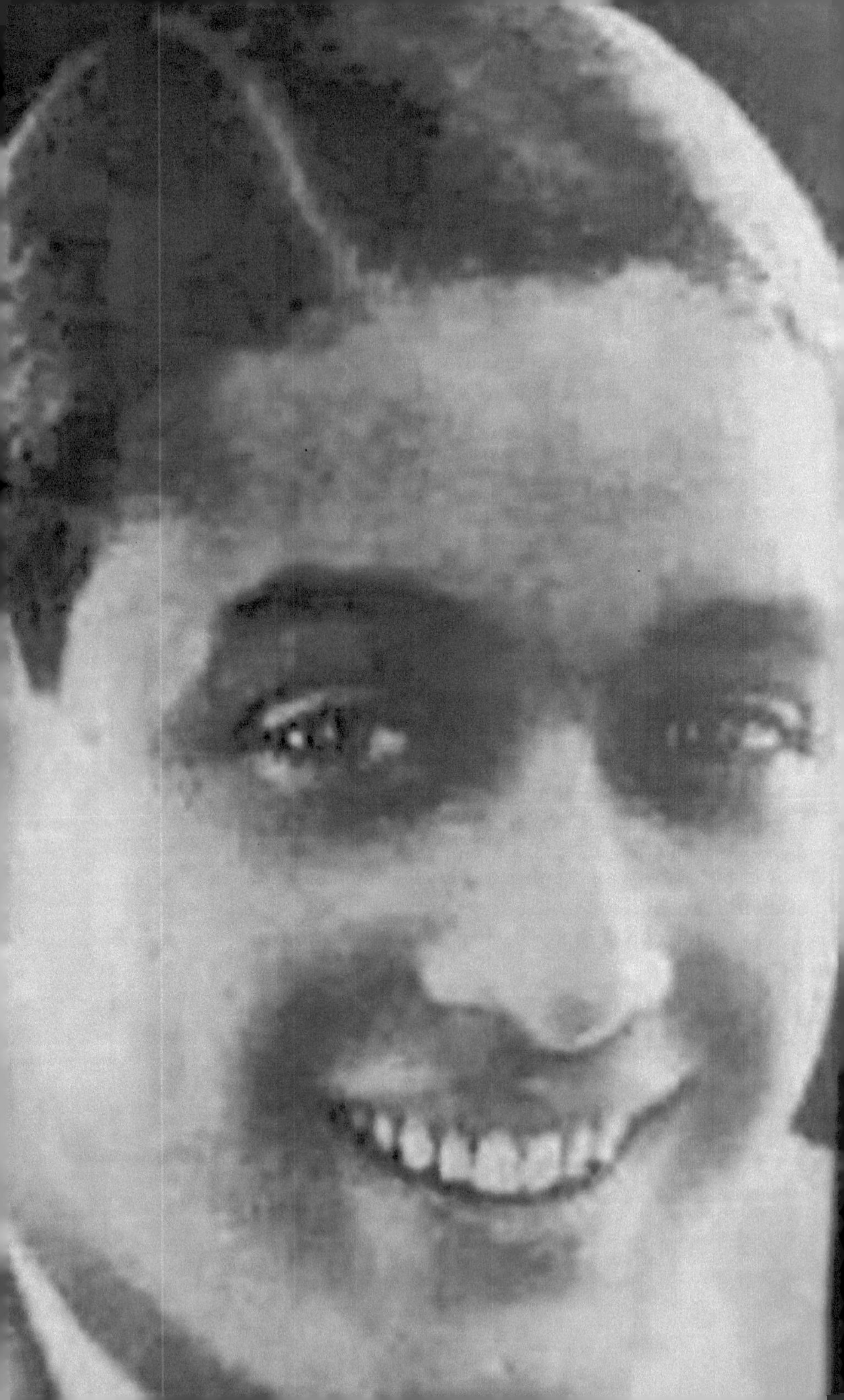

Kabiosile Fernando Collazo

El hombre que parecía haber logrado todo, que miraba rendido el mundo a sus pies, decidió, un mal día, dejar a Dios llorando y se marchó, por alucinación o delirio; tal vez por tristeza, pero de mano suya, misteriosamente. Ahora escucho su voz por vez primera; La Habana resurge, desconocida y frenética, y se me posa mordiendo el corazón. La Habana elegante, iluminada, bajo la brisa del salitre a la que siempre regresó, y donde le esperaba un disparo funesto la tarde del lunes 16 de octubre de 1939, para que se apagaran, con ese eco, las alas de los pájaros que atravesaban la ciudad.

En nueve años lo había logrado casi todo: las más hermosas mujeres, a quienes prometía en un danzonete, *arrancar las pupilas/ las pupilas de tus ojos/ donde está mi corazón*; el delirio del público, la aclamación en la joven radio, el entusiasmo de los mejores sastres, los relumbres de París y Nueva York, y el aplauso de un rey de Suecia, que tal vez sintió su sangre invadida por la corriente del Caribe aquella única vez.

Alejo Carpentier lo describió para la sociedad habanera desde la revista *Carteles* con estas palabras de casi alabanza femenina: «un mozo inteligente y bien plantado», y parece que era cierto, porque a una voz mesurada y a una contenida manera de cantar, unía su alta estatura y unos portes de príncipe que nadie sabe cómo heredó en San Antonio de los Baños, el pueblecito junto al río Ariguanabo donde naciera, en 1909, para ser un extraño tabaquero que le imprimía una música distinta a las hojas de los puros que más tarde, en lejanas tierras, asombrarían a todos con rítmicos juegos de humo gris.

Las calurosas naves profundas donde se construían esos instrumentos de placer que usaban los indios, le vieron pocos años. En 1930 dejó que su sangre natural corriera libre y se instaló en la música, sin pensar que iba a tener tan poco tiempo para amar y asombrarnos. Con 21 años recién cumplidos fundó su Septeto Cuba, en la corriente sonora de la época, cuando ya esas agrupaciones mezclaban las extrañas mieles del son en ascenso con el elegante danzón, pariendo un hijo muchas veces incomprendido en su fusión: el danzonete, cuya primera fórmula había ensayado, con relativo éxito de bailadores, el matancero Aniceto Díaz bajo un cielo cercano en 1929.

Hoy tengo su voz, rescatada en el tiempo que ni siquiera pudo atesorar la memoria rocosa de mi padre. Le descubro grabando en la Gran Manzana con la orquesta de Armando Valdespí, la semilla de unos tristes boleros que aún no habían perdido el misterio, como de orfebrería menuda, a medio camino entre los oropeles de la vieja trova y los incendiarios culebrones cantados que iba a traer este mundo una década después. Canta sereno, como si fuera un acto más de su vida, un hecho natural, sin necesidad de adornar más sus gorjeos. Un entrenamiento que practicaría más tarde bajo la batuta del mago de las teclas, Antonio María Romeu, y que le llevarían, en los tormentosos años que precedieron a su huida estruendosa de este mundo, a fundar otro sueño: la orquesta Habana que al transformarse sería, como recordando el color de lo efímero de aquellos habanos que construyó de joven, la orquesta Gris.

Asombrado y distante le he seguido los pasos a esa voz, hasta completar al hombre mortal que parecía el más satisfecho de todos, aquel que se dejó amar, y quien, según testimonios, fue el primer músico popular que ganó el suficiente dinero para recorrer la ciudad en automóvil propio. Hasta sus más cercanos, esos que ahora, en la telaraña del tiempo le vuelven a sentir como un fantasma cálido en la noche, a orillas del Sena, o en los estudios de la emisora COCO de la capital cubana, repiten las versiones de espanto que corrieron de boca en boca, cuando dejó su cuerpo sin sangre aquel lunes de octubre. Aparecen rumores de asesinato, de suicidio por incomprendida impotencia sexual, de crimen político, y hasta de muerte por miedo al escándalo, porque alguien descubrió la despiadada historia de sus supuestas inclinaciones prohibidas, en una relación con un modisto catalán, su amor más feroz.

Nadie acertó. Ninguno pudo ver, tras el impresionante corpachón de Fernando Collazo, el corazón de cristal delicado que le llevaba por la vida, con insatisfacciones y deseos, con un ansia de amor a una sola mujer, como un Quijote desolado que le obligara a partir, en los senderos de la muerte infeliz, ante el miedo a perder a su dama, que ya movía el picaporte para alejarse del hogar cuando su corazón no le pertenecía.

La llamó para siempre con ese disparo que todo lo hizo inútil. Clamaba por ella en el suelo de aquella habitación, cerrada con los cerrojos del miedo y la sombra. Supo morir como los caballeros, inmolarse en la hoguera de su ilusión, sin comprender que nos dejaba huérfanos bajo la marquesina de su nombre, la tarde de un lunes cabizbajo, en un cuarto de la calle Figuras número 20, en la capital musical del universo.

La mujer que se llevaba su amor tenía, aún en aquellos minutos inundados de pólvora y desaliento, un nombre de novela radial del mediodía: Mirta Isabel Parrondo. No sé qué pudo sentir al acudir ante el disparo infame, y contemplar, tendido en un charco de penas rojas y palabras no dichas, ese pasado suyo que se iba convirtiendo en olvido bajo las sombras indiferentes de La Habana.

No llego tampoco a imaginar con qué ojos vería, en las tardes futuras del siglo, aquel documental, *Maracas y bongó*, dirigido por Max Tosquella en 1932, y que ha resultado ser el primer corto sonoro de nuestra historia. Lo digo porque Fernando lo había anunciado mucho antes, en un tema de Valdespí titulado «Mi corazón en tus pupilas», que grabó en Nueva York el 9 de octubre de 1935, donde soltaba al aire un secreto tan plomizo como la bala que le mordería cuatro años más tarde: *«Me dirán que es posible adorarte/ desde el otro mundo/ con tanto fervor».*

Hoy que adivino que su voz será otro sonido que me acompañará para siempre, cuando intento atrapar en la distancia el humo de grises volutas que comenzó a salir de su fantasma cargado de pena, y el olor de aquel mundo de entreguerras, que resulta maravilloso en el ardor balbuciente de los más viejos, no imagino cómo pudo la ciudad seguir desperezándose en la neblina de su ausencia.

Gira el disco donde está guardada su muerte infinita. Desde ese misterio sale su voz, casi calmada, anunciando el horror que ya estaría acumulando. Le escucho decir, en la cadencia de un bolero que guarda amargos compases de contrabajo, estos versos: *Cuando sólo me quede un momento de vida/ y no pueda luchar por tu amor,/ llamaré a los dioses que saben/ lo grande y sincero que fue mi querer.* Aquella tarde los llamó.

Su tronante clamor también comienza a perseguirme.

Y en las paredes de mi casa lejana, las brillantes volutas de otro humo dibujan un corazón que se deshace.

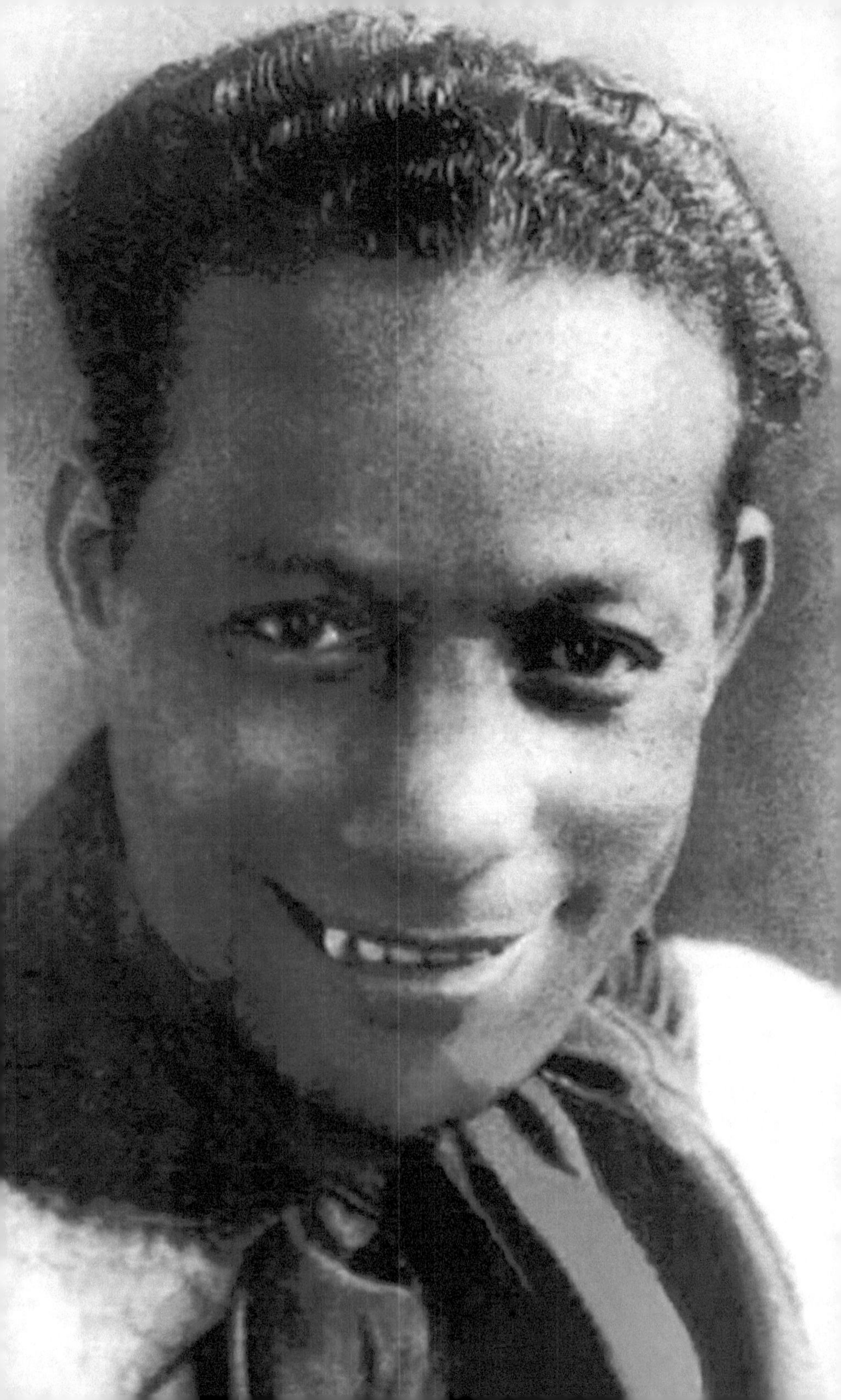

Kabiosile Ignacio Piñeiro

Bajo el sabor del sol y del salitre, Ignacio desanda la ciudad. Es la misma y es distinta a la que conoceré ochenta años más tarde; la que creció ante mis ojos con asombro de provinciano; la que se fue derrumbando entre relámpagos de nostalgia. Y ante sus cantos poderosos, los de Ignacio Piñeiro y los de la ciudad, que son hoy por fin lo mismo, sufrí idéntica evolución que el ritmo que él llevó a alturas insospechadas: el son cubano, nacido en las montañas donde se azoró mi niñez, y que luego viajara, engrosando sus aires con otros sonidos a su paso, hasta llegar a aquella capital que ya se abría distinta; y en las manos de Ignacio Piñeiro transformara lentamente su cadencia y sus modos, el aderezo de sus cantos, sus estribillos de picaresca arremolinada, y su sabiduría total, con el salitre y las voces heridas de los cabildos y los negros que mal vivían en el puerto, echándose las cosas del mundo sobre los hombros.

Porque Ignacio Piñeiro —salido a iluminar el 21 de mayo de 1888 en el barrio de Jesús María, la academia de música popular más grande del mundo, y con una densidad inaudita de población de origen africano— se mudó siendo niño todavía a otro barrio igualmente sonoro: Pueblo Nuevo. En ellos se nutrió de los cantos tristes que el tambor dictaba. Allí bebió los ritos antiguos del hombre, la cadencia sanguínea del guaguancó, que es filosofía oral con el encanto del trueno, y el culto a la hombría, a la amistad, a la música como libertad única. Un escape hacia esferas donde se es prácticamente intocable. Tal vez por eso escribió y cantó esta estrofa de amor a una mujer, donde proclamó para siempre sus caminos: *Nació en el mismo solar que yo nací/ es buena como yo,/ le encantan las melodías de los suburbios,/ y da su corazón/ cuando siente este cantar./ El guaguancó es lo más bueno que convida Dios.*

Más tarde repetiría la afirmación: *La rumba la manda Dios/ ay qué buena está.*

Era 1906 y había aprendido esa verdad que le recorría el alma como un estertor de dicha, cantando en la agrupación Timbre de

Oro, de clave y guaguancó, y luego en Los Roncos, la pasión más duradera de su existencia, mientras sus manos tocaban otras cosas mortales que le alimentaban el cuerpo. De esa manera cruzó por un sin fin de oficios: tonelero, portuario, fundidor, tabaquero, y, fundamentalmente, albañil, en el que se hizo maestro. Los azulejos del Capitolio Nacional conservan el olor de su empeño.

Pero esas cosas humanas eran «lo otro». La música era el fuego que le iluminaba cada acto. Así comenzó a dar forma lo que cargaba en su pecho, las historias que veía o soñaba, y las sentencias que más tarde serían bocadillo obligado en todos los labios. Aún era rumba plena, rumba sola, el conjuro de los ancestros en el fragor del cuero y el aguardiente, la luz de profundo respeto a los orishas benefactores, santos transmutados desde el corazón verde del África al nuevo mundo que chorreaba sangre y pena. Quizá de esa sincera cercanía surgieron dos de sus temas, de extraña y contenida fascinación hacia las deidades: «Mayeya, no juegues con los santos» y «En la alta sociedad», primer son cantado años más tarde en «lengua»por una mujer, María Teresa Vera, que tanto bien haría a su vida.

Ya había mezclado a dios con asuntos de los hombres. El dios de los blancos, el que los conquistadores le metieron en las venas a su estirpe robada de otros paisajes. Y había dado a ese dios lo que era de dios, y a la rumba lo que era de esa explosión del espíritu: *Rumba: ¿qué le has hecho a mi pobre mujer?*

Por eso, un día, en la sencillez de sus divertimentos y asombros, supo decir sin escandalizar: *Mayeya,/ no quiero que me engáñes,/ respeta los collares,/ no juegues con los santos./ No pretendas engañarme con ese cuento,/ porque todos en Cubita nos conocemos...* Para soltar una verdad limpia como una piedra de río: el que no lleva amarillo, se tapa con azul. Y rematar la advertencia, aparentemente solemne, con el relajo sagrado del son: *Venga ori baba.../ Delante e ´los santos no debes jugar...*

A partir de 1920 algo novedoso remueve las piedras de la ciudad. Primero oculto, denostado, silenciado por aquella sociedad blanca que más tarde iba a sufrir su inevitable hechizo. El son había arribado a la capital, todavía con el olor a monte y serranía, a tres manigüero, a quijada de burro, con un lenguaje demasiado seco para el jolgorio que la noche avisaba. Y aquel ritmo de letanías cansinas iba a encontrar en La Habana a su artífice, como en otro sentido lo halló en Miguel Matamoros al pie del lomerío alegre de Santiago de Cuba. Piñeiro, que había pasado ya por otro coro de clave conocido como Renacimiento, aprendió el contrabajo que marcaba los golpes telúricos del oleaje, con la misma María Teresa Vera, marcada desde 1916 por aquella espléndida sonoridad. Y fue entonces músico de plantilla de una agrupación pionera: El Sexteto Occidente, donde comenzó a nutrir el repertorio con creaciones suyas que traían ya otros latidos.

En esa fragua afiló sus armas. Olió el porvenir que iba a traer el nuevo ritmo con ese estallido de dulzura y picardía derramado sobre nuestro país, y que se extendería por otros, metido en los huesos de quienes escucharan el reclamo. Con el Occidente viajó a Nueva York en 1926, y grabaron una veintena de buenos sones. Diez llevaban su firma, esa rúbrica indeleble que al año siguiente le abriría las puertas del tiempo con la fundación de su mejor legado: El Sexteto Nacional, competencia fraternal con el Sexteto Habanero, que se instalaría en la sed de los cubanos gracias a sus mañas de mago, constructor de cadencias irresistibles, poseedor de una gracia sin límites, civilizador del ritmo de quien se dice fue el primero en hacer citadino. Un son con rostro y murmullo de ciudad abierta a la alegría mundial.

Si con el Occidente de María Teresa había lanzado el guante retador con piezas ahora clásicas, como «Tápame que tengo frío», «Cabo de la guardia» y «Yo no tumbo caña», con su agrupación escribiría la página total de los futuros rumbos. Por ello, apostándolo todo a su instinto increíble, lanzó esta máxima que pone el nuevo ritmo en el paraíso, y lo equipara con los manjares celestiales: *El son es lo más sublime/ para el alma divertir. / Se debía de morir/ quien por bueno no lo estime.*

Fueron 327 sones, como golpes lanzados al futuro; como bichitos que iban a fundar, en la sangre del pueblo, el reino de la alegría; como 327 rostros para vivir. Quizá el más famoso es donde cuenta un lance de delirio que terminará casi en la profunda gastronomía: *Salí de casa una noche aventurera/ buscando ambiente de placer y de alegría/ ay mi Dios/ cuánto gocé./ En un sopor la noche pasé.*

Llega entonces a una fonda en las afueras de La Habana, en el camino hacia Matanzas, en Catalina de Güines: *En Catalina me encontré lo no pensado/ la voz de aquel que pregonaba así.../ Échale salsita, échale salsita...*

Se titula precisamente de ese modo, e inauguró claves secretas en el decir, misterios de una esencia que pasa del caldero al baile, y una de las promociones más rotundas de este universo, aún ahora que aquel sitio está en ruinas y lleno de fantasmas: *En este cantar propongo/ lo que dice mi segundo:/ no hay butifarra en el mundo/ como la que hace El Congo.*

Habanizando el son rompió el horizonte, se hizo universal. George Gerhswin puso compases de aquella «salsita» en su «Obertura cubana» y la mostró al universo como un tesoro inconfundible.

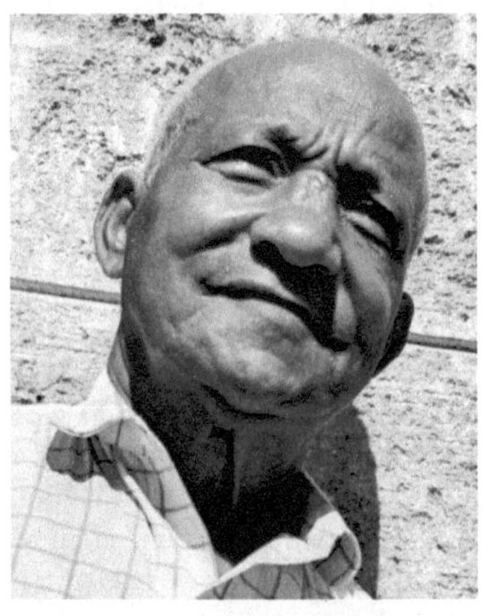

Ignacio es uno de los pilares para comprender esa Isla que ha sobrevivido a tristezas humanas y divinas. Sentó las bases de una expresión que llevo con orgullo en la distancia. Y, como Matamoros, dejó un caudal de frases y sonidos que me defienden del horror, cuando del fondo de mi corazón salen a instalarse, a la manera de esas nanas que una madre ha cantado en la frontera del sueño, los cantos repletos de sabiduría y fulgor: «Échale salsita», «Esas no son cubanas», «Guanajo relleno», «Bardo», «Entre preciosas palmeras», «Las cuatro palomas», «La cachimba de San Juan» y «Suavecito», el tema inmortal que estrenara en la Feria Universal de Sevilla en 1929, en pleno esplendor de su agrupación, convertida ya en Septeto Nacional, por la incorporación de la trompeta.

Desde 1947 vivió en una humilde casa de otro barrio popular, San Miguel del Padrón. Allí entró a la muerte, supongo que abrigado por el amparo de un tres, el 12 de marzo de 1969.

Los hombres suelen rodearse de banderas y escudos; signos de pertenencia; soles de lugares que, por nacimiento o elección, aman en este mundo. Si yo tuviera un escudo, no lo llenaría de oros o armas absurdas en un campo de gules. Allí estaría, si se pudiera, toda la música que dejó para mi eternidad Ignacio Piñeiro. El sonido inconfundible de aquel Septeto, que envolvió los tímidos pasos de baile de mis abuelos y mis padres, y que canto viajando bajo otros soles para que no me hieran más tierras incomprensibles, ausencias innombrables.

Más que bandera es amuleto, la forma inmensa de la sangre que me acuna. Mi voz definitiva.

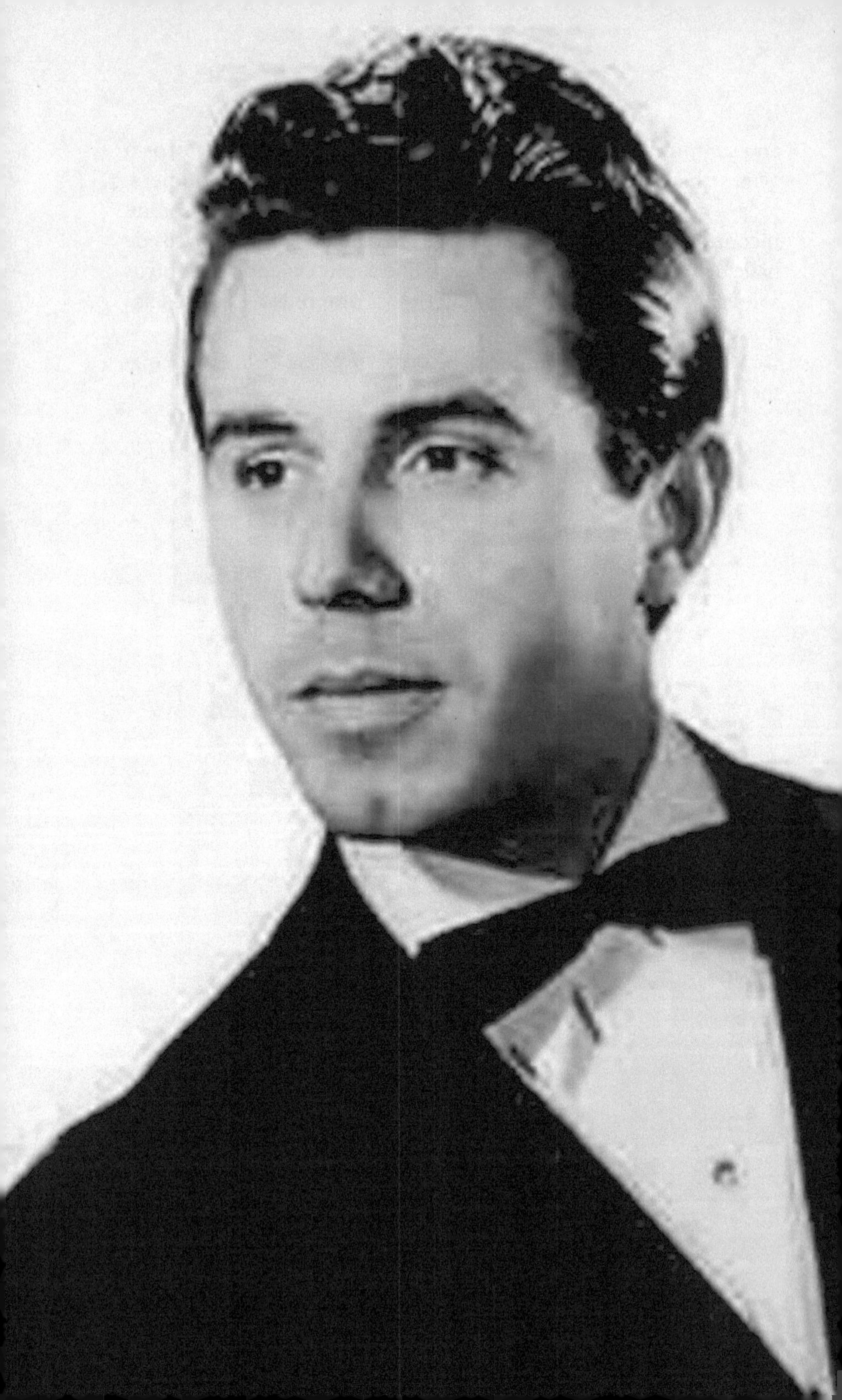

Kabiosile Roberto Espí

¿Dónde estarán las muchachas que una vez flotaron en el aire denso y casi azul de la noche habanera, mecidas, estremecidas, lívidas de amor y sueños, ascendiendo en el torrente de sus corazones con la cadencia sensual de un bolero cantado por Roberto Espí?

¿Dónde andarán los jóvenes que les cantaron al oído esa «Canción del alma», a las muchachas que no querían que la sombra se instalara en sus ansias? ¿Los que susurraron, remedando el estilo elegante de Roberto Espí: *No sé cómo he podido estar/ tanto tiempo lejos de ti…*, entre desesperados y tristes, que no sabían vivir, según decían, haciéndole caminos al amor, por entre el humo espeso de los boleros cargados de promesas que el Conjunto Casino les regalaba, para que la noche habanera se llenara de estrellas?

¿Dónde se le habrán escondido a la muerte quienes le vieron debutar allá en la emisora de Cienfuegos, su cielo natal, junto a Mario Soto, en uno de los tantos dúos, tríos y cuartetos que integró, antes de desplegar su elegancia, su buen decir de barítono, altísimo, delgado, como sufriendo penas de amor en el Conjunto que le consagró en la memoria?

¿En qué mesas están sentadas ahora aquellas hermosas muchachas, que también hallaron su ilusión «Entre espumas», con ese bolero neblinoso de Luis Marquetti, que Roberto Espí logró hacer casi patético, sacándolo del tugurio en que supuestamente sucede, y con un tono parecido a un tanguero, lo convierte en reclamo sublime, tras el alcohol pérfido de una cerveza que provoca malos deseos?

¿Dónde se moverán ahora aquellos bailadores, que incendiaron la penumbra, cuando el Conjunto Casino comenzó a estar dirigido por Roberto Espí en 1944, y dejaban que su sangre girara incesante bajo el soplo lunar de un bolero cantado por él solo, o con Nelo Sosa, Esteban Grau, o luego con esos otros dos diamantes que instalaron una luz muy alta en el horizonte de la isla, Ribot y Faz?

¿Cuántos amores surgieron, enceguecidos y ardientes, al compás de la esperanza que sembró este hombre nacido el 26 de mayo de 1913, y que pidió una noche de 1941, para que lo usaran otros, *el reclamo de la esencia de tus besos,/ el calor de tu boca sensual/ para besarte otra vez?* ¿Recordarán aún ese bolero, juntando sus manos ya marchitas, quienes vieron la puerta de la vida, con sencillez y dulzura?

¿Qué sintieron los técnicos de la RCA Víctor ante la presencia del alto caballero, de pulcro peinado, que más parecía un lord que un inventor de ensoñaciones, cuando a finales de 1941 grabó con ellos uno de los primeros discos de aquella agrupación que había sido el Septeto Mikito, luego el Septeto Casino, y que sería uno de los fogonazos de eternidad en la noche cubana, como Conjunto Casino, los Campeones del Ritmo?

¿Queda fuego en el azúcar del corazón de aquellas muchachas que le vieron en 1951, al frente de su tropa, inaugurar la CMQ televisión, con *El show del mediodía*, conducido por el mago Germán Pinelli, cuando vuelve a salir su voz serena y seria, sobre las olas de la muerte?

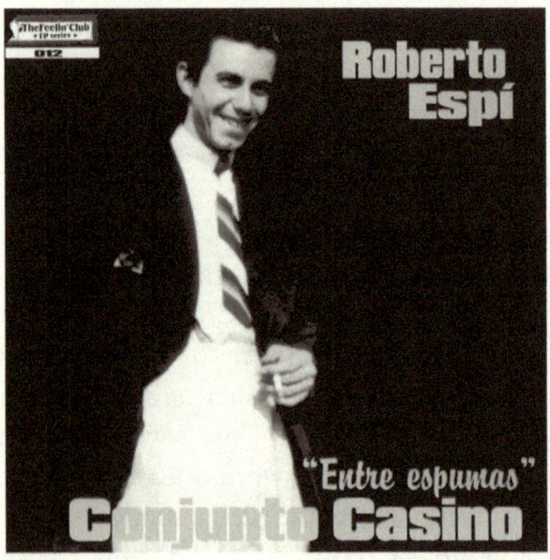

Han de vivir aún quienes se estremecieron con su presencia y su elegancia. Su disciplina y tesón son mitos entre los músicos que han venido más tarde. Su amor al bolero y a un modo galante de ver la vida, quedan marcados con fuego en la estrellada noche.

Yo mismo, que le he escuchado tarde, bajo otra noche sin semejanzas, salto en el tiempo y burlo esas trampas humanas. En el silencio de las doce, con íntimo volumen, como ha de ser para las cosas de la magia, desamarro las cuerdas del olvido, y me llega el Conjunto Casino. La voz de Roberto Espí toca todas las cosas. Canta «Te lo juro» y afirma *que en el mundo no hay más que tú*, un aire de copla que quiere ser moruna, y termina en un sobrio adiós. Él no se va; me ha jurado que regresará mañana, como un conjuro, como una protección, para que yo no olvide nunca el cielo de un país que armo y desarmo en la tierra.

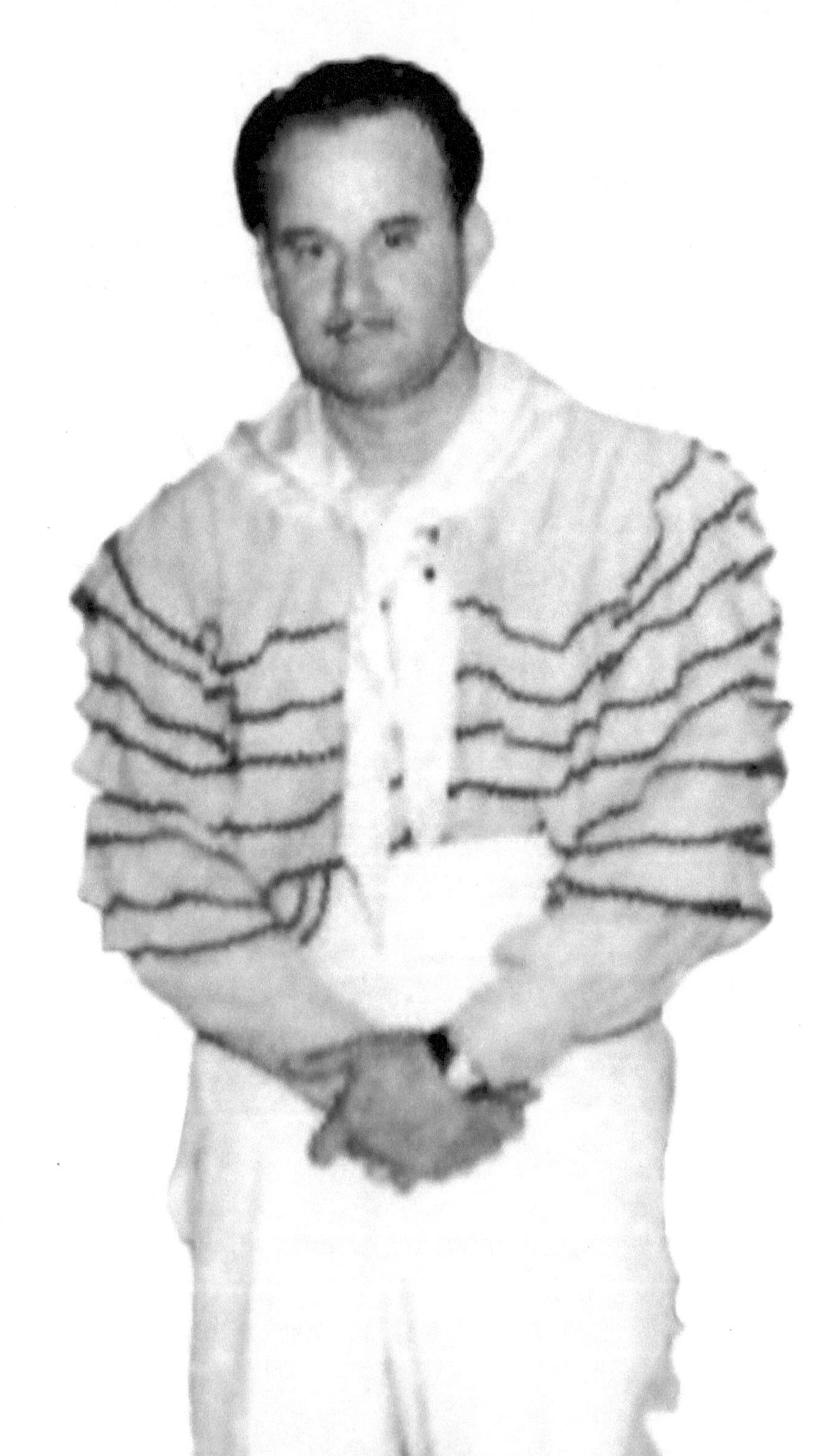

Kabiosile Fernando Storch

Nunca escuché su nombre. Nadie en La Habana lo mencionó jamás. La desvalida memoria le había jugado a Fernando Storch una mala pasada entre los suyos.

No sabíamos que lanzaba nuestro rostro de isla ardiente entre los aceros de la Gran Manzana; que lo que respirábamos con los agrios monzones, en el aliento imperdonable del mediodía, él, allá, en la distancia casi anónima lo convertía en fulgor, en carne nuestra sin espejismos de la moda.

Fernando, con ese apellido extraño, fruto de una mezcla entre alemanes y españoles, en este ajiaco nuestro donde nos desconocemos los inicios; la insondable mezcolanza de civilizaciones que hicieron la nuestra en el nuevo mundo: nieto de un alemán que se quedó a vivir en Argentina; hijo de un hombre lanzado al ancho mar, y que en La Habana fundó amor y descendencia; rara fórmula él mismo, músico, jugador de béisbol, boxeador. Storch, un sonido muy difícil de identificar con la palabra de la Isla. Tal vez por eso buscó otra que le remitía a un universo también arrasado: la palabra «caney», que fue abrigo de indios de paz y profunda insularidad en los oídos del tiempo.

Había visto la luz en la capital, un 30 de mayo, al inicio del siglo que más prometía, y que resultó ser convulso y triste. Unos dicen que nació en 1904, otros, un año más tarde. Lo cierto es que ya venía con música por dentro, o el implacable derredor se le sembró en la sangre como una ola bulliciosa, para protegerlo después en la vida distante, como si un dios le ofreciera ese escudo que era esencia de su definición como cubano; una cuerda de Ariadna en el inmenso laberinto que le unía para siempre a su tierra.

El mismo año en que se abrió, jugoso, el recién llegado son oriental a la gran ciudad, 1925, se desmarcó del ambiente sonoro con una propuesta distinta: los Krazy Kats, impulsado por el fantasma del *jazz*. Trompeta, piano, bajo, banjo y tres saxofones, porque su delirio le llevó a estudiar ese instrumento desde los cartorce años de su adolescencia inquieta. Fue rebeldía o candor, haciendo lo opuesto a lo que la nostalgia de su tierra le impulsaría a hacer más tarde, para retener en su corazón la fronda cálida de un país. Pero aquel impulso en ritmos todavía un poco ajenos, le valió para algo; Ernesto Lecuona, promotor incansable, incluyó a la juvenil *jazz band* en un espectáculo de variedades en el teatro Payret, acompañando nada menos que a Rita Montaner.

Luego llegó otro cielo, y la mordida feroz de una nostalgia que él intentaría amurallar detrás de aquella otra música, la verdaderamente suya, que le daba lumbre en los inviernos del norte. Los padres intentaron salvarle enviándole a estudiar a Texas, sin saber que nos lo estaban dejando, en realidad, como herencia. No soportó los estudios y se marchó a trabajar a Detroit, obrero de la inmensa Ford. Pero el brillo de Nueva York le cegaba. Su música le pedía una entrega, una definición, un rumbo. Así se enamoró del tres, y se le atrevió con gallardía.

El resto es historia. Una historia que los cubanos, cercados por el mar y la mala suerte —que es a veces lo mismo, o como dijera Virgilio Piñera «una maldita circunstancia»— hemos desconocido hasta ahora que dijo adiós, que ya no está vibrando en la guaracha. El resto es sólo una prolongación de hechos que se entrelazan, como su llegada a la ciudad de los rascacielos, su paso por varias agrupaciones —ya convertido en un distante tresero de manigua— como el septeto Los Ecos de Cuba o el Cuarteto Borinquen. En 1933 fundó el suyo propio, el Cuarteto Storch, pero la sombra de su apellido germano no hacía oler la brisa caribeña que podía llevarle al éxito después de que el gran Antonio Machín, con su cuarteto, imprimiera la honda sed del son en aquella deslumbrante ciudad repleta de hombres de toda la tierra.

En su feroz extrañeza, reunió con él a cubanos y puertorriqueños, como hizo, a su modo, en Cuba, Rafael Hernández, en una asociación que ya sería costumbre en el sentir paralelo e idéntico, y su mundo fue entonces la colonia latina de Nueva York, y algunas tierras de semejante sentir, menos la suya, adonde viajaba anónimo, solamente para recoger las espléndidas frutas que luego haría brillar en la lejanía. Es una lástima. Ya muchos saben que la resonancia de la palabra que lo mezcla a nuestro caudal sonoro, ese Caney que dio cobijo a músicos cubanos como Marcelino Guerra,

Alfredito Valdés, Machito, Maño López, Manolo Suárez, Mario Bauzá, Panchito Riset o Johnny López —el cantante de la batalla diaria— y boricuas como Payo Flores, Rafael Audinot, Bobby Capó, Doroteo o Polito Galíndez, fue un guiño comercial y sabio, para suplir la ausencia sonera que Machín había dejado en esa parte del mundo. Pero en la ciudad donde nació se le sigue desconociendo. Allí muy pocos conocen la gigantesca labor que hizo por nosotros ese embajador perpetuo de nuestro sentir. Ahora, arrebatado por la inevitable, el 24 de diciembre del 2001, sigue siendo un silencio y una incógnita. Algún día, los discos que grabó el Cuarteto Caney, elástico, cambiable, adaptable a los reclamos de su momento, se escucharán en La Habana. Y el aire se llenará con las voces de aquel Pablo Rodríguez que resultó más tarde ser esa estrella espléndida que conocemos como Tito Rodríguez, con la de Johnny López, el tampero hijo de cubanos, o la amplia e inolvidable de Panchito Riset, que usó sólo en grabaciones.

Su historia no será ya más historia, sino esa franja del hombre, entre trágica y alegre, que rescata la nostalgia y la sabe vencer con fuegos distintos para llevar su país bien dulce en las bocas. Ahora que Fernando Storch nos ha enseñado cómo es el amor de lejos, y que una patria es sólo el comienzo de un amanecer en el viento, porque los territorios no son palpables más que en el olor del corazón.

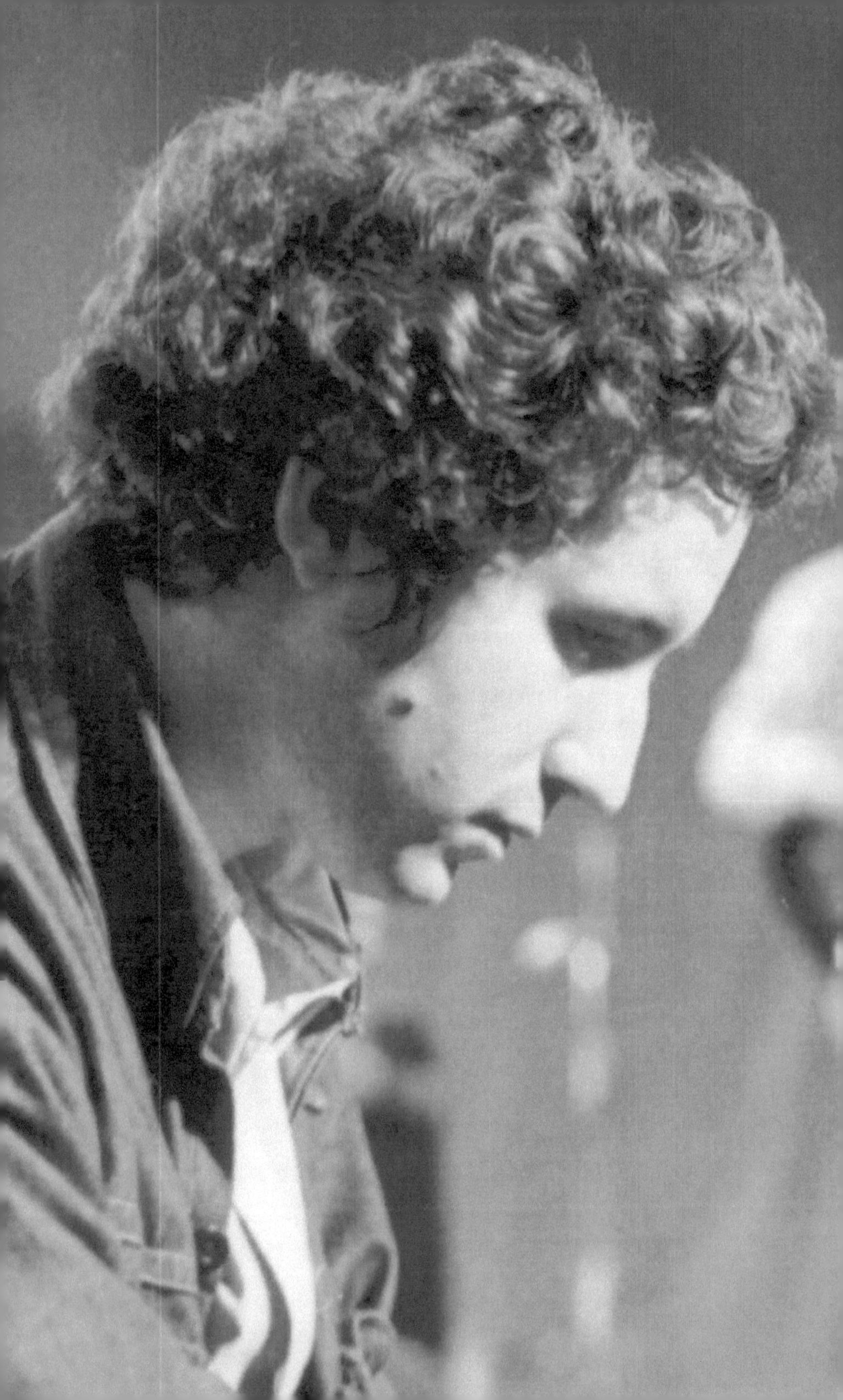

Kabiosile Emiliano Salvador

En la muerte, en el resplandor del sol sobre la Isla, en la ferocidad de la espuma hirviente en los arrecifes de Puerto Padre, yo te saludo. En el ardor de las noches cubanas, en las cegadoras luces de cualquier escenario, en el rugido de los trombones que retan tus teclados, yo te abrazo y te saludo, por haber inventado una geografía sonora diferente e igual, al mismo tiempo.

Cansado tal vez de los fulgores, de todos esos ángeles y demonios que batallaban en tu interior —y de los cuáles atrapaste solamente unos pocos para delicia nuestra, para nuestra desgracia—, o de la luz hiriente de la vida, de las asfixias de la vida; cansado o harto de no poder dar más belleza, más serenidad, más sabiduría, una mala noche se fue tu cuerpo a no sé dónde, ese lugar escondido que ha inventado la muerte para que no podamos abrazar siempre a los magos.

El mismo Paquito d´Rivera, que completó los colores de esa gran fiesta que fue tu disco *Nueva visión*, recuerda aquellos tiempos con el corazón dolido. Y dice que eras tú, entre los pocos elegidos, quien entendiste los horizontes abiertos, inasibles, la libertad de la palabra *jazz*. Un delirante escape de caballos salvajes, el rumor de una playa más tarde, la raíz de un volcán que cede en la noche ante el monótono resucitar de unos grillos, mientras pasa el viento inmenso entre las espadas enhiestas de las palmas. Así era tu mirada, llena de ese fulgor secreto de quien ha tocado la hoguera ancha de la libertad expresiva. El tizón furibundo y callado de quien adivina en la tranquila noche, los senderos. Hablemos de demonios.

Todos andaban revueltos en ti. La memoria dolida de aquellos pueblos polvorientos, de cal blanca y casas cabizbajas, donde el verde retumba sin permiso en las horas perdidas de la insolencia del mediodía. La melancolía de sus noches tranquilas y calientes, con tu padre, maestro del son de tu fervor, que te adentró en el piano y el acordeón bravío, para que tu corazón deambulara por el viento cerrero de aquellas aldeas que eran islas en la noche oriental de la parranda. El galope y más tarde la serenidad, buscando el estupor de «Angélica» sobre los surcos negros y blancos del teclado. La nave planetaria de la «Luna de Wanestain», quemando la tenue hierba, para que salga el son descabellado, con su tumbao y su olor a café mágico en la desesperación de tus dedos.

Las tres o cuatro veces que respiramos el mismo aire, había una soledad en ti y un reposo callado, de gente a quien los compases le ponen a secar el corazón. Tal vez cruzamos cuatro o cinco frases. Silbidos más bien, en mi júbilo adolescente de haberte visto domar las aguas torrenciales con el Grupo de Experimentación Sonora del Icaic. Presentía que eran los mismos arroyos en la sierra de mi niñez, aquellos que brotaban de tu vaivén al piano. El arreglo eterno del «Para vivir» de Pablo Milanés. El jazmín raro, nocturno y perfumado, de la «Convergencia» de Bienvenido Julián Gutiérrez.

Eran esos los diablos cazados a lazo por tu sangre que iba a despertar en tus manos de nervios desesperantes.

Por eso y más, aunque ya no se te pueda escuchar el tímido silencio. Por todo lo que no hiciste fulgor y uno adivina que conocías. Por la libertad de inmenso caudal. Por la libertad del trueno y la paz del relámpago. En la vida y la muerte, hermano mío, Emiliano. Por ese nombre de guajiro que repletó la noche corta de tu vida de rones y estrellas.

Y por lo que ya es eterno, en la punta del adiós de tus manos. En la serenidad gozosa que avisa tu homenaje a «Puerto Padre», que me hace oler, al escucharlo, la sal herida de mi tierra, donde vuelven a refulgir las tejas ensangrentadas de aquellos pueblos diminutos de mi memoria.

Dondequiera que sueñes o sufras: gracias.

Anexos

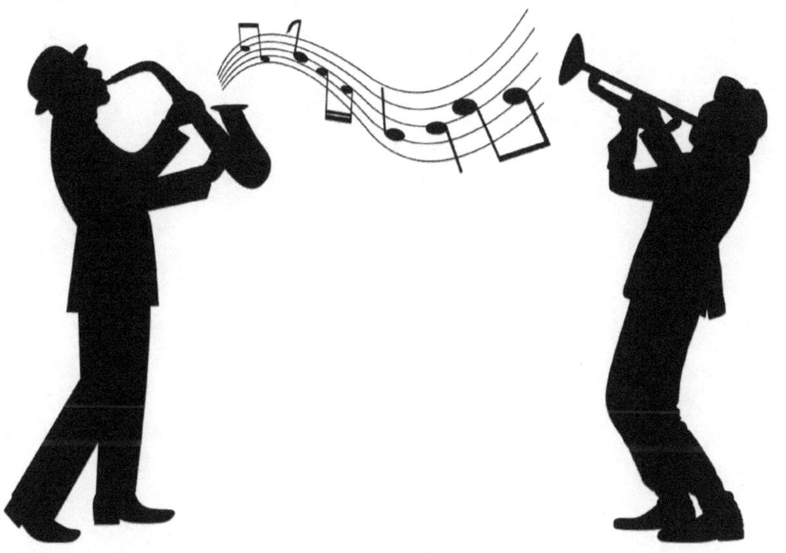

Discografía

Abelardo Barroso

Abelardo Barroso, el sonero inmortal, Cubalibre, Melodie 79901-2
Bruca manigua, con la Orquesta Sensación, ARO, CD 10 8
Guajiro de Cunagua, ARO 107
No hay como mi son, con la Orquesta Sens ación, Caney, CCD 514
Soneros cubanos, AF 8 051
Tiene sabor, Egrem, 19 92, CD 0025

Antonio Arcaño y sus maravillas

Danzón mambo, Tumbao Cuban Classics, grabado en La Habana, 1944-1951, TCD 029
Orquesta Arcaño y sus Maravillas, Egrem, col. Sonora Cubana, 2000
Orquesta Arcaño y sus Maravillas, El danzón en vivo, «Arcaño en vivo. Emisora Mil Diez, 1947», Fondos sonoros del Instituto cubano de radio y televisión, Discmedi Blau DM 218CD

Antonio Machín

Armando Valdespí y su Orquesta en Nueva York, vol. 2
Cada noche un amor, Antonio Machín, sus primeros éxitos en España, vol. 1, Alma latina, 1995 ALCD 501
Desvelo de amor, Cuarteto Machín, Música latina, col. Nostalgia, MLN 55 002
Échale salsita, Cuarteto Machín, Tumbao Cuban Classics, grabado en La Habana, 1930-1935, TC D 041
El manisero, Tumbao Cuban Classics, grabado en Nueva York, 1930, La Habana, 1929
El principio de una leyenda, Alma latina, ALCD, 032
Ese soy yo, Alma latina, ALCD 025
Lamento esclavo, Tumbao Cuban Classics, grabado en Nueva York, 1933-1935, Paris, 1936-1938, TCD 053

Los mejores boleros latinos de Antonio Machín, Star music, Tipyc TE D 4508 CD

Machín Grandes éxitos, vol. 2, Dial discos, 1992, 960195

The Original Cuarteto Machín, Tumbao Cuban Classics, grabado en Nueva York, 193 0-1931, TCD 015

Tributo al bolero cubano, Antonio Machín canta a Cuba, Caney, C C D 803

Tributo al bolero mexicano, Antonio Machín canta a México, Caney, CCD 804

Anselmo Sacasas y su orquesta

Poco loco, Tumbao Cuban Classics, grabado en La Habana, 1945-1947, TC D 057

Sol tropical, Tumbao Cuban Classics, grabado en Nueva York, 1945-1949

Armando Orefiche, y sus Havana Cuban Boys

And Havana Cuban Boys, Harlequin, HRL 59

And his Lecuona Cuban Boys, S NY 13142

Nostalgia cubana, grabado en Madrid, Tumbao Cuban Classics, 1955, TC D 0 9

Rumba tropical, Egrem, 118

Arsenio Rodríguez y su conjunto

A todos los barrios, BMG, RCA, 1974 y 1992, NYC 3336-2 RL

Como se goza en el barrio, Tumbao Cuban Classics, grabado en Nueva York, 1953, TC D 022

Dundunbanza, grabado en La Habana, 1946-1951, TC D 043

Fuego en el 23, Better Music, col. Música del Sol, M S C D-70 6 8

Legendary Sessions, Chano Pozo y Arsenio Rodríguez, Tumbao Cuban Classics, grabado en Nueva York, 1947, La Habana, 1948, Nueva York, 1953, TCD 017

Mami me gustó, Better Music, col. Música del Sol, 2002, M S C D-70 83

Montuneando, Tumbao Cuban Classics, grabado en La Habana, 1946-1950, TCD 031

Primitivo, grabado en 1968, producido por Teddy Reig, Sonido, 1999, SLP-1173

~Soneros. La tradición de Cuba, vol. 2, Arsenio y Bimbi, Seeco Tropical, EDE 1053-2

Arturo Núñez y su orquesta

~*El caballero antillano*, con Benny Moré y Lalo Montane, grabado en México, 194 9-1953, Tumbao Cuban Classics, C D 111

Barbarito Diez

~*Barbarito Diez con la Orquesta de Antonio María Romeo*
~*Barbarito Diez. El señor del danzón*, Discos Fuentes, C D.D 16-192
~*Colección de oro*, M SA 3293
~*Con la Rondalla Venezolana*, SEE 4171
~*Señor danzón*, Better Music, col. Música del Sol, SOL 7076

Bebo Valdés

~*Descarga caliente, con Havana All Stars*, Caney, CCD 512
~*Mayajigua, con su Orquesta sabor de Cuba*, Caney, CCD 5 0 9
~*¿Quién baila mejor? Guapacha con Bebo Valdés y sus amigos*, Caney, 2004, C C D 9 04
~*The Best of Bebo Valdés*, CD 1 y CD 2, Caney, 2004

Benny Moré

~*Amor fugaz*, Alma latina, ALCD 039
~*Baila mi son con su Orquesta Gigante*, Caney, C C D 5 0 6
~*Benny Moré Musical History*, Better Music, col. Música del Sol, 2003, MSCD-7228
~*Benny Moré y Pérez Prado, Dos grandes leyendas*, Orfeón, Orf-13 04 2
~*Caricias cubanas*, Novoson, C D L-33 004
~*El Bárbaro del ritmo*, Mambos Benny Moré con Orquesta de Pérez Prado, grabado en Nueva York, 1949-1950, TCD 012
~*Entre amigos*, Benny Moré y El bárbaro de la melodía, Caney, C C D 8 01
~*Lo último que canto*, Nelson Records, 19 93, N R-6 002
~*Me gusta más el son, Saludos amigos*, Egrem-Better Music, 1996, C D62136 AAD

Mucho corazón, Orquesta de Mariano Mercerón y Conjunto Benny Moré, Antología integral, Egrem, 1999, BM2
The Very Best of Benny Moré, 40 Greatest Hits

Blanca Rosa Gil

15 super éxitos, Velvet Internacional, 19 97, Velvet 5173-2
Besos brujos, YOY 163 62
Besos de fuego, Better Music, col. Música del Sol, SOL 7210
La muñequita que canta, DIS561
La triunfadora de Cuba, éxitos de Blanca Ros a Gil, Aype 5 005

Bimbi y su Trío oriental

Guateque campesino, Victoria Ediciones Musicales, 1994, PDI 803577
La frutabomba, Tumbao Cuban Classics, grabado en La Habana, 1937-1941, TCD 05 6
Maximiliano Sánchez Bimbi y el Conjunto Oriental de Ñico Saquito, Virgin
R*ecords,* col. Hierbabuena, 2000, 85 0 822-2

Bobby Capo

Piel canela, Alma latina, ACD 03 6

Bola de Nieve

Ay amor, Acolia Records, Serie Continente, 1997, AQ 001
Ay Mama Inés, SNY 11234
Babalú, LM 82057
Con su piano, ORF 13 0 94
El inigualable Bola de Nieve, EGR 11
Mi mejor verdad, 17 grandes boleros, Astro, Novoson, CDL-33027
Una noche en el Monseigneur, SNY 16237
Yo soy la canción misma, Egrem, 1997

Cachao

Cachao, Master Sessions, vol. I
Cachao-Peruchín, Descargas cubanas, Novoson, 2000
Cuba linda, CineSon, EMI, 2000
Descarga guajira, Caney, CCD 516
From Havana to New York, Cachao y su Ritmo caliente, Caney, CCD 501
More Legendary Descarga Sessions, Caney, CCD 510

Carlos Embale

Dale tumba, Better Music, col. Música del Sol, SOL 70 81
Rumbas, sones y boleros cubanos, Virgin Records, col. Hierbabuena, 2000, 850825-2
Rumbero mayor, Egrem, 1992, CD 0020

Carlos Puebla

La Bodeguita del Medio, grabado en La Bodeguita, La Habana, marzo, 1957, Nuevos Medios, 1993, 25634 CDM

Celeste Mendoza

Bebo Valdés y su Orquesta, Canto a La Habana, Better Music, col. Música del Sol, 2001, MSCD-7075
Boleros con aché, Better Music, col. Música del Sol, MSCD-7203
Eres diferente, LM 82058
La reina del guaguancó, AST 33033
La soberana, EGR 517
Mambolero, Better Music, col. Música del Sol, 2003, MSCD 7086
Que me castigue Dios, ORF 16163

Celia Cruz

Boleros, SEE 9345
Celia Cruz voces legendarias, grupo Lys
Con el Conde y Pacheco, VA 90
El reino de la rumba, Egrem, 1997, CD 0236

La guarachera de Cuba, con la Sonora matancera, Tumbao Cuban Classics, grabado en los Estudios CMQ, La Habana, 1950-1953, TCD 091
Serpentinas en colores, Celia con la Sonora matancera, Novoson, CDL-33 071-72
También boleros, Record Pool Asia-Seeco, col. Música del Sol, MSCD-7001+
Tributo a los orishas, Better Music, col. Música del Sol

Chano Pozo

Dizzy Gillespie and his Big Band, 1948 Concert at the Pas adena Civic Auditorium, G N P Crescendo, 19 93, G N P D 23
Manteca, The real birth of Cubop, Historic Live Recordings, Chano Pozo with Dizzy Gillespie, 194 8, Tumbao Cuban Classics, TC D 102

Cheo Belén Puig

Me han dicho que tú me quieres, Tumbao Cuban Classics, grabado en La Habana, 1937-1940, TCD 078

Cheo Marquetti y su conjunto

Región matancera, grabado en La Habana, 1955-1957, Tumbao Cuban Classics, TCD 107,

Chico O'Farrill

Chico O' Farrill y su Orquesta, Helix, Novoson, CDNS 746
Tenderly, Chico O' Farrill Jazz Band, Better Music, col. Sugar Cane, 2001, SCCD 0110

Compay Segundo y su grupo

Balcón de Santiago, Pío Leyva y Carlos Embale, Tumbao Cuban Classics, grabado en La Habana, 1956-1957, TCD 093
La trova cubana, A dúo con Reinaldo Hierrezuelo, Orfeón, Sony Music Media, ORF 1282

Conjunto Casino

Canción del alma, Tumbao Cuban Classics, grabado en La Habana, 1941-1945, TCD 040

En Cumbanchoa, grabado en vivo en la CMQ años cincuenta, Fondos sonoros del Instituto cubano de radio y televisión, Discmedi Blau, DM05 8CD

Mambo con chachachá, Tumbao Cuban Classics, grabado en La Habana, 1953-1955, TCD 080

Moliendo café, Caney, CCD 507

Rumba en el patio, 1947-1948, Tumbao Cuban Classics, TC D 034

Rumba quimbumba, 1941-1946, Tumbao Cuban Classics, grabado en La Habana, 1941-1946, TCD 030

Conjunto colonial de Nelo Sosa

A burujón puñao, Tumbao Cuban Classics, grabado en La Habana, 1949-1953

Arrímate, cariñito, Tumbao Cuban Classics, grabado en La Habana, 1946-1953

Conjunto Kubavana de Alberto Ruiz

Rumba en el patio, con Carlos Patato Valdés, 1944-1947, Tumbao Cuban Classics, TCD 034

Conjunto Modelo

Guaguancó en La Habana, canta Miguelito Cuní, Tumbao Cuban Classics, grabado en La Habana, 1953-1954, TCD 059

Cuarteto Caney

1936-1939, Harlequin, HRL 75

Cuarteto Caney with Machito, 1939-1940, Tumbao Cuban Classics, grabado en La Habana, 1939-1940, TCD 005

Cuarteto y Sexteto Caney, Perfidia, Tumbao Cuban Classics, grabado en La Habana, 1938-1941 TCD 038

El pastelillero, vol. 1, Coleccionista, QBA-2010

The originals..., YOY 1312

Dámaso Pérez Prado

Al compás del mambo, The King of the Mambo Pérez Prado and his Orchestra, 1950-1952, Tumbao Cuban Classics, grabado en México, 1950-1951, Nueva York, 1951-1952, TCD 028
Antología, BMC 96470
Con Celia Cruz, DSM 9050
El rey del mambo, BM 514
Época de oro, INT 66720
Go Go Mambo, Tumbao Cuban Classics, grabado en México, 1949-1950, Nueva York, 1951, TCD 013
Habana 3 a.m., RCL, 52534
Latino Pérez Prado, HEL 1678
Pérez Prado and his Orchestra, Kuba Mambo, Tumbao Cuban Classics, grabado en La Habana, 1947-1949, TCD 006

Daniel Santos

20 éxitos, MSA 1423
50, FA 569
Boleros esenciales de El Jefe, SOL 7073
Con los Jóvenes del cayo, SEE 9078
El anacobero, FTS, 10017
El corneta, con Sonora matancera, SEE 9066
El juego de la vida, Better Music, col. Música del Sol, SOL 7028
El legendario Daniel Santos, con el Cuarteto original de Pedro Flores, SNY14171
El marimbero, BAR 208
Interpreta a José Alfredo Jiménez, VEV 5072
Recordando a Gardel, ORF 13300
Sonora matancera presenta a Daniel Santos, SEE 9148
Vamos pa' la rumba, Alfonsín Quintana y su Conjunto Jóvenes del cayo, Tumbao Cuban Classics, grabado en La Habana, 1951-1953, TCD 082

Desi Arnaz

Babalu Music!, Columbia AAD, CK 48507

Don Barreto

Don Marino Barreto, «Cachita», Saludos amigos, CD 62121AAD
Melody's Bar, 1932-1946, Harlequin HQCD 42

Dúo espirituano de Evelio Rodríguez

Dúo espirituano, 1948-1956, Tumbao Cuban Classics, TCD 108

Dúo Los compadres

Así es el son, Lorenzo y Reynaldo Hierrezuelo, grabado en La Habana, 1959-1960, Tumbao Cuban Classics, TCD 706
Así son Los compadres, con Lorenzo y Reynaldo Hierrezuelo, Discmoda U SA, 1996
Cantando en el llano, Tumbao Cuban Classics, grabado en La Habana, 1949-1951 TCD 061
Cosas de mi Cuba, Lorenzo y Reynaldo Hierrezuelo grabado en La Habana, 1960, Tumbao Cuban Classics, TCD 701
Huellas del pasado, Francisco Repilado y Lorenzo Hierrezuelo Egrem, 1996
Sentimiento guajiro, Cantan Lorenzo Hierrezuelo (Compay Primo) y Francisco Repilado (Compay Segundo), Tumbao Cuban Classics, grabado en La Habana, 194 9-1955, TCD 095

Elena Burke

A solas contigo, Programa radial, Fondos sonoros del Instituto cubano de radio y televisión, Discmedi Blau, DM 057CD
Aquí de pie, CPD 235
Canta a Vicente Garrido, CPD 453
Confidencias de amor, Better Music, col. Música del Sol, S O L 7078
Elena Burke, la reina del feeling, grabado enMéxico, 1994, Orfeón Videovox, 1995, CDA-11394
Elena Burke en persona, Egrem, col. Sonora cubana, 1995

Elena Burke, Oro musical, Max Latin Records, 1999
Elena Burke, Pasión bolero, SGAE-Biem, col. Folio
La señora sentimiento, CPD 236

Emiliano Salvador

A Puerto Padre, Tributo a Emiliano Salvador, Juan Manuel Ceruto, Latin Jazz, Producciones Abdala, 2000
Ayer y hoy, Discmedi Blau, DM204 CD
Emiliano Salvador, Egrem, col. Sonora cubana, 1992, 850824-2
Nueva visión, QB 9 018
Pianissimo, UMD 360547
Puerto Padre, DC F 9428

Ernesto Duarte

Ernesto Duarte y sus invitados, RTV Comercial, Fondos sonoros del Instituto cubano de radio y televisión, 1998, B 223

Ernesto Duarte, su Orquesta y sus intérpretes en el Náutico de Marianao, Duher Records, DHS-1615

Ernesto Lecuona

Lecuona toca Lecuona, Egrem, 1992, CD 0045
Noche azul, Lecuona y sus interpretes, Egrem, 1995, CD 0109

Eusebio Delfín

En el tronco de un árbol..., Tumbao Cuban Classics, grabado en La Habana, 1924-1928, TCD 088

Fajardo

Fajardo y su charanga, Kubaney, 1991, 0282-2
Fajardo y sus estrellas, MP, 1990, MP-3115 CD

Félix Chappottín y su conjunto

~*Conjunto Chappottín*, ACT 51
~*La guarapachanga*, Better Music, col. Música del sol, MSCD 7057
~*Quimbombó*, Better Music, col. Música del Sol, SOL 7227

Fernando Albuerne

~*Ahora que eres mía,* Alma latina, ALCD-047
~*Nuestra canción*, Alma latina, A LC D 0 6 8
~*Usted*, E I C 852807

Fernando Álvarez

~*Dos gardenias,* Better Music, col. Música del Sol, SOL 7084
~Este es Fernando, DH 1818
~Son mis sentimientos, ACT 5 8
~*Una manera de decir*, SAU 700 6
~*Volver*, DH 1820

Fernando Collazo

~*Armando Valdespí y su Orquesta en Nueva York*, vol. I, Tumbao Cuban Classics, grabado en Nueva York, 1935

Frank Emilio

~*Algo bueno, con Guillermo Barreto y su Cuban Jazz Combo*, Caney, CCD 515
~*Ancestral Reflections,* Blue Note Records, 1999
~*Drume negrita*, con Guillermo Barreto y su Cuban Jazz Combo, Caney, CCD 517
~*Tribute to Ernesto Lecuona*, B M G, 1997

Freddy García

~*Ella cantaba boleros*, Better Music, col. Música del Sol, SOL 7201
~*La voz del sentimiento*, ANT 50

Graciela

Inolvidable, con Candido Camero, CHE 249
La fabulos a Graciela con Machito y Orquesta, Alma latina, A LCD 020

Guillermo Portabales

Al vaivén de mi carreta, Tumbao Cuban Classics grabado en La Habana y San Juan, 1937-1944, TCD 084
Aquí está Portabales, A R O 128
Promesas de un campesino, Tumbao Cuban Classics, TCD 804
Sones cubanos, con Los guaracheros de oriente, D H 1872
Viva Portabales, Guillermo Portabales y sus guitarras D H C D 18 62

Hermanas Lago

La flor de la canela, Alma latina, 2004

Joseíto Fernández

Guajira guantanamera, SOL 7229
Homenaje a Joseíto Fernández, artista invitado Benny Moré, PDI, 1994, PDI 80 3440

José Antonio Méndez

El feeling, CPD 26
Tributo, varios, Egrem 510

Julio Cueva y su orquesta

Desintegrando, Orlando Guerra (Cascarita), Manuel Licea (Puntillita), y Reinaldo Valdés, Tumbao Cuban Classics, grabado en La Habana, 1944-1947, TCD 083
La butuba cubana, Cascarita, Puntillita y Reinaldo Valdés, Tumbao Cuban Classics, grabado en, 1943-1945, TC D 032

Julio Gutiérrez

~*Así es La Habana*, Egrem, 372
~*Chachachá en La Habana*, con su orquesta, Caney, CCD 503
~*Progressive Latin* by Julio Gutiérrez & his Orchestra, CDG-3015

Kiko Mendive

~*Un cubano en México,* grabado en México entre, 1943-1952, Tumbao Cuban Classics, TCD 111

Las D'Aida

~*Las D'Aida*, Egrem, 1995, CD 0107

La familia Valera-Miranda

Antología integral del son, Bases históricas con La familia Valera-Miranda, recopiladas por Danilo Orozco, 2 C Ds, E grem, 1999, col. Sonora cubana

La india de oriente

~*La India de Oriente,* SAR 4004
~*La reina de la guajira*, CAN 9012
~*Vol. 1. Lo mejor*, SAR 4001
~*Yo fui la callejera*, con el Trío La Rosa, grabado en La Habana entre 1949 y 1954, Tumbao Cuban Classics, TCD 10 6

La Lupe

~*El rey y yo*, con Tito Puente, TIC 1154
~*Fiebre. Con el diablo en el cuerpo*, DIS 551
~*Homenaje a Rafael Hernández*, Con Tito Puente, TIC 1131
~*La ley del deseo*, *Boleros y canciones de siempre*, Novoson, Astro, CDL-33032
~*La Lupe, La música latina grandes mitos del siglo* XX, Manzana Records, PMEP-4
~*Laberinto de pasiones*, VA 116

~The Best of La Lupe, Tico Records, 1974, C LP-1318
~The Queen, TI C 1192
~Un encuentro con La Lupe, La Lupe y Tite Curet Alonso, TIC 1323

Leo Marini

~*Con la Sonora Matancera*, SEE 9071
~*Fichas negras*, Better Music, col. Música del Sol, SOL 7047
~*La voz romántica de América*, ALCD 034
~*Mi diario musical*, SEE 3006

Lilí Martínez

~*Esto sí se llama querer, Tributo a Lilí Martínez,* Producciones Abdala, 2002, UN-CD 8007

Los muñequitos de Matanzas

~*Guaguancó matancero*, grabado en La Habana, 1956-1963, Tumbao Cuban Classics, TCD 707
~*Los muñequitos de Matanzas, Cantar maravilloso*, The Rumba Originals, CDORB 053
~*Los muñequitos de Matanzas, Guaguancó, columbia y yambú*, Vitral, 1989, VCD 277

Los zafiros

~*Bellecita*, MAY 158
~*Boss a cubana*, EA 79572
~*Canción a mi Habana*, EGR 292
~*Los Zafiros Story*, AHI 1028
~*Puchunguita*, Big World-Better Music, col. Música del Sol, MSCD 7220

Machito and His Afro-Cubans

—*A Night Out, Graciela*, 1960, Sonido, 1999, TRLP 1074
—*Bucabu*, Música latina, col. Nostalgia, MLN 55003

~*Carambola*, Tumbao Cuban Classics, grabado en vivo en el Birdtland Club Nueva York, 1951, TC D 024
~*Freezelandia*, Tumbao Cuban Classics, grabado en Nueva York, 1947-1949, TCD 085
~*Guampampiro,* Miguelito Valdés, Graciela y Machito, Tumbao Cuban Classics, grabado en Nueva York, 1945-1947, TCD 089
~*Irving Berlin in Latin American*, Seeco, 195 9, Sonido, 1999, LP-1062
~*Machito and his Afro-Cubans*, Harlequin, 1996, HQCD 87
~*Machito y Afro-Cubans*, Novoson, Helix, CDNS 772-773
~*Mucho Macho,* Pablo Records, grabado en Nueva York, 1948 y1949, PACD 2625-712-2
~*Ritmo pa gozar*, Caney, CCD 511
~*Soul of Machito,* grabado en 1971 por George Goldner, Sonido, 1999, CS 1019
~Tremendo cumban, Tumbao Cuban Classics, grabado en NuevaYork, 1949-1952

Manolo Monterrey

~*Un cubano en Caracas*, con la Orquesta Billo's Caracas Boys, grabado en Caracas, 1946-1956, Tumbao Cuban Classics, TCD118

Manuel Corona

~*La rosa negra,* Kiki Corona, Pure Sounds from Cuba

Manuel Licea, Puntillita

~*Puntillita, Homenaje,* 1927-2000, Tumi Music, 2001, Tumi 102

Marcelino Guerra, Rapindey

~*Marcelino Guerra, Rapindey,* Nubenegra, 19 95 N N 1.012

María Teresa Vera

~*El legendario dúo de la trova cubana María Teres a Vera y Rafael Zequeira,* Tumbao Cuban Classics, grabado en La Habana, 1916-1924, TCD 090
~*Embajadora de la música*, Egrem 33

Grandes éxitos, KUB 229
Veinte años, Better Music, col. Música del Sol, SOL 7071

Mariano Mercerón y sus Muchachos pimienta

Negro ñañamboro, Tumbao Cuban Classics, grabado en La Habana, 1942-1943, TCD 050
Yo tengo un tumbao, Tumbao Cuban Classics, La Habana, 1940-1946

Marta Valdés

La música de Marta Valdés, Egrem, col. Sonora cubana, 1999

Merceditas Valdés

Cantos afrocubanos, Egrem, EGR 170
Merceditas Valdés. Canciones cubanas de cuna, Egrem, 2000, col. Sonora cubana

Orishas, TUM 50
Un aché para Cuba, BAR 235

Miguelito Cuní

Miguelito Cuní y el Conjunto Chappottín con sus estrellas, Egrem, col. Sonora cubana, 1999
Miguelito Cuní, GBI 5036
Sones de ayer, A NT 55508
Sones de Bienvenido Julián Gutiérrez, Miguelito Cuní con Septeto, Egrem, 1995, CD 0103

Miguelito Valdés

Algo nuevo, Miguelito Valdés his Orchestra and Sextet, Mambo and Rhumba Sessions, grabado en Nueva York, 1949 y La Habana, 1946, Tumbao Cuban Classics, TCD
Cuban Rhythms, with Machito and his Afro-Cubans, Tumbao Cuban Classics, grabado en Nueva York, 1942, TCD 008

~*Mr. Babalú, with Noro Morales Orchestra*, Tumbao Cuban Classics, grabado en Nueva York, 1949-1951

MongoSantamaría

~*Afro Roots*, PRE 24018
~*At the Black Hawk*, FAN 182434
~*Brazilian Sunset*, CN79703
~*Chango*, TIC 1037
~*Dawn* (Amanecer), VA61
~*Introduces La Lupe*, FAN 18210
~*Mongo Santamaría and his Afro-Cuban Drums*, Silvestre Méndez, Caney, CCD 519
~*Mucho Mongo*, C OJ 4999
~*Our Man in Havana*, FAN 182429
~*Watermelon Man*, FAN 184775

Moraima Secada

~*Moraima Secada*, Egrem, 1998

Myrta Silva

~*La bombonera de San Juan*, Tumbao Cuban Classics, grabado en Nueva York, 1939-1942, TCD 092

Noro Morales

~*Noro Morales his Piano and Rhythm*, Rumba Rhapsody, Tumbao Cuban Classics, grabado en 1945-1951, TCD 036

Ñico Saquito

~*Adiós Compay Gato*, con Guaracheros de Oriente, grabado en La Habana, 1954-1955, Tumbao Cuban Classics, TCD 705
~*Alborada*, Ñico Saquito y sus Guaracheros de Oriente, Tumbao Cuban Classics, grabado en 1947,1950-1951 y 1946, TCD 094

~*Inéditas de Los guaracheros de Oriente,* 1946-1951, Cubanacán, CU CD1702
~*Los guaracheros de Oriente*, Egrem, col., Sonora cubana, 1999

Olga Guillot

~*Faltaba yo*, Warner Music, 8573-87844-2
~*Olga Guillot* «La reina del bolero», 2 CDs, Novoson, 7015/620
~*Olga Guillot con la Orquesta hermanos Castro,* Caney, 19 95 CCD 8 02
~*Sabor a mí, Grandes éxitos,* Alma latina, ALCD 017
~*Vivir de los recuerdos,* Helix, Novoson CDNS 620

Orlando Contreras

~*15 super éxitos,* VEV 5111
~*16 grandes éxitos*, TEC 820
~*40 años 40 éxitos*, VEV 4014
~*Adiós al inmortal*, TEC 1052
~*Este es Contreras*, MAY 5 001
~*Historia musical*, FTS 2016 6
~*Lo quiso Dios*, VEV 5172
~*Mi son vueltabajero*, TE C 1047
~*Por borracha,* BRV 102
~*Trasnochado*, TEC 643

Orlando Guerra, Cascarita

~*Cascarita*, Orfeón, 25C DA-11277
~*El guarachero con la Orquesta Casino de la playa*, Tumbao Cuban Classics, grabado en La Habana, 1944-1946, TCD 033
~*La ola marina, Orquesta hermanos Palau,* Tumbao Cuban Classics, grabado en La Habana, 1939-1941, TCD 035
~*Pruebe y compare*, Orquesta Trinidad y hermanos, CMQ, 1949-1950, Tumbao Cuban Classics

Orlando Vallejo

~*No pierdas ese disco*, Alma latina, ALCD 067

~*Novia mía*, con la Riverside, ANT 52
~*Rosa peregrina*, Alma latina, ALCD 057
~*Un amigo mío*, MSA, 1617
~*Ya llegó Vallejo*. Su última grabación, ORF 13440

Orquesta almendra de Abelardo Valdés

~*Danzones para recordar*, MAY 132
~*Mi escorpión*, Tumbao Cuban Classics, grabado en La Habana, 1946-1955, TC D 0 65
~*Oye morenita*, SNY 16220

Orquesta América

~*Orquesta América del 55*, Tumbao Cuban Classics, TCD 103
~*Orquesta América with Félix Reina & Richard Egües*, Tumi, 19 97 TMGCD 3
~*Silver Star, Orquesta América de Ninón Mondéjar*, Tumbao Cuban Classics, TC D 100

Orquesta Antonio María Romeu

~*Boca linda*, Orquesta Romeu, Miguel Matamoros, Fernando Collazo y Antonio Machín, Tumbao Cuban Classics, grabado en La Habana, 1930-1931 TCD 076
~*El mago de las teclas*, Barbarito Diez, Tumbao Cuban Classics, grabado en La Habana, 1937-1940, TCD 0 67
~*Oriente y Occidente*, Orquesta Gigante de Antonio María Romeu, Tumbao Cuban Classics, grabado en La Habana, 1941-1946, TCD 072

Orquesta Aragón

~*20 éxitos*, MED 10138
~*Cójale el gusto a Cuba*, DIS 502
~*El cerquillo*, LM 82032
~*Los Aragones en la Onda de la alegría*, Fondos sonoros del Instituto cubano de radio y televisión, Discmedio Blau, D M 0 6 0C D
~*Los inéditos de L'Orquesta Aragón* «en vivo», col. Diamante, vol. I, CD9201

Los reyes del cha, Música del Sol, MSCD 7054
Mambo inspiración, Primeras grabaciones, 1953-1955, Tumbao Cuban Classics, TCD 110
Orquesta Aragón de Cuba, MED 3002
The Heart of Havana, vol. 1, grabado en La Habana, 1956-1957, BM G Music, 19 92, Original release, 1958, RCA, 3204-2-RL

Orquesta banda Kubavana

A toda Cuba le gusta, Caney, 1995, CCD 505

Orquesta de Belisario López

Belisario López y su Charanga, El maestro de la charanga, vol. 2, Quality Music Since 194 9, Ansonia Records HGCD 1300
Joseíto Núñez con la Orquesta Belisario López, Tumbao Cuban Classics, grabado en La Habana, 1937-1940 TCD 063

Prueba mi sazón, Tumbao Cuban Classics, grabado en La Habana, 1942-1948, TCD 069

Orquesta Casino de la playa

A romper el coco, ORF 16199
Adiós África, Miguelito Valdés, Tumbao Cuban Classics, grabado en La Habana, 1937-1940, TCD 037
Fufuñando, Miguelito Valdés, Tumbao Cuban Classics, grabado en La Habana, 1937-1940, TCD 054
Memories of Cuba, Tumbao Cuban Classics, grabado en La Habana, 1937-1944, TCD 003
Se va el caramelero, SNY 16480

Orquesta de Chepín

La bayames a, Orquesta de Chepín y su son oriental, 50 años de música Sony Music Media, Orfeón Videovox, 2001
Mi Oriente, con Ibrahím Ferrer, grabado en La Habana en, 1956, 1960 y, 1961, Tumbao Cuban Classics, TCD 704

Orquesta Chepín-Chovén

El merenguito, director Electo Rosell, grabado en La Habana, 1942-1945, Tumbao Cuban Classics, TCD 051

Orquesta Havana-Riverside o Riverside

Baracoa, Tumbao Cuban Classics, grabado en La Habana, 1953-1954, TC D 052
De Bayamo a Pinar del Río, Riverside de Pedro Vila, 1953-1959, Tito Gómez y Merceditas Valdés, Tumbao Cuban Classics, TCD 109
Rompan el cuero, Tumbao Cuban Classics, grabado en La Habana, 1939-1940, TCD 058

Orquesta melodías del 40

Montuno favorito, Regino Frontela Fraga, grabado en La Habana, 1956, Tumbao Cuban Classics, TCD 098

Pacho Alonso

A bailar con Pacho Alonso, Discuta Records, 2000, D I C D 5 6 0
Que me digan feo, 14 Classic Songs from Cuba, Novoson, 2002, CDNS 842
Una noche en el Scheherazada, DIS 521
Yo no quiero piedra en mi camino, EGR 113

Panchito Riset

16 éxitos de oro, VIC 1015
Abandonada, ANS 1202
Cita a las seis, Better Music, 2000, col. Música del Sol, MSCD-7072
Gloria de Cuba, ANS 1209

Paulina Alvarez

El danzonete, MED 10254
La emperatriz del danzón, Egrem 48
—Rompiendo la rutina, Better Music, col. Música del Sol, S O L 7044

Pedro Vargas

Adiós, CEDAR, Saludos amigos, CD 62194
Lágrimas negras. Pedro Vargas canta boleros de Miguel Matamoros, Alma latina, 2001
Pedro Vargas & Cia, Better Music, col. Sugar Cane, 2001, S C C D 0114
Pedro Vargas canta inolvidables boleros cubanos, Alma latina, 19 95, ALCD-027
Siboney, CEDAR, Saludos amigos, CD 62189

Peruchín

Cuban Rhythms by Charlie Palmieri & Peruchín, Caney, 1995, CCD 5 01
La descarga, Egrem-Nuevos Medios, 1992, 65611 CD
Piano con moña, grabado en La Habana finales década del cincuenta, Egrem, 1996 CD 0184

Pío Leyva

Cuban Classics III, Pío Leyva, W S Latino, 1999, WSCD 4206
El montunero de Cuba, Yo bailo con ella, Tumbao Cuban Classics, TCD 801
Esta es mi rumba, Producciones Abdala, 2002, U N-C D 6 013
Oye cómo suena, Big World, Maype 131

Ramón Veloz

Amoros a guajira, Bis Music, col. Tributo, B I S 97

René Cabel

Cita con René Cabel, ANT 568
Éxitos de René Cabel, ANT 589
Tú me acostumbraste y otros grandes éxitos, «El tenor de las Antillas», Alma latina, 1996, ALC D-049

Rene Touzet

⁓*Danzas cubanas*, Gustavo Ponzoa, Montilla, 19 92, C D F M-3 004

Rita Montaner

⁓*Función de gala*, Teatro Martí, A R O 118
⁓*La única*, interpreta a Ernesto Lecuona y otros, Alma latina, ALCD 020
⁓*Rita de Cuba*, Tumbao Cuban Classics, grabado en La Habana, 1928-1941, TCD 046

Roberto Faz

⁓*A romper el coco*, en Tropicana, SNY 163 63
⁓*Baila conmigo*, Roberto Faz y su Conjunto, SEE 9221
⁓*En vivo*, BAR 22
⁓*La voz de Roberto Faz*, BIS 67
⁓*Mientras la vida pasa*, Havana Social Club, ORF 16204
⁓*Rumberito soy*, AST 33034
⁓*Sabrosona*, Better Music, col. Música del Sol, SOL 720 6
⁓*Saludos a Roberto Faz*, PCD 134

Rolando Laserie

⁓*20 éxitos de Rolando Laserie*, Balboa Records, col. 20/20, 2000, CD 501-00227 B
⁓*Ay se pasó Laserie*, CAN 9015
⁓*De película 16 éxitos*, F TS16013
⁓*De película, Disco hit*, DHCD-1825
⁓*El guapachoso*, DH1845
⁓*El guapo de la canción*, BIS112
⁓*Le World... Cuba, los éxitos de los años 50*, Suave, 2002, 6942082
⁓*Mentiras tuyas*, Alma latina, ALCD 059
⁓*Sabor a mí, Boleros con guapería*, Better Music, col. Música del Sol, SOL 7069
⁓*Sé muy bien que vendrás*, Helix, Novoson, 2000 CDNS 734
⁓*Todo el tiempo*, MSA 2050

Senén Suárez

Guaguancó callejero, con su Conjunto del Tropicana Night Club, grabado en Cuba, 1952-1953, Tumbao Cuban Classics, 1994, TC D 048
Ritmo en La Habana, Senén Suárez y su Orquesta, Helix, 1999, CDNS 745

Septeto Cauto de Mozo Borgella

Congo se divierte, con Alfredito Valdés y Cheo Marquetti, grabado en La Habana, 1937-1940, Tumbao Cuban Classics TCD

Septeto Nacional Ignacio Piñeiro

Clásicos del son, EGR 71
Échale salsita, Artex-Discmedi Blau, DM 216CD
El son de altura, Better Music, col. Música del Sol, S O L 7031
Lejana campiña, ORF 16154
Septeto Nacional, CRN 12043
Serie los inmortales, YOY 12042
Sones cubanos, SEE 9278
Sones de mi Habana, SEE 4085

Sexteto Boloña

Échale candela, Tumbao Cuban Classics, grabado en Nueva York, 1926, TCD 060
Quiéreme camagüeyana, SNY 16223

Sexteto y septeto Habanero

Las raíces del son. Grabaciones completas, 1925-1931, Tumbao Cuban Classics TCD 300

Sexteto Occidente

Yo no tumbo caña, Tumbao Cuban Classics, grabado en Nueva York, 1926 TCD 087

Sonora matancera

1924-1999, vol. I, Better Music, col. Música del Sol, SOL 7062
1924-1999, vol. II, Better Music, col. Música del Sol, SOL 7063
1924-1999, vol. III, Better Music, col. Música del Sol, SOL 7064
1924-1999, vol. IV, Better Music, col. Música del Sol, SOL 7065
1924-1999, vol. V, Better Music, col. Música del Sol, SOL 7066
200 Clásicas, vol. 1, FTS, 20096
200 Clásicas, vol. 2, FTS, 20097
200 Clásicas, vol. 3, FTS, 20098
200 Clásicas, vol. 4, FTS, 20099
200 Clásicas, vol. 5, FTS 20100
40 años de la Sonora, SEE 1001
Ahí viene... Sonora matancera, PCD 132
Azúcar y candela, AN 18018
La ola marina, Bienvenido Granda, grabado en La Habana, 1944, Tumbao Cuban Classics, TCD 113
La Sonora trae un tono, Sonora matancera en Perú, 1957, Tumbao Cuban Classics, grabado en vivo desde Radio Lima, Perú, 1957, TCD 096
Se formó la rumbantela, Bienvenido Granda, Tumbao Cuban Classics, grabado en La Habana, 1948-1950, TCD 045
Seis ases de la Sonora, DMD 1424

Tito Gómez

Cha hua hua, Better Music, col. Música del Sol, SOL 7222
La última descarga, Tito Gómez-Orestes Macias, grabado en La Habana, agosto y septiembre, 2000, West Side Latino Records
Tito Gómez con la Orquesta de Enrique Jorrín, grabado en La Habana, 1976-1977 y 198 0, Egrem, col. Sonora cubana, 1999
Tito Gómez con la Riverside, Egrem, EGR 14
Tito Gómez en vivo, BAR 224
Tito Gómez en vivo, Fondos sonoros del Instituto cubano de radio y televisión, grabado en la CMQ Radio, La Habana, 1952, Discmedi Blau, DM 213CD

Tito Puente

—El rey del timbal, Mambos with Puente, 1949-1950, Tumbao Cuban Classics, TC D 011
—Mambo Macoco, 194 9-1951, Tumbao Cuban Classics, TCD 018
—Mamboscope, Caney, C C D 5 02
—Pare cochero, and Others Mambos Hits, Caney, CCD 508,

Tito Rodríguez

~*Rumba gallega*, con la Orquesta de José Curbelo, Tumbao Cuban Classics, grabado en Nueva York, 1947 and, 1951, TCD 042
~*Tito Rodríguez and his Orchestra*, «Mambo Gee Gee», Tumbao Cuban Classics, grabado en Nueva York, 1950-1951, TCD 021
~*Tito Rodríguez y Los Lobos del Mambo, Mambo mona*, Tumbao Cuban Classics, grabado en Nueva York, 1949-1951

Toña la Negra

~*Cenizas,* ORF 11478
~*Interpreta a Rafael Hernández y Pedro Flores*, ORF 13299
~*Lamento cubano,* grabaciones de 1950, 1951,1952, 1953 y 1958, Tumbao Cuban Classics, TCD 117
~*Oración caribe*, Alma latina, A LCD 023

Trío la Rosa

~*Errante de un amor*, ORF 16224
~*Esto si que esta gracioso,* grabado en La Habana, 1947-1955, Tumbao Cuban Classics, TCD 105
~*Trío La Rosa y sus amigos*, MUV 1652

Trío Matamoros

~*1928-1939*, Harlequín, HRL 40
~*Carnavales de Oriente*, SNY, 16605
~*Conjunto Matamoros with Benny Moré*, Tumbao Cuban Classics, grabado en México, 1945-1947, TCD 020

~*Conjunto Matamoros, Bailaré tu son*, Tumbao Cuban Classics, grabado en La Habana, 194 8-1952, TCD 070

~*El disco de oro del Trío Matamoros*, KUB1392

~*El Trío Matamoros en San Juan*, grabado en Puerto Rico en, 1956 y, 1960, Nuevos Medios, 2004, NM 15805 CD

~*La china en la rumba*, Tumbao Cuban Classics grabado en La Habana, 1928-1951, TCD 039

~*Septeto y Conjunto Matamoros, Camarón y mamoncillo,* Tumbao Cuban Classics, grabado en Nueva York, 1923-195 0, TCD 044

~*The Legendary Trío Matamoros*, Tumbao Cuban Classics, grabado en Nueva York, 1928-1937, TCD 016

Trío Servando Díaz

~*Postales de mi tierra*, grabado en La Habana y Puerto Rico, 1940-1942, Tumbao Cuban Classics, TCD 081

~*Sus mejores creaciones*, DIS 545

Vicentico Valdés

~*Algo de ti*, SEE 9195

~*Amor con salsa*, TIC 1313

~*Arriba Vicentico*, SEE 4054

~*Con la Sonora matancera*, SEE 9154

~*En la lejanía*, BRO 125

~*Lo mejor de Vicentico Valdés*, TIC 1331

~*Los aretes de la luna*, Better Music, col. Música del Sol, SOL 7033

~*Los Valdés con la Sonora matancera*, Vicentino y Miguelito, West Sound, 1998, SCCD-9350

~*Mi diario musical*, SEE 3002

~*Negro bonito, con acompañamiento del Conjunto de Humberto Cané,* grabado en México, 1947, Tumbao Cuban Classics, TCD 116

~*Una vez más*, SEE 9232

Xavier Cugat and his Orchestra

~*Rumba rumbero*, 1937-1942, with Miguelito y Alfredito Valdés, Tumbao Cuban Classics, TCD 023

The Breeze and Xavier Cugat, Prism Leisure, 2001, PLATCD 711

The Coconut Pudding Vendor, PML 1091

Xavier Cugat and his Orchestra, 1940-1942, Tumbao Cuban Classics grabado en Nueva York, 1940-1942, TCD 002

Variado

Boleros. Rondalla Venezolana, Celia Cruz, Barbarito Diez, Vicentino Valdés, Daniel Santos, P., MCMXCIV, El palacio de la música, Jercar, 1995

El gran tesoro de la música cubana, vol. I, II, III, IV y V, Egrem, 2004

El manisero, 25 classic versions of «El manisero», Tumbao Cuban Classics, TCD 8 01

Grandes éxitos de los 50, La música de La onda de la alegría, Envidia, G505002

Havaneres, vol. 1 y 2, Mediterráneo Music Latino, DINDI Records DL 8-41919 y 8-41920, 2002

Ídolos de la victrola cubana, Egrem, 2001, CD 0515

Inolvidables dúos latinos, Caney, CCD 902

Introducción a la música popular cubana, 2 CDs Egrem, col. Sonora cubana, 1999

Jane Bunnnet, Spirits of Havana, Merceditas Valdés, Gonzalo Rubalcaba y Yoruba Andabo, 15825-2

La flor oculta de la música cubana, vol. I, II y III, Egrem, 2001, Eurotropical Muxxic

Los mejores dúos de Cuba, 50 años de música, ORF 12832

Los viejos y sabios músicos de Cuba, Eurotropical Muxxic, 2000

Mango Mangue, Cuban Jam Sessions, Better Music, col. Sugar Cane, 2001, SCCD 0113

Niño Rivera y Julio Gutiérrez, Las legendarias jazz sessions, jam sessions, 1957-1958, Egrem, CDP 0012

Ritmo cubano, Pérez Prado-Xavier Cugat-Lecuona Cuban Boys, Dejavuretro, Gold Collection Arts, 2001, R2C D 40-5 8

Romance tropical, vol. 1, Orfeón, ORF 12852

Serenata mulata, Señoras cubanas del bolero 1, Better Music, col. Sugar Cane, 2001

Serenata mulata, Señoras cubanas del bolero 2, Better Music, col. Sugar Cane, 2001

Vieja trova santiaguera, Domino, Virgin Records, La Habana, 2000, 8491352

Índice de canciones

Índice de nombres

Indices de fotos

➢ Guillermo Portabales. Página 132. Cadenahabana

➢ Miguelito Valdés. Página 136. Programa *Memoria de La Habana*

➢ Miguelito Valdés. Página 138. Wikipedia

➢ Orlando Guerra, Cascarita. Página 140. ©Armando Nuviola

➢ Manuel Corona. Página 144. Cortesía Programa *Memoria de La Habana*

➢ Pedro Jústiz, Peruchín. Página 148. Cortesía Programa *Memoria de La Habana*

➢Freddy García. Página 152. Revista *Bohemia*

➢ Rafael Gómez, Teofilito. Página 156. Cortesía Programa *Memoria de La Habana*

➢ Fernando Álvarez. Página 161. Blog desmemoriados

➢ Fernando Álvarez. Página 162. Revista *Bohemia*

➢Ramón Cabrera. Página 165. Cortesía Programa *Memoria de La Habana*

➢Lorenzo Hierrezuelo. Página 168. Montunocubano.com

➢ José Antonio Méndez. Página 174. Diariodelsureste.com.Mx

➢ Rolando Laserie. Páginas 179 y 181. Archivo personal Laserie. Cortesía Lazaro Caballero

➢ Isolina Carrillo. Página 183. Habanaradio.cu

➢ Orlando Contrera. Página 187. Discogs.com

➢ Eusebio Delfín. Página 190. Cortesía Programa *Memoria de La Habana*

➢ Vicentico Valdés. Página 194. Portal El lugareño

➢ Roberto Faz. Página 198. Cortesía Ángel Manuel Álvarez Pérez

➢ Lino Frías. Página 202. ©Armando Nuviola

➢ Lino Frías. Página 203. Wikipedia

➢ Paulina Álvarez. Página 208. Blog desmemoriados

➢ Luis Marquetti. Página 212. Libro *Luis Marquetti, gigante del bolero.* Luis César Núñez

➢ Ramón Veloz. Página 216. Cortesía Programa *Memoria de La Habana*

➢ Julio Cuevas. Página 220. ©Armando Nuviola

➢ Pancho Alonso. Página 224. Cortesía Programa *Memoria de La Habana*

➢ Enrique Jorrín. Página 228. Alchetro.com

➢ Machito Grillo. Páginas 233 y 236 . Wikipedia

➢Machito Grillo. Página 237. Wikipedia, Isabelle Leymarie during the filming of «Machito: A Latin Jazz Legacy»

➢ Moisés Simons. Página 238. Alchetro.com

➢ Kiko Mendive. Página 242. Blog desmemoriados

➢ Mogo Santamaría. Página 246. Songwhip.com

➢ Bienvenido Julián Gutiérrez. Página 250. Blog desmemoriados

➢ Daniel Santos. Página 254. Wikipedia

➢ René Cabel. Página 258. Renécabelwordpress.com

➢ Fernando Collazo. Página 262. Cortesía Programa *Memoria de La Habana*

➢ Ignacio Piñeiro. Página 266. Cubasoyo.com

➢ Ignacio Piñeiro. Página 270. Habanaradio.cu

➢ Roberto Espí. Página 273. Discogs.com

- Fernando Storch. Página 277. ©Armando Nuviola
- Emiliano Salvador. Página 281. Página de facebook Emiliano Salvador

ACERCA DEL AUTOR

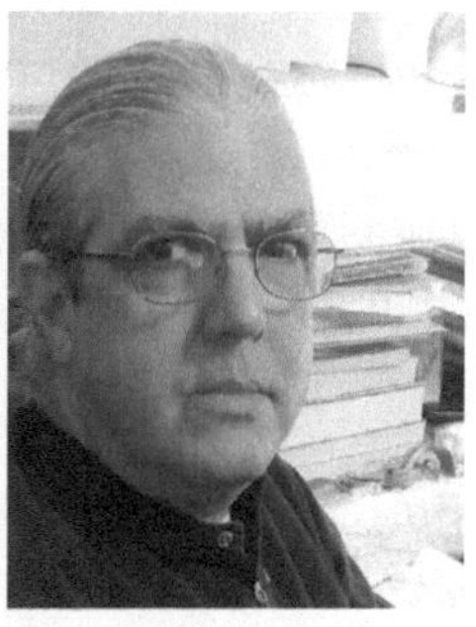

Ramón Fernández-Larrea

Poeta, productor creativo. Guionista de radio, cine y televisión.

Escribe, conduce y produce semanalmente el espacio *Memoria de La Habana*, desde agosto del 2015, que se emite a través de la Poderosa 670 AM y Cadena Azul 1550 AM... Tambien en su emisora de radio online: www.memoriadelahabana.com

Lleva semanalmente el segmento «El sonido de la memoria» en el *Happy Hour* de América Tevé, Canal 41, Miami.

Ha escrito humor desde el 2005 para los programas:

- ▸ *Seguro que Yes* con Alexis Valdés en América Tevé.
- ▸ *Esta noche tu night con* Alexis Valdés en Mega TV.
- ▸ *Pellízcame que estoy soñando* con Carlos Otero en América Tevé.
- ▸ *TN3* con Carlos Otero, Nadia Rowinski y Omar Moynelo en América Tevé.
- ▸ *Charitín y Felipe* en Mega TV.
- ▸ *El arañazo* con Omar Moynelo en Mega TV.
- ▸ *Esta Noche sí* con Lieter Ledesma y Mijaíl Mulkay.
- ▸ *Mira pacá* con Nadia Rowinsky en Mega TV.

Ha escrito y producido historias para *Catarsis*, de la sicóloga Vivian Gonzaléz.

Ha escrito para *Caso Cerrado,* Telemundo.

Ha escrito para «La Cuatro» en *Sábado Gigante,* y los personajes de Raúl González en *Despierta América.*

Participó en los guiones de las películas: *La vida según Ofelia* y *Cercanía.* Compositor de todas las canciones de la película *La vida según Ofelia.*

En Barcelona, España de 1999-2003 escribió, produjo y dirigió los espacios radiofónicos *Al tanto*; *La calabaza* y *Memoria de La Habana*, en la emisora española *Radio Gladys Palmera.*

Tiene publicados nueve libros de poesía y uno sobre los músicos de Cuba.

Fue el realizador en Cuba del espacio radial *El programa de Ramón*, Radio Ciudad de La Habana, 1988-1991, de máxima audiencia.

Premios:

Premio Nacional de Poesía «Julián del Casal», Unión de Escritores y Artistas de Cuba, en 1985

Premio de poesía Julio Tovar en 1997

Premio XX Aniversario El Caimán Barbudo, La Habana, en 1986

Premio de Poesía Gastón Baquero 2014

OTROS TÍTULOS

Es un libro mayor que va a sentar una pauta, un modelo a seguir, porque es un libro de etno-historia, un estudio de caso que se inserta dentro de la etno-historia musicológica.

Miguel Barnet

El más completo trabajo publicado sobre Chano Pozo hasta la fecha.

Cristóbal Díaz Ayala

Libro singular si los hay, donde la autora da muestras de conocimiento, paciencia y pasión que la llevaron a hurgar en las más disímiles fuentes documentales: biografías, autobiografías, prensa, entrevistas a músicos o amigos que lo conocieron y su discografía –hasta hora no explorada–, le han permitido situar las actuaciones de Chano en Cuba, Estados Unidos y Europa, hecho este último que no había sido estudiado hasta ahora.

Radamés Giro

Este es un libro de esos que cuando uno llega al final y cierra la tapa, tiene que reflexionar un instante para esbozar una sonrisa de satisfacción, esa sonrisa que brota cuando uno se dice: acabo de leer una obra excelente.

Tony Pinelli

Esta obra debía ser lectura obligada para todos aquellos que de alguna forma se inclinen hacia ese género musical que hoy llamamos Jazz Latino o *Latin Jazz*.

Paquito D'Rivera

Siempre tuve temor a que perdiéramos la memoria histórica de nuestra cultura musical, tan importante para todos y que las nuevas generaciones desconocieran a las figuras que hicieron posible el desarrollo de nuestro presente musical, de ahí la importancia de obras como esta.

Chucho Valdés

UNOS&OTROS EDICIONES

CHANO POZO. LA VIDA ROSA MARQUETTI TORRES

ROSA MARQUETTI TORRES

CHANO POZO

LA VIDA (1915 - 1948)

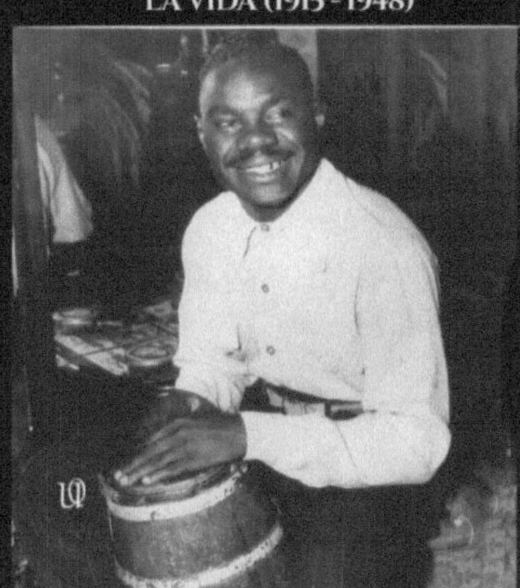

El REY DE LA GUARACHA

A mucho más de medio siglo de ser compuestas, aún se escuchan en bares, cantinas y la radio de toda Cuba y fuera del país, muchas de sus creaciones como «Cuidadito Compay Gallo» y «María Cristina»; sin embargo, poco se sabe de la vida de este hombre cuyo verdadero nombre es revelado por el autor de esta obra, Oscar Montoto Mayor, apasionado baracoense, quien a partir de los testimonios de Antonio Fernández Arbelo, hijo de Ñico Saquito y auxiliado por el extenso archivo sobre su notable padre, junto a la pasion de sus nietos Alejandro y Toni, y las confesiones del propio compositor realizadas en entrevistas que están diseminadas por la radio y periódicos de la época, reconstruye en esta monografía paso a paso la vida y obra de este rey de la guaracha cubana. Con un lenguaje muy acorde a su estilo como escritor e investigador, el autor nos ofrece una crónica rica en anécdotas y valoraciones de este notable músico y compositor, en una etapa siempre valiosa y fundamental para la difusión de la música cubana. Ñico Saquito, una de las figuras celebres del pentagrama cubano tristemente olvidado, que ahora intentamos revivir al compás de un simpático doble sentido con centenares de guarachas y otros géneros musicales en los que fue pionero. El doble sentido y su criollo sabor que lamentablemente ha caído en la chabacanería y el mal gusto a pesar de la herencia que nos legaron otras figuras como Faustino Oramas, el Guayabero, y nuestro biografiado, el mago que sacaba de un sombrero-saco, guarachas y pregones sin las cuales hoy no se podría escribir sobre estas creaciones originales y ricas en temas y melodías. Así fue y es Ñico Saquito.

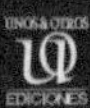

Ñico Saquito: El rey de la guaracha Oscar Montoto Mayor

ÑICO SAQUITO

EL REY DE LA GUARACHA

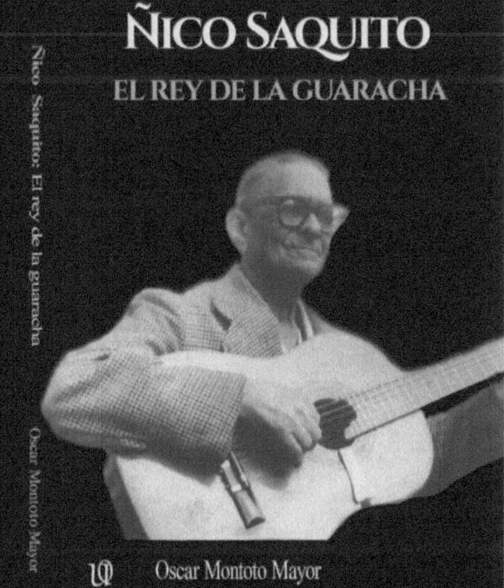

Oscar Montoto Mayor

Andrés Echevarría Callava, Niño Rivera

El Niño Rivera, uno de los treseros más importantes de la historia de la música cubana, fue un innovador, vanguardista, uno de los compositores y arreglistas más importante de su tiempo. Su obra «El Jamaiquino» se convirtió en un *standart* de la música cubana.

Chucho Valdés

Rivera [Niño] posee una rara combinación de intuición popular e iluminación músical en cuantoa formas, sus arreglos pueden permanecer dentro de un marco tradicional mientras se mueve hacia un territorio inexplorado. Es como los mejores arreglistas de jazz, menos preocupado por mostrar su talento para escribir, que por sacar lo mejor de cada miembro de la orquesta.

Dick Haadlock

UNOS & OTROS EDICIONES

El Niño con su tres

Rosa Marquetti Torres

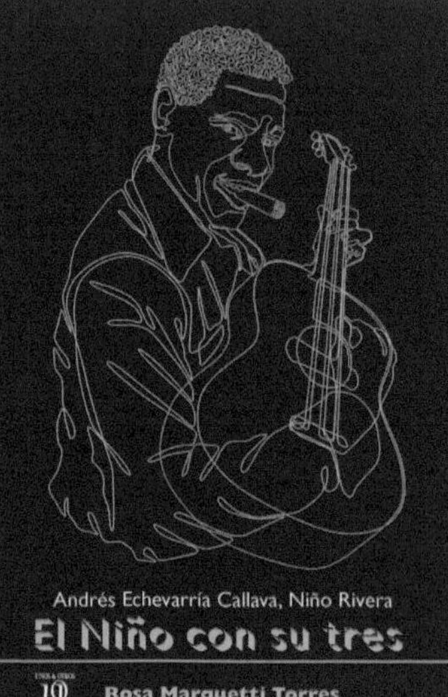

Andrés Echevarría Callava, Niño Rivera

El Niño con su tres

UNOS & OTROS MÚSICA

Rosa Marquetti Torres

Esta biografía eminentemente documentada de Bola de Nieve se levanta como un panorama donde entran sus familiares, sus creencias, sus gustos, sus ansiedades y preferencias, al tiempo que dedicaba a perfeccionar las interpretaciones que le dieron fama internacional y lo convirtieron en auténtico embajador de la cultura cubana. Para quienes lo conocimos y disfrutamos de su arte resulta un estimulador de la nostalgia. Para quienes, por su juventud, a través de la lectura se acercan a un artista de la talla de Bola de Nieve, resultará una sorpresa conocer circunstancias y anécdotas irrepetibles, personalidades, ciudades, escenarios, una vida colmada de interés y una trayectora ejemplar.

Reynaldo González

«Hay *otro* personaje clave en mi formación sentimental. Para descubrirme a mi mismo, para advertir lo que me ha producido felicidad y dolor, no he acudido al psiquiatra, sino a Bola de Nieve. En mi opinión es otro de los genios que habéis engendrado aquí [...] ».

Pedro Almodóvar

[...] la labor escénica de Bola de Nieve: una forma de expresión, de sensibilidad, de calidad espiritual. Cuando uno lo trae al recuerdo, está habituado a relacionarlo con Rita Montaner y Benny Moré y —desde el punto de vista profesional— me cuesta trabajo compararlos, no en el sentido de su estatura individual, de lo que cada uno significa en la música cubana, sino porque Bola resulta ser una cosa distinta con respecto a los otros dos: es un fenómeno, algo realmente inexplicable, ya que hablar de un cantante «sin voz» parece algo absurdo, surrealista. Quizás él sea un clásico ejemplo de la intensidad del arte cubano, de disciplina, de estudio, de amor y entrega total a lo que se realiza.

Harold Gramatges

UNOS & OTROS EDICIONES

Bola de Nieve

Ramón Fajardo Estrada

Bola de Nieve

Si me pudieras querer

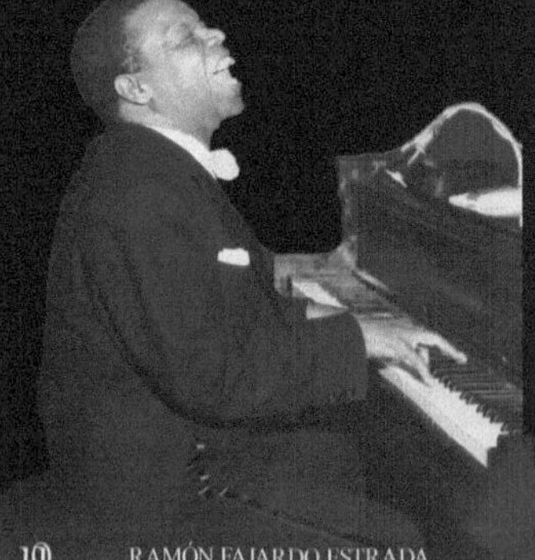

Ramón Fajardo Estrada

Dulce Sotolongo conoció de forma casual a Leopoldo Ulloa, le propuso entrevistarlo para hacer un libro y surgió una inquebrantable amistad. La autora hace un recorrido por la vida del compositor a través de sus canciones e intérpretes logrando un rico testimonio de la música cubana, entre los artistas que cantaron sus composiciones están: Celia Cruz, José Tejedor, Tirso Guerrero, Celio González, Caito, Lino Borges, Wilfredo Mendi, Moraima Secada, Roberto Sánchez, Clara y Mario, Los Papines, Pío Leyva. *En el balcón aquel* es un libro que te atrapa desde la primera línea, no permitirá que dejes de leer hasta su final.

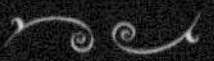

Para los amantes de la música cubana de todos los tiempos, esta será una edición muy especial porque rinde honor a quien honor merece, a un grande del bolero: Leopoldo Ulloa.

Eduardo Rosillo Heredia

Autodidacta, creador absolutamente intuitivo, un día compuso «Como nave sin rumbo», Luego surgió una larga fila moruna: «Destino marcado», «Me equivoqué», «Perdido en la multitud», grabados por Frank Fernández; «Te me alejas», «Es triste decir adiós», «No extraño tu amor», «Adiós me dices ya»; y el representativo «Por unos ojos morunos». Esta producción sitúa a Leopoldo Ulloa, como el más sostenido y consecuente creador de la línea del bolero moruno.

Helio Orovio

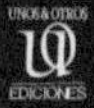

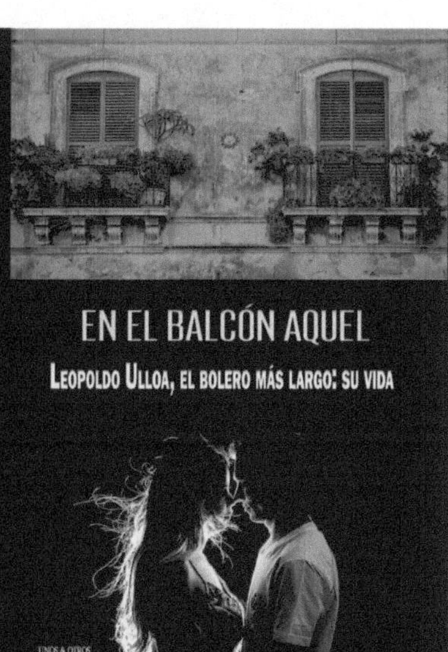

EN EL BALCÓN AQUEL

Leopoldo Ulloa, el bolero más largo: su vida

UNOS & OTROS MÚSICA

DULCE SOTOLONGO

LUIS MARQUETTI

Decir Luis Marquetti, es decir bolero. Marquetti fue ante todo un compositor de boleros, de grandes boleros, de algunos de los más bellos boleros de la historia. Aunque compuso guajiras, congas, sones, guarachas y pregones, lo suyo fue el bolero. Las letras que escribió, y que puso en manos de los más destacados intérpretes de su época, que lo llevaron a la inmortalidad y a alcanzar el sitial que hoy ocupa como uno de los más importantes compositores de boleros de todos los tiempos. En esta nueva edición, ampliada y corregida, el lector no solamente encontrará información biográfica que nos habla de los avatares de la vida cotidiana del compositor y de las condiciones objetivas en las que nacieron sus numerosas creaciones, sino un exhaustivo registro de sus boleros, fotos, y testimonio de quienes lo conocieron personalmente y compartieron con él en ambientes tan disímiles como la vida escolar, los medios televisivos, la radio, la sociedad de autores, opiniones de sus hermanos, colegas de magisterio, exalumnos y vecinos de Alquízar.

Jairo Grijalba Ruiz

No hace falta mencionar títulos: prácticamente todos los boleros compuestos por el maestro conquistaron a intérpretes de todo el continente. Desde aquel memorable encuentro con Pedro Vargas y el estreno radial de «Deudas», Luis Marquetti devino referencia obligada en el mundo del bolero. Hoy día, cuando diferentes plazas latinoamericanas hacen hincapié en la vigencia eterna del género —nacido en Cuba y desarrollado hasta la saciedad en otros lares americanos y europeos—, el nombre de este modesto, caballeroso y fecundo autor constituye un verdadero hito musical. Cuando la celebridad y la fama de muchos boleros se basaba en el morboso retorno a las consecuencias de la infidelidad abierta, el supuesto desahogo etílico e, incluso, la incitación a la violencia como única forma de salvar el mancillado honor, Luis se las ingenió para conjugar sus prédicas escolares de cada día y su ejemplo personal: búsquese tan solo un verso de los textos concebidos por el querido autor donde el respeto, la elegancia y, a veces, hasta el acercamiento a los recursos de la literatura no demuestren su apego a las buenas costumbres, aun en las circunstancias más adversas descritas por sus creaciones.

Gaspar Marrero

LUIS MARQUETTI GIGANTE DEL BOLERO

LUIS MARQUETTI

GIGANTE DEL BOLERO

EL HOMBRE SIN ROSTRO

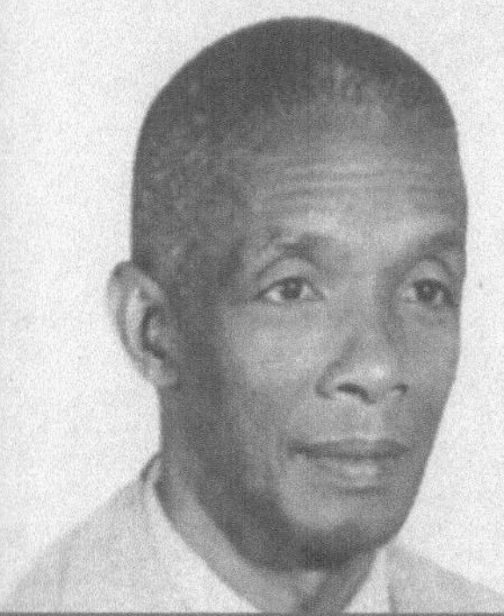

LUIS CÉSAR NÚÑEZ GONZÁLEZ

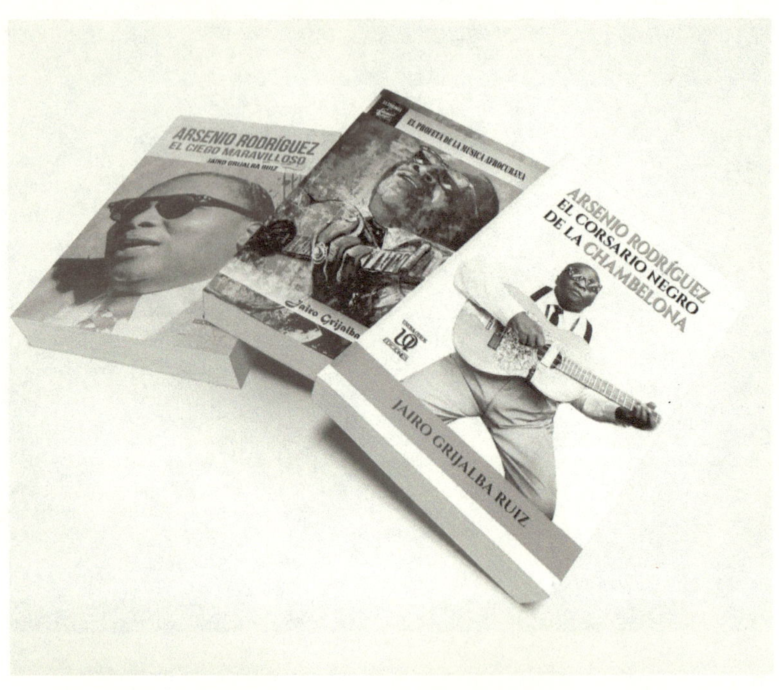
ARSENIO RODRÍGUEZ
EL CIEGO MARAVILLOSO
JAIRO GRIJALBA RUIZ
EL PROFETA DE LA MÚSICA AFROCUBANA
ARSENIO RODRÍGUEZ
EL CORSARIO NEGRO
DE LA CHAMBELONA
JAIRO GRIJALBA RUIZ

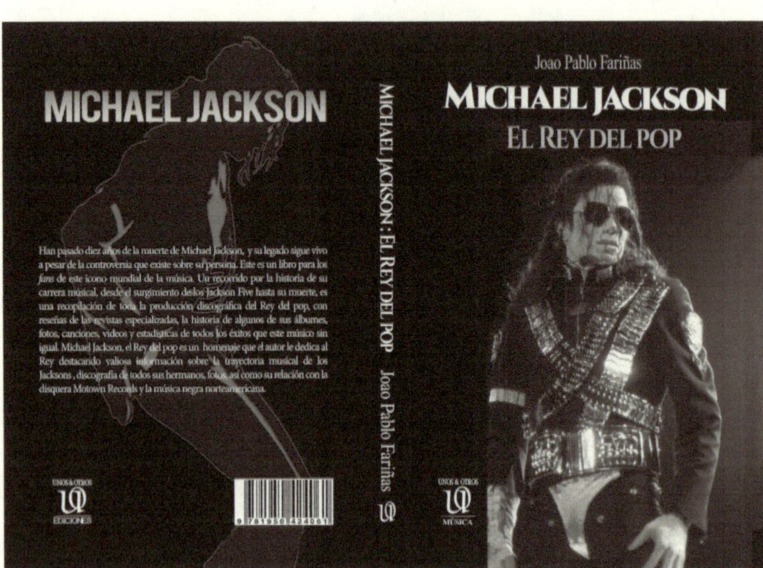
MICHAEL JACKSON
Han pasado diez años de la muerte de Michael Jackson, y su legado sigue vivo a pesar de la controversia que existe sobre su persona. Este es un libro para los *fans* de este icono mundial de la música. Un recorrido por la historia de su carrera musical, desde el surgimiento de los Jackson Five hasta su muerte, es una recopilación de toda la producción discográfica del Rey del pop, con reseñas de las revistas especializadas, la historia de algunos de sus álbumes, fotos, canciones, videos y estadísticas de todos los éxitos que este músico sin igual. Michael Jackson, el Rey del pop es un homenaje que el autor le dedica al Rey destacando valiosa información sobre la trayectoria musical de los Jacksons , discografía de todos sus hermanos, fotos, así como su relación con la disquera Motown Records y la música negra norteamericana.
UNOS & OTROS
EDICIONES
MICHAEL JACKSON : EL REY DEL POP Joao Pablo Fariñas
Joao Pablo Fariñas
MICHAEL JACKSON
EL REY DEL POP
UNOS & OTROS
MÚSICA

En esta obra documental está todo Willie Rosario, el ser humano y el orquestador, el hombre y el músico, el jazzista y el salsero, el romántico y el rumbero, el boricua y el afro-latino-americano. Y está, sobre todo, su testimonio, su voz, para que esta y las siguientes generaciones entiendan que es lo que hay detrás de tantas creaciones musicales. Robert ha extraído de Rosario la esencia de su sonido y nos cuenta en estas páginas los secretos de su afinque.

José Arteaga

Willie Rosario es un gran maestro. Para nosotros los percusionistas siempre ha sido una figura de mucho aprendizaje por su control sobre el ritmo, aspecto en el que es un pionero.

Edwin Clemente

Willie Rosario siempre se ha preocupado por tener excelentes músicos y contar con los mejores arreglistas para su música. Su experiencia y sabiduría ha ido dejando una huella imborrable. Es el timbalero de más cadencia y sentido rítmico que existe. Una leyenda viva de la salsa. Willie es el maestro del *swing*.

Edwin Morales, Mulenze

El trabajo de Willie Rosario es una colección de aciertos y logros en el competitivo mundo de la industria salsera. Fue el arquitecto de un estilo y sonido influyentes en generaciones posteriores de músicos. La combinación de líneas armónicas y rítmicas de piano, bajo y saxofón barítono, creó ese estilo «gordo» y profundo que cautiva pies y oídos. Con visión musical y empresarial, consistencia, disciplina, elegancia y orgullo profesional, Rosario ha mantenido por años una imagen acicalada de liderazgo que le ha ganado la admiración y aplausos de los bailadores de salsa en todo el mundo.

Elmer González Cruz

El músico Willie Rosario es una de esas figuras del pentagrama de la salsa que han cargado sobre sus hombros la lucha por la permanencia del género, lidiando con las adversidades que, en muchas ocasiones, impone el mercado artístico.

Hiram Guadalupe Pér

Su orquesta ha sido una escuela para muchos cantantes y músicos. El concepto que desarrolló, donde el saxo barítono vino a ser protagonista, es un concepto definitivamente ganador. Tenemos que estar muy agradecidos por la aportación que Willie Rosario ha hecho a la música latina, no solo en la salsa, también en el bolero.

Néstor Galán, el Bú

Unos & Otros Ediciones

Robert Téllez Moreno

Willie Rosario

Robert Téllez Moreno

Willie Rosario

El Rey del ritmo

Biografía autorizada

FRANKIE RUIZ

Han pasado veinte años de la muy temprana desaparición física de Frankie Ruiz, un hombre que con un genuino estilo, carisma, voz cálida y dulce, nos dejó un gran legado musical. La figura de Frankie surgió en un momento trascendental para la industria, justamente en uno de los periodos de mayor dificultad para la promoción de la música salsa. Su influencia marcó una pauta que aún perdura en muchas generaciones de artistas.

Solo contaba 40 años al morir, pero su vida y obra merecen ser contadas. Sin duda, Frankie fue el primer cantante líder del movimiento de salsa romántica y el inspirador para otras figuras que luego alcanzaron el éxito. Su particular estilo cargado de *swing* y su personalidad arrolladora, lo convirtieron en ese ícono que representa una salsa con letras que enamoran, acopladas espléndidamente mediante arreglos musicales cadenciosos y muy bailables, una fórmula ganadora que hoy sigue dando resultados.

Los autores de este libro, Robert Téllez (colombiano) y Félix Fojo, (cubano) rememoran de una manera agradable, novelada, la vida y trayectoria musical de este ídolo del pueblo que fue Frankie Ruiz.

Es también un homenaje al Puerto Rico querido de Frankie, la bella Isla del Encanto, a sus paisajes, música y su gente. Al Papá de la salsa, su carrera, su público, *fans* en muchas partes del mundo, a los músicos, a los compositores, arreglistas y productores, a los manejadores, a su familia, en fin, a todos aquellos que hicieron posible que un talento tan natural como el de Frankie Ruiz, pudiera alcanzar el lugar en la historia de la música que merecía.

Es para Frankie, como: Volver a nacer.

Volver a nacer

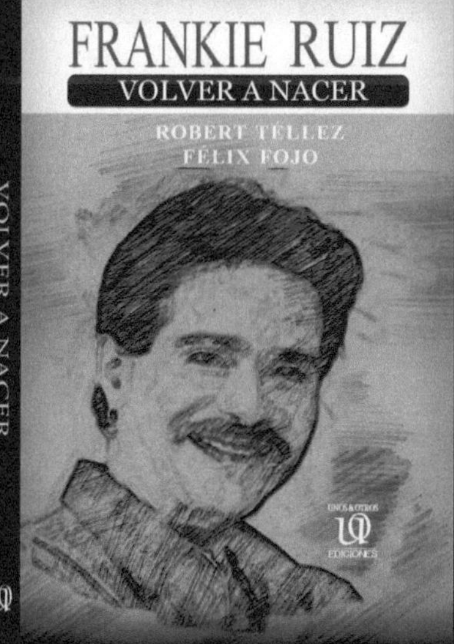

THE BEATLES

Los Beatles, el grupo más admirado de la década del 60 y uno de los mejores de todos los tiempos, iniciaron una revolución cultural que trascendió más allá de la música. Es por eso por lo que ni las generaciones actuales quedan indiferentes a sus letras, ritmos e historia. *El largo y tortuoso camino de los Beatles* es un recorrido por la trayectoria de los *Cuatro Fantásticos*, desde sus inicios hasta la disolución del grupo. Sus seguidores, así como cualquiera que quiera descubrir la magia de los chicos de Liverpool, podrán disfrutar en este libro de entrevistas, reseñas de álbumes y canciones, y estadísticas de sus posiciones en la revista *Billboard*. Asimismo, su autor, Joao Pablo Fariñas González, nos invita a seguir la huella de estos músicos tras su separación, recorriendo sus carreras y vidas en solitario, para completar la historia y leyenda de este famoso grupo. Al concluir, el lector solo corre un riesgo: convertirse en un fanático de los Beatles —si es novel—, o disfrutar con pasión de la continuación de la *Beatlemanía*.

UNOS & OTROS EDICIONES

EL LARGO Y TORTUOSO CAMINO DE LOS BEATLES

Joao P. Fariñas

EL LARGO Y TORTUOSO CAMINO DE LOS BEATLES

JOAO PABLO FARIÑAS GONZÁLEZ

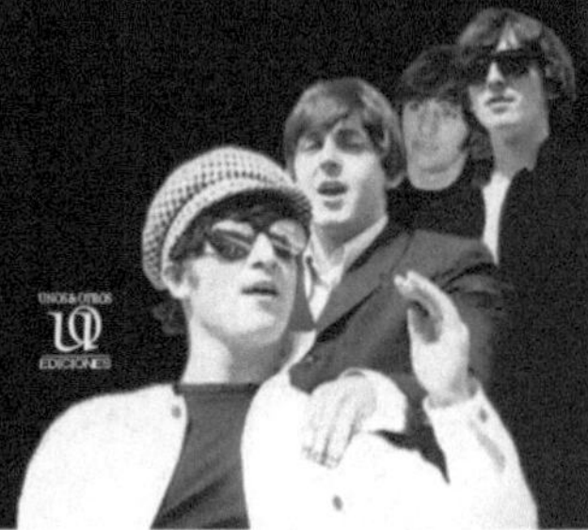

UNOS & OTROS EDICIONES

HISTORIA DE LA SANTERÍA CUBANA

Historia de la santería cubana, no es un libro más de los muchos que, desde la década de los 90, se han publicado en Cuba y el resto del mundo sobre el tema. Se trata de un estudio que aborda las formas tradicionales de la santería con las variantes asumidas en la sociedad cubana desde su introducción en la isla hasta nuestros días. Aplicando el análisis que vincula aspectos de diferentes disciplinas como la antropología y la sociología, el autor reflexiona en temas como la instauración del imperio yoruba, el proceso ritual de iniciación personal, el código ético e identitario de la Regla de Ocha, definición de Oricha, orígenes del sistema oracular del Ifa, entre otros, para ofrecernos en estos trece ensayos, una variedad de puntos de vista sobre un fenómeno tan consustancial a la idiosincrasia cubana como son las tradiciones afro- religiosas.

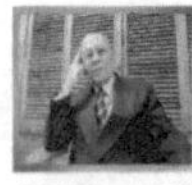

Nèlson Aboy Domingo (Cuba, 1948), Lic. Teología. Instituto Superior de Estudios Bíblicos y Teológicos, ha cursado numerosos diplomados en Antropología y Etnología. Sus estudios se han enfocado, principalmente, en las religiones afrocubanas. En este campo destacan títulos como Nuestra América Negra, Territorio y Voces de la Interculturalidad Afrodescendientes.

Es miembro de la Unión de Historiadores de Cuba y colaborador de disímiles instituciones culturales, Presidente del Consejo Científico de La Casa Museo de África adjunto a la Oficina del Historiador de la Ciudad de la Habana, Miembro Permanente de The Nacional African Religión Congress Philadelphia, California, EE.UU.

UNOS & OTROS EDICIONES

NELSON ABOY DOMINGO HISTORIA DE LA SANTERÍA CUBANA

HISTORIA DE LA SANTERÍA CUBANA

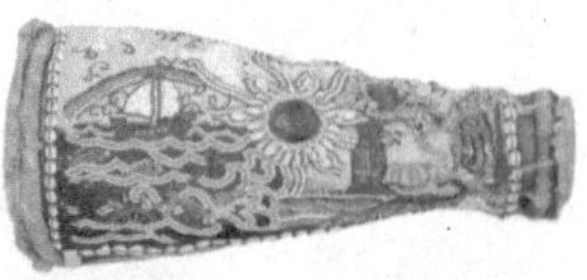

NELSON ABOY DOMINGO

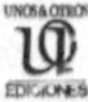

Dos grandes pasiones unen a Estados Unidos y Cuba: el amor al béisbol y al boxeo. Kid Chocolate apareció en las marquesinas del Madison Square Garden, el llamado templo del boxeo profesional, con veinte años. Y en su piel de ébano se reflejaron las luces de ese monumental estadio cuando un día conquistó para Cuba el primer cinturón de oro. En ese momento la leyenda del negrito del Cerro, limpiabotas, comenzó a escribirse en la populosa ciudad de Nueva York, meca del deporte de los puños del orbe. Como en un viejo filme la lectura de este libro nos traslada a la época dorada del boxeo.
Este hombre llegó a ser declarado «El hombre más elegante del mundo» Y bajaba del *ring*, después de quince *rounds*, sin ser despeinado.

GUSTAVO VEGA IZQUIERDO

El cuerpo a cuerpo con los autores del libro, está al comenzar. La voz del Chócolo los llevará a la época del esplendor del doble titular del orbe; los sentará junto a Pincho, Canzoneri y Jack Berg; les contará del amor, de la amistad, de las alegrías y tristeza. Y… ¡A pelear! Ha sonado la campana.

ÚLTIMA ENTREVISTA A KID CHOCOLATE

UNOS&OTROS EDICIONES

KID CHOCOLATE Elio Menéndez / Víctor Joaquín Ortega

Elio Menéndez / Víctor Joaquín Ortega

KID CHOCOLATE

EL BOXEO SOY YO

Ochenta años después de la muerte del proxeneta Alberto Yarini, ocurrida por motivos pasionales en 1910, en el barrio de San Isidro, un joven historiador visita la tumba del legendario chulo para cumplir una promesa contraída con un amigo.Un misterioso búcaro que siempre tendrá flores frescas sobre el sepulcro del proxeneta, le estimula a emprender una investigación en la que afloran vivencias de la vida del protagonista Luis Fernandez Figueroa y su relación con el mítico personaje.

Miguel Angel Sabater Reyes (La Habana, 1960), Licenciado en Filología en la Facultad de Artes y Letras de la Universidad de La Habana. Ha publicado *Cuentos Orichas* (Extramuros), de la Editorial Unos&Otros los titulos, *Crónicas Humorísticas cubanas* (2014), *Los últimos días de Jaime Partagás (2013), La Virgen de Regla y Yemayá* (2014).

Su novela es en verdad apasionante , y se estructura de forma singular...

El Nuevo Herald / **Olga Connor**

Escrita por un historiador e investigador sagaz, la novela nos deja una admiración contenida que alimenta la llama de un mito que el tiempo no podrá apagar, a pesar de inútiles y continuas explicaciones.

Eusebio Leal Spengler, Historiador de La Habana.

UNOS&OTROS EDICIONES

FLORES PARA UNA LEYENDA MIGUEL SABATER REYES

FLORES PARA UNA LEYENDA, YARINI EL REY DE SAN ISIDRO

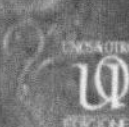

MIGUEL SABATER REYES

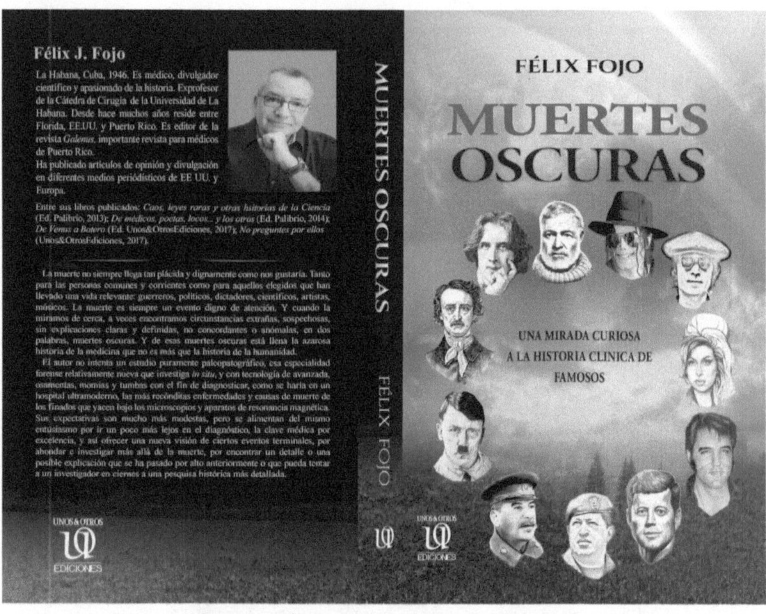
Félix J. Fojo
La Habana, Cuba, 1946. Es médico, divulgador científico y apasionado de la historia. Exprofesor de la Cátedra de Cirugía de la Universidad de La Habana. Desde hace muchos años reside entre Florida, EE.UU. y Puerto Rico. Es editor de la revista Galenus, importante revista para médicos de Puerto Rico.
Ha publicado artículos de opinión y divulgación en diferentes medios periodísticos de EE UU. y Europa.
Entre sus libros publicados: Caos, leyes raras y otras historias de la Ciencia (Ed. Palibrio, 2013); De médicos, poetas, locos... y los otros (Ed. Palibrio, 2014); De Venus a Botero (Ed. Unos&OtrosEdiciones, 2017); No preguntes por ellos (Unos&OtrosEdiciones, 2017).
La muerte no siempre llega tan plácida y dignamente como nos gustaría. Tanto para las personas comunes y corrientes como para aquellos elegidos que han llevado una vida relevante: guerreros, políticos, dictadores, científicos, artistas, músicos. La muerte es siempre un evento digno de atención. Y cuando la miramos de cerca, a veces encontramos circunstancias extrañas, sospechosas, sin explicaciones claras y definidas, no concordantes o anómalas, en dos palabras, muertes oscuras. Y de esas muertes oscuras está llena la azarosa historia de la medicina que no es más que la historia de la humanidad.
El autor no intenta un estudio puramente paleopatográfico, esa especialidad forense relativamente nueva que investiga in situ, y con tecnología de avanzada, osamentas, momias y tumbas con el fin de diagnosticar, como se haría en un hospital ultramoderno, las más recónditas enfermedades y causas de muerte de los finados que yacen bajo los microscopios y aparatos de resonancia magnética. Sus expectativas son mucho más modestas, pero se alimentan del mismo entusiasmo por ir un poco más lejos en el diagnóstico, la clave médica por excelencia, y así ofrecer una nueva visión de ciertos eventos terminales, por ahondar e investigar más allá de la muerte, por encontrar un detalle o una posible explicación que se ha pasado por alto anteriormente o que pueda tentar a un investigador en ciernes a una pesquisa histórica más detallada.
UNOS&OTROS
EDICIONES
MUERTES OSCURAS
FÉLIX FOJO
FÉLIX FOJO
MUERTES
OSCURAS
UNA MIRADA CURIOSA
A LA HISTORIA CLINICA DE
FAMOSOS
UNOS&OTROS
EDICIONES

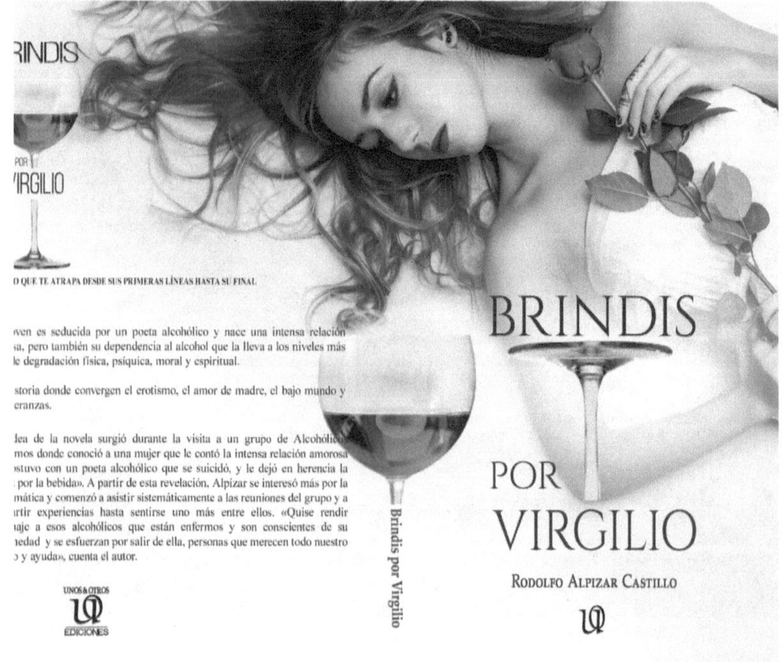
BRINDIS
POR
VIRGILIO
O QUE TE ATRAPA DESDE SUS PRIMERAS LÍNEAS HASTA SU FINAL
oven es seducida por un poeta alcohólico y nace una intensa relación sa, pero también su dependencia al alcohol que la lleva a los niveles más le degradación física, psíquica, moral y espiritual.
storia donde convergen el erotismo, el amor de madre, el bajo mundo y eranzas.
dea de la novela surgió durante la visita a un grupo de Alcohólicos mos donde conoció a una mujer que le contó la intensa relación amorosa stuvo con un poeta alcohólico que se suicidó, y le dejó en herencia la por la bebida». A partir de esta revelación, Alpízar se interesó más por la mática y comenzó a asistir sistemáticamente a las reuniones del grupo y a rtir experiencias hasta sentirse uno más entre ellos. «Quise rendir aje a esos alcohólicos que están enfermos y son conscientes de su edad y se esfuerzan por salir de ella, personas que merecen todo nuestro y ayuda», cuenta el autor.
UNOS&OTROS
EDICIONES
Brindis por Virgilio
BRINDIS
POR
VIRGILIO
RODOLFO ALPIZAR CASTILLO

Otra vez hombres y perros discuten el protagonismo en historias que perturban por insólitas, sin embargo que son tan reales como la vida misma. «El animal ha devenido leyenda urbana entre policías, bomberos, forenses y paramédicos.

JAURÍAS DE LA URBE

Cuentan que es común encontrarlo en los sitios donde han ocurrido tragedias, sin importar cuan distantes estén unos de otros. Algunos dicen que nunca existió, que solo es una más de las muchas habladurías de la gente, como todo en la ciudad… ».

Así comienza el primer relato de *Jaurías de la urbe*, historias en las que el mejor amigo del hombre pone a prueba la capacidad humana para responder ante situaciones límites. ¿Puede el ser humano ser fiel a sí mismo? O podrán más el egoísmo, el desamor, la violencia y la soledad.

Eric Flores es un heredero de Horacio Quiroga, supo digerir bien cuentos como *Anaconda* y trasladar su esencia a un hoy en el asfalto de cualquier ciudad contemporánea. Es tradicional desde lo moderno, es irreverente desde el respeto, es un narrador convencido de que… «Los perros hablan y él va a aprender. A escuchar, a que no son las cuatro patas lo que hacen a un perro. También que una vida de perros, como la suya, no puede esperar nada más que una muerte de perros, como la que ellos le reservan. Va a aprender que al final son uno, que son iguales, aunque él traiga un móvil en lugar de una correa».

POLICE LINE DO NOT CROSS

UNOS&OTROS EDICIONES

9 781950 424115

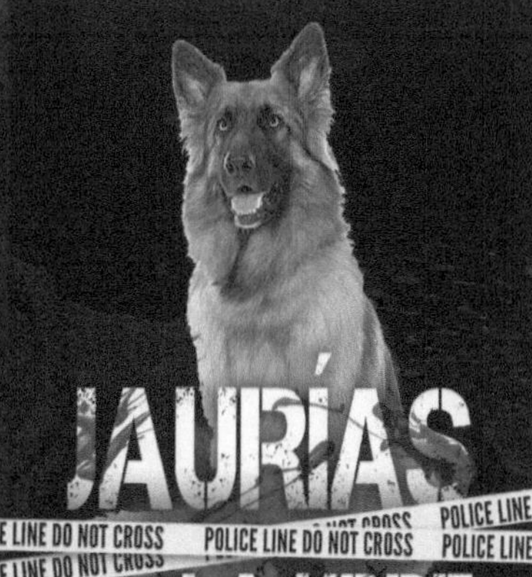

JAURÍAS DE LA URBE

RELATOS SOBRE PERROS Y HOMBRES QUE RESCATAN EL ESPÍRITU DE JACK LONDON

ERIC FLORES TAYLOR

En *Cuentos travestidos*, Ernesto Rojas nos entrega veintidós historias intensas que trascienden el tiempo. Erotismo, confusiones, humor, ironía y sobrecargas emocionales. Cuerpos que fluyen para amar y entregarse con toda la diversidad posible entre los seres humanos. Los personajes desafían las fuerzas de una sociedad homofóbica y patriarcal que insiste en reprimirles el derecho a ser felices. Son historias que se disfrazan de algo que no son, para luego mostrar su verdadera esencia.
Cada cuento ofrece al lector una experiencia interesante, desarrollada con una meticulosidad impecable. Es una lectura fácil y amena con finales inesperados en la que se pueden descubrir, entre otros misterios, aristas de «la vida gay» con características comunes en cualquier región del planeta.

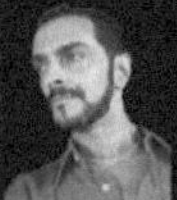

Ernesto Rojas Suárez. La Habana, Cuba, 1968. Desde su infancia mostró inquietudes literarias. En la adolescencia se decidió por las artes escénicas y en especial por la danza. Aunque se profesionalizó como bailarín, coreógrafo, director artístico y guionista en importantes teatros, cabarets y centros nocturnos, siempre encontró en la escritura una manera de canalizar el estrés y ejercitar la imaginación sin llegar a asumirlo como una profesión. Escribir para él, es exorcizar los demonios que lleva dentro.

UNOS&OTROS EDICIONES

CUENTOS TRAVESTIDOS

Ernesto Rojas Suárez

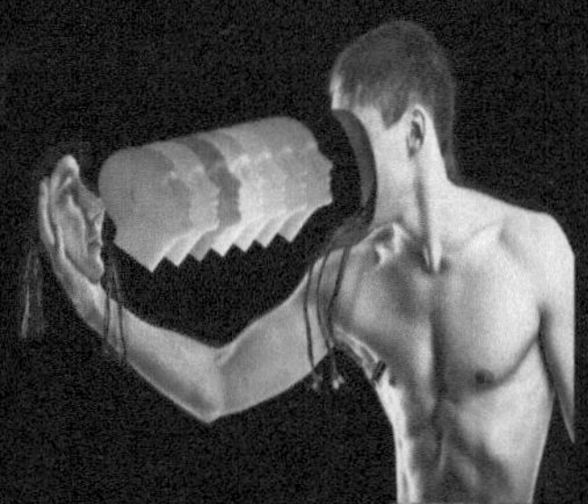

Personajes que desafían las fuerzas de una sociedad homofóbica y patriarcal.

UNOS&OTROS EDICIONES

www.unosotrosediciones.com
infoeditorialunosotros@gmail.com

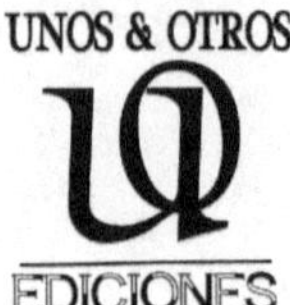

UnosOtrosEdiciones

Siguenos en Facebook, Twitter e Instagram:

www.unosotrosediciones.com

www.ingramcontent.com/pod-product-compliance
Lightning Source LLC
LaVergne TN
LVHW041109080826
845145LV00007B/1746

* 9 7 8 1 9 5 0 4 2 4 2 1 4 *